你一定要知道的

中华上下五千年

（全4卷）

石开航 编

1

中国华侨出版社

·北京·

图书在版编目（CIP）数据

你一定要知道的中华上下五千年：全 4 卷 / 石开航编 . — 北京：中国华侨出版社，2012.12（2024.11 重印）.

ISBN 978-7-5113-3083-3

Ⅰ.①你… Ⅱ.①石… Ⅲ.①中国历史—通俗读物 Ⅳ.① K209

中国版本图书馆 CIP 数据核字（2012）第 276561 号

你一定要知道的中华上下五千年：全 4 卷

编　　者：石开航

责任编辑：张亚娟

经　　销：新华书店

开　　本：645 毫米 ×915 毫米　1/16 开　　　总印张：32　　总字数：580 千字

印　　刷：德富泰（唐山）印务有限公司

版　　次：2012 年 12 月第 1 版

印　　次：2024 年 11 月第 3 次印刷

书　　号：ISBN 978-7-5113-3083-3

定　　价：160.00 元（全 4 卷）

中国华侨出版社　北京市朝阳区西坝河东里 77 号楼底商 5 号　邮编：100028

发 行 部：（010）64443051　　传真：（010）64439708

如发现印装质量问题，影响阅读，请与印刷厂联系调换。

前　言

　　从荒远的上古时代到夏、商、周，从春秋战国到秦、汉、三国，从两晋到南北朝，从隋、唐、五代十国到宋、元、明、清……中华民族走过了五千年的风风雨雨。尽管五千年对于宇宙来说只是一瞬间，但对人类而言，五千年则包含了太多值得思考的东西。中华民族五千年的历史，犹如一部大型舞台剧，舞台上有千奇百怪、各具特色的历史人物。王侯将相、文人骚客、科学奇才、刺客游侠，甚至平民百姓，纷纷登场，极尽所能地表演着各自的戏码，钩心斗角的朝代更迭，曲折离奇的宫闱政变，血流成河的战争叛乱，扑朔迷离的历史冤案，影响深远的发明创造……相继上演；悲剧、喜剧、闹剧、丑剧……应有尽有。

　　中国人重视历史，这是任何民族都无法比拟的。我国从夏代开始，就已经有了记录历史的史官。此后的漫长历史中，一个个朝代交相更迭，唯独史官为每个朝代所必不可少。官方带头修史，民间对历史亦非常重视，记录史实、论述历史之作，多不胜数。中国人为何对历史如此重视，看看古人的说法便可知原因："疑今者察之古，不知来者视之往""以人为鉴可以知得失，以史为鉴可以知兴替""史者，所以明夫治天下之道也"等。很早，古人就为我们指出了历史的重要性和现实意义——借鉴。历史是前人成功和失败的记录，是前人由成功而失败或由失败而成功的经验积累。无论是王朝帝国的兴衰成败，历史人物的功过是非，还是重大事件的曲折内幕，伟大创新背后的艰辛……这些历史无不折射出做人与做事的道理。古往今来，大凡有所成就的有识之士，无不是通古博今之人。学习历史，从历史的兴衰演变中体会生存智慧，从历史人物的叱咤风云中感悟人生真谛。小到个人，是修身齐家，充实自己头脑、得到人生启迪的需要；大到国家，是在世界上立于不败之地的前提。所以说，古老而悠久的历史是古人赐予我们的礼物。读历史，读的是哲理；读历史，读的是智慧；读历史，读的是品格；读历史，读的是人生。基于此我们编纂了这套《你一定要知道的中华上下五千年》。

本套书以时间为序，精选了中国历史上的重大事件、风云人物、辉煌成就、灿烂文化等内容，分为华夏源头、统一与分裂、乾坤变幻、专制与危机四个部分，在保证历史完整与延续的基础上，简要勾勒出历史演进的基本脉络，生动再现了我国从传说时代至清朝结束近五千年的历史，帮助读者从宏观上把握历史，进而揣摩与品味历史发展的内在规律。本套书严格遵循历史，不仅考证了正史，也辨析地引用了一些稗官野史、逸闻趣事，在参照众多历史典籍、材料后，对历史材料进行精心裁剪和严谨甄别，重新熔铸、构思，以现代的语言一一阐释，不妄加评论，让读者做阅读的主人，去思考、去感悟，从而使本套书的叙述角度更为客观，忠实于史料记载，具有较强的客观性、真实性。除此之外，故事化的笔法，也是本套书的显著特点。全书不同于一些板着面孔、带着浓厚说教意味的历史读物，它以精准生动、通俗易懂的语言鲜活地讲述了一段段历史、一件件大事、一位位名人，寓史于事，寓史于人，方便读者阅读。此外，我们还增加相关知识的拓展链接，对正文进行有效补充，帮助读者拓展知识面。为了便于阅读和理解，增加感观印象，我们还精选了数百幅内容涵盖面广、表现形式丰富的图片，包括出土文物、历史遗迹、现场照片、人物画像等，与文字相辅相成，文图对应，将人类历史的丰富与精彩更直观、更真实、更立体地呈现在读者面前，使读者能切实感受到历史的兴衰演变与风云变幻。

历史是鲜活的，是真实的，是有血有肉的，它带着谆谆教诲和亲切叮咛，述说着过去，也指示着未来。读历史，不是为了曾经和昨天，而是为了现在和将来。走进这套书，不单是打开了了解和解读历史的大门，同时也打开了从历史的角度去思考人与人、人与社会、人与自然关系的一扇窗。

华夏源头

华 夏 源 头

盘古开天辟地

我国有非常悠久的历史。按古时候传下来的说法，中华民族的祖先是黄帝。从传说中的黄帝到现在，有4000多年的历史，通常叫作"上下五千年"。

这上下五千年的历史，很多是有文字记载的。五千年以前的远古时期，没有确切的文字记载，但有一些神话和传说。比如，我们的祖先早就想过，世界是怎样形成的，人类又是从哪里来的。

关于天地的由来，有盘古开天辟地的神话。说宇宙本来一片混沌，像是裹在壳里的鸡蛋。里面没有声音，也见不到光，却生长着个盘古。

盘古在这个大"鸡蛋"中一直酣睡了约一万八千年后醒来，发现周围一团黑暗。他想伸展一下筋骨，但"鸡蛋"紧紧包裹着身子，他感到浑身燥热不堪，呼吸非常困难。

盘古想着不可以在这种环境中生存下去。他火冒三丈，勃然大怒，于是他拔下自己的一颗牙齿，把它变成威力巨大的神斧，抡起来用力向周围劈砍。

"哗啦啦啦……"一阵巨响过后，"鸡蛋"中一股清新的气体散发开来，飘飘扬扬

◉ **盘古开天辟地画像砖**

图左为伏羲，右为女娲。他们以人首蛇身的形式出现。伏羲被称为阳帝，女娲被称为阴帝。这构成了一幅完整的中国始祖神话图。

升到高处，变成天空；另外一些混浊的东西缓缓下沉，变成大地。从此，混沌不分的宇宙一变而为天和地，不再是漆黑一片。

从此，天，每天升高一丈（1丈≈3.33米），地，每天加厚一丈，盘古本人也每天长高一丈。这样过了一万八千年，天升得很高很高，地也变得很厚很厚，而盘古成了顶天立地的巨人，同时也已耗尽全身力气。他满怀深情地望了望自己亲手开辟的天地，慢慢地躺在地上，闭上沉重的眼皮，与世长辞了。

伟大的英雄死了，但他的遗体并没有消失：盘古临死前，他嘴里呼出的气变成了春风和天空的云雾；声音变成了天空的雷霆；盘古的左眼变成太阳，照耀大地；右眼变成皎洁的月亮，给夜晚带来光明；千万缕头发变成颗颗星星，点缀美丽的夜空；鲜血变成江河湖海，奔腾不息；肌肉变成千里沃野，供万物生存；骨骼变成树木花草，供人们欣赏；筋脉变成了道路；牙齿变成石头和金属，供人们使用；精髓变成明亮的珍珠，供人们收藏；汗水变成雨露，滋润禾苗；盘古倒下时，他的头化作了东岳泰山（在山东），他的脚化作了西岳华山（在陕西），他的左臂化作了南岳衡山（在湖南），他的右臂化作了北岳恒山（在山西），他的腹部化作了中岳嵩山（在河南）。

盘古创造了天地，又把一切都献给了天地，让世界变得丰富多彩，盘古成为了最伟大的神。

女娲造人

盘古开辟了天地，用身躯造出日月星辰、山川草木。那残留在天地间的浊气慢慢化作虫鱼鸟兽，替这死寂的世界增添了生气。

这时，有一位女神女娲，在这莽莽的原野上行走。她放眼四望，山岭起伏，江河奔流，丛林茂密，草木争辉，天上百鸟飞鸣，地上群

⊙ **永乐大道石刻长廊上的壁画——女娲捏泥造人**

永乐大道石刻长廊将石雕刻在1680米长的永乐大道上，堪称一幅精美的石刻长卷，集中体现了黄土地上古朴的民俗风情和文化、文物景观。本图展现了女娲捏泥造人的情景。

兽奔驰，水中鱼儿嬉戏，草中虫豸跳跃，这世界按说也点缀得相当美丽了。但是她总觉得有一种说不出的寂寞，越看越烦，孤寂感越来越强烈，连自己也弄不清楚这是为什么。

与山川草木诉说心中的烦躁，山川草木根本不懂她的话；对虫鱼鸟兽倾吐心事，虫鱼鸟兽哪能了解她的苦恼。她颓然坐在一个池塘旁边，茫然看着池塘中自己的影子。忽然，一片树叶飘落池中，静止的池水泛起了小小的涟漪，使她的影子也微微晃动起来。她突然觉得心头的死结解开了。是呀！为什么她会有那种说不出的孤寂感？原来是世界上缺少一种像她一样的生物。

想到这儿，她马上用手在池边挖了些泥土，和上水，照着自己的影子捏了起来。她感到好高兴。

捏着捏着，捏成了一个小小的东西，模样与女娲差不多，也有五官七窍，双手两脚。捏好后往地上一放，居然活了起来。女娲一见，满心欢喜，接着又捏了许多。她把这些小东西叫作"人"。

这些"人"是仿照神的模样造出来的，气质举动自然与别的生物不同，居然会叽叽喳喳讲起和女娲一样的话来。他们在女娲身旁欢呼雀跃了一阵，慢慢走散了。

女娲那寂寞的心一下子热乎起来，她想把世界变得热热闹闹，让世界到处都有她亲手造出来的"人"。于是女娲不停地工作，捏了一个又一个"人"。但是世界毕竟太大了，她工作了很久，双手都捏得麻木了，捏出的"人"分布在大地上仍然太稀少。她想，这样下去不行，就顺手从附近折下一条藤蔓，伸入泥潭，沾上泥浆向地上挥洒。结果点点泥浆变成一个个"小人"，与用手捏成的模样相似，这样一来速度就快多了。女娲见新方法奏了效，越洒越起劲，大地就到处有了人。

女娲在大地上造出许多"人"来，心中非常高兴，寂寞感一扫而空。她觉得很累了，要休息一下，就四处走走，想看看那些人生活得怎样。

一天，她走到一处，见人烟稀少，十分奇怪，俯身仔细察看，见地上躺着不少小人，动也不动，她用手拨弄，也不见动静，原来这是她最初造出来的小人，这时已头发雪白，寿终正寝了。

女娲见了这种情形，心中暗暗着急，她想到自己辛辛苦苦造人，人却不断衰老死亡。这样下去，若要使世界上一直有人，岂不要永远不停地制造？这总不是办法。

结果女娲参照世上万物传种接代的方法，把人类分为男女，叫人类也男女配合，繁衍后代。女娲认为，人是仿神的生物，不能与禽兽同等，所以她又建立了婚姻制度，使之有别于禽兽。后世人就把女娲奉为"神媒"。

女娲补天的传说

传说当人类繁衍起来后，日月星辰各司其职，子民安居乐业，四海歌舞升平。后来共工与颛顼为争帝位打起仗来，结果颛顼打胜了。但失败的共工不服，一怒之下，把头撞向不周山。不周山崩裂了，支撑天地之间的大柱断折了，天倒下了半边，出现了一个大窟窿，地也陷成一道道大裂纹，山林烧起了大火，洪水从地底下喷涌出来，龙蛇猛兽也出来吞食人民。人类面临着空前大灾难。女娲目睹人类遭到如此奇祸，感到无比痛苦，于是决心补天，以终止这场灾难。她选用各种各样的五色石子，架起火将它们熔化成浆，用这种石浆将残缺的天窟窿填好，随后又斩下一只大龟的四脚，当作四根柱子把倒塌的半边天支起来。女娲还擒杀了残害人民的黑龙，用芦草堵住洪水不再漫流。经过女娲一番辛劳整治，苍天总算补好了，地填平了，水止住了，龙蛇猛兽敛迹了，人民又重新过着安乐的生活。

伏羲传说

　　除了盘古和女娲以外，伏羲也是我国古代传说中一位对华夏文明作出过卓越贡献的神话人物，民间有许多关于他的传说。

　　传说中的伏羲人面蛇身，是因他的母亲在一个名叫雷泽的地方踩了一个巨人的脚印而怀孕12年后出生的。再后来，一次洪水吞没了整个人类，唯有伏羲和他的妹妹女娲幸存了下来。要使人类不致灭绝，他俩就必须结为夫妻。但兄妹成婚毕竟是很难令人接受的，于是他们商量由天意来决定这件事。怎样决定呢？兄妹俩各自拿了一个大磨盘分别爬上昆仑山的南北两山，然后同时往下滚磨盘，如果磨合，就说明天意让他俩成婚。结果，磨盘滚到山下竟然合二为一了，于是，他俩顺天意成婚，人类从此得以延续。

　　古时候，伏羲在宛丘，也就是现在的河南淮阳这一地方，教人打猎捕鱼过生活。后来，人多了，伏羲挑了一批会打猎捕鱼的人，叫他们去东西南北四方，到那里打猎捕鱼。大家问伏羲："东西怎么分？"伏羲说："东方属金，西方属土。日头出东落西。"又有人问："南和北怎么分？"伏羲说："南热北冷。"到这里，大家都明白了怎样辨别东西南北。伏羲教人们织网捕鱼，从而使人类原始的狩猎状态进入到初级的畜牧业生产。

　　从前，人们对天上会长云彩、下雨下雪、打雷打闪，地上会刮大风、起大雾，不知道是咋回事。很多人去问伏羲，他也说不出个原因。伏羲总想把这些事弄清楚，可想来想去，怎么也想不出个头绪来。有一天，伏羲在蔡河（流经淮阳伏羲南门前的一条河）捕鱼，逮住一个白龟。他想：世上白龟少见哪！当年天塌地陷，白龟老祖救了俺兄妹，后来就再也见不到了。莫非这个白龟是白龟老祖的子孙？嗯，我得把它养起来。他挖个坑，灌进水，把白龟放在里边，逮些小鱼虾放坑里，叫白龟吃。也怪，白龟养在那儿，坑里的水格外清。伏羲每次去喂它，它都凫到伏羲跟前，趴在坑边不动弹。伏羲没事儿就坐在坑沿儿，看着白龟想世上的难题。看着看着，他见白龟盖上有花纹，就折一根草秆儿，在地上比着白龟盖上的花纹画。画着想着，想着画着，画了九九八十一天，画出了名堂。

他用一通道儿当阳，一断道儿当阴，一阳二阴，一阴二阳，来回搭配，画来画去，画成了八卦图。后人把伏羲养白龟那个坑叫白龟池，画八卦那地方叫画卦台。

伏羲始创的中国古代文化的秘密符号——八卦，是一组代表自然界天地水火山川雷电的象形文字，也是中国文字的起源。而其中所蕴含的博大精深的文化内涵，成为古代东方哲学的标志，并吸引着国内外无数学者探索和研究。日本高岛易断总本部以高岛成龙先生为首的一行易经研究人员，每年的阴历五月都要专程来甘肃天水祭拜伏羲。

伏羲还创造了历法，发明了乐器，教会了人们制作和食用熟食，结束了人类身披树叶，茹毛饮血的野性状态。

随着部落的兼并和迁徙，伏羲所创立和倡导的古代文明沿渭水到黄河流域，与其他民族相融合，形成了以炎黄部落为核心，以伏羲文化为本体的华夏民族。因为伏羲人面蛇身而崇奉的蛇图腾，也由黄土高原蔓延到中原大地，演变成为龙图腾，成为中华民族的象征。伏羲因此成了全世界华人的始祖。

猿到人的转变

神话毕竟是神话，它的虚幻成分太多，不能信以为真。那么，人类历史究竟从哪儿说起呢？后来，科学发达了，人们从地下挖掘出来的化石，证明了人类最早的祖先是由古猿转变而来的猿人（也叫直立人）。

从挖掘出的猿人的遗迹，可以看出我国境内的原始人，已经有100万年以上的历史。像云南发现的元谋人，约有170万年历史；陕西发现的蓝田猿人，约有80万年历史；而有名的北京猿人，也有约50万年历史了。

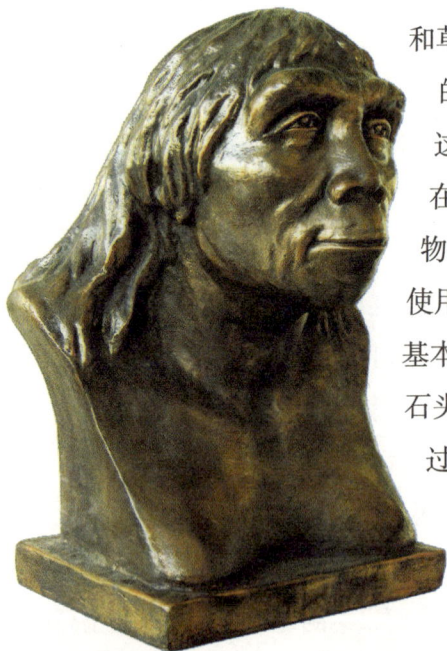

那时候，气候温和湿润，树林和草地都很茂盛，有鹿、兔这些温驯的动物跑来跑去，也有虎、豹、熊这些吃肉的猛兽出没。猿人就生活在这样的环境里。他们能和其他动物区分开，最根本的是能够制造和使用工具。所谓的工具，十分简单，基本是两件，一件是木棒，另一件是石头。木棒，树林里有的是，却是经过砍削了的；石头呢，是猿人打磨过的。虽然都很粗糙，但已经算是工具。

猿人采集野果吃，吃植物的嫩叶和根茎，也吃小鸟、青蛙、昆虫这些小动物。他们还用制造的木棒、石器对付猛

⊙ 北京猿人头部复原像

根据对北京猿人头骨化石的研究，很多考古学家共同复制出了一个北京人头像。从这个头像可以看到：北京人的头部仍然保留着不少猿的特征。

远古时期，打制石器的方法大体有三种：一是用一块石头去敲另一块石头。二是把石头向另一块较大的石头上摔击。三是把石块放在一块比较大的石头上，再用另一块比较大的石头砸击。无论采用哪种方法，都留下了人工打制的痕迹。有些石器还有修整痕迹。打制石器也叫旧石器，主要利用它锋利的刃和尖。打制石器经过磨制加工，称为磨制石器，也叫新石器。磨制石器不仅便于使用，种类也大大增加，常见的有斧、锛、凿、镰刀、箭头等。

兽。猿人的体力比不上猛兽，单个的猿人和猛兽相遇，就会是一场殊死的搏斗，而且猿人并不占优势。相对弱势的猿人，单靠个人的力量，很难生活下去，因此猿人群居。

在北京周口店龙骨山，发现了原始人的遗迹。他们身材短粗，身高约一米半，腿短臂长，头部前倾，颧骨（眼睛下边两腮上面突出的骨头，颧音quán）较高。和现代人的样子已经很像，我们叫他们"山顶洞人"。

山顶洞人的工具有了很大进步。他们不但能把石块打磨成石斧，还能把猛兽的骨头磨制成骨针。别看只是小小的骨针，在那时候，这可是很了不起的东西。有了骨针，原始人可以把兽皮缝成衣服。有了衣服穿，不仅可以御寒保暖，也不用再光着身子了。

山顶洞人按照血统关系，分成一个个群居的氏族，每个氏族都有共同的祖先。这样，人类社会进入了氏族公社时期。

钻木取火

到了氏族公社时期，原始人的生活是怎样进化的呢？这里有很多传说，当然这些传说也多是根据原始人的生活想象出来的。

原始人的周围有很多猛兽，随时都可能遭到它们的伤害。他们看到鸟儿在树上做窝，野兽不容易爬上去，很难伤害到它们，就学着鸟儿的样子，在树上做起窝来，也就是在树上造小屋。这样就安全多了。

早期的原始人，还不会利用火，东西都是生吃的，就连打来的野兽，也是生吞活剥，连毛带血地吃。火这一事物，大自然早就有了。火山爆发，有火；打雷闪电，树林里有时也会起火。最开始，原始人看到火怕得要命。后来，他们偶尔捡到被火烧烤过的野兽，吃起来挺香。经过了不知多少次尝试，原始人才渐渐不再怕火，并且学会了用火烧东西吃。他们还想法子把火种保留下来，让火一直在洞里不灭。有了火，吃上了熟食，能烤火取暖，猛兽害怕火，也不敢轻易来袭击他们。

但是火种总有灭掉的时候，怎样才能把火永久地留在身边呢？又经过相当长的时间，原始人有了新的发现。有人发现，长嘴的鸟啄木头，冒出火星子，他就把尖锐的木头在另一块硬木头上使劲地钻，果真钻出了火星子；还有人把燧石敲敲打打，敲出火光来。渐渐地，原始人就会人工取火了。

不知过了多长时间，人们开始用绳子结网，用网捕鸟兽，还发明了弓箭，用弓箭射鸟兽，这比光用木棒、石器要强得多。捕来的鸟兽，多半是活的，一时吃不完，还可以养着，留到以后吃，这样，人们又学会了饲养。结网、打猎、饲养这些，都是人们在劳动中一点点积累而学会的。这个时期叫渔猎时期。

渔猎时期不知过了多少年，人类的文明又有了大的进步。开始的时候，人们偶尔把野谷子撒在地上，到了第二年，发现地面上生出苗子来，等到了秋天，又长成了更多的谷子。这敢情好，人们就大量栽种起来。懂得了种植，生活有了一定的保障，人们就可以不完全依赖采集和打猎过日子了。传说教会人们种庄稼的叫神农氏。神农氏还亲自尝过各种野草野果，不但发现了许多可以吃的食物，还发现了许多可以治病的药材。

氏族公社是以血缘关系结成的原始社会基本的社会经济单位，曾普遍存在于世界各地的原始社会中，是人类社会发展的必经阶段。氏族公社经历母系氏族公社和父系氏族公社两个阶段。氏族内部实行禁婚（也就是同一氏族内男女禁止通婚），生产资料公有，集体生产，平均分配，无剥削和阶级。公共事务由选出的氏族长管理，重大问题（如血亲复仇、收容养子等）由氏族成员会议决定。随着生产力的提高，私有制和阶级关系的确立，氏族制度开始解体，被一夫一妻制家庭所取代。

从构木为巢，钻木取火，一直到渔猎、畜牧、农耕，反映了原始人生产力的发展。1952年，在陕西西安半坡村发现了一处六七千年以前的氏族村落遗址。从遗址中发掘出来的东西，可以推断出那时候的人已经学会饲养和农耕了。

黄帝战蚩尤

传说在四千多年以前，我国黄河、长江流域一带，星罗棋布着许多氏族部落。黄帝是其中最有名的一个部落首领。

黄帝的部落，最早住在我国西北方的姬水（位于今天的陕西省境内渭河流域一带）附近，后来搬到涿鹿（今河北张家口东南），开始养牲畜和种庄稼，定居下来。跟黄帝生活在同一个时代的另一个部落首领叫炎帝，最早住在我国西北方姜水（位于今天的陕西宝鸡）附近。据说炎帝跟黄帝族是近亲。炎帝的部落渐渐衰落，而黄帝的部落正兴盛起来。

这时候，有个九黎族（远古时代居住在长江流域的九个部落的族群）的首领，叫蚩尤。传说蚩尤有81个兄弟，全是铜头铁臂，吃的是沙子石块，还会呼风唤雨。他们用铜制造了长矛和大刀，常常侵掠别的部落。

有一次，蚩尤侵占了炎帝的地盘，炎帝起兵抵抗，但他打不过蚩尤，被蚩尤打得稀里哗啦。炎帝没法子，逃到涿鹿请求黄帝帮助。黄帝早就想除去蚩尤这个魔头，就联合各个部落，把大伙儿集结到一起，在涿鹿（今河北涿鹿、怀来一带）的田野上和蚩尤展开了一场大决战。

据说黄帝平时驯养了熊、罴、豹、虎等野兽，在打仗的时候，就把这些猛兽放出来助战。蚩尤的兵士虽然凶猛，但是遇到黄帝的军队，加上一群猛兽助战，也抵挡不住，纷纷败逃。

黄帝可不想把蚩尤放跑，他带领兵士乘胜追杀。忽然，天昏地暗，浓雾迷漫，狂风大作，雷电交加。原来，蚩尤用妖术制造了大雾。黄帝知道蚩尤会这一手，他早就准备好了指南车，靠着指南车指引方向，他们继续追赶蚩尤，结果把蚩尤捉住杀了。

各部落看到黄帝打败了蚩尤，都挺高兴。除掉了大魔头，黄帝受到了许多部落的拥护。但是，炎帝族和黄帝族也闹了别扭，两族打了一仗，炎帝没打过黄帝。从此，黄帝成了中原地区部落联盟的首领。

传说中的黄帝时代，有许多发明创造，像造宫室、造车、造船、挖井、编乐谱、算数、医学等。黄帝的妻子叫嫘祖。本来蚕只有野生的，人们不知道蚕的用途。嫘祖偶然发现蚕会吐丝，这种丝可以织成锦

三皇五帝

在我国古代传说中，流传着"三皇""五帝"的故事。秦始皇建秦后，采用三皇之"皇"，五帝之"帝"构成"皇帝"的称号，可见，"皇""帝"乃地位的崇高。据《史记·秦始皇本纪》中记载，"三皇"乃天皇、地皇和泰皇，那么，"三皇"到底指的是哪三位呢？通过中国古代的传说故事，人们把伏羲氏、神农氏和女娲氏尊称为"三皇"。

帛，她就教妇女养蚕、缫丝、织帛。打那时候起，就有了丝和帛。黄帝有个史官叫仓颉，他观察乌龟爬行留下的痕迹，得到启发，创造了古代文字。

中国古代的传说都十分推崇黄帝，后代的人都认为自己是黄帝的子孙。因为炎帝族和黄帝族原来是近亲，后来又融合在一起，所以我们常常把自己称为炎黄子孙。

尧舜禅让

传说黄帝以后，先后出了三个很出名的部落联盟首领，就是尧、舜和禹。那时候，有什么大事，做部落联盟首领的，都要找各部落首领一起商量。尧年纪老了，想找一个接班人。他召集部落首领们来商议。

尧说了他的打算后，有个名叫放齐的说："你的儿子丹朱是个开明的人，继承你的位子很合适。"尧挺严肃地说："不行，这孩子品德不好，喜欢跟人争吵。"另一个叫兜的说："那个管水利的共工，工作倒做得挺不错。"尧摇摇头说："共工能说会道，表面上谦虚，心里是另一套。用这种人，我不放心。"这次讨论没有结果。

没多久，尧又把部落首领们找来商量，要大家推荐继承人。这次大伙儿一致推荐舜。尧点点头说："哦！我也听说这个人挺好的。你们把他的事迹仔细说说。"

大家便把舜的情况说开了：舜的父亲是个糊涂透顶的人，人们叫他瞽叟，就是瞎老头儿的意思。舜的生母早死了，后母对他很不好。后母生的弟弟叫象，傲慢得没法说，瞽叟却很宠象。舜生活在这样的家庭里，对他的父母、弟弟不但没有抱怨，反而对他们非常好。大家认为舜是个德行好的人。

尧听了很高兴，决定先考察考察舜。他把自己的两个女儿娥皇、女英嫁给舜，还替舜筑了粮仓，分给他很多牛羊。舜的后母和弟弟见了，又是羡慕，又是妒忌，和瞽叟一起用计，几次三番想暗害舜。

有一回，瞽叟叫舜修补粮仓的顶。当舜用梯子爬上仓顶的时候，瞽叟就在下面放起火来，想把舜烧死。舜在仓顶上一见起火，想找梯子逃生，可梯子已经不知去向。幸好舜随身带着两顶遮太阳用的笠帽。他双手拿着笠帽，像鸟张翅膀一样跳了下来。因为有风托着笠帽，舜落在地上，没受多大的伤。瞽叟和象可不甘心，他们又叫舜去挖井。舜跳下井后，瞽叟和象就往井里丢石块，想把舜活活埋在里面。没想到舜下井后，在井边掘了一个孔道，钻了出来。

象不知道舜早已脱险，得意扬扬地回到家里，跟瞽叟说："这一回舜准死了，这个妙计可是我想出来的。现在我们可以把他的财产分一分了。"说完，他向舜住的屋子走去。象一进屋子，看见舜正坐在床边弹琴，心里暗暗吃惊，还以为活见鬼呢。他一问才知道是怎么回事，很不好意思地说："哎，我多么想念您呀！我的哥哥。"

舜也装做若无其事，说："你来得正好，我的事情多，正需要你帮助我来料理呢。"舜不但没有责怪弟弟，还把自己的财产分给了象。以后，舜还是像以前一样和和气气地对待他的父母和弟弟，瞽叟和象也不敢再暗害舜了。

尧经过考察，认为舜品德好，又很能干，就把首领的位子让给了舜。这种让位，历史上称作禅让。舜接班后，又勤劳，又俭朴，跟平民百姓一样劳动，得到大家的信任。过了几年，尧死了，舜还想把部落联盟首领的位子让给尧的儿子丹朱，可是大家都不赞成。舜这才正式当上了首领。

大禹治水

尧在位的时候，黄河流域发生了大水灾，庄稼被淹了，房子被毁了，许多人和牲畜都被淹死了。还有毒蛇猛兽，伤害人和牲口，叫人们没法过日子。尧找来部落首领们商量治水。他问大家派谁去治理洪水，首领们都推荐鲧。

尧对鲧不大信任。首领们说："现在没有比鲧更能干的人才啦，你试一下吧！"尧才勉强同意。鲧花了九年时间，没有把洪水制服。他只懂得建造堤坝拦截水，结果洪水冲塌了堤坝，水灾反而闹得更凶了。舜接替尧当部落联盟首领以后，他最大的心事就是为老百姓治理好洪水，于是亲自到闹洪水的地方去考察。他发现鲧办事不力，就把鲧杀了。回来后，舜打开城门，四方诸侯和十二州首领都来反映情况，议论天子的言行，替天子提意见和建议。舜对大家说："谁能光大尧帝的事业，努力工作，治理好洪水，我就请他当辅政官'司空'。"

众人都说鲧的儿子禹可以胜任这个职务。

于是舜就说："啊，不错！就让禹来治理洪水吧。"

禹跪下向舜磕头，想将司空的职位让给别人，但舜说："你很合适，不要再谦让了。你现在应该到工作岗位上去负你的责任了。"

于是舜就让禹带着伯益、后稷做助手出发治水去了。这时候，禹与涂山氏女儿结婚刚刚四天。为了完成治水的任务，禹义无反顾地出发了。

禹改变了他父亲的做法，他不是筑堤坝拦截洪水，而是开渠挖河道，把洪水引到大海中去。他和老百

◉ 大禹像

禹，传说是夏后氏部落的首领，通过禅让制得到帝位，并与尧、舜并称为古代圣王。本图为河南人民为大禹建立的雕塑。

◉ **禹王治水　版画**

姓一起劳动，戴着箬帽，拿着锹子，带头挖土、挑土，手上的老茧掉了一层又一层。为了治水，禹到处奔波，多次经过自己的家门，都没有进去。有一次，他妻子涂山氏生下了儿子启，婴儿正在哇哇地哭，禹在门外经过，听见哭声，也狠下心没进去探望。他自己饮食、衣着节俭，住房简陋低矮，可是治水兴修水利，却愿意出大钱，花大力气。就这样，整整十三年，禹带领百姓开辟了九州的道路，疏通了九条大河，整治了九个大泽，开凿打通了九座大山，终于用疏导的方式治好了洪水，安定了九州，并且命令伯益教百姓在低湿的地方种稻，命令后稷教百姓种各种庄稼。于是，使五千里见方的地带成了鱼米之乡，各地方的部落都来进贡。

当时，黄河中游有一座大山，叫龙门山（在今山西河津市西北）。它堵塞了河水的去路，把河水挤得十分狭窄。奔腾的河水受到龙门山的阻挡，常常溢出河道，闹起水灾。禹带领人们开凿龙门山，把这座大山凿开了一个大口子。这样，河水就畅通无阻了。

后代的人都称颂禹治水的功绩，尊称他是大禹。

涂山之会

因为大禹治水有功，得到了人民的拥护，受封于夏地，所以他的部落称为夏。舜晚年的时候，召集各部落的首领，让他们推荐部落联盟首领的继承人，大家一致推荐禹，所以舜就告祭于天，立禹为自己的继承人。后来舜去南方巡游，到苍梧山下（今湖南宁远南部）时不幸病死。

大禹在阳城（今河南登封）即位，成为部落联盟的首领，定都阳城，后又迁到安邑（今山西夏县西北）。

当时南方有三苗部落，他们不断向北发展，成为华夏族的严重威胁。尧和舜都曾经率领军队与三苗作战。尧在丹水（今陕西、河南、湖北境内的丹江）打败三苗，迫使三苗求和。舜为伐三苗，一面积极发展生产，一面巩固部落联盟内部团结，训练士卒。经过三年准备，舜亲征三苗，一直打到今洞庭湖一带，大败三苗。但三苗的实力还很强大，时时想复仇。

到了禹时，三苗地区发生大地震，禹决定乘机进攻三苗。经过激战，禹大败三苗军。从此，三苗部落衰落下去，开始向禹进贡，表示臣服。禹按照舜的政策，改变三苗部落的风俗习惯，三苗逐渐与华夏族融为一体。

征服三苗之后，禹又率兵征伐曹、魏、屈、骜、有扈等不服从号令的部落，也取得了胜利，并使他们与华夏族融合。当时西北有个以共工为首的部落，共工人面蛇身，吞食五谷禽兽，为害一方。共工死后，他的大臣相繇继续作恶。相繇是九首蛇身怪物，他呕吐的秽物会变成臭气熏天的沼泽地，人民、野兽都不敢在附近居住。大禹率军征讨相繇，为民除害。相繇被杀后，他的血流成了湖泊，腥臭无比。他的污血流经过的地方，寸草不生。禹多次挖土填埋，但湖泊犹如无底深潭，始终无法填平。天神见到这种情况，施法力镇住邪气，使湖泊变得清澈，不毛之地变得草木茂盛。从此，天下平定。

禹非常关心人民的疾苦。每当看到穷人衣不遮体，食不果腹，被迫卖儿卖女时，总是拿出衣服和粮食救济他们；见罪人在野外服刑，禹总是哭着问他们犯罪的原因。禹常常反省自己行政的得失，并以尧、舜为楷模。

为了请贤能的人来帮助自己治理天下，禹四处寻找寻访。

后来禹为了加强自己的权威，经常巡游天下，大会诸侯。涂山大会就是禹以天子身份号令四方的一次重要会议。

禹到达涂山（又名当涂山，今安徽蚌埠附近）后，命令华夏、四夷各部落的首领在指定时间内到涂山集会。部落首领们纷纷赶来，络绎不绝，他们都手执玉帛前去朝见禹。

为了表示自己受命于天，禹举行了隆重的祭天祀土仪式，让乐队演奏夏族的音乐，命士兵手持兵器表演舞蹈，颂扬自己的功德，向诸侯显示军威，到会的各部落首领无不表示臣服。禹将那些没有封号的部落首领封为诸侯方伯，命令他们每年必须进贡物品。为了纪念这次盛会，禹把各部落首领进贡的铜铸成九个大鼎，鼎上铸有各地的山川、道路、鸟兽、草木的图案，象征他统治下的九州，作为镇国之宝。

涂山大会是禹力图统一天下的一次尝试。在涂山大会上，禹展现了高超的政治才能，使各个诸侯心悦诚服，增

◉ 夏启像

启，史称夏启，夏禹子。禹病死后继位，成为中国历史上由"禅让制"变为"世袭制"的第一人。

强了他们对夏的向心力。

禹在位四十五年，死后葬于会稽山。他的儿子启杀死各部落首领推荐的部落联盟首领继承人伯益，打破禅让制，开创世袭制，建立了中国历史上第一个王朝——夏朝。

青铜器

> 青铜是铜和锡的合金，它的冶铸始于夏朝，发展于商代，完善于西周春秋。这种合金颜色发青，故将用它制成的器物叫青铜器。夏、商、周三代的青铜器有两类：一类是兵器和生产工具；另一类是以青铜器制成的各种礼器。后母戊鼎是迄今为止出土的最大的青铜器。

后羿夺权

夏启当上国王以后，有个部落有扈氏不服，起兵闹事。启和有扈氏之间发生了一场战争，最后启打败了有扈氏，把俘虏来的人罚做奴隶。其他部落看到有扈氏的惨样，没有人敢再闹事了。

夏启死了以后，他的儿子太康即位。太康是个很不像话的君主。他不管政事，就喜欢打猎。有一次，太康到洛水南岸去打猎。他越打越上瘾，去了100天都没有回家。

那时候，黄河下游有个夷族部落，首领叫后羿，很有野心，对太康很不满意，想夺夏王的权力。他得知太康出去打猎的消息，觉得是个不错的机会，就带兵守住洛水北岸。当太康带着一大堆猎物兴高采烈地来到洛水边时，才发现对岸密密麻麻的，全是后羿的军队，拦住了他回去的路。太康不但昏庸而且懦弱，在这种状况下，他只好在洛水南面像乞丐一样过着流亡生活。

这时，后羿还不敢自立为王，怕别人不服气，就另立太康的兄弟仲康当夏王，但把实权抓在自己手里。

《夏小正》

　　《夏小正》是中国现存最早的历书。《夏小正》中所用的月份是"夏历"的月份，把一年分为 12 个月，对每个月的物候、气象、天文、农事、田猎以及相关的农事活动都有比较具体的记载。

　　因为《夏小正》中所记载的历法是与农业生产的季节变化密切相关的，为农民安排各个季节的农事提供了重要依据，所以人们就把夏历也叫作"农历"（俗称阴历），现在我们每年过的春节，就是夏历年的第一天。

　　后羿是个有名的弓箭手，他射箭是百发百中的。还有一些关于他的神话呢。说古时候天空里本来有十个太阳，地面上被烤得火烧火燎的，给庄稼带来严重的灾害。大家请后羿想法子，后羿用他那神箭，射下来九个太阳，只留下一个太阳。这样，地面上气候适宜，不再那么烤人，也不再闹干旱了。又说，古时候河里有许多怪兽，经常兴风作浪，造成水灾，把禾苗淹没，把人畜淹死，也是后羿用箭把这些怪兽射死了，人们的生活才恢复了正常。这些神话说明后羿的箭法很高明，是大家公认的。

　　再说后羿夺权。后羿一开始还只是仲康的助手，等到仲康一死，他就把仲康的儿子相撵走，夺了夏朝的王位。后羿仗着射箭的本领作威作福起来。他和太康一样，喜欢打猎，把国家政事交给亲信寒浞处理。寒浞也是有私心的，他背着后羿收买人心。有一次，后羿打猎回来，寒浞派人把后羿杀了。

　　寒浞杀了后羿，夺了王位，怕夏王室的人再跟他争夺王位，就想杀死被后羿撵走的相。相逃到哪儿，寒浞就追到哪儿。后来，相终于被寒浞杀了。那时候，相的妻子正怀着孕，被寒浞逼得没法，只好逃到娘家有仍氏部落，生下个儿子叫少康。

　　少康长大后，给姥姥家看牲口，后来听说寒浞正在派人追捕他，又逃到舜的后代有虞氏那儿。少康从小在艰难的环境中长大，练了一身本领。他在有虞氏那里招收人马，渐渐有了自己的队伍。后来，又得到忠于夏朝的大臣及部落的帮助，终于把王位夺了回来。

少康灭了寒浞，可是夷族和夏朝之间的斗争还没完。夷族人有很多厉害的射手。后来少康的儿子帝杼即位，发明了一种可以避箭的护身衣，叫作"甲"，战胜了夷族，夏的势力又向东发展了。

千古谏臣第一人

到了公元前16世纪，夏朝在位的是夏桀。夏桀是个出名的暴君，他和奴隶主贵族残酷地压迫平民，对奴隶镇压得很厉害。由于夏桀暴虐无道，奢侈荒淫，只知享乐，不理朝政，内政不修，德政衰败，众叛亲离，危机四伏，朝野内外阶级矛盾日益尖锐。

夏桀即位后的第33年，夏军征伐有施氏部落（今山东滕县），有施氏败，请求投降。当有施氏摸清了夏桀喜爱美女，只图快乐，就是不把江山社稷和黎民百姓放在心里的本性后，便从民间挑选许多美女，进贡给夏桀，其中一位年轻貌美的姑娘叫妹喜，博得夏桀的特别喜爱。其实，妹喜是专为倾覆夏国而来的，还佯装认真地说她是有施国君的义女，主动要求前来侍奉夏王的，夏桀听了妹喜的谎称，心中欣喜若狂，从此，夏桀对这位花容月貌的妹喜言听计从，宠爱有加。妹喜好听撕裂绸缎的声音，夏桀就命人搬出绸缎，教宫女们撕给她听，只要能博得妹喜的一时高兴，夏桀什么都干得出来。夏桀怕妹喜思念家乡，心中郁闷，桀不仅将妹喜封为皇后，还大兴土木，仿照有施国的房屋样式建造一些民舍，又专门为妹喜新建一座华丽高大的宫殿，远远望去，宫殿高耸入云，浮云缭绕，好像宫殿要倾倒一样，因此起名叫"倾宫"，宫内有琼室瑶台，象牙钳的走廊，白玉雕的床榻。夏桀的暴虐无道，百姓十分怨恨。夏桀却不以为然，还十分狂妄地把自己比作永远不落的太阳。百姓咒骂他说："你这个太阳还不快点完蛋！我们愿意和你同归于尽！"

夏桀如此穷奢极侈，有时甚至是恶作剧，正义大夫、直臣关龙逢实在看不下去，就多次向桀进谏，要他关心百姓，关心江山社稷，可是荒淫无道的夏桀根本听不进去，反而变本加厉，竟又建造了一个很大的酒池，据史书记载，酒池可以航船，堆积的酒糟足有十里长。

关龙逢出生在一个奴隶主家庭，自幼受到良好的教育。他幼年时正值夏朝明君发在位，国泰民安，在内纷争停止，在外边疆巩固。由于关龙逢生性善良，深明大义，对奴隶富有同情心，被选为大夫。

⊙ 关龙逢画像

夏桀昏庸无能，残害忠良，重用奸佞，关龙逢看在眼里，忧在心里，对于连续了近500年的夏王朝将败于酒色而十分着急。关龙逢经过反复思考之后，决定以献黄图冒死进谏。所谓黄图，是古代王朝绘制的宣扬帝王祖先功绩的大幅图画，它的作用是留给后代的帝王们看的，以使他们弘扬祖先的功德，效法祖先们治理国家的业绩，把王朝一代代继续下去。

关龙逢捧去的黄图是大禹治水、涂山诸侯大会等宏伟的图景和壮丽的场面。他希望夏桀看了这张黄图能够幡然醒悟，效法先王，节俭爱民，收敛挥霍，久享国运。关龙逢一边手捧黄图呈给桀看，一边苦苦劝谏。夏桀听不进这样的劝谏，怒斥关龙逢。夏桀见关龙逢站在那里很久不肯离去，心里很不耐烦，就说："你还有什么惑众的妖言要说？"关龙逢怒目而视。夏桀早就对这人絮絮叨叨、净说难听话的关龙逢厌恶极了，便把黄图烧毁，接着喊来兵士把关龙逢囚禁起来，不久就杀了。夏

桀还下令以后不得有类似的进言，否则，一律杀头。于是，贤臣绝迹，言路断塞，而奸臣则成群地围着夏桀转。

商汤伐夏

夏桀大兴土木，建造宫殿，过着荒淫奢侈生活的时候，黄河下游有个叫商的部落逐渐强盛起来。传说商的祖先契在尧舜的时候，跟禹一起治过洪水，是个有功的人。后来，商因为畜牧业发展得快，到了夏朝末年汤做首领的时候，已经成了强大的部落。

商汤看到夏桀太不像话，平民都非常痛恨他，就决心消灭夏朝。他表面上对桀顺从，暗地里不断扩大自己的势力。

那时候的人们都是迷信鬼神的，把祭祀天地祖宗看作最重要的事。商部落附近有一个部落，它的首领葛伯不按时祭祀。汤派人去责问葛伯。葛伯回答说："不是我不想祭祀，我们这儿太穷了，没有牲口做祭品。"

汤于是送了一批牛羊给葛伯作祭品。葛伯把牛羊杀掉吃了，又不祭祀。汤又派人去责问，葛伯说："我们连吃的粮食都没有，拿什么祭祀呢？"汤又派人帮助葛伯耕田，还派一些人给耕作的人送饭，不料在半路上，葛伯把那些饭都抢走，还杀了一个送饭的小孩。

葛伯这样做，激起了公愤。汤正好以这件事为借口，就出兵把葛伯部落消灭了。接着，又连续消灭了附近几个部落。商汤的势力渐渐发展壮大起来，但这并没引起昏庸的夏桀的注意。

商汤妻子带来的陪嫁奴隶中，有个叫伊尹的。传说伊尹刚到商汤家的时候，只是个服侍商汤的下人。商汤渐渐发现伊尹跟一般奴隶不一样，后来才知道他是故意装扮作陪嫁奴隶来找他的。伊尹向汤谈了许多治国的道理，汤马上把伊尹提拔做他的助手。

商汤和伊尹商量讨伐夏桀的事。伊尹说："现在夏桀还有力量，

⊙**征射手甲骨文**
商代征战的形式是每乘战车上有1名弓箭手。征集300名弓箭手出征，说明出征战车已达300乘。

我们不好马上动手。我们先不去朝贡，试探一下，看他有什么反应。"商汤按照伊尹说的，停止了对夏桀的进贡。夏桀很生气，命令九夷发兵攻打商汤。伊尹一看夷族还听夏桀的，赶快向夏桀请罪，恢复了进贡。

过了一年，九夷中的一些部落忍受不了夏朝的压榨，逐渐叛离夏朝，汤和伊尹才决定进攻夏朝。夏朝已经延续了400多年，要把它推翻不是一件容易的事。汤和伊尹商量了一番，决定召集商军将士，由汤亲自向大家誓师鼓劲。汤说："我不是想叛乱，实在是夏桀作恶太多，老天让我去消灭他，我不敢不听从啊！"

商汤借老天的意旨动员将士，在鸣条（今山西运城安邑镇北）跟夏军打了一仗。将士们痛恨夏桀，作战非常勇猛，因此，夏桀的军队被打败了。夏桀逃到南巢（今安徽巢湖西南），汤追到那里抓住了他。汤把桀流放到南巢，一直到他死去。这样，夏朝就被商朝代替了。

历史上把商汤伐夏称为商汤革命，因为古代统治阶级把改朝换代说成是天命的变革，所以称为"革命"。这和现在所说的革命完全是两回事。

龙凤文化

龙凤文化与中华文明同时诞生，并经历了漫长的演变过程，其间又不断融入了丰富的社会生活内容和文化内涵，从而成为中华文明乃至华夏民族精神的崇高象征。龙凤具有动物形态，但又非现实世界存在的动物。炎黄子孙历来自诩为"龙的传人"，凤也是中国古代皇权的象征。龙是众兽之君，凤是百鸟之王，一个变化飞腾而显灵异，另一个高贵雍容而显祥瑞，神性的互补和对应，使龙和凤走到了一起，成为中华民族传统文化的两翼。

伊尹放太甲

伊尹帮助商汤灭夏立下了不朽功勋。商朝建立后，商汤以伊尹为卿士，料理商朝政务。

商汤原来有三个儿子，大儿子太丁死得早，于是汤死后，伊尹扶持商汤二儿子外丙继位做了商王，但是外丙不久也死了，于是伊尹又立外丙的弟弟仲壬为王。过了不久，仲壬又死了，伊尹只好立商汤的长孙太甲为王。

商初连丧三王，政治出现了危机。伊尹受商汤重托，深感自己的责任重大，他把振兴商朝的希望寄托在太甲身上。然而太甲从小生长在帝王之家，过着无忧无虑的生活，因此他即位后，政务民事从不过问，整天只知寻欢作乐，还昏暗暴虐，破坏了商汤法制。伊尹一再教导太甲要勤政爱民，不能耽于游乐，但太甲根本听不进去。伊尹看到太甲执迷不悟，心想：太甲这样放纵下去说不定将来会成为夏桀一样的人。由于劝诫毫无结果，伊尹就和其他大臣商议后，作出了一个决定。他们在商汤墓所在地——桐（今河南偃师区西南），建了一座宫室，称为"桐宫"。他们把太甲送入桐宫让他静心思过。

桐宫地处商汤墓地，气氛庄严肃穆，除了守墓人，一般人不得进入。在这样的环境里，太甲每天一睁眼见到的就是祖父的陵墓，想到的是祖父艰苦创业、替天行道的功绩，读的是伊尹专为他写的教材《伊训》《肆命》《徂后》。其中，《伊训》是伊尹对他的告诫忠言，《肆命》是教他怎样当政，《徂后》是商汤的法律制度。太甲面对祖父的陵墓，缅怀祖父的政绩，对照自己的恶性劣行，日日想，夜夜思，终于意识到自己错误的根源和被送到这里的原因，从迷途中觉醒过来。他一边读书，一边打扫陵墓，日久天长，逐渐变成了另外一个人：行动谨慎、言语谦逊、思想沉稳、勤劳不息。

在太甲闭门思过期间，伊尹代他行政，日理万机，还不断了解他的情况，抽空来桐宫看望。转眼间，时间过了三年，太甲已经悔过自新，重新做人。伊尹看到太甲稚气脱尽，行为简朴，与三年前相比判若两人，非常高兴，便亲自携带商王的冠冕衣服到桐宫，迎接太甲返回亳（音bó，今河南商丘）都再登王位，把国政交还太甲，自己退为臣子。

太甲二次即位，勤修德政，以身作则，诸侯都诚心诚意地归服他，百姓的生活也得到了安宁。伊尹特作《太甲训》三篇褒奖太甲。太甲终于成了有作为的君主，为后来的中兴局面打下了基础。

⊙ 伊尹像

伊尹，又名伊挚，夏朝有莘国（今山东省菏泽市曹县莘冢集大集乡殷庙村）人，出身奴隶，曾辅佐商汤起兵伐桀，建立了商朝，后来还是三任商王的功臣。

伊尹辅助商初数个帝王，既是帝王的老师，又代帝王行政，功高盖世，前无古人。伊尹死后，商王沃丁用葬天子的礼节葬了伊尹。

盘庚迁都

商汤刚建立商朝的时候，国都在亳。以后300年里，都城搬迁过五次。这主要有两方面的原因，一是贵族内部经常争夺王位，发生内乱；二是黄河下游常常闹水灾。有一次发大水，把都城全淹了，就不得不搬家。

从商汤开始传了20个王，王位传到盘庚手里。盘庚为王时，都城在奄（今山东曲阜），当时奄都已经非常热闹和繁华了，可是这里地势低洼，每年雨季都遭水淹，常常使交通中断，与外界的联络非常不便。

盘庚是个挺能干的君主。当时社会不安定，奄都又年年闹水灾，为了改变这个局面，他决心再一次迁都。可是，大多数贵族贪图安逸，不愿意搬迁。有的贵族还煽动平民起来反对，闹得很厉害。

在强大的反对势力面前，盘庚丝毫没有动摇迁都的决心。他把反对迁都的贵族找来，耐心地劝说他们："迁都是为了我们国家的安定。你们要理解我的苦心，不要产生无谓的惊慌。我的主意已定，不容更改。"

盘庚坚持迁都的主张终于挫败了反对势力，他带着平民和奴隶，渡过黄河，搬迁到殷（今河南安阳小屯村），在那里整顿商朝的政治，使衰落的商朝重新兴旺起来，之后200多年，一直没有迁都。所以商朝又称作殷商。

经过3000

⊙ 安阳殷墟遗址分布示意图

通过多年的调查与发掘，殷墟的范围和布局已大体清楚。洹河南岸的小屯村东北角为商代官殿、宗庙区，周围分布有手工业作坊，居民区及平民墓地；北岸分布有大面积的王陵区。殷墟周围可能是贫民居所。

多年的漫长日子，商朝的国都早就变为废墟了。到了近代，人们在安阳市小屯村一带发掘出大量古代的遗物，证明那里曾经是商朝国都的遗址，就叫它是"殷墟"。

从殷墟发掘出来的遗物中，有龟甲（龟壳）和兽骨10多万片，这些龟甲和兽骨上都刻着很难认的文字。经过考古学家的研究，才把这些文字弄清楚。当时，商朝的统治阶级是十分迷信鬼神的。他们在祭祀、打猎、出征的时候，都要用龟甲和兽骨来占卜一下，看看是吉利还是不吉利。占卜之后，就把当时发生的情况和占卜的结果用文字刻在龟甲、兽骨上。我们把这种文字叫作"甲骨文"。现在我们使用的汉字就是从甲骨文演变来的。

在殷墟发掘的遗物中，还发现大量种类繁多的青铜器皿、兵器，工艺制作都很精巧。有个叫作"后母戊"的大方鼎，重量有832.84千克，高130多厘米，长110厘米，鼎腹内有铭文"后母戊"三字，说明是商王为祭祀其母戊而做，鼎上还刻着富丽堂皇的花纹。这么大的青铜器，说明在殷商时期，冶铜的技术水平已经很高超。但是也可以想象得出，制造这样巨大的精美的大鼎，不知道花费了多少奴隶的血汗。

考古工作者还在殷墟中发掘了奴隶主的墓穴。墓穴中除了大量的珍珠宝玉等奢侈的陪葬品之外，还有许多奴隶被活活杀死殉葬。在大墓

殷墟

殷墟是在河南安阳西北郊小屯村一带发现的商朝后半期的文化遗址。

该地在商朝时称为殷，从盘庚迁殷到纣亡国，共经历了8代12王273年的时间。

中国历史上又称商朝为"殷代"、"殷商"和"殷朝"。商朝被周武王灭亡之后，殷都被废弃，逐渐荒凉，以至变成废墟，年长日久被埋没在地下，后来人们叫它为"殷墟"。从1928年起，这里先后发掘出大量青铜器、玉器、陶器和甲骨（10万多片），还发掘出许多墓葬和宫室遗址。

旁边的墓道里，一面堆着许多无头尸骨，一面排列着许多头颅。据甲骨片上的文字记载，他们祭祀祖先，大批屠杀奴隶做供品，最多的时候，竟达到2600多个。

从殷墟出土的甲骨文中，我们对殷商时期的社会情况有了比较确凿的考证。所以说，我国最早有文字记载的历史，是从商朝开始的。

奴隶为相

盘庚以后，商朝又传了三个王，这第三个王就是武丁。武丁从小性格内向，说话做事很不一样，得不到人们的支持和理解，就连他的父亲都觉得他怪怪的。父亲越看他越不顺眼，干脆把他赶出王宫，让他到乡下去住。

武丁在乡下待了好多年，从来不摆王子的架子。他虚心好学，不耻下问，掌握了不少知识，结交了许多平民百姓，还跟一些奴隶交上了朋友。他还拜有名的贤人甘盘为师，学习治理国家的本领。一次，在一个建筑工地上，武丁遇见了一个叫傅说的奴隶，他们两个人一边筑墙一边交谈。虽然傅说其貌不扬，但他知识丰富，说话幽默风趣，对国家大事有很精辟的见解，对王室进行直言不讳的抨击。武丁越听越佩服，心想："我即位后一定任命他为宰相，好好治理国家。"后来，傅说知道了武丁的真实身份，怕别人说他巴结权贵，就躲了起来，不愿再见武丁。武丁四处寻找，但都没有找到。

父亲去世后，武丁做了王。在给父亲守丧的三年里，他把国家大事交给几个大臣处理，自己不说一句话。每天上朝，武丁只听大臣们的议论，从来不发表意见，大臣们一个个既纳闷又害怕。有人说，他是因为突然得了一种不会说话的怪病，才不跟人交谈的。

三年后的一天，上朝时，武丁竟然睡着了，还发出轻微的鼾声。

◉ **傅说像**

傅说是我国殷商时期卓越的政治家、军事家、思想家及建筑科学家。他辅佐武丁安邦治国，形成了历史上有名"武丁中兴"的辉煌盛世，并留下了千古不朽的《说命》三篇。

大臣们生怕吵醒了大王的美梦，都不再说话了，大殿上顿时鸦雀无声。过了一会儿，武丁伸了伸懒腰，揉了揉眼睛，终于开口说话了。他对大臣们说："刚才我梦见天帝派了一个圣人来辅佐我。这个人有点驼背，身穿粗麻布衣，胳膊上套着绳索，好像是个囚犯。"大臣们大眼瞪小眼，半信半疑。

随后，武丁让画师按他的描述把"圣人"的像画了下来，让大臣们四处寻访梦中的"圣人"。结果大臣们在北海（今山西平陆东面）的傅岩，找到了一个跟画像很像的奴隶，高高兴兴地把他带到王宫。武丁一看，这个人果然是傅说，大喜，就对大家说："他就是天帝派来辅佐我的圣人。"马上和他交谈起来，最后还让他做了左相。大家不免有疑问，傅说真的是天帝派给武丁的圣人吗？找到的这个奴隶真的和武丁梦到的一模一样吗？原来啊，在当时奴隶是不能做官的，武丁很想让傅说来帮他治理朝政，可傅说是奴隶，怎么办呢？武丁就编了个故事，说天帝托梦给他是天帝的旨意，天帝的旨意不能违背，于是傅说就当上了相。

傅说当上宰相后，开始整饬朝政。傅说首先劝说武丁节约，祭祀时减少供品，为群臣和百姓做好榜样。后来，武丁又任用贤臣祖己和老师甘盘。在这些贤人的辅佐下，武丁励精图治，商朝逐渐强大起来。

为了恢复商朝昔日的荣光，武丁开始四处征伐。

武丁经过多年的征战，大大拓展了商朝的疆域和势力范围，促进中原地区和周边各少数民族的交流，使商朝成为北到大漠，南逾江淮，西起甘肃，东至大海，包含众多部族的泱泱大国。

姜太公钓鱼

武丁之后，又传了八个王，最后一个王叫纣。纣早年亲自带兵和东夷长期打仗。他很有军事才能，最后平定了东夷，把商朝的文化传播到淮水和长江流域一带。但是长期战争消耗也大，加重了商朝人民的负担，人民的痛苦越来越深了。

纣到了晚年，和夏桀一样，只知道贪图享乐，根本不管政事民生。他建造了许多富丽堂皇的宫殿，还在别都朝歌（今河南淇县）造了一个"鹿台"，把搜刮来的金银珍宝储藏在里面；他又造了一个极大的叫作"钜桥"的金库，把剥削来的粮食囤积起来。他把成吨的酒倒在池里，把成堆的肉挂得像树林一样，叫作酒池肉林。他和宠姬妲己就在里面过着逍遥快活的日子。他还用各种残酷的刑罚来镇压人民。不听话的诸侯或者平民，都被他绑在烧红的铜柱上烤死。这种刑罚叫"炮烙"。

这时候，西部的周部落一天天兴盛起来。此时，周部落的首领叫姬昌（后来称为周文王），他跟纣王的所作所为正相反。他禁止喝酒，不准贵族打猎、糟蹋平民的庄稼。他鼓励人民多养牛羊，多种粮食。他还虚心接待有才能的人，有才能的人都来投奔他了。

周部落强大起来，成了商朝的威胁。大臣崇侯虎对纣王说，周文王的影响太大了，这样下去，对商朝不利。

纣王于是下命令，把姬昌抓住，关在羑里（在今河南汤阴县一带，羑音yǒu）。周部落为了救出姬昌，就把许多美女、珍宝献给纣王，又送了许多礼物给纣王的亲信大臣。纣王见了美女珍宝，高兴得眉开眼笑，立刻把姬昌释放了。

姬昌见纣王昏庸残暴，丧失民心，就决定讨伐商朝。可是他身边缺少一个懂军事会打仗的人来帮助他。他暗暗地物色这种人才。

有一天,姬昌带着他的儿子和兵士到渭水北岸去打猎。在渭水边,一个老头儿在河岸上坐着钓鱼。大队人马过去,那个老头儿丝毫不为所动,还是安安静静钓他的鱼。姬昌看了很惊奇,就下了车,走到老头身边。当姬昌看到老头儿钓鱼的方法时更惊奇。一般人钓鱼,都是用弯钩,上面挂上有香味的鱼饵,然后把钓钩沉在水里,诱骗鱼儿上钩。但这个老头儿的钓钩是直的,上面不挂鱼饵,也不沉到水里,并且离水面三尺高。

经过一番谈话,姬昌才知道这个老头儿叫姜尚(又叫吕尚、姜子牙,"吕"是他祖先的封地),是一个精通兵法布阵的高人,在这里钓鱼是专门等姬昌,希望能建功立业。于是,姬昌恳请姜尚同他一起回宫。

因为姬昌的祖父曾经盼望得到一位帮助周族兴盛起来的人,而姜尚正是这样的人,所以后来人们叫姜尚为太公望,在民间传说中,又称他为姜太公。

姜尚做了姬昌的助手后,一面发展生产,一面训练兵马。周族的势力越来越大。在姜尚的帮助下,周陆续征伐了临近的一些小国。过了三年,姬昌又发兵征伐崇国(在今陕西沣水县)。崇国是商朝西边最大的一个属国。姬昌灭了崇国，就在那里筑起城墙，建立了都城，叫作丰邑（今陕西西安西南沣水西岸）。没过几年，周逐渐占领了大部分商朝统治的地区，归附姬昌的部落也越来越多了。

但是，姬昌正打算征伐纣王的时候，生病死了。

武王伐纣

姬昌死了以后，他儿子姬发即位，就是周武王。周武王拜姜尚为师，并且要他的兄弟周公旦、召公奭（shì）做助手，准备讨伐商纣。第二年，周武王在盟津（今河南孟津东北）举行军队大检阅，有800多个小国诸侯不约而同地来到盟津会师。大家都要他带领着去伐商。但是武王认为时机未到，检阅结束后又回到都城丰邑。

这时候，纣的暴政越来越厉害了。商朝的贵族王子比干和箕子、微子非常担心，苦口婆心地劝纣别这样胡闹下去。纣王不但不听，反而发起了火，把比干杀了，还叫人剖开比干的胸膛，把他的心掏出来，说要看看比干的心是什么样的，和常人的是否有区别。箕子装疯卖傻，总算免了一死，但被罚作奴隶，囚禁起来。微子看见商朝已经没有希望，就离开朝歌出走了。

武王听到探子的报告，知道纣到了众叛亲离的地步，认为时机已经成熟，就发兵5万，请精通兵法的姜尚做元帅，渡过黄河东进。到了盟津，八百诸侯又重新会师在一起。周武王在盟津举行誓师大会，宣布了纣残害人民的罪状，鼓励大家同心伐纣。

一天，周军正在前进，忽然有两个老人挡住了大军的去路，要见武王。原来，这两个人是孤竹国（在今河北卢龙）国王的两个儿子，哥哥叫伯夷，弟弟叫叔齐。孤竹国王钟爱叔齐，想把王位传给他，伯夷知道了父亲的心意，就主动离开孤竹国，好不让父亲为难，可是叔齐不愿接受哥哥让给他的王位，也躲了起来。周文王在世的时候，他们两人一起投奔周国，定居下来。他俩听到武王要去讨伐纣王，就赶来阻止，并说这是大逆不道的行为。

武王左右将士听了，非常生气，有的拔出剑来，想杀他们。姜尚知道这俩人是书呆子，就吩咐左右将士不要为难他们，把他们拉开就行了。哪知道这兄弟俩想不开，后来，竟躲到首阳山（在今山西永济西南）上，绝食自杀了。

周武王的讨纣大军士气旺盛，一路上势如破竹，很快就打到离朝歌仅仅70里的牧野（今河南淇县西南）。纣听到这个消息，立刻拼凑了70万人马亲自率领着到牧野迎战。他寻思着，武王的兵力不过5万人，70万人还打不过5万人吗？

◉ 箕子像

箕子，作为中华第一哲人，在商周政权交替与历史大动荡的时代中，因其道不得行，其志不得遂，披发装疯。后被周武王封居朝鲜，建立"箕氏侯国"，其流风遗韵，至今犹存。

可是，那70万商军多数是临时组织起来的奴隶和从东夷抓来的俘虏。他们平日受尽纣的压迫，早就恨透了纣王，谁也不想为纣卖命。在牧野战场上，当周军进攻的时候，他们就掉转矛头，扭过头来倒打一耙，配合周军一起攻打商军。70万商军，一下子就土崩瓦解了。姜尚指挥周军，趁势追击，一直追到商都朝歌。

商纣逃回朝歌，眼看大势已去，当夜，就躲进鹿台，放了一把火，跳到火堆里自杀了。周武王灭了商朝，把国都从丰邑迁到镐京（今陕西西安市西），建立了周朝。

为了巩固周朝的统治，从周武王起，把亲属和功臣分封各地，建

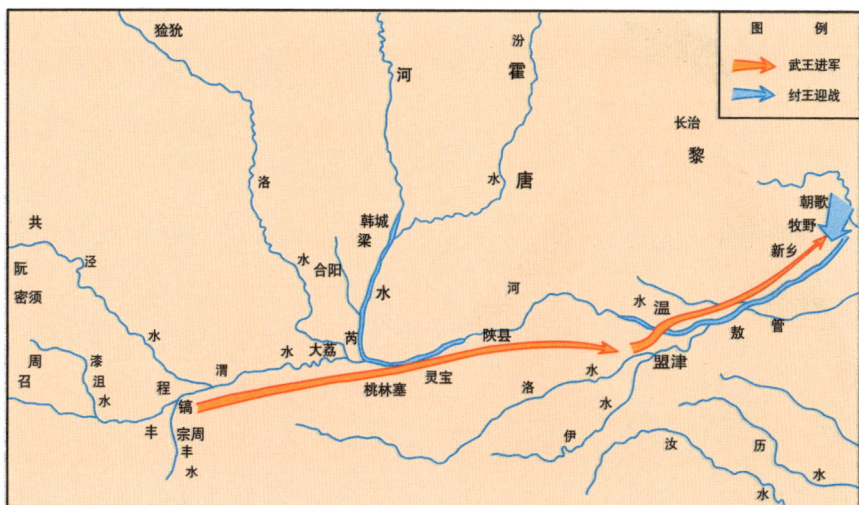

◉ 牧野之战示意图

立诸侯国，姜尚被封在齐国，他的弟弟周公旦被封在鲁国，召公奭被封在燕国。据说从武王到他的儿子成王，一共封了70多个诸侯国。

商朝虽然灭亡了，但是它留下的贵族和奴隶主还有势力。为了安抚这些人，武王把纣王的儿子武庚封为殷侯，留在殷都，又派自己的三个兄弟管叔、蔡叔和霍叔去帮助武庚。名义上是帮助，实际上是监视，防着他闹乱子。

周公辅政

周武王建立了周朝以后，过了两年就生病死了。他的儿子姬诵即位，就是周成王。周成王才13岁，还没有能力处理国家大事，就由武王的弟弟周公旦管理国家大事。历史上通常把周公旦叫周公。

周公的封地在鲁国，因为他要留在京城处理政事，不能到封地去，就派他的儿子伯禽代他到鲁国去做国君。

伯禽临走的时候，问他父亲有什么嘱咐。周公说："我是文王的

⊙ 周公像

周公，姓姬，名旦，被尊为"元圣"。辅佐成王，致礼作乐，平定"三监"，建都洛邑，在巩固和发展周王朝的统治上起了关键性的作用。被孔子称为古代圣人。

儿子，武王的弟弟，当今天王的叔叔，你说我的地位怎么样？"

伯禽说："那自然是很高很高了。"

周公说："对呀！我的地位确实很高，但是我每次洗头发的时候，一遇到急事，就马上停止洗头发，把头发握在手里去办事；每次吃饭的时候，听说有人求见，我就把来不及咽下的饭菜吐出来，去接见那些求见的人。我这样做，还怕天下的人才不肯到我这儿来呢。你到了鲁国，不过是个国君，可千万不能骄傲啊！"

周公尽心尽力管理国事，可是他的弟弟管叔、蔡叔却造谣，说周公有野心，想要篡夺王位。

纣王的儿子武庚虽然被封为殷侯，但是受到周朝监视，觉得很不自由，巴不得周朝发生内乱，重新恢复殷商的王位，就和管叔、蔡叔暗中勾结，联络了一批殷商的旧贵族，还煽动东夷的几个部落，闹起叛乱来。

武庚和管叔等人制造的谣言，闹得镐京也沸沸扬扬的，连召公奭听了也怀疑起来。成王年纪小不懂事，根本搞不清外面的谣言是真是假，对辅助他的叔父也有点怀疑。

周公心里很难过。他首先和召公奭披肝沥胆地谈了一次话，说他决没有野心，要召公奭顾全大局，不要轻信谣言。召公奭被他诚恳的话感动了，消除了误会，继续帮着周公。周公在安定了内部之后，亲自率领大军东征。

用了三年的工夫，周公终于平定了叛乱，把带头叛乱的武庚杀了。管叔一看武庚失败，自己觉得没脸活了，就上吊自杀了。周公平定了叛乱，把霍叔革了职，让蔡叔充了军。

在周公东征的过程中，一大批商朝的贵族成了俘虏。周公觉得让这批人留在原来的地方不大放心；同时，镐京在西边，要控制东部地区很不方便，就在东面新建一座都城，叫洛邑（今河南洛阳），把殷朝的俘虏都迁到那里，派兵监视他们。

打那以后，周朝就有了两座都城。西部是镐京，又叫宗周；东部是洛邑，又叫成周。

周公辅助成王执政了7年，总算把周朝的统治巩固下来。到周成王20岁的时候，周公把政权交给成王。

厉王毁国

从周成王到他的儿子康王两代，前后50多年，周朝政局比较安定。后来，由于奴隶主贵族加重剥削，加上不断发动战争，平民和奴隶越来越不满。周朝的统治者为了镇压人民，采用十分严酷的刑罚。周穆王的时候，制定了3000条刑法，犯法的人受的刑罚有5种，像额上刺字、割鼻子、砍脚等。但是，再严酷的刑罚也阻止不了人民的反抗。

西周第十个王周厉王即位后，对人民的压迫更严重了。那时候，把住在城外的农夫叫"野人"，住在都城里的平民叫"国人"。周厉王宠信一个名叫荣夷公的大臣，荣夷公唆使他改变了原有制度，把原来公有的山林江河湖泊和贵族占有的山林土地收为国有，不准国人使用。荣夷公还派兵在道路上设关立卡，盘查来往行人，不许人们上山打猎、下水捕鱼，把人们采集来的果实、山珍统统没收。他们还勒索财物，虐待人民。这样一来，上至贵族、大臣，下至平民百姓，都毫无例外地蒙受了经济损失。周厉王的暴虐措施，激起人民的强烈不满，尤其是镐京的国人，经常在路上议论厉王的恶行。

大臣召公虎听到国人的议论越来越多，就劝诫厉王，可厉王却不屑一顾。他下了一道命令，禁止国人批评朝政，还从卫国找来一个巫师，要他专门刺探批评朝政的人。

厉王听信巫师，杀了不少国人。这样一来，国人真的不敢公开议论了。人们在路上碰到熟人，也不敢交谈打招呼，只交换个眼色，就匆匆地走开（词语"道路以目"即以此而来）。

厉王见巫师报告批评朝政的人渐渐少了，十分满意。有一次，召公虎去见厉王，厉王扬扬得意地说："你看，这回不是没人议论了吗？"

◎西周武士复原图
西周打仗只有国人才能参战，它是诸侯贵族间的游戏。武士身着的"练甲"属布甲范畴。周代为火德，尚红色，这在其戎装中也有体现，而且是越鲜艳越好。

召公虎叹了一口气说："唉，这怎么行呢？堵住人的嘴不让人说话，比堵住河流还要危险啊！治水必须疏通河道，让水流到大海；治国家也是一样，必须引导平民说话。硬堵住河流，就要决口；硬堵住人的嘴，是要闯大祸的呀！"

厉王撇撇嘴，懒得再理他，召公虎只好退下去。

厉王的暴政越来越厉害，过了三年（公元前841年），人们终于忍受不了周厉王的残暴，举行了一次大规模的暴动，史称"国人暴动"。参加暴动的人有平民，也有贵族，开始仅几十人，后来迅速发展到几万人，整个镐京成了沸腾的海洋。国人拿起武器、农具，像洪水一样向王宫冲去。王宫卫士看到愤怒的人群，吓得纷纷躲避起来。周厉王顾不得

井田制

井田制是中国奴隶社会的土地国有制度，西周时盛行。那时，道路和渠道纵横交错，把土地分隔成方块，形状像"井"字，因此称作"井田"。井田属周王所有，分配给奴隶主使用。奴隶主不得买卖和转让井田，还要交一定的贡赋。奴隶主强迫奴隶集体耕种井田，无偿占有奴隶的劳动成果。其实质是一种土地私有制度。井田制随着春秋后期土地私有制的出现逐渐瓦解。

体面，慌里慌张带了一批人逃命。他一直逃到彘（今山东霍县东北，彘音zhì）地才停了下来，总算保住了一条命。

国人冲进王宫烧毁了宫殿，搜遍了各个角落也没有找到周厉王，听说太子姬静躲在召公虎家里，于是又围住召公虎家。召公虎无法控制住人们愤怒的情绪，出于无奈，只好将自己的儿子冒充太子静交给人们处死，这样才平息了这场规模巨大的暴动。

周厉王被赶下台后，朝廷里没有国王，国内人民拥戴大臣周公（周公旦的后代）和召公虎主持国政，替天子行使职权，历史上称为"周召共和""共和行政"。从共和元年，即公元前841年起，中国历史才有了确切的纪年。周厉王在彘地待了14年，一直没敢回来，最后病死在那里。

宣王中兴

一直躲藏在召公家的太子姬静已经长大成人，召公虎、周公利用迷信平息了国人的愤怒，拥立姬静为周王，就是周宣王。

周宣王即位后，吸取他父亲周厉王的教训，决心效仿文王、武王、成王、康王，重用召公虎、周公、尹吉甫等贤臣，整顿朝政，振兴周朝。

刚开始的时候，周宣王在召公虎和周公等大臣的辅佐下，废寝忘食、殚精竭虑地治理国家。可是时间一长，他就有些懈怠了。

周宣王的王后姜后，是一个既聪明又贤惠的女人。她看到周宣王天天早睡晚起，不想去上朝，心急如焚，心想："要是这种情况继续下去的话，不仅不能振兴周朝，还可能重蹈周厉王的覆辙，这可怎么办啊？"于是，她决定向周宣王进谏。

姜后脱下王后的衣服，摘下头上、身上的金银饰品，然后穿上罪人的衣服，把自己关进监狱，命令宫女去禀告周宣王。宫女来到周宣王的寝室，告诉周宣王姜后的情况。正睡得迷迷糊糊的周宣王一听，立即从床上跳起来，慌忙穿上衣服，来到监狱，急忙问怎么回事。

姜后跪下哭着说："臣妾的品德太差，致使大王迷恋上我，害得大王上朝经常迟到，给大臣、诸侯和百姓们留下了大王好色失德的印象。大王好色，必然会穷奢极欲、酒池肉林，导致社会动荡，国家灭

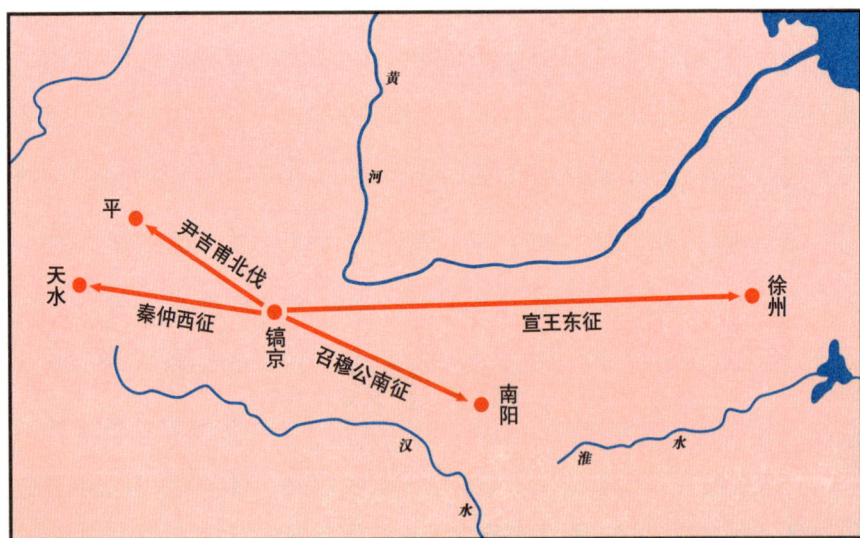

◎ 周宣王武功图

周朝建立常备军后，武装力量大增。周宣王期间，北伐犹，南征荆蛮，西伐西戎，东平淮夷，四方归顺，天下太平。

烽火台是用于点燃烟火传递重要消息的高台，它系古代重要军事防御设施。当时边防报警的信号有两种，白天放烟叫"烽"，夜间举火叫"燧"。烽火台一般为独立构筑，形体有方、圆两种，其自身建筑早于长城，但自长城出现后，长城沿线的烽火台便与长城密切结为一体，成为长城防御体系的一个重要组成部分。烽火台的布置也有两种形式，一种在城墙以外沿通道延伸，以监测敌人动向；另一种在城墙之内，与关隘、郡县相连，便于及时组织反击作战。

亡。当年夏桀王迷恋妹喜，商纣王迷恋妲己，结果导致百姓怨恨、诸侯离心，落得个身死国灭的下场。如果说现在我们国家存在潜在的动乱，那么动乱的根源就是我，是我让大王沉迷女色荒废朝政。"周宣王听了，大受感动，非常羞愧，连忙把姜后扶起来，给她穿上王后的衣服，把她接回王宫。

从此以后，周宣王每天早晨准时上朝，勤于政事，不敢有丝毫倦怠。在大臣们的辅佐下，周朝逐渐恢复了过去的强盛。

周宣王非常重视黎民百姓的疾苦。有一年大旱，田里颗粒无收，周宣王亲自登上祭坛，向上天祈祷，希望上天把灾害降临在自己身上作为惩罚来拯救黎民百姓。

周朝四周的少数民族趁着周朝衰落不断侵扰。当周朝复兴后，周宣王命召公虎及卿士南仲、大师皇父、大司马程伯休父等率军讨伐，沿淮水东进，周边少数民族纷纷降服，向周朝进贡物品。周宣王派秦庄公兄弟五人和尹吉甫征伐猃狁（犬戎，也称西戎），大获全胜，迫使猃狁向西北退走。周宣王还命方叔率军征伐楚国，也获得了胜利。从此周朝天下太平，人民安居乐业。

在周朝的君王中，周宣王是仅次于周武王的明君，他在位期间，励精图治，使周朝复兴，史称"宣王中兴"。

可是宣王中兴的时间非常短暂。周宣王三十一年（公元前797年），伐太原戎，三十六年（公元前792年），伐条戎、奔戎，都遭到了失败。三年后，又伐申戎，虽然取得胜利，但同年却在千亩之战中被姜氏之戎打败。

骊山烽火

周宣王在公元前781年死了，太子宫涅即位，这就是周幽王。周幽王只知吃喝玩乐，不理政事。

幽王继位的第二年，泾、渭、洛地区发生强烈地震。百姓的生命财产遭受巨大损失，动荡不安的政局日益加剧。

周幽王不仅残暴昏庸而且沉迷女色。他整日派人四处寻找美女。有一个叫褒珦的大臣，劝谏幽王节制享受，幽王不仅不听，反而把褒珦判了罪。

褒珦被关入监狱三年，褒家的人十分焦急，他们想尽各种办法，解救褒珦。有人说，用珍宝赎罪；也有人说，找个美女送去，替褒珦赎罪。

后来，褒家人在乡下买了一个特别漂亮的叫褒姒的姑娘，他们教会她唱歌跳舞，把她打扮起来进献给周幽王，替褒珦赎罪。周幽王一见褒姒貌若天仙，马上就把褒珦释放了。从此，幽王整天与褒姒在后宫饮酒作乐，将朝政抛在脑后。

然而，幽王虽然宠爱褒姒，但褒姒性格内向，不喜言笑，任凭幽王想尽一切办法讨她欢心，褒姒都笑不出来。

有一天，幽王忽然心血来潮，让人在宫外贴一个布告：有谁能逗王妃娘娘笑一次，就赏他1000两金子。

奸臣虢石父得知后，马上向幽王献计，用"烽火戏诸侯"的玩笑来博取褒姒一笑。烽火是古代军情危急时的报警信号，周王朝在骊山上建有20多座烽火台，每隔几里便有一座，专门用来防备西戎的进攻。一旦西戎来犯，烽火台上的烽火会像接力棒一样点燃，一个地点接一个地点地传下去，附近的诸侯远远地见了就会发兵来救援。

第二天，幽王兴致勃勃地携爱妃褒姒上了骊山，他们白天在骊山吃喝玩乐，到了晚上，

◉ 烽火戏诸侯

荒淫昏庸的周幽王为博得爱妃一笑，不惜假借烽火之名欺骗属国国君，使他们对其失去信任，最后亡国，可谓荒唐可笑又教训深刻。

让士兵把烽火台的烽火点了起来。附近的诸侯一见黑烟滚滚的烽火狼烟，以为西戎兵打来了，立即率兵来援。赶到时，却不见西戎兵的影子，只听见山上丝竹管弦之声。这时虢石父从山上下来，说："大家辛苦了，这里没有什么事，大王和王妃放烟火不过想取个乐，你们回去吧！"

诸侯们从老远跑来，却被幽王耍乐一番，一个个气得肺都要炸了，掉转马头就走。褒姒在山上，借着火光看到诸侯们气愤、狼狈的样子，真的笑了一下。幽王瞧见了她这一笑，不由得心花怒放，马上赏给虢石父1000两金子。

幽王宠着褒姒，后来把王后和太子宜臼废了，立褒姒为王后，立褒姒的儿子伯服为太子。原来王后的父亲是申国的诸侯，得到这个消

息，就联合西戎进攻镐京。

幽王听到犬戎（西戎种族的一支）进攻的消息，惊慌失措，连忙下命令把骊山的烽火点起来。烽火倒是烧起来了，可是各路诸侯对上次的羞辱记忆犹新，加上对幽王昏庸乱政的不满，连一个救兵也没有派。

西戎兵很快攻破周都镐京，把逃到骊山脚下的幽王和伯服杀了，又把美貌的褒姒抢走了。

幽王死后，申侯、鲁侯和许文公在申国立原来的太子姬宜臼为王，这就是周平王。平王后来回到镐京，看到镐京已被西戎人破坏得面目全非，只好于公元前770年，东迁至洛邑。历史上把周朝定都镐京的时期，称为西周；迁都洛邑之后，称为东周。

庄公斗胆战天子

周平王东迁以后，东周的统治区域日见缩小，东到荥阳（今河南郑州西），南至汝水（在河南汝河），西临潼关（在陕西渭南市潼关北），北达沁水（位于山西东南部，晋城市西北部），只有方圆六七百里。周天子名义上是天下的共主，实际上不过是个中等的诸侯国而已。

郑庄公（公元前757—前701年），名叫姬寤生。他的祖父郑桓公是周厉王的小儿子，为辅佐周王室的卿士。相传郑庄公出生时，是倒着出生的，母亲姜氏非常痛苦，所以非常不喜欢他。后来他的弟弟姬段出生后，姜氏想让郑庄公的父亲郑武公废掉他，改立姬段为太子，但郑武公没有同意。郑武公死后，郑庄公即位。姜氏还不死心，向郑庄公要求把京（今河南郑州市荥阳东南）这个地方封给姬段，郑庄公答应了。大臣们认为京是个要地，不能随便封给人，纷纷表示反对。郑庄公说："这是母亲的要求，有什么办法呢？"所以就把京封给了姬段。

姬段到了京后，横征暴敛，不断扩充军队，训练士卒，准备谋反。他还违反规定，大肆扩建京的规模。大臣们纷纷向郑庄公汇报，郑庄公却不理会，但姬段的一举一动早就被郑庄公所掌握。姬段刚起兵，郑庄公就率军进攻姬段，打他个措手不及，姬段被迫自杀。郑庄公平息了内乱，安定了郑国。

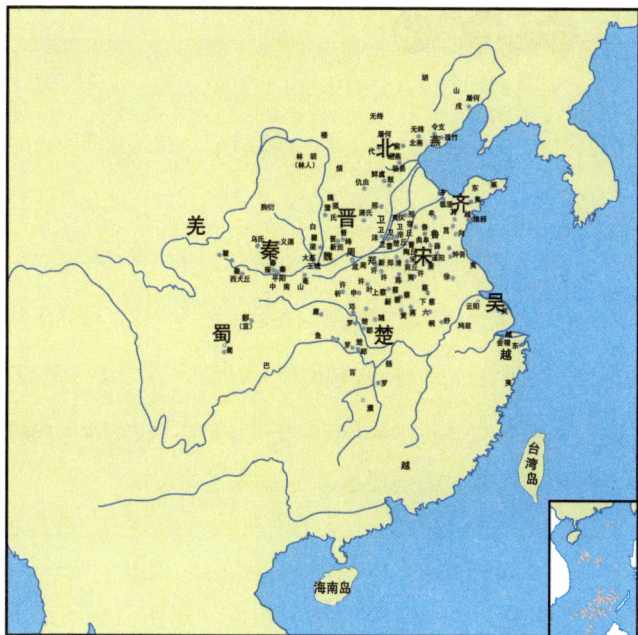

⊙ 春秋列国示意图

郑国地处中原的富庶地区，国力比较强盛，当时北方的晋国忙于内斗，西方秦国正在与西戎作战，东方的齐国与鲁国也连年交兵，南方的楚国刚刚兴起，势力还没有扩展到北方。郑庄公抓住机会，利用郑国的强大和身为卿士的有利条件，不断地进攻周边的小国，扩大自己的领土。

郑庄公首先交好齐、鲁两国，使宋国陷入孤立，然后假借周桓王的名义，自称得到周桓王的命令，讨伐宋国。宋国的国君在交战中被杀，宋军大败。宋国被迫臣服于郑国，割让了大片的土地。此后郑庄公又发动了十余次对外战争，在诸侯中威望大增，许多小诸侯国都听从郑庄公的号令。

随着郑国的强大，郑庄公对周天子的态度也越来越傲慢。周桓王很生气，免去了郑庄公的卿士职位。郑庄公毫不示弱，派兵占领了周朝的一些土地，抢收周朝的庄稼，并拒绝去朝见周桓王。周桓王和郑庄公的关系恶化，矛盾日趋尖锐。

周桓王为维护王室尊严，亲率王师联合陈、蔡和卫国的军队进攻郑国。郑庄公率军在繻葛（今河南长葛北，繻音xū）迎战。

周桓王将联军分为左、中、右三军。周左军由卿士周公指挥，配有陈军；周右军由卿士虢公指挥，配有蔡军和卫军；而周中军主力则由周桓王亲自指挥。

战斗打响后，郑军齐声呐喊，杀入敌阵。陈、蔡、卫三军本来就没有斗志，再看郑军犹如出山猛虎，吓得扔掉兵器，抱头鼠窜。郑军在击溃周军的左右两翼后，开始夹击周中军。周桓王势单力薄，兵微将寡，被郑军杀得人仰马翻，大败而逃。

繻葛之战后，诸侯国再也不把周天子放在眼里，诸侯争霸的时代开始了。

齐桓公称霸

周平王东迁洛邑以后的东周，又分"春秋"和"战国"两个时期。春秋时期，周王室衰落，一些较大的诸侯国用武力兼并小国，大国之间也互相争夺土地，经常打仗。战胜的大国诸侯，可以号令其他诸侯，成为诸侯国的霸主。

春秋时期第一个称霸的是齐国（都城临淄，在今山东淄博）。齐国是姜尚的封国，本来就是个大诸侯国，再加上它利用沿海的资源，生产比较发达，国力就比较强。公元前686年，齐国发生了内乱，国君齐襄公被杀。襄公有两个兄弟，一个叫公子纠，当时在鲁国（都城在今山东曲阜）；另一个叫公子小白，当时在莒国（都城在今山东莒县）。他俩身边都有一个师傅，公子纠的师傅叫管仲，公子小白的师傅叫鲍叔牙。两个公子听到齐襄公被杀的消息，都急着要回齐国争夺君位。

鲁国国君鲁庄公决定亲自护送公子纠回齐国。管仲对鲁庄公说："公子小白在莒国，离齐国很近。万一让他先到齐国，事情就麻烦了。我先带一支人马去截住他。"

不出管仲所料，公子小白正在莒国的护送下赶往齐国，路上，遇到管仲的拦截。管仲对准小白射了一箭。只见小白大叫一声，倒在车里不动了。

◉ **管仲像**
管仲，博学多才，几经曲折，被封为齐国上卿（丞相），因辅佐齐桓公成为春秋时期的第一霸主，所以有"春秋第一相"之称。

管仲以为小白已经死了，就不慌不忙地护送公子纠回到齐国。没想到他射中了公子小白的带钩（古代贵族和文人武士系在腰带的挂钩，多用青铜铸造），公子小白大叫倒下，是故意装死。等到公子纠和管仲进入齐国国境，小白和鲍叔牙早已抄小道抢先到了国都临淄，小白当上了齐国国君，他就是齐桓公。

齐桓公即位以后，为报一箭之仇，立即发兵攻打鲁国，并且逼迫鲁庄公杀掉公子纠，把管仲送回齐国治罪。鲁庄公打不过齐桓公，没有办法，只好照办。

管仲被关在囚车里押送到了齐国。鲍叔牙立即向齐桓公推荐管仲，说他是个很有才干的人，可以帮助齐桓公干一番大事业。

齐桓公气愤地问："管仲拿箭射我，差点要了我的命，我还能用他吗？"

鲍叔牙说："那时候他是公子纠的师傅，他用箭射您，正是他对公子纠的忠心。他比我的能耐大多了。主公如果要干一番大事，管仲可是个不能不用的人。"

齐桓公挺大度，听了鲍叔牙的话，不但不办管仲的罪，还立刻任命他为相，让他管理国政。

管仲帮着齐桓公整顿内政，开发资源，提高耕种技术，又大规模拿海水煮盐，鼓励老百姓入海捕鱼。离海比较远的诸侯国不得不依靠齐国供应的食盐和海产。别的东西可以不买，盐是非吃不可的。齐国就越来越富强了。

齐桓公一心想当诸侯的霸主。管仲给他出主意，让他借助周天王的名义。公元前681年，齐桓公奉了刚即位的周釐（xī）王的命令，通知各国诸侯到齐国西南边境上北杏（今山东东阿县北）开会。

这时候，齐桓公的威望还不高。发出通知以后，一共只来了宋、陈、蔡、邾（zhū）四个诸侯国。还有几个诸侯国，像鲁、卫、曹、郑（都城在今河南新郑），都没有来。

在北杏盟会上，大家公推齐桓公当盟主，订立了盟约。盟约主要有三条：一是尊重天子，扶助王室；二是抵御别的部落，不让他们进入中原；三是帮助弱小的和有困难的诸侯。

曹刿论战

齐桓公取得霸主地位后，想显露一手，好叫大臣们臣服他，也想在别的诸侯国面前示示威，就决定攻打它早就不满的鲁国。于是，公元前684年，齐桓公拜鲍叔牙为大将，带领大军，一直往鲁国的长勺（今山东莱芜东北）打去。

齐国进攻鲁国，激起鲁国百姓的愤慨。有个鲁国人曹刿（guì）去见鲁庄公，要求参加抗齐的战争。

曹刿见到鲁庄公后，问鲁庄公："请问主公凭什么去抵抗齐军？"

鲁庄公说："有什么好吃好穿的，我总是分给大家一起享用。凭这一点，我想大家会支持我。"

曹刿听了直摇头，说："这种小恩小惠，得到好处的人不多，百姓不会为这个支持您。"

鲁庄公说："我在祭祀的时候，内心是虔诚的。"

曹刿笑笑说："这也算不了什么，神帮不了您的忙。"

鲁庄公的回答，曹刿并不满意，最后，鲁庄公想了一下，说："每逢百姓打官司的时候，我虽然不能把每件事都查得很清楚，但是都会尽最大努力处理得合情合理。"

曹刿这才点头说："我看凭这件得民心的事，可以和齐国拼上一场。"

而后曹刿请求跟鲁庄公一起到战场上去，看见曹刿胸有成竹的样子，鲁庄公同意了他的请求。于是两个人坐在一辆兵车上，带领人马出发了。

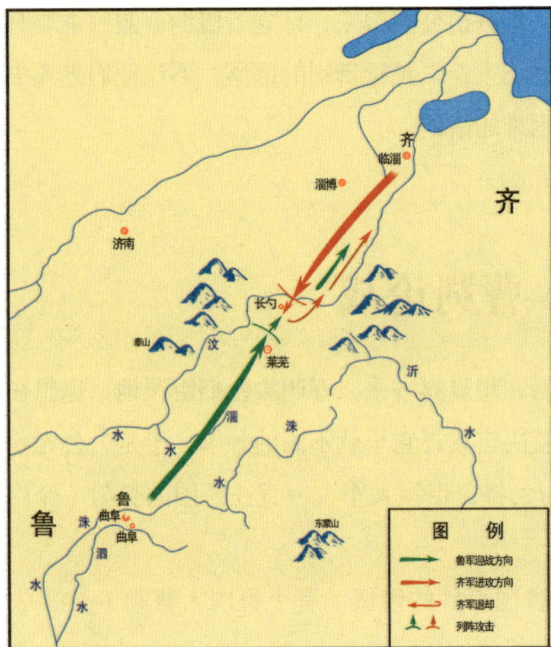

⊙ 长勺之战示意图

两军在长勺列开阵势。齐军凭借人多势众，最先擂响了战鼓，发动进攻。鲁庄公准备马上让士兵反击，曹刿连忙阻止道："等一下，还不到时候呢！"

这时齐军的第二通战鼓又擂响了，曹刿还是叫鲁庄公按兵不动。鲁军将士看到齐军张牙舞爪的样子，个个摩拳擦掌，焦急地等待着主帅的命令。

齐军主帅看鲁军站在那里不动，又下令擂响第三通鼓，鲁军还是按兵不动。齐军兵士以为鲁军胆怯怕战，耀武扬威地向鲁军冲杀来。

曹刿这才对鲁庄公说："现在可以下令出击了。"

鲁军阵地上擂响了进军鼓，兵士顿时士气高涨，像猛虎下山般扑了过去。齐军兵士面对勇猛的鲁军，没有丝毫的心理准备。一会儿就招架不住鲁军的攻势，一齐溃败下来。

鲁庄公看到齐军败退，就要下令追击，曹刿又拉住他说："别着急！"说着，他跳下战车，观察齐军战车留下的车辙，接着，又上车爬到车杆子上，望了望敌方撤退的队形，才说："请主公下令追击吧！"

鲁军兵士听到追击的命令，乘胜追击，终于把齐军赶出鲁国国境。

鲁军反攻胜利后，鲁庄公对曹刿镇定自若的指挥，暗暗佩服，可心里想不明白这个仗是怎么打胜的。回到宫里后，他先向曹刿慰问了几句，接着说道："齐军头回击鼓，你为什么不让我出击？"

战役中旗、鼓、金的作用

春秋时期，军旗成了战场上常用的信号物品，旗的分类也越来越细致，《周礼》中就将旗分为九种（如常、旌、物等）。在当时旗有特别的含义：一是君主的象征；二是旗立着不倒，表示战斗仍在继续。如公元前 685 年，鲁庄公被齐军打败，弃车而逃，同车的大夫拿着庄公的旗帜改行他路，诱使齐军追错了方向，鲁庄公也得以逃生。此外，军鼓和金也在春秋时代广泛地应用在了战场上。擂鼓表示进攻，鼓音能激励士气，而鸣金则表示退兵。

曹刿说："打仗这件事，全凭士气。对方擂第一通鼓的时候，士气最足，第二通鼓，气就松了一些；到第三通鼓，气已经泄了。对方泄气的时候，我们的兵士却鼓足士气，这时我们擂鼓出击哪有不打赢的道理。"

鲁庄公接着又问为什么不立刻追击。曹刿说："齐军虽然败退，但它是个大国，兵力强大，说不定他们假装败退，在什么地方设下埋伏，我们不能不防着点儿。我看到他们的旗帜东倒西歪，车辙乱七八糟，阵势全乱了，才请您下令追击。"

鲁庄公恍然大悟，称赞曹刿想得周到。在曹刿的指挥下，鲁国击退了齐军，稳定下来。

老马识途

齐国虽然在长勺打了一次败仗，但这并没有影响齐桓公的霸主地位。过了10多年，北方的燕国（今河北北部、辽宁西部）派人来求救了，说北边的山戎（我国春秋时期北方的一支较强大的少数民族。又称北戎，匈奴的一支）打了进来，来势非常凶猛，燕国打了几个败仗，抵挡不住，请求霸主快发兵去救援。齐桓公就率领人马，往北方去救援燕国。

等齐军到了燕国，山戎早就跑了，还抢走了不少财物。管仲说："山戎没打就跑，一定有阴谋。等到咱们一走，他们准又来抢劫。要安定北方，非收拾了这帮土匪不可。"齐桓公就决定继续前进追击山戎。燕国的国君燕庄公对齐桓公说："离这儿80里，有个无终国（在河北玉田县西北），跟我们关系很好。要是请无终国帮我们，我们就有带路的了。"齐桓公立刻派使者去无终国。无终国派了一员大将带领一队人马前来支援。

齐桓公在无终国人的带领下，把山戎给收拾了，救出了不少被山戎掳去的青年男女，山戎的百姓也归顺了齐国。可是山戎的大王密卢逃到孤竹国（在河北卢龙东南）借兵去了。齐桓公决定打孤竹国，非把山戎杀光不可。三国的人马就又往北前进，到了孤竹国附近的地方，就碰到了山戎的大王密卢和孤竹国的大将黄花。他们又被齐国的大军打跑了。齐桓公见天快黑了，吩咐安营扎寨，打算休息一夜，明天再攻打孤竹国。

半夜里，士兵带着黄花来见齐桓公。齐桓公一瞧，他跪在地上，双手捧着一颗人头，就问他来干什么。黄花说他杀了密卢背叛了孤竹国来投降的，还愿意带路去追赶孤竹国国王答里呵。齐桓公叫将士们认了认那颗人头，真是山戎大王密卢的脑袋，就把黄花留下了。

◉ 春秋战车复原图

第二天，黄花带着齐桓公和燕庄公进了孤竹国的都城，果然是一座空城。他们更加相信黄花的话了。齐桓公怕答里呵逃远了，叫燕庄公带着燕国人马守住孤竹国的都城，自己带着大军跟着黄花去追答里呵。黄昏的时候，他们来到一个地方，当地人把它叫"迷谷"，眼前全是沙子，就跟大海一样，根本看不到边儿。这下大家可迷路了。

齐桓公急得满头大汗，赶紧派人去叫黄花。哎，哪还有黄花的影子？黄花早就偷偷溜了，大家这才知道被黄花骗了。原来，黄花杀了密卢是真的，投降可是假的。

管仲说："这里是个很危险的地方，不能再走了。"齐桓公立刻下令停下来。天越来越黑，又赶上冬天，西北风呼呼刮着，冻得大家直哆嗦。

他们勉强在迷谷里过了一夜。有些小兵被活活冻死，还有被风声吓死的。天亮了，可还是不知该往哪里走。管仲突然想到，狗、鸽子、蜜蜂这些动物，不管离家多远，都不会迷路的，当地的马也许能带他们出迷谷。他就挑了几匹老马，让它们领路。这几匹老马果然领着大家出了迷谷。

齐桓公的大队人马出了迷谷，走到半路，远远瞧见一些老百姓走着，好像搬家一样，就派个老兵扮做逃难的老百姓去寻问。原来，这是孤竹国的百姓。当初所看见的孤竹国国都是座空城，原来是黄花和答里呵使诡计让老百姓先搬出城区，然后再攻打守城的燕庄王的人马。

管仲叫一部分士兵扮做孤竹国的百姓混进城去。到了半夜，混进城里的士兵放了一把火，打开城门从城里杀出来，城外的大军从外边打进去，敌人被杀得嗷嗷直叫。黄花和答里呵全给杀了，孤竹国也就这么完了。

齐桓公九合诸侯

齐桓公帮助燕国打败山戎以后，邢国（在今河北邢台）也遭到另一个部落狄人的侵扰。齐桓公又带着人马去赶跑了狄人，帮助邢国重筑了城墙。接着，狄人又侵扰卫国，齐桓公帮助卫国在黄河南岸重建国都。因为这几件事，齐桓公的威望就提高了。只有南方的楚国（都城在今湖北江陵西北），不但不服从齐国，还跟齐国对立起来，要跟齐国比个高低。

楚国在中国南部，向来不和中原诸侯来往。那时候，楚国人开垦南方的土地，逐步收服了附近的一些部落，慢慢地变成了大国。后来，干脆自称楚王，不把周朝的天子放在眼里。

公元前656年，齐桓公约了宋、鲁、陈、卫、郑、曹、许七国，联合进攻楚国。

楚成王得知消息，一面集合人马准备抵抗，一面派使者去见齐桓公，说：“我们大王叫我来，请问，齐国在北面，楚国在南面，两国素不往来，没有什么瓜葛，为什么你们的兵马要跑到这儿来呢？”

管仲说：“我们两国虽然相隔很远，但都是周天子封的。当初齐国受封的时候，曾经接受了一个命令：谁要是不服从天子，齐国就有权征讨。你们楚国本来每年向天子进贡包茅（用来滤酒的一种青茅），为什么现在不进贡了？”使者说：“没进贡包茅，这是我们的不是，以后一定进贡。”

楚国使者走后，齐国和诸侯联军继续前进，一直到达召陵（今河南郾城县，召音shào）。

楚成王又派屈完去探问。齐桓公为了显示自己的军威，请屈完一起坐上车去看中原来的各路兵马。屈完一瞧，军容整齐，兵强马壮。

齐桓公逸事

齐桓公虽然在管仲的辅佐下成就了"霸业"，但孟子却对其持批评态度，认为他不过是靠霸道，而不是靠王道。《史记》载："桓公好内，多内宠，如夫人（小老婆）者六人"，"桓公病，五公子各树党争立"。可见齐桓公生活糜烂，如此多的儿子也为以后的内乱埋下了隐患。另外还有《管子·小称》记载"易牙献婴"的故事。故事讲的是大夫易牙以厨艺服侍齐桓公。齐桓公说："只有蒸婴儿肉还没尝过。"于是易牙将其长子蒸了献给齐桓公吃。齐桓公亲近小人，甚至吃人肉，也可以看出其在生活上的腐化和荒淫无度。

齐桓公对屈完说："你瞧瞧，这样强大的兵马，谁能抵挡得了？"

屈完淡淡地笑了笑，说："君侯协助天子，讲道义，扶助弱小，人家才佩服您。要是光凭武力的话，那么，我们国力虽不强，但是用方城（楚国所筑的长城，在今河南方城北至泌阳东北）作城墙，用汉水作壕沟。您就是再多带些人马来，也未必能打得进去。"

齐桓公听屈完说得挺强硬，估计联军也未必能轻易打败楚国，而且楚国既然已经认了错，答应进贡包茅，也算有了面子。就这样，中原八国诸侯和楚国一起在召陵订立了盟约，各自回国去了。

后来，周王室发生纠纷，齐桓公又帮助太子姬郑巩固了地位。姬郑即位后（也就是周襄王），为了报答齐桓公，特地派使者把祭祀太庙的祭肉送给齐桓公，算是一份厚礼。

齐桓公趁此机会，又在宋国的葵丘（今河南兰考东）会合诸侯，招待天子使者，并且订立了一个盟约，主要内容是：修水利，防水患，不准把洪水往邻国排；邻国有灾荒来买粮食，不应该禁止；凡是同盟的诸侯，在订立盟约以后，都要友好相待。这是齐桓公最后一次会合诸侯。像这样大的会合，一共有许多次，历史上称作"九合诸侯"。

唇亡齿寒

齐桓公老了，中原霸主的地位可是具有相当的诱惑力，许多国家都想争夺这一霸主地位，晋献公也蠢蠢欲动。

要想当霸主，必须有足够的土地和实力。为了满足这一条件，晋献公开始行动了。他借口说邻近的虢国（又叫北虢，都城在今河南陕县东南）经常侵犯晋国（都城在今山西翼城东南）的边境，要派兵灭了虢国。可是在晋国和虢国之间隔着一个虞国（在今山西平陆、夏县一带），讨伐虢国必须经过虞地。"怎样才能顺利通过虞国呢？"晋献公问手下的大臣。大夫荀息说："虞国国君是个目光短浅、贪图小利的人，只要我们送他价值连城的美玉和宝马，他不会不答应借道的。"晋献公一听有点舍不得。荀息看出了晋献公的心思，就说："虞虢两国是唇齿相依的近邻，虢国灭了，虞国也不能独存，您的美玉宝马不过是暂时存放在虞公那里罢了。"晋献公采纳了荀息的计策。

晋国派使者到虞国，送上一匹千里马和一对名贵的玉璧，作为礼物买通虞君说："我们打算攻打虢国，为行军方便，想跟您借一条道儿从您的国土过去。"

虞国国君见到这两样珍贵的礼物，顿时心花怒放，听晋国使者说要借道虞国之事时，当时就满口答应下来。虞国大夫宫之奇听说后，赶快阻止道："不行，不行，虞国和虢国离得那么近，好像嘴唇跟牙齿一样。俗话说'唇齿相依，唇亡齿寒'，没有嘴唇，牙齿也保不住啊！我们这两个小国相互依存，有事可以相互帮助，还不至于让人家给灭了。万一虢国被晋国灭了，我们虞国也就难保了，借道给晋国万万使不得呀！"虞君说："人家晋国是大国，现在特意送来美玉、宝马和咱们交朋友，难道咱们借条道路让他们走走都不行吗？再说，晋国比虢国强十倍，就算失去了一个小国，可是交上了一个大国，还不好吗？"宫之奇还想劝说，但被虞国大夫百里奚拉了出来。百里奚说："跟糊涂人说好话，就好像把珍珠扔在路上。"宫之奇连声叹气，知道虞国离灭亡的日子不远了，于是就带着一家老小离开了虞国。

果然，晋国军队借道虞国，消灭了虢国，回头顺便也灭了虞国，取回了千里马和玉璧。虞君和百里奚都做了俘虏。

秦穆公广招人才

百里奚被晋献公抓去当俘虏后，晋献公想要重用他，可百里奚宁可做俘虏，也不愿做晋国的官。后来，百里奚找了一个机会从晋国逃了出来，可是又被楚国抓了去，在楚国给人看牛看马。后来，秦穆公将百里奚从楚国赎回，辅佐秦穆公。

秦国地处西部边地，国小民弱，在群雄并起的春秋时代，与其他强国相比，显得很不起眼。可秦穆公却雄心勃勃，也想称霸天下，但苦于身旁没有贤才良臣来辅佐他。为此，他很苦恼。

有一天，秦穆公召见了善于相马的伯乐，对他说："你的年纪也不小了，你后代中有继承你的相马本领的人吗？"

伯乐回答说："大王，真是可惜，我

◎ 秦公簋　春秋
此簋为春秋早期秦国国君的礼器，造型具有西周晚期同类器物的遗风，敛口，鼓腹，盖有大捉手。器身有纹饰，盖沿和口沿每组纹饰间还设有上下相反的浮雕兽首，十分奇特。

的后代中没有一个人能比得上我，倒是我的好朋友九方皋，他相马的本领高强，大王可以试一试。"

穆公当即召来九方皋，请他去寻一匹好马。过了三天，九方皋兴冲冲地跑来报告，说已为大王找到了一匹一流的好马，是一匹黄色的母马。

穆公让人把马儿牵来，一看竟是一匹黑色的公马，非常生气。

伯乐忙解释道："大王您有所不知，会相马的人，一眼便能看中马的内在的灵性。至于马的颜色、外貌和雌雄都不会影响到一匹好马的品性，所以九方皋把这些给忽略了，或许，他根本也没理会这些。大王，您尽可以放心。"

后来一试，果然是匹天下无双的好马。秦穆公从这件事上得到了启发，他派人到各处去广招人才，希望天下有用的人都投奔到他的门下来。

不久，有人向秦穆公报告说，有个叫百里奚的，很有才能，现在流落在楚国喂牛。秦穆公马上派手下人去楚国请他，考虑到如果用重金去聘的话，会引起楚王的怀疑，于是依照当时一般奴隶的身价，派使者带了五张羊皮去楚国换人。楚王不想得罪秦国，就把百里奚交换给了秦国使者。

秦穆公亲自召见百里奚，一看，原来是个70岁的老头，很失望，情不自禁地说："可惜啊，太老了。"

百里奚说："大王，如果您让我追逐天上的飞鸟，或者去捕捉猛兽，臣确实太老了；但如果和大王您一起商讨国家大事，臣还不算老呢。"

秦穆公一听，觉得挺有意思，就问："我想让秦国超过其他的国家，您有什么好主意吗？"

百里奚说："秦国虽在边陲地区，但地势险要，兵马强悍，进可以攻，退利于守，我们可以充分利用自己有利的条件，乘机而进。"

秦穆公听了，觉得百里奚说得有道理，是个人才，就打算封他为上卿，治理国事。

谁知百里奚连连摆手说："大王，臣有个朋友叫蹇叔，他的才能远远胜过我，请大王封他为上卿吧。"

秦穆公一听还有比百里奚更能干的人，连忙派使者带着重金，到蹇叔隐居的地方请他出山。

蹇叔被请来了，秦穆公高兴极了。蹇叔说："秦国之所以不能立于强国之中，主要是威德不够。"

秦穆公说："那么怎样才能做到呢？"

蹇叔说："治法要严，别的国家就不敢欺负您；对百姓要宽容，人民就会拥护您。要想国家强盛，必须教民礼节，贵贱分明，赏罚公正，不能贪心，也不能急躁。我看今天许多强国，霸业已经衰退，秦国一步一步富强起来，称霸的日子就快来了。"

秦穆公被蹇叔的一番话说得心服口服，心花怒放，于是封百里奚为左庶长，蹇叔为右庶长，称为"二相"。自从"二相"治国后，立法教民，兴利除害，秦国变得富强起来了。

愚蠢的宋襄公

公元前643年齐桓公死去。齐桓公一死，他的五个儿子开始抢夺君王的位子，齐国爆发了内乱。公子昭走投无路，就想起父亲死前嘱咐的话：大难之时请宋襄公帮助。于是公子昭逃往宋国。

宋襄公见齐国发生内乱，就想起齐桓公当初称霸诸侯时，何等显赫，现在乘其内乱，正是树立自己威信的大好时机。于是宋襄公号召各国诸侯出兵一起送公子昭回国当国王。可是，宋襄公的号召力不大，只有三个小国出兵跟他攻打齐国，公子昭被拥立为齐孝公。

本来齐国是诸侯的盟主，如今齐孝公依靠宋国的帮助，才得到了君位。所以，齐孝公对宋国感恩戴德，这样一来，无形当中提高了宋国的地位。

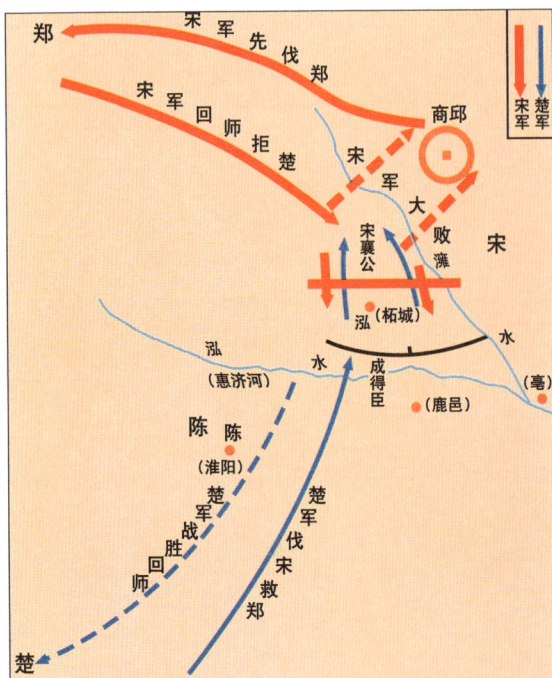

⊙ 宋楚之战示意图

宋襄公雄心勃勃，想继承齐桓公的霸主事业。这次他约会诸侯，却只来了三个小国，几个中原大国都不理睬他，便决定先教训几个小国，以挽回面子。他处罚了滕国国君婴齐，便邀曹、邾等国结盟，借口邾国国君迟到，就叫邾国人把他抓起来杀了祭祀社神。

公元前638年，宋襄公出兵攻打郑国。郑国向楚国求救。楚成王没有直接去救郑国，而是派兵攻打宋国。

宋襄公得知本国告急后，立即撤军归国。宋军与楚军隔泓水对峙。

过了几天，宋国大将公子目夷看到楚军准备渡河，连忙对宋襄公说："兵贵神速，此时乘敌军没有渡完河的时候，发起进攻，一定能战胜他们。"宋襄公摇头说道："宋是讲仁义的国家，怎么能趁人家渡河时与人开战呢？那样岂不是太不仁义了吗？"说着说着，楚军已经全部渡过泓水，正在列队摆阵。公子目夷又对宋襄公说："楚军已经过泓水，趁他们阵脚未稳，赶快杀将过去，楚军一定战败，此时不动手，恐怕就来不及了。"宋襄公不高兴地说："这怎么行？你太不讲仁义了。人家队伍没排好，怎么能乘人之危呢？"

一会儿的工夫，楚国兵马已经排好阵势，接着擂响了战鼓，楚军如排山倒海般杀向宋军。宋军哪里抵挡得了，纷纷败下阵来。宋襄公见状，跳上一辆战车仗剑指挥。一阵乱箭射来，腿上中箭负伤。公子目夷等几员战将见状，拼命厮杀冲开一条血路，杀出重围，总算保住了宋襄公的命。

宋襄公率残兵败将回到国都商丘。宋国百姓议论纷纷，都埋怨他不该和楚国交战，更不该采取那种打法。这些话传到宋襄公那里，他还不服气，气愤地说："君子要讲仁义。不能在对方有危险的时候攻击他们，不能碰到受伤的人再去伤害他，不能捕捉头发花白的老兵作俘虏。"公子目夷气愤地说道："打仗就是为了打败敌人。如果在敌人面前讲仁义，就不要打仗；如果碰到老兵不抓，就只有当别人的俘虏了。"

宋襄公受了重伤，过了一年死了。临死时，他嘱咐太子说："楚国是我们的仇人，要报这个仇。我看晋国（都城在今山西翼城东南）的公子重耳是个有志气的人，将来一定是个霸主。你有困难的时候，可以去找他。"

重耳流亡

重耳是晋献公的儿子，晋献公宠爱一个妃子骊姬，想把骊姬生的儿子奚齐立为太子。后来晋献公年纪大了，想到嗣立的问题，便听了骊姬的话，狠下心来，将原来的太子申生杀了。申生一死，晋献公的另外两个儿子重耳和夷吾都感到性命难保，便都逃到别的诸侯国避难去了。重耳逃到了狄国，晋国有才能的人大多数也跑出来跟着他。

晋献公死后，夷吾回国夺取了君位。夷吾感到留着重耳是个祸患，便想除掉重耳，重耳不得不到处逃难。

重耳在狄国一住就是12年，后来有人行刺他，他只好逃往卫国。卫国国君看他时运不济，也不肯接待他。

重耳一班人一路流亡到齐国。那时齐桓公在位，待他也不错，送给重耳不少车马和房子，还把本族一个姑娘嫁给他。重耳觉得留在齐国挺舒适，便不再想回国的事。可是跟随他的人都思念晋国，都想回去。

随从们背着重耳聚集在桑树林里商量回国的事，恰巧被一个在桑

◉晋文公复国图卷　南宋　李唐

介子推的故事

介子推原是晋国贵族，随晋文公重耳流亡多年，历尽千辛万苦，不离不弃。一次到卫国，因饥饿难耐遂向田夫讨饭，不成反遭戏谑，是介子推割下大腿上的肉做成汤才救了重耳一命。但日后重耳掌权封赏时，却忘了介子推。子推好友张解为他不平，于是修书给国君，借物隐喻，文公看后如梦方醒，但介子推已和老母隐居深山。文公亲往请其出山，子推为避沽名钓誉之嫌而不允。文公无奈之下放火烧山欲逼他出来，结果气节至上的介子推竟和母亲抱树而死。文公见之痛哭不止，命人葬之于绵山，并改绵山为介山，以警示自己的过错。后人也为了纪念介子推，特定清明前一日禁止用火，称为寒食节。

树林里采桑叶的女奴偷听了去。这个女奴把这事告诉了重耳的妻子姜氏。姜氏对重耳说："听说你们打算回晋国去，这很好啊！"

重耳赶快辩白，说："没这回事。"

姜氏一再劝他回国，说："您在这儿贪图享乐是没有出息的。"可重耳就是不愿意走。当天夜里，姜氏和重耳的随从们商量好，把重耳灌醉了，放在车里，送出齐国。等重耳醒来，已经离开齐国很远了。

后来，重耳又到了宋国。正赶上宋襄公生病，他手下的臣子对重耳的随从狐偃说："宋襄公是非常器重公子的，但是我们实在没有能力帮助你们回晋国去。"

狐偃明白宋国的意思，便与重耳等人离开宋国，又到了楚国。楚成王把重耳当作贵宾，还用招待诸侯的礼节招待他。由此，重耳十分尊敬楚成王。两个人渐渐成了朋友。

有一次，楚成王邀请重耳到王宫去，在宴会上开玩笑说："公子要是将来回到晋国当上国君，那么会怎样报答我呢？"

重耳说："我愿意和贵国永远友好。如果两国交兵打仗，在两军相遇时，我一定退避三舍（古时候行军，每30里叫作一'舍'。'退避三舍'就是自动撤退90里的意思）。"等宴会结束，楚国大将成得臣对楚王说："重耳言谈没有分寸，我看他是个忘恩负义的人。不如趁早杀掉他，免得以后吃他的亏。"

楚成王没听成得臣的，正好秦穆公派人来接重耳（因为秦穆公的夫人是重耳的异母姐姐），楚成王就让重耳到秦国（都城雍，在今陕西凤翔东南）去了。

当初是秦穆公帮助重耳的异母兄弟夷吾回晋国当上国君的。没想到夷吾做了晋国国君以后，不仅不感恩戴德，还和秦国发生了战争。夷吾死后，他儿子又同秦国发生事端。于是，秦穆公决定帮助重耳回国。

公元前636年，秦国的大军护送重耳渡过黄河，收复了晋国，从此流亡了19年的重耳在晋国当上了国君。这就是晋文公。

退避三舍

晋文公即位以后，整顿内政，发展生产，晋国渐渐强盛起来。他也想做中原的霸主。

这时候，周朝的天子周襄王派人来讨救兵。周襄王的异母兄弟太叔带，勾结狄国，夺了王位。周襄王逃到郑国，他请求各国诸侯护送他回到洛邑去。各国诸侯没人愿意发兵帮忙。

有人对周襄王说："现在诸侯当中，只有秦、晋两国有力量打退狄人，别人恐怕不中用。"襄王就派使者去请晋文公帮忙。

晋文公马上发兵往东打过去，把狄人打败，又杀了太叔带，护送周襄王回到洛邑。

过了两年，宋襄公的儿子宋成公也来讨救兵，说楚国派大将成得臣率领楚、陈、蔡、郑、许五国兵马攻打宋国。晋文公早就看出，要当中原霸主，就得打败楚国，他就带兵去救宋国。

公元前632年，晋军打下了归附楚国的两个小国——曹国和卫国，把两国国君都俘虏了。

楚成王听到晋国出兵，立刻下令叫成得臣退兵。可是成得臣以为宋国就要被拿下来了，不肯半途而废。他派人去对楚成王说："我不敢说一定打胜仗，但一定要拼个死活。"

楚成王很不乐意，只派了少量兵力归成得臣指挥。

成得臣先派人通知晋军，要他们释放卫、曹两国国君。晋文公却暗地通知这两国国君，答应恢复他们的君位，但是要他们先跟楚国断交。曹、卫两国按晋文公的意思办了。

⊙晋楚城濮之战示意图

成得臣本想救这两个国家，不料他们倒先来跟楚国绝交。他知道这是晋文公逼迫的，就立即下令，让全军去攻打晋军。

楚军一进军，晋文公就立刻命令往后撤。晋军中有些将士说："我们的统帅是国君，对方带兵的是臣子，哪有国君让臣子的理？"

狐偃解释说："打仗要凭理，理直气就壮。当初楚王曾经帮助过主公，主公在楚王面前答应过：要是两国交战，晋国情愿退避三舍。现在后撤，就是为了实现这个诺言啊。要是我们对楚国失了信，那么我们就

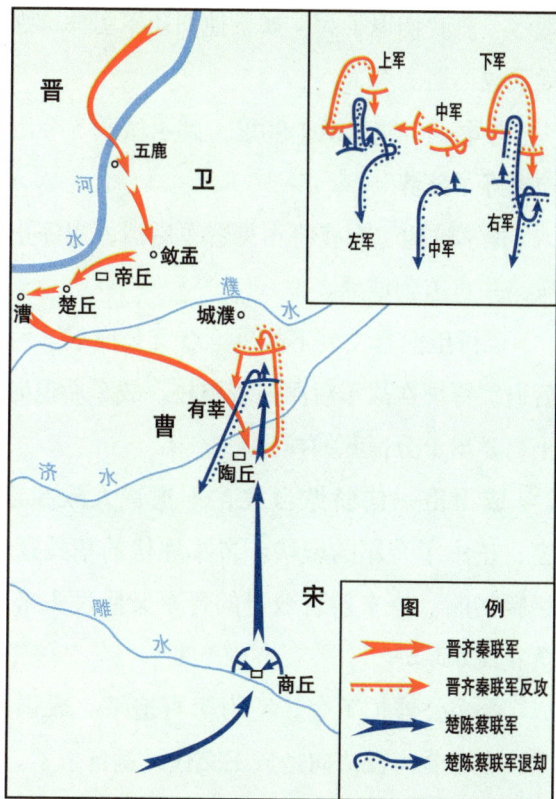

理亏了。我们退了兵，如果他们还不罢休，那就是他们输了理，我们再动手也不迟。"

晋军一口气后撤了90里，到了城濮（今山东鄄城西南）才停下来，布置好了阵势。

楚军这边，有些将军见晋军后撤，想停止进攻，可是成得臣却不答应，一直追到城濮。

成得臣向晋文公下战书，晋文公应战。两边还没打多久，晋军开始后退。晋国在战车后面拖着树枝，战车后退时，地下飞扬起一阵阵的尘土，显出十分慌乱的模样。

成得臣一向骄傲自大，不把晋人放在眼里。他没多想就直追上去，正中了晋军的埋伏。晋军埋伏的精兵猛冲过来，把成得臣的军队拦腰切断。原来假装败退的晋军又回过头来，前后夹击，把楚军杀得落花流水。

晋文公连忙下令，吩咐不再追杀。成得臣带了败兵残将回到半路上，自己觉得没法向楚成王交代，就自杀了。

打败了楚国，晋国声势大振。不久，晋文公约各国诸侯开会，订立盟约。这样，晋文公就当上了中原霸主。

弦高救国

晋文公打败了楚国，约诸侯们开会，连一向归附楚国的陈、蔡、郑三国的国君也都来了。郑国虽然跟晋国订了盟约，但因为害怕楚国，暗地里又跟楚国结了盟。

晋文公知道后，打算再一次会合诸侯去征伐郑国。晋国大臣们说："会合诸侯已经好几次了。我们本国兵马已足够对付郑国，何必去麻烦人家呢？"

晋文公说："也是，不过秦国跟我们有约定，有事一起出兵，可以叫上他们。"

秦穆公正想向东扩张势力，就亲自带着兵马到了郑国。晋国的兵马驻扎在西边，秦国的兵马驻扎在东边。郑国的国君慌了神，派了个能说会道的烛之武去劝说秦穆公退兵。

烛之武对秦穆公说："秦晋联手攻打郑国，郑国准得亡国。郑国和秦国相隔很远，郑国一亡，土地会全归晋国，晋国的势力就更大了。它今天在东边灭了郑国，明天也可能向西侵犯秦国，对您有什么好处呢？"

秦穆公认为有道理，答应跟郑国单独讲和，还派了三个将军带着2000人马，替郑国守卫北门，自己带领其余的兵马回国了。晋国人见秦军撤走，都很生气。有人主张晋国自己攻打郑国，有人主张把留在郑国的2000秦兵消灭掉。可是晋文公说："要是没有秦君的帮忙，我怎么可能回国呢？"他就想办法把郑国拉到晋国一边，订了盟约，也撤兵回去了。

留在郑国的三个秦国将军听到郑国又投靠了晋国，连忙派人向秦穆公报告，要求再讨伐郑国。秦穆公不愿跟晋文公翻脸，只好暂时忍着。

过了两年（公元前628年），晋文公病死，他的儿子襄公即位。有人劝说秦穆公趁着晋国办丧事的机会，讨伐郑国。留在郑国的将军也送信给秦穆公说："郑国北门由我们控制着，要是秘密派兵来偷袭，准能成功。"

秦穆公召集大臣们商量怎样攻打郑国。老臣蹇（jiǎn）叔和百里奚都反对。蹇叔说："调动大军偷袭这么远的国家，

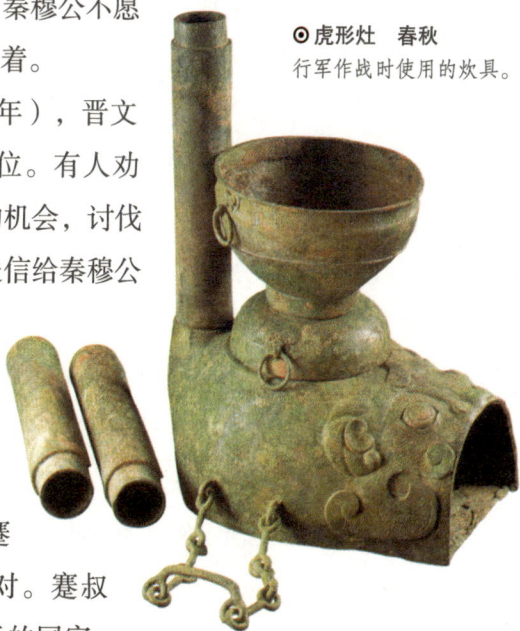

⊙虎形灶 春秋
行军作战时使用的炊具。

我们赶得精疲力竭，对方早就有了准备，怎么能够取胜？而且行军路线这样长，还能瞒得了谁？"

秦穆公不听，派百里奚的儿子孟明视为大将，蹇叔的两个儿子西乞术、白乙丙为副将，率领300辆兵车，偷偷地去攻打郑国。

第二年二月，秦国的大军进入滑国（在今河南省）地界。忽然有人拦住大军，说是郑国派来的使臣，求见秦国主将。

孟明视大吃一惊，接见自称使臣的人，问他来干什么。

那"使臣"说："我叫弦高。我们的国君听说三位将军要到郑国来，特地派我送上一份微薄的礼物，慰劳贵军将士，表示我们的一点心意。"接着，他献上四张熟牛皮和十二头肥牛。

孟明视原打算在郑国毫无防备的时候突然袭击，现在郑国使臣老远地跑来犒劳军队，这说明郑国早已有了准备。他收下了弦高送给的礼物，对弦高说："我们并不是到贵国去的，你们何必这么费心。你就回去吧。"

弦高走了以后，孟明视对手下人说："郑国有了准备，偷袭没有成功的希望了。我们还是回国吧。"说完，顺手灭掉滑国，抢了点财宝，回国了。

其实，弦高只是个牛贩子。他赶着牛到洛邑去做买卖，正好碰到秦军。他看出了秦军的来意，要向郑国报告已经来不及了。他急中生智，冒充郑国使臣骗了孟明视，同时派人连夜赶回郑国向国君报告。

郑国的国君接到弦高的信，急忙叫人到北门去观察秦军的动静。果然发现秦军把刀枪摩擦得雪亮，马匹喂得饱饱的，正在作打仗的准备。他向秦国的三个将军说："各位在郑国住得太久，我们实在供养不起。听说你们要离开，就请自便吧。"

三个将军知道已经泄了密，不能再待下去，就连夜逃跑了。

崤山之战

秦军想偷袭郑国，晋国早就得到情报。晋国的大将先轸认为这是打击秦国的好机会，劝说新即位的晋襄公在崤山（今河南洛宁县北，崤音yáo）截击秦军。

晋襄公亲自率领大军到了崤山。崤山地势十分险要，晋军在那里布下天罗地网，只等秦军到来。孟明视他们一进崤山，就中了埋伏，被晋军团团围住，进退两难。秦国的兵士死的死，降的降。孟明视、西乞术、白乙丙三员大将都被活捉了。

晋襄公得胜回朝。他的母亲文嬴原是秦国人，不愿同秦国结仇，对襄公说："秦国和晋国原是亲戚，一向互相帮助。要是把这三个人杀了，恐怕两国的冤仇越结越深。不如把他们放了，让秦君自己去惩办他们。他们打了败仗，秦君也不会放过他们的。"

晋襄公觉得母亲说得有道理，就把孟明视等三个人放了。

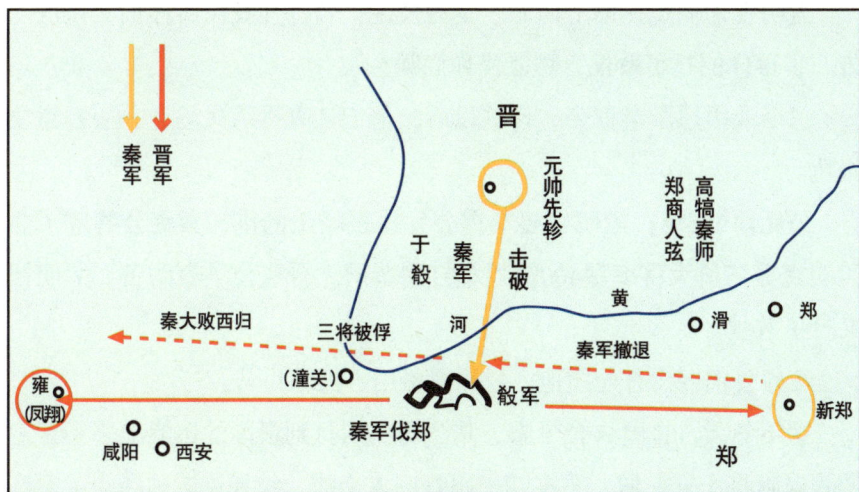

●秦晋崤山之战示意图

大将先轸一听放了孟明视，立刻去见晋襄公，说："将士们拼死拼活，好容易把他们捉住，怎能轻易把他们放走呢？"

晋襄公也感到后悔，立刻派将军阳处父去追。

孟明视他们被放后，担心晋国反悔，就使劲地逃跑。到了黄河边，发现后面有晋兵追上来。在这紧急的时候，有一只小船停在河边，他们就跳了上去。

等阳处父赶到，船已经离了岸。阳处父在岸边大声喊："请你们回来！我们主公忘了给你们准备车马，特地叫我赶来送几匹好马，请你们收下！"

孟明视可没上当。他站在船头说："承蒙晋君宽恕了我们，已经万分感激，哪里还敢再要礼物。要是我们回去还能保全性命，那么，过了三年，再来报答贵国吧。"

阳处父回去向晋襄公回报了孟明视的话，晋襄公懊悔不及，但也无可奈何了。

孟明视他们回到秦国。秦穆公听说全军覆没，穿了素服，亲自到城外迎接。

孟明视他们跪在地上请罪。秦穆公说："都怪我没听你们父亲的劝告，害得你们打了败仗，哪能怪你们呢？"

三个人很感激秦穆公，打这以后，他们认真操练兵马，一心一意要报仇。

公元前625年，孟明视要秦穆公发兵报崤山的仇，秦穆公答应了。孟明视等三员大将率领400辆兵车打到晋国。晋襄公早有防备，孟明视又打了败仗。

秦穆公仍旧没有处罚他，孟明视更用心操练兵马。

这年冬天，晋国联合了宋、陈、郑三国打到秦国的边界上来了。孟明视嘱咐将士守住城，不准随便跟晋国人交战，结果让晋国夺去了两座城。附近的小国和西戎见秦国接连打败仗，纷纷脱离秦国。

春秋无义战

春秋时期，周王室已经开始衰弱，一些较大的诸侯国开始争霸称雄。这时，齐桓公便乘机提出"尊王攘夷"的口号，经过多年征战，最终成为春秋时期的第一个霸主。齐桓公死后，齐国渐趋衰落，随着晋国的强大，晋文公成为春秋时期的中原霸主。楚庄王继位后，北上与中原各国争雄，于公元前597年灭郑，成为春秋时期的中原霸主。后来，吴王夫差在战胜越国、齐国、晋国后，终于称霸中原。之后越王勾践卧薪尝胆，终于灭掉了吴国，成为春秋最后一个霸主。春秋时代展开的大国争霸战争，其最终目的是代替周室并夺取其对各国的号令及索贡权，实际是兼并掠夺战争另一种形式的发展。这就是所谓的"春秋无义战"。

公元前624年，也就是崤山交战以后第三年的夏天。孟明视作好了准备，打算再一次攻打晋国。他挑选了国内精兵，出发了500辆兵车。秦穆公拿出大量的粮食和财帛，把将士的家属安顿好。将士们斗志旺盛，整装出发。

大军渡黄河的时候，孟明视对将士们说："我们这次出来，可是有进没退，我想把船烧了，大家看怎么样？"大伙说："烧吧！打胜了还怕没有船吗？打败了，也别回来了。"秦军憋了几年的仇恨，全在这时候迸发出来。没有几天工夫，就夺回了上次丢了的两个城，接着又攻下晋国的几座大城。

晋国上上下下都着了慌。晋襄公跟大臣商量以后，下了命令：只许守城，不许跟秦国人开战。秦国的大军在晋国的地面上来回挑战，没有一个晋国人敢出来。

有人对秦穆公说："晋国已经认输了。他们都不敢出来交战。主公埋了崤山的尸骨回去，也可以洗刷以前的耻辱了。"

秦穆公就率领大军到崤山，把三年前作战死亡将士留下的尸骨收拾起来，埋在山坡里，然后带兵回国了。

西部小国和西戎部落，听说秦国打败了中原霸主晋国，争先恐后地向秦国进贡。秦国从此就成了西戎的霸主。

秦霸西戎

秦军打败晋国之后，向西发展，攻打西戎。

当时在秦国的西北（今陕甘宁）一带，生活着许多西戎部落，如陇山（又名"大陇山""六盘山""鹿盘山""鹿攀山"等，地处宁夏和甘肃南部、陕西西部）以西有昆戎、绵诸戎（在今甘肃天水市东）、翟部落，泾河以北有义渠（在今甘肃宁县北）、乌氏（今甘肃平凉县一带，氏音zhī）、朐衍（今宁夏盐池县一带）部落，洛川有大荔（今陕西大荔东）部落，渭南有陆浑（在今河南嵩县东北）部落。他们生产落后，过着游牧生活。西戎常常侵扰秦国的边疆地区，掠夺粮食、牲畜、人口，给秦人造成很

◎吹箫引凤图 明 仇英

该画取材于汉代刘向所著《神仙传》，相传春秋时秦穆公之女弄玉擅长吹箫，又与同样擅吹箫的仙人萧史喜结连理。秦穆公于都城外筑高台，弄玉夫妻吹箫，箫声婉转，引来凤凰，后二人乘龙凤升天而去。故后人称此地为凤城。本图即描绘秦穆公之女吹箫，凤凰起舞的场景。

大的损失。秦穆公在攻打西戎时，采取了先强后弱，各个击破的正确方针。

西戎诸部落中较强的是绵诸戎和义渠戎。其中，绵诸戎和秦国接壤。绵诸王听说秦穆公贤能，派使者由余出使秦国。秦穆公隆重接待由余，带他参观了秦国金碧辉煌的宫殿和丰裕的积储，并向他了解西戎的地理、兵力。秦穆公采用内史廖的计策，扣留了由余。

同时，秦穆公给绵诸王送去几个歌女。绵诸王整日观赏秦国的音乐舞蹈，饮酒享乐，不理政事。国内大批牛马死亡，人民饥寒交迫，他也不闻不问。等到绵诸国内政事一塌糊涂，秦穆公才放由余回国。绵诸王沉迷酒色之中，根本不听由余的劝谏。后来在秦人的规劝下，由余终于归顺秦国。秦穆公以宾客之礼接待由余，和他一起讨论统一西戎的策略。秦穆公以由余为向导，派军以迅雷不及掩耳之势，进攻绵诸戎，俘虏了醉醺醺的绵诸王。

义渠部落军事力量强大，曾多次打败秦军。为防御义渠的侵犯，秦国在北部边境修筑长城。但义渠的侵犯并未因此停止。秦国与义渠之间进行了长达百余年的战争。直到秦昭王时，秦国宣太后诱杀义渠王于甘泉宫，秦国才彻底击败义渠，将义渠精壮3万人全部迁到秦国内地，罚做奴隶，另将义渠老幼妇孺全部驱赶到阴山以北的大沙漠。

秦国灭掉西戎20余国，征服了大大小小100多个部落，开疆扩土1000里，控制了今天甘肃、宁夏等大片土地，史称"并国十二，开地千里，遂霸西戎"。周襄王送给秦穆公金鼓，以示祝贺。秦国国界东到黄河，南至秦岭，西抵狄道（今甘肃临洮），北达朐衍，秦穆公成为继齐桓公、宋襄公、晋文公之后的春秋又一位霸主。

秦国在雍（今陕西凤翔东南）建都近300年，但由于地处西陲，经济文化落后，被齐、晋等中原国家所轻视，一直到战国初期，秦国一直是一个比较弱小的国家，经常被魏国打败。这种情况直到公元前361年商鞅变法，实行奖励耕战的政策才开始改变。

一鸣惊人的楚庄王

晋国被秦国打败以后，一连十几年两国没发生战事。可南方的楚国渐渐强大起来，要跟中原的霸主晋国争夺地位。

公元前613年，楚成王的孙子楚庄王即位。晋国趁这个机会，把几个归附楚国的国家又拉拢了过去。楚国的大臣们向楚庄王提议出兵争霸权。

楚庄王没有听从大臣的意见。他白天打猎，晚上喝酒，什么国家大事，都不放在心上，就这样过了三年。他还下了一道命令：谁要是敢劝谏，就判谁死罪。

有个叫伍举的大臣，实在看不下去楚庄王的表现，就去见楚庄王。楚庄王问伍举："你来干什么？"

伍举说："有人让我猜个谜，我猜不着。大王是聪明人，就请猜猜吧。"

楚庄王听说要猜谜，觉得挺有意思，就让他快说。

伍举说："楚国山上有只大鸟，身披五彩，样子挺神气。可是一停三年不飞不叫，人人不知这是什么鸟。"

楚庄王明白伍举是在暗指他，就说："这不是普通的鸟。这种鸟，不飞则已，一飞冲天；不鸣则已，一鸣惊人。你去吧，我已经明白了。"

不久，另一个大臣苏从也来劝说楚庄王。

楚庄王问他："你难道不知道我下的禁令吗？"

苏从说："我知道。只要大王能够听我的意见，我就是被判了死罪，也是心甘情愿的。"

楚庄王高兴地说："你们都是真心为了国家好，我哪会不明白呢？"

从这以后，楚庄王决心改革政治，提拔敢于进谏的伍举、苏从，帮助他处理国家大事；还制造武器，操练兵马，很快就收服了南方许多部落。后来，打败了宋国，又打败了陆浑的戎族，一直打到周都洛邑附近。

为了显示楚国的兵威，楚庄王在洛邑的郊外举行大阅兵。这可把周天子吓坏了。他赶紧派大臣王孙满到郊外去慰劳楚军。

楚庄王和王孙满交谈的时候，楚庄王问起周王宫里藏着的九鼎大小轻重怎么样。九鼎是象征周王室权威的礼器。楚庄王问九鼎，就是表示他有夺取周天子权力的野心。

王孙满劝说楚庄王：国家的强盛，主要靠德行服人，不必去打听

⊙ **螭虎天园地方龙鹿纹灯台　春秋**
此件灯台造型独特，构思巧妙。整件器物虎踞四方，辅以石料绘成的龙纹与鹿纹，画工精细，具有浓厚的春秋楚地的风格。值得一提的是，器物以青铜和漆器合为一体，非常罕见。

鼎的轻重。楚庄王知道还没有灭掉周朝的条件，也就带兵回国了。

以后，楚庄王又请了楚国有名的隐士孙叔敖当令尹（楚国的国相）。孙叔敖当了令尹以后，开垦荒地，挖掘河道，奖励生产。没几年工夫，楚国更加强大起来，先后平定了郑国和陈国的两次内乱，最终和中原霸主晋国冲突起来。

公元前597年，楚庄王率领大军攻打郑国，晋国派兵救郑国。在邲地（今河南郑州市东），楚军和晋军大战。晋国人马死了一半，另一半逃到黄河边。船少人多，兵士争着渡河，许多人被挤到水里去了。掉到水里的人往船上爬，船上的兵士怕翻船，拿刀把往船上爬的兵士手指头都砍了下来。

有人劝楚庄王追上去，把晋军赶尽杀绝。楚庄王说："楚国自从城濮失败以来，一直抬不起头来。这回打了这么大的胜仗，总算洗刷了以前的耻辱，何必多杀人呢？"

楚庄王立即下令收兵，让晋国的残兵逃了回去。

从这以后，一鸣惊人的楚庄王就成了中原霸主。

搜孤救孤

晋国被楚国打败以后，不敢往南方扩张势力。晋景公就向西边去夺地盘，不仅兼并了潞国，还先后打败了秦国和齐国，一天比一天骄傲起来，宠信起了阿谀奉承的大臣屠岸贾。

屠岸贾跟晋国功臣赵盾有仇，三番五次想谋害他，都没办到。现在他受了国君的宠，就老在国君面前煽风点火，说赵家的坏话。晋景公见赵家宗族强盛，势力大，早就想把他们除掉，苦于没有合适的借口。屠岸贾说："当初赵盾指使叔伯兄弟赵穿把先君灵公刺死。赵家还招门客，暗藏兵器。这两条罪状足够了！"

晋景公于是吩咐屠岸贾去查抄赵家，屠岸贾带着一大帮人气汹汹地去了。他让人把赵家全围住，一个也不能放跑，然后带人进去见人就杀，连老人小孩也不放过。屠岸贾一检查赵家被杀的人名，单单少了赵朔的媳妇庄姬。庄姬是晋成公的女儿，晋景公的妹妹。这时候正怀着孕，躲在她母亲的宫里。

屠岸贾天天探听庄姬的消息。同时，赵家的一个门客和一个友人也在暗中探听消息，想救那孩子。这两个人都是去世的老相国赵盾的心腹，一个叫公孙杵臼，另一个叫程婴。赵朔在被害前曾经跟他们说过："要是生个小子，起名叫赵武，武人能够报仇。"

一天，宫女偷偷把个字条传给程婴。程婴拿来一瞧，上头只有一个"武"字。他和公孙杵臼想：屠岸贾哪能轻易放过孩子呢？

果然，屠岸贾带人上宫里去搜查，可是搜来搜去也搜不到。他断定孩子给人偷出去了，就派人上各处去搜查。凡是有可疑的男婴，干脆就杀掉。

程婴和公孙杵臼想不出别的办法。程婴就亲自去对屠岸贾说："我跟公孙杵臼是赵家的门客。庄姬是添了一个儿子，她打发一个妈妈把他抱出来叫我们两个人偷着喂养。如今我怕给人家告发，只好出来自首。"说完他就领着屠岸贾一队人马直到首阳山（河北迁安市南）后几间草棚面前。

程婴先去敲门，公孙杵臼出来，一见外边有武士，就想藏起来。屠岸贾说："跑不了啦！快把孤儿交出来吧。"公孙杵臼假装纳闷地问他："什么孤儿？"

屠岸贾一脚把公孙杵臼踹倒，就叫武士们进去搜查。最后在后面的一间小屋搜出了一个包裹着的男婴。

公孙杵臼一见，

⊙ **程婴像**

程婴，春秋时期晋国卿赵朔的友人，主要活动在晋景公时期。赵朔遇害后，他和赵朔的门客公孙杵臼上演了一出极为戏剧性的"救孤行动"，延续了赵氏唯一的血脉。

挣扎着过去就抢，可是两旁有人架着，不能动弹。他急得扯散了头发，提高了嗓子骂程婴："贪生怕死，丢了主人，丢了朋友，丢了良心，贪图重赏，成了畜生！"程婴只管低头流泪。公孙杵臼又指着屠岸贾骂："你这个小人，一贯讨好主公，为非作歹，横行霸道，瞧着你能享几天富贵……"

屠岸贾立刻吩咐武士把他砍了。他又倒提着那个小衣包看个明白，一条小性命早已给他提溜死了，还怕再活转来，就往地下使劲一摔，让他死个透。

害死朋友、害死忠良家孤儿的程婴，早就给人家指着脊梁骨骂够了。只有大臣韩厥明白。原来屠岸贾摔死的是程婴自己才生下来不久的儿子。程婴骗过了屠岸贾，带着赵武投奔他乡，隐居了15年。

晋景公死后，儿子晋厉公暴虐，被大臣们杀了，大家立晋文公的玄孙孙周为晋悼公。晋悼公非常信任韩厥，拜他为中军大将。韩厥抓住机会提起当年赵家对晋国的功劳，和后来赵家灭门的冤屈。晋悼公正担心着屠岸贾是五朝元老，势力太大，想收拾他。他说："可不知道赵家还有没有后辈？"韩厥说："当初屠岸贾搜查孤儿，非常紧急。老相国赵盾的两个心腹公孙杵臼和程婴想法子把孤儿赵武救出来了。现在赵武练成一身武艺，已经15岁了。"晋悼公马上派人找回了赵武和程婴，杀了屠岸贾，抄斩了屠岸贾全家。

晋悼公不光替赵家申了冤，报了仇，国家大事他也干得不错。他下令减少劳役，开矿开荒，操练兵马。临近的诸侯全都归顺了他。这么一来，晋国就又强大起来了。

弭兵之盟

晋、楚两国为了争夺霸权，连年征战，给广大人民带来无穷无尽的灾难。尤其当时夹在两国中间的很多小国，比如宋国，经常成为两大强国的战场，更是苦不堪言。

经过长期的战争，晋楚两国也损失巨大，而且两国都面临着新的敌人。晋国对依附它的小国强取豪夺，引起了他们的强烈不满。晋国与西边的秦国结盟，不料秦国很快背盟，联合少数民族白狄攻打晋国。楚国爆发了一系列的内乱，楚国的叛臣巫臣跑到东边的吴国，教吴国人用兵车作战。吴国很快强大起来，对楚国构成了严重的威胁。吴军不断骚扰楚国，害得楚军疲于奔命，损失了很多人力物力。在这种情况下，晋国和楚国想停战，在激烈争夺的同时，又在互相试探，释放俘虏，派使臣互访，谋求媾和。

为了使自己免遭战乱之苦，宋国不遗余力地倡导"弭兵"运动，弭兵就是停止战争的意思。这得到了广大渴望和平、停止战争的小国国君和百姓的支持。宋国大夫华元主动出来斡旋，以促成晋、楚结盟。华元不辞辛苦奔波于晋楚两国之间，促成两国停战。

公元前 579 年，在华元的积极斡旋下，晋国卿士燮与楚公子罢、许偃在宋国的西门之外会盟，并达成了协议，这就是第一次弭兵之会，也称"宋西门之盟"或华元弭兵。盟约规定互不侵犯。但两国都没有诚意，盟约缔结四年

⊙青铜马形饰　春秋

后，两国爆发了鄢陵之战，宋西门之盟宣告失败。

鄢陵之战后，两国的内部矛盾日趋激化。晋国士大夫的实力越来越强，已经开始威胁到国君的地位。秦国一向与楚国交好，敌视晋国，在晋楚争霸中经常派兵援助楚国。晋国一直希望与秦修好，但秦国毫不领情。终于，晋国忍无可忍，率兵攻打秦国。晋国与东面齐国的关系也不好，因为齐国经常攻打依附晋国的小国鲁国。晋国虽然派兵打败了齐国，迫使它求和，但并没有解除齐国的威胁。

楚国的情况更加不妙。鄢陵之战以楚国失败而告终，楚国从此开始走下坡路，在与晋国的争霸中处于下风。楚国的统治阶级日益腐败，骄奢淫逸，国内的各种社会矛盾日益尖锐。公族与士族之间、士族与士族之间争权夺利，互相倾轧，造成一些士族逃到晋国和其他国家，为别国效力。西面的吴国逐渐强大，楚国虽然在对吴国的战争中取得了一些胜利，但始终消除不了吴国的威胁。在这种情况下，晋楚两国又开始谋求媾和。

宋国的大夫向戍与晋国执政大夫赵文子、楚国令尹子木是好朋友，他趁机来往于两国之间，进行斡旋，谋划议和。晋、楚两国正求之不得，都很爽快地表示答应。另外两个强国齐国和秦国也表示答应。

公元前546年十月，赵文子、子木与宋国、滕国、邾国三国国君，以及齐、秦、鲁、卫、陈、蔡、郑、曹和许等十四国的大夫会盟于宋国国都商丘的蒙门（东北门）。晋、楚两国达成盟约，盟约规定晋国的盟国要向楚国进贡，楚国的盟国要向晋国进贡，奉晋、楚为共同霸主；秦国和齐国也是大国，秦国不向晋国进贡，齐国也不向楚国进攻。邾国和滕国分别是齐国和宋国的属国，所以不参加会盟。这就是第二次弭兵之会，也称"宋蒙门之盟"或"向戍弭兵"。

子产铸刑书

第二次弭兵之会后，晋国忙于内斗，楚国受制于吴国，所以结盟后，晋、楚40多年没有再发生战争。介于两大国间的各小国，有了一个暂时和平的环境，在政治、经济上都采取一些适应历史潮流的新措施，郑国便是其中的一个。当时执掌郑国国政的是个名叫子产的贵族。

子产（公元前580—前522年），姓公孙，名侨，字子产，号成子。他从小就勤奋好问，博学多闻，被人们称为"博物君子"。青年时期就显露出政治上的远见卓识。

一次子产的父亲大司马子国率兵攻打蔡国，大获全胜。郑国人非常高兴，纷纷称赞子国，只有子产忧心忡忡。子国问他怎么回事，子产说："咱们郑国是个小国，小国应该致力于内政，而不是热衷于侵略他国，打仗对小国来说是最危险的。蔡国是楚国的属国，楚国一定会替它报仇，我们肯定无法战胜楚国，到那时只好向楚国投降。但我们是晋国的属国，向楚国投降就会得罪晋国，晋国一定会兴师问罪。郑国处于晋国和楚国的夹缝中，处境将是十分艰难的。"子国生气地说："你一个小孩子懂什么，国家大事有正卿做主，不许胡说八道。"

◉郑伯盘　春秋

果然，过了不久，楚国就以为蔡国报仇为名进攻郑国。郑国无力抵抗，只好投降。

郑国国君郑简公怕晋国怪罪，就急忙派人前往晋国进行解释。晋国国君晋悼公非常生气，怪郑国不该向楚国投降。随后，出兵向郑国兴师问罪，郑国国君只好求和。晋军刚撤走，楚军又来问罪。就这样，晋国和楚国你来我往，郑国连续几年不得安生。

后来郑国爆发政变，子产的父亲子国被杀，郑简公被囚禁。子产沉着应对，率领家兵救出郑简公，平息了叛乱，被任命为正卿。

郑国地处南北交通要冲，社会交往频繁，商业发达，人与人之间容易引起争端。当时的法律是不公开的，裁决权掌握在少数旧贵族的手里，郑国的一些旧贵族就利用手中的权力肆意压榨商人和迫害反对他们的人。子产的上一任就是因为进行改革，触犯了他们的利益，结果被杀。但子产没有被吓倒，为了使郑国富国强兵，子产继续推行改革。

子产宣布废除井田制，承认土地私有，丈量全国的土地，划分田地疆界，编制田亩，兴修水利，挖掘渠道，按亩收税，又把农民按什伍进行编制，这样就限制了旧贵族肆意兼并土地和掠夺农民，这可能是中国最早的土地制度改革。子产还规定那些立下战功的农民可以担任甲士（战车上的武士，以前只允许贵族子弟担任），甲士在平时担任小官吏，如此使普通民众也有希望成为统治阶级的一员。子产对那些生活俭朴、遵纪守法的贵族予以嘉奖，而对那些飞扬跋扈、奢侈浪费的贵族则严厉惩罚，这样就使得那些贵族不敢再为所欲为了。

为了使改革做到有法可依，子产把郑国的法律——《刑书》重新修订，还把《刑书》铸在大铜鼎上，史称"铸刑书"，摆在王宫的门口，任人民观看。人民争相观看，了解了国家的法律，那些旧贵族再也不能肆意欺压和愚弄百姓了，从而使国家由礼治变为法治。

子产的铸刑书是中国历史上第一次公开公布的法律，比古罗马的"十二铜表法"早一个世纪。他还广开言路，允许人民议论国政，并从中汲取有利于国家建设的意见和建议。

改革一开始遭到了旧贵族的强烈反对，还有人率领家兵攻打子产。子产对那些反对改革的人坚决镇压，终于为改革扫清了障碍。

子产改革，保障了社会公平，使社会稳定，经济发达，农民的生产积极性大大提高，粮食产量也增加了很多，当初反对改革的贵族得到了好处，转而拥护起改革来。其他国家看到后，也纷纷效仿。

老子留下五千言

正当各国纷纷效仿郑国进行改革之际，周王室却发生了一次内斗。王子猛和王子朝为王位，混战了三年，最终王子朝兵败，携带周朝的大量典籍，出奔楚国避难。王子朝的出奔，让一个人失业了。这个人就是道家的创始人老子。

老子（约公元前571—前471），姓李，名耳，字伯阳，去世后追谥（shì）为聃，故称老聃。老子是楚国苦县厉乡曲仁里（今河南鹿邑县太清宫镇）人，后来到了周朝做了"守藏室之史"，就是管理"藏室"的史官。老子一向只注意研究学问，不在意个人得失荣辱，虽然学识渊博，却一直过着默默无闻的生活。相传孔子曾到他那里查阅资料，并向他请教许多问题。

孔子问道："我研究了《诗》《书》《礼》《乐》《易》《春秋》六经，自认为非常精通了，可是我周游列国，用这些学问去游说诸侯，谁也不理解，不采用，这是什么原因呢？"

老子谦逊地说："也许你的学问与现今社会形势不符合吧。"

孔子道："是啊，我应该看清社会形势，改变自己。"

老子点点头，随后露出微笑，向孔子张开嘴，问他："你看，我的牙齿还在吗？"

⊙老子骑牛图　明　陈洪绶　绢本

　　"不在了。"孔子回答说。

　　"你再看看，我的舌头还在吗？"

　　"还在。"

　　"你明白我的意思吗？"

　　"您的意思是说：硬的容易掉，软的却能保留？"

　　"你很聪明，以后一定会大有作为的。"老子说。

　　"那您不是更聪明，更有作为吗？"孔子说。

"不。你有为，我无为。道不相同，你追求的是朝廷，我追求的是山野。"

王子朝携典籍出走后，老子再无"藏室"可管，于是骑着青牛，离开东周来到函谷关（在今河南灵宝东北）。守关的官员尹喜认出了他，热情地把他请到城楼上的大厅，请老子坐下，端茶倒水，忙个不停。老子不卑不亢地坐下，朝窗外一望，只见黄土平原延伸到天际，苍苍茫茫，没有尽头。函谷关地势险要，关外左右都是土坡，夹着中间一条路。路上人来车往，一目了然。

尹喜非常恭敬地对老子说："学生仰慕您的道德学问，想拜您老为师。"

老子道："我已经老了，肚子里的那些货色也很有限，而且说话又颠三倒四的，实在没资格当别人的老师。"

尹喜见他不肯，便半开玩笑半正经地说："您满腹经纶，如果不留下些东西来，恐怕过不了这个函谷关的。"

老子知道无法推脱，便答应尹喜的要求，接过笔，一口气在竹简上洋洋洒洒写下了五千个字，这就是后世称为《老子》的一部书。因为这书上篇开卷谈"道"，下篇首章谈"德"，所以又称《道德经》。

《老子》

《老子》一书共81章，上篇称为《道经》，下篇称为《德经》，总称《道德经》。无论在中国的哲学、政治、军事、管理、宗教、文学、伦理等诸多领域，此书都可称得上经典名作。在宗教上，它是道教的开山之作；在修身方面，"功成身退"是文人入世的信条；在军事方面，"以柔克刚"成为军事家奉行的准则；在管理方面，老子的"以人为本"是日本企业最基本的信条；在艺术方面，"道法自然"成为书法家、绘画家、诗人遵循的理念；在文学方面，《老子》精警凝练，处处闪烁着哲人的智慧，妙语巧喻、格言警句比比皆是，蕴含人生哲理。

尹喜拿起老子刚写好的书稿，非常高兴，认真地拜读起来。老子连忙提醒道："时候已经不早了，我可以出关了吧？"

尹喜想再挽留老子多住几天，因为自己还没有读懂老子的这部书稿，正想慢慢请教呢，但老子死活不答应。没办法，只好开关，送老子出去。

老子终于出了函谷关，骑着青牛扬长而去，谁也不知道他去了哪里。

晏子使楚

自从晋悼公起用了赵武，晋国又做了中原的霸主。到了他儿子晋平公的时候，又慢慢地衰落下去了。公元前531年，楚庄王的孙子楚灵王进攻陈国和蔡国。这两个国家向晋国求救，晋国国君晋平公回绝了。齐国的国君齐景公（齐桓公第四代孙子）想当霸主，他听到楚灵王进攻陈国、蔡国，晋国不敢出兵去救，特意派使者到楚国去，想看看楚国的实力。齐国的大夫晏平仲（就是晏婴，字仲，谥平，习惯上多称平仲，又称晏子）做了使者。

楚国君臣听说齐国派使臣来，决定要侮辱齐国的使臣，好显一显楚国的威风。他们知道晏平仲是个小矮个儿，就在城门旁边开了个1米来高的窟窿，叫晏平仲从窟窿里钻进去。

晏平仲看了看这个窟窿，对招待他的人说："确定让我从这儿进去？"

那人说："难道有什么不妥吗？您还过不去不成？"

晏平仲说："这是狗洞，不是城门。要是我上'狗国'来，我愿意钻狗洞。要是我访问的是'人国'，就应当从城门进去。麻烦你先去问个明白，楚国到底是个什么国家？"

招待他的人立刻把话转告了楚灵王。楚灵王只好吩咐大开城门，把晏平仲迎接进来。

楚灵王见了晏平仲，很不屑地说："难道齐国没有人了吗？"

晏平仲说："这是什么话？临淄城里挤满了人：大家把袖子举起来，就能够连成一片云；大家甩一把汗，就能够下一阵雨；走路的人肩膀擦着肩膀，脚尖碰着脚跟。大王怎么说齐国没有人呢？"

楚灵王说："那么，为什么派你来呢？"

晏平仲笑着说："大王您这样问，我真不知该怎么说。撒谎吧，怕犯了欺君之罪；说实话吧，又怕惹大王生气。大王，您说我该怎么办呢？"

楚灵王说："实话实说，我不生气。"

晏平仲拱了拱手说："敝国（对本国的谦称）有个规矩：访问上等国，就派上等人去；访问下等国，就派下等人去。我最没出息，就派到这儿来了。"

说着他故意笑了笑，楚灵王也只好强装笑。

到了吃饭的时候，武士们故意拉着一个囚犯从堂下过去。楚灵王问："这个人犯了什么罪？哪儿的人？"

武士回答说："是个土匪，齐国人！"

楚灵王问晏平仲："齐国人专喜欢做这种事？"

晏平仲脸不变色地说："大王难道不知道吗？淮南的橘柑，又大又甜。可要是种到淮北，就变成了又小又苦的枳。为什么橘柑会变成枳呢？还不是因为水土不同吗！同样的道理，齐国人在齐国能安居乐业，好好地干活，一到了楚国，就当上了土匪，也许是水土不同吧。"

楚灵王连连赔不是，说："我原来想取笑大夫，没想到反倒给大

《晏子春秋》

《晏子春秋》是记叙春秋时代著名政治家、思想家晏婴言行的一部书。《晏子春秋》共8卷，包括内篇6卷（谏上下、向上下、杂上下），外篇2卷，计215章，全部由短篇故事组成。全书通过一个个生动活泼的故事，塑造了主人公晏婴和众多陪衬者的形象。这些故事虽不能完全做信史看待，但多数是有一定根据的，可与《左传》《国语》《吕氏春秋》等书相互印证，作为反映春秋后期齐国社会历史风貌的史料。这部书多侧面地记叙了晏婴的言行和政治活动，突出反映了他的政治主张和思想品格。

夫取笑了！是我不好，请别见怪。"

晏平仲使楚回来，对齐景公说："楚国虽然城墙坚固，兵马强盛，可是国君狂妄自大，大臣中没有了不起的人才。没有什么值得可怕的。主公只要整顿内政，爱护百姓，提拔有才干的人，远离小人，齐国就能强盛起来。"他把当时很有名的兵法家田穰苴推荐给了齐景公。后来晋国发兵攻打齐国，夺去了几座城，燕国也趁着机会来捞便宜。齐国的军队经过田穰苴的训练，跟以前大不相同，纪律严明，兵士很勇敢。田穰苴打了胜仗，收复了被夺去的那几座城。晋国和燕国只好跟齐国讲和。

齐景公任用晏平仲为相国，田穰苴为大司马（官名，管军政）。中原诸侯对齐国另眼看待了。齐国的名声和势力超过了晋国。

伍子胥过昭关

齐国强大起来，楚国却渐渐衰落。公元前529年，楚灵王的兄弟公子弃疾趁着楚灵王伐徐的机会，夺取了王位，他就是楚平王。

楚平王刚开始处理事情的做法，还颇得人心，后来就骄奢淫逸起来。公元前522年，楚平王要把原来的太子建废掉。这时候，太子建和他的老师伍奢正在城父（在河南襄城西）镇守。楚平王怕伍奢不同意，就先把伍奢叫来，诬说太子建正在谋反。

伍奢不承认，就被关进监狱。楚平王一面派人去杀太子建，一面又逼伍奢写信给他的两个儿子伍尚和伍员（字子胥），叫他们回来，好一起除掉。大儿子伍尚回到郢都（今湖北江陵北，郢音yǐng），跟父亲伍奢一起，被楚平王杀害。太子建事先得到风声，带着儿子公子胜逃到宋国去了。

伍奢的另一个儿子伍子胥，也逃到宋国，找到了太子建。不巧宋国发生内乱，伍子胥又带着太子建、公子胜逃到郑国，想请郑国帮他们报仇。可是郑国国君郑定公没同意。

太子建报仇心切，竟勾结郑国的一些大臣想夺郑定公的权，被郑定公杀了。伍子胥只好带着公子胜逃出郑国，投奔吴国（都城在今江苏苏州）。

楚平王早就下令捉拿伍子胥，叫人画了伍子胥的像，挂在楚国各地的城门口，嘱咐各地官吏盘查。

伍子胥带着公子胜逃出郑国后，白天躲藏，晚上赶路，来到吴楚两国交界的昭关（在今安徽含山县北）附近。这里是楚国的东部边界，出了昭关，就是大江，江那边就是吴国的地面了。

关上的官吏盘查得很紧。传说伍子胥一连几夜愁得睡不着觉，连头发也愁白了。

这天，伍子胥带着公子胜正躲在离昭关60里的一片森林里，遇到了一个好心人东皋公。东皋公同情伍子胥的不幸遭遇，把他接到自己家里，要他不要擅自行动。东皋公有个朋友，模样有点像伍子胥。东皋公让他冒充伍子胥过关。守关的逮住了这个假伍子胥，而那个真伍子胥因为头发全白，面貌变了，守关的认不出来，就被他混出关去。

伍子胥出了昭关，害怕后面有追兵，急忙往前跑。前面是一条大江拦住去路。伍子胥正在着急，江上有个打渔的老头儿划着一只小船过来，把伍子胥渡过江去。

过了大江，伍子胥感激万分，摘下身边的宝剑，交给老渔人，说："这把宝剑是楚王赐给我祖父的，值100两金子。现在送给你，是我的一点心意。"

老渔人说："楚王为了追捕你，出了5万石粮食的赏金，还答应封告发人大夫爵位。赏金、爵位我都不贪图，难道会要你这宝剑吗？"

伍子胥连忙向老渔人赔礼，收了宝剑，辞别老渔人，来到了吴国。

鱼腹藏剑

伍子胥到了吴国，把公子胜藏在城外，自己穿上破衣裳，打扮成一个乞丐，手里拿着一根箫在街上要饭。他一会儿吹箫，一会儿唱曲，要引起吴国人的注意。

伍子胥在大街上吹箫要饭，果然给吴王的哥哥公子光请了去。伍子胥就做了他的手下，并把自己的朋友专诸介绍给了公子光。公子光待专诸为上客，专诸很过意不去，说："我是个粗人，受了公子恩典，叫我怎么报答呢？"公子光说："我有极大的冤屈。我想请你替我报仇，去把吴王僚刺死。"

原来吴王寿梦，也就是公子光的爷爷有四个儿子。弟兄四个都很不错，可是寿梦认为小儿子季札最好。寿梦临死对四个儿子说："你们弟兄之中又贤明又能干的要算季札了。要是他能做国君，吴国准能治理得很好。我要立他为太子，你们也许不服气。既然这样，我给你们立一个规矩：我死了之后，王位就传给老大，老大再传给老二，老二再传给老三，最后由老三传给季札。"

老大这人急性子，立刻要把王位传给季札，可是贤明的季札打死也不同意。他说："父王在世的时候，我不愿意做王，父王归了天，我却

春秋时期的铸剑师

春秋战国时期，战事频繁，诸侯争霸。剑的地位不断提升，从战场上的兵器，逐渐成为一种权势和地位的象征，为此，当时铸剑技术也随之得到了迅速的发展，铸剑师也受到人们的尊崇，他们为后人留下了丰富的剑文化和悠久的文化的历史见证，其中凝聚了他们的智慧和技术的强大。他们不但名留史册，甚至许多刀剑，都以他们的名字命名，比如干将剑、莫邪剑。当时最有名的就是吴、越两国的铸剑师。据说楚王为请越国著名铸剑师欧冶子帮自己铸剑，不惜发动战争助越攻吴。

抢哥哥的王位，您想我能这么做吗？哥哥要是硬逼着我，我只好上别国躲着去。"老大拗不过他，只好自己即了位。为了让四弟早即位，他亲自带着士兵去打楚国，成心让自己死在战场上。他打了一个胜仗，可是他自己给敌人射死了。大臣们照着寿梦的命令，立二公子为吴王。老二也和老大学，出去打仗，死在外面了。三公子就把王位让给季札，可季札说什么也不同意。老三只好做了国君。

到了公元前527年，老三得了重病。他临死要季札接他的王位。这时候季札却偷偷地跑了。后来老三的儿子公子僚继承了王位。公子光是老大的长子，他一心要把吴王僚刺死，为的是重新继续长子即位的传统。

专诸为报公子光的厚恩，答应了他的请求。他问："王僚平日最喜欢的是什么？先得知道他的脾气，再想办法去亲近他。"公子光想了想，说："他爱吃鱼。"专诸就上太湖边一家饭馆里专门去学做鱼，天天琢磨着怎么样能烧出最好吃的鱼来。他一心一意地学了三个月，居然学会了，然后去给公子光当厨子。

公子光趁着吴王僚高兴的时候，对他说："我有一个从太湖来的厨子，专烧大鱼。他做的鱼比什么都好吃。哪天请大王上我家去尝尝口味怎么样？"吴王僚一听有鱼吃，顿时精神起来，挺高兴地答应了。

吴王僚怕人行刺，在王袍里面穿上铠甲，带着100名卫兵上公子光家里去吃饭。那100名卫兵一点都不含糊，厨子每上一道菜，先得搜查一遍，然后由卫兵跟着他端上去。赶到专诸端上一条糖醋鲤鱼的时候，吴王僚忽然站起来，大声地说："好，好，好！你真有一套！"公子光吓得脸都白了，还以为吴王僚发现了什么，竭力装出镇静的样子，眼睛瞧着专诸。

卫兵把专诸浑身上下搜了一遍，才让他上去。接着吴王僚又说："我一闻见味儿，就知道这鱼烧得不错。"专诸端着那盘大鲤鱼走到王僚面前，刚要把那盘鱼放下，突然从大鱼的肚子里抽出一把短剑来，使劲地照着王僚的胸脯扎过去。那短剑刺透了铠甲，穿出脊梁。吴王僚大叫一声，瞅着那条大鱼，睁着眼断了气。卫兵们拥上去把专诸砍死了。

公子光和伍子胥带着士兵把吴王僚的卫兵杀散，然后就去占领王宫。紧接着伍子胥带着士兵保护着公子光上了朝堂，召集了大臣，对他们说："公子僚不遵守先王的命令，霸占了王位，照理早就应该治死。"公子光接着说："我暂且管理朝政，等叔叔（指季札）回来，就把王位让给他。"公子光就这么做了吴王，改名为阖闾（hé lú）。

孙武治军

阖闾即位后，求贤若渴，非常希望吴国能强大起来，摆脱楚国的控制，然后称霸中原。伍子胥就把一个叫孙武的吴国人推荐给阖闾。

孙武当时在罗浮山（在今广东东江北岸）里隐居，专门研究兵法。吴王让伍子胥从罗浮山将孙武请了出来。孙武把自己写的13篇兵法献给了阖闾。阖闾叫伍子胥讲解孙武献的兵法。这兵法中讲的是怎么用计谋，怎么行军，怎么进攻，怎么利用地形，怎么使用武器，等等，讲得头头是道，非常透彻。

⊙ 孙五（武）子演阵教美人战　版画

图中孙武作道士装束，举旗于城上教宫女演习战术，吴王坐于对面的台上，俯视两队演武的阵容。

阖闾说："这13篇兵法真是好极了。可吴国没有那么多士兵，怎么办呢？"

孙武说："有了兵法，只要大王有决心，不光男子能打仗，就是女子也行。"

阖闾说："女子哪能打仗呢，这不是开玩笑吗？"

孙武一本正经地说："大王要是不信的话，请先拿宫女们试一试。我要是不能把她们训练得跟士兵们一样，情愿认罪受罚。"

阖闾派了300名宫女，叫孙武去训练。孙武请阖闾挑出两个心爱的妃子当队长。

孙武又请求说："军队中最要紧的是纪律。拿宫女练兵，也得有纪律。请大王派个执掌军法的人，再给我几个武将做助手。"阖闾全都答应了。

300个宫女都穿上军衣，戴上头盔，拿着兵器，到操场上集合。

孙武先发出三道军令：第一，队伍不许混乱；第二，不许吵吵闹闹；第三，不许存心违背命令。接着，他就把宫女们排成队伍，操练起来了。

可那两个妃子队长还以为是出来玩的，不听号令，在那里乱动。宫女们也跟着玩耍起来，乱七八糟的，倒是真热闹。孙武叫她们归队立正。还有人说说笑笑，不听命令。孙武传了三回令，那两个妃子队长和宫女们还是嬉笑推搡。

孙武对那个执掌军法的人说："士兵不听命令，按照军法应当怎么处罚？"

军法官说："应当砍头！"

孙武就发出命令："砍了队长！"

武士们就把那两个妃子绑上。这一下吓得宫女们全都变了脸色。

阖闾在高台上见两个妃子让武士给绑了，立刻派大臣传令去救。

大臣急急忙忙跑下来对孙武说："大王已经知道将军注重纪律的道

孙子兵法

孙武所著《孙子兵法》分为 13 篇：计篇、作战篇、谋攻篇、形篇、势篇、虚实篇、军争篇、九变篇、行军篇、地形篇、九地篇、火攻篇和用间篇，共 6000 多字，内容恢宏精辟，深刻揭示了战争规律，全面总结了春秋时期各国的战争经验。在中国和世界军事史上，孙武最早揭示了"知彼知己，百战不殆""先胜而后求战""致人而不致于人"等指导战争的普遍规律，总结出了"攻其无备，出其不意""我专而敌分""避实而击虚"等一系列科学的作战指导原则。

《孙子兵法》是中华民族古代文化的瑰宝，被公认为古代最伟大的军事著作，被誉为"东方兵学圣典"，备受古今中外各界人士尤其是军事家的推崇。毛泽东对《孙子兵法》有很高的评价，他说："孙子的规律'知彼知己，百战不殆'，仍是科学的真理。"

理了。这两个妃子头回犯错误，就饶了她们吧！"

孙武说："操练军队不是闹着玩。犯法的人不治罪，以后谁还听指挥？"

他就下令把那两个队长砍了。宫女们吓得脸都青了。孙武又挑了两个宫女当队长，重新操练起来。这时候，队伍里鸦雀无声，宫女们列队整齐，真像一支有战斗力的军队了。

阖闾见苏武不讲情面，杀了自己的两个爱妃，心里很不高兴，想不用孙武了。伍子胥劝他说："要训练出像样的军队，必须执法如山，不讲情面。再说，两个美女很容易得到，一个良将可不容易得到啊！"

阖闾听了觉得有道理，就让孙武做上将军，伍子胥做军师，统率吴国的军队。吴王依靠伍子胥和孙武这两个人，整顿兵马，先兼并了邻近几个小国。

公元前506年，阖闾拜孙武为大将，伍子胥为副将，发兵6万进攻楚国。这时候，楚平王已经死了，在位的是楚昭王。最后，吴军攻下了楚国的郢都，楚昭王逃跑到其他国家。伍子胥为了替父兄报仇，把楚平王的坟墓打开，用鞭子抽打他的尸体，总算报了自己的深仇大恨。

这次打了胜仗，阖闾把最大的功劳给孙武。孙武不愿意做官，一定要回到乡下去。伍子胥一再挽留他，他反倒劝伍子胥："我不光是要保全我自己，还想保全你。你已经替父兄报了仇，还是跟我一起走吧，省得将来受人家的气。"伍子胥舍不得走，还想帮吴王建立霸业，孙武就自己走了。

孔子周游列国

吴国大败楚国，声势很大，连齐国也受到威胁。齐国自从齐桓公死后，国内一直很不安定。后来，到齐景公当了国君，用晏平仲当相国，齐国又开始兴盛起来。

公元前500年，齐景公想拉拢邻国鲁国，约鲁定公在齐鲁交界的夹谷地方开会。那时候，诸侯开会都有个大臣当助手，称作"相礼"。鲁定公决定让司寇（管司法的长官）孔子担任。

孔子名叫孔丘，是鲁国陬邑（今山东曲阜东南，陬音zōu）人。孔子年轻时，读书很用功。他十分崇拜周朝制定礼乐的周公，对古礼特别熟悉，小时候就爱学大人祭天祭祖。当时读书人应当学的"六艺"，也就是礼节、音乐、射箭、驾车、书写、计算，他都比较精通。他没到30岁，名声已经很大了。有些人愿意拜孔子做老师，他就办了个私塾，收起学生来。

孔子35岁那年（公元前510年），鲁昭公被鲁国掌权的三家大夫——季孙氏、孟孙氏、叔孙氏轰走了。孔子到齐国求见齐景公，想用自己的知识某个一差半职，就跟齐景公谈他的政治主张。齐景公本来想用他，但是相国晏平仲认为孔子的主张不切实际，结果齐景公没用他。孔子的抱负没有机会施展就回到鲁国，仍旧教书。跟随孔子学习的学生越来越多。后来，孔子做了鲁国的司寇（管司法的长官）。

这次在夹谷会议上，由于是孔子做相礼，鲁国取得了外交上的胜利。会后，齐景公决定把从鲁国侵占过来的汶阳（今山东泰安西南）地方的三处土地还给鲁国。

鲁国在孔子的治理下很有起色，齐景公有了威胁感。不久，齐景公挑选了一批歌女送到鲁国去。

鲁定公有了歌女，天天吃喝玩乐，不管国家政事。孔子想劝说他，他就躲着孔子。这件事使孔子感到很失望。于是，孔子离开鲁国，带着一批学生周游列国，希望能实行他的政治主张。可是，那个时候，大国都忙于争霸的战争，小国都面临着被并吞的危险。孔子宣传的一套恢复周朝初年礼乐制度的主张，没有人接受。

他先后到过卫国、曹国、宋国、郑国、陈国、蔡国、楚国，这些国

◉ **孔子讲学图 清**

此图表现了春秋时期孔子在杏坛讲学的情景。图中孔子端坐讲授，弟子们在周围恭敬地聆听。作品因是官廷绘画，所以特别讲求用色和整体结构。

家的国君都没有用他。

有一回，孔子在陈、蔡一带，楚昭王派人请他。陈、蔡的大夫怕孔子到了楚国，对他们不利，发兵在半路上把孔子截住。孔子被围困在那里，断了粮，几天都没吃上饭。后来，楚国派了兵来，才给他解了围。

孔子在各国奔波了七八年，受了不少苦，年纪也老了。最后，他还是回到鲁国，把精力放到整理古代文化典籍和教育学生上面。授徒多达3000多人，其中，道德高尚精于六艺的就有七十二贤人。

孔子在晚年整理了几种重要的古代文化典籍，像《诗经》《尚书》《春秋》等。《诗经》是我国最早的一部诗歌总集，共收集西周、春秋时期的诗歌305篇，其中有不少是反映古代社会生活的民间歌谣，它在我国文学史上占有很重要的地位。《尚书》是一部我国上古历史文献的汇编。《春秋》是根据鲁国史料编成的一部历史书，它记载着公元前722年到公元前481年的大事。这一段200多年的时期，在中国历史上就

《论语》是孔子死后，其弟子及再传弟子于春秋与战国之交编纂而成的一部不朽名著，是儒家学派的经典著作之一，是研究孔子及儒家思想，尤其是原始儒家思想的第一手资料，与《大学》《中庸》《孟子》《诗》《书》《礼》《易》《春秋》并称为"四书五经"。《论语》一书共20篇，11000余字，主要记述孔子和他的弟子及再传弟子的言行，内容涉及政治、教育、文学、哲学、立身处世的道理，甚至孔子的生活习惯和细节等多方面。《论语》以记言为主，通过对话的形式，以孔子循循善诱的教诲，集中阐述了孔子的"仁""礼"思想。《论语》的语言言简意赅，但含蓄隽永，发人深思。

叫"春秋"时期。

公元前479年，孔子去世。他死后，他的弟子继续传授他的学说，形成了儒家学派，孔子成了儒家学派的创始人。孔子的学术思想在后世影响很大，他被公认为我国古代第一位大思想家、大教育家。

第一部诗歌总集

《诗经》是我国第一部诗歌总集，本来只叫《诗》，汉代儒者奉为经典，乃称《诗经》。

《诗经》共收入西周初期（公元前11世纪）至春秋中叶（公元前6世纪）500余年间的诗歌305篇，另6篇有目无诗。按照音乐的不同，作品分为风、雅、颂三大类。在这个按音乐关系划分的诗歌世界里，展现了久远的年代里，我们的祖先关于政治风波、春耕秋获、男女情爱的悲欢哀乐。

"饥者歌其食，劳者歌其事"，"风"又称为"国风"，是《诗经》的精华所在。共160篇，包括周南、召南、邶、鄘、卫、王、郑、桧、齐、魏、唐、秦、豳、陈、曹15个国家和地区的乐歌。这些作品主要来自民间，不少是当时人民的口头创作，因此比较直接地反映了下层民众的思想、感情和愿望，诗歌中对黑暗世道的怨恨十分强烈，对不公正现实的讽刺也非常尖锐，具有彻底的批判精神。如《魏

◎豳风　清　吴求

豳风图册表现的是《诗经·国风》中产生时间最早的诗的内容，一些章节与周公有关。"豳"原是周人的祖先公刘的居住地，由于周人对农业极为重视，所以豳诗多与农桑稼穑有关。本图描述农历八月，枣子已熟，农人打枣、拾枣、剥枣的情景。

风·硕鼠》中，诗人把奴隶主直呼为"贪而畏人"的大老鼠；在《鄘风·相鼠》中，诗人痛骂统治阶级的无耻淫乱；在《魏风·伐檀》中，诗人辛辣地讽刺剥削者无偿占有劳动成果的贪婪。从《卫风·氓》里弃妇的哀伤，到《王风·君子于役》里思妇的忧愁，从《郑风·风雨》爱情的缠绵，到《邶风·柏舟》誓言的坚贞，《诗经》为我们真实地展现了那个年代的感情生活。不管是展现爱情、婚姻的悲剧，还是表达怀念和思慕，抑或描绘幽会的甜蜜，莫不生动活泼，感人肺腑。

《诗经》的第一篇《周南·关雎》，就是一曲火热的情歌：

关关雎鸠，在河之洲。窈窕淑女，君子好逑。

参差荇菜，左右流之。窈窕淑女，寤寐求之。

求之不得，寤寐思服。悠哉悠哉，辗转反侧。

参差荇菜，左右采之。窈窕淑女，琴瑟友之。

参差荇菜，左右芼之。窈窕淑女，钟鼓乐之。

诗人以河洲上雌雄和鸣的雎鸠起兴，写一个男子对一个采荇菜的美丽姑娘的单恋。此篇尽管被后世的学者硬加上了"纲纪"与"王教"的帽子，但这热烈而坦率的恋曲，却在千百年后依然感动着无数为爱献身的男女。

"雅"是指周王朝直接统治地区的音乐，共105篇，分为大雅、小雅，多数是朝廷官吏和公卿大夫的作品，但也有大量针砭时弊、怨世忧时的作品。如《小雅·巷伯》痛骂了朝廷中的奸佞小人，《小雅·十月之交》通过自然灾异而警告了当权者，《大雅·荡》则以商朝的覆灭给最高统治者周王敲响了警钟。这些诗篇对社会现实的揭露，对于政治的关注，都启迪了后代文学的现实批判精神。

"颂"是贵族在宗庙中祭祀鬼神和赞美祖先、统治者功德的乐曲，共40篇，分为周颂、鲁颂和商颂。其中周颂是周王室的宗庙祭祀诗，除了单纯歌颂祖先功德外，还有一部分于春夏之际向神祈求丰年或秋冬之际酬谢神的乐歌，从中可以看到西周初期农业生产的情况。如《丰年》中唱道："丰年多黍多稌，亦有高廪，万亿及秭。为酒为醴，烝畀祖妣，以洽百礼，降福孔皆。"而《噫嘻》则描绘了大规模耕作的情形："噫嘻成王，既昭假尔。率时农夫，播厥百谷。骏发尔私，终三十里。亦服尔耕，十千维耦。"

总之，《诗经》从多方面表现了那个时代丰富多彩的现实生活，反映了各阶层人们的喜怒哀乐。不管是个人的失意忧伤之情、军中的厌战思乡之情，还是男女之间的甜美恋情，都以"乐而不淫，哀而不伤"为抒情基调，显得节制而婉转，总体上形成了委婉曲折、细致隽永的特点，深刻地影响了中国诗歌以含蓄为美的审美精神。

子贡生财有道

孔子的得意门生之一——子贡，名叫端木赐，是春秋时期齐国和鲁国风云一时的大商人。

子贡发财致富，全靠自己善于经营，而不像有些富商巨贾那样以官商起家。他经营成功的最大特点，就是善于对市场进行预测。他经销的商品，总是能以较低的成本进货，较高的价位出售，从而得到丰厚的利润。

有一天，子贡与老师孔子在一起讨论一些问题，谈得非常热烈。

子贡假设道："如果这里有一块美玉，您说我是把它放在盒子里藏起来好呢，还是找一个识货的卖个好价钱？"

孔子立刻回答说："当然是卖掉它，我这里正等着人来买呢！"

有美玉不应该藏起来，而应该等个好价钱卖出去——老师也有这样的看法，子贡很高兴。后来形容商业交换的一个成语"待价而沽"，就是出自于这个典故。

有一次，子贡问孔子："先生，您对我有什么评价？"

孔子说："你已经很有出息，造就成器了。"

子贡追问道："我成的是什么器呢？"

孔子回答："是可贵的瑚琏（古代宗庙里祭祀时用来盛粮食的器具）之器。"

子贡听老师把自己比喻为瑚琏，心中很高兴，这说明自己有立朝执政的才能。

孔子问子贡："你和颜回相比，哪一个强？"子贡回答："我怎么敢和颜回相比呢？颜回听到一，就能够推知十；而我听到一，只能够推知二。"

孔子说："你不如他，我同意你不如他的看法。"

孔子对子贡有自知之明很满意，但又情不自禁地感叹道："颜回的道德学问大概差不多了吧，可是经常穷得有了上顿没下顿；端木赐不受天命，经商做买卖，分析行情、预测市场都在点子上，因此能发大财。"

孔子越来越发现，子贡是做生意赚大钱的料，就让他充分发挥自己的才能。

孔子有子贡这样善于经营的弟子，自己却没有发财致富。他有许多学生，当然也收学费，但只能维持温饱，绝对谈不上富裕。

孔子最喜欢的学生颜回死了，他非常伤心，哭得死去活来，大声哀号："这是老天爷要我的命啊！"

颜回的父亲颜路也是孔子的学生，来和孔子商量怎样办丧事。那时候的风俗，收殓死人的棺材外面，还要有个叫作"椁"的套棺。但颜路很穷，拿不出钱来买椁，就对孔子说："老师，颜回去世了。我失去了亲爱的儿子，您失去了得意的弟子。眼看快要出殡了，可是除了棺材外，椁还没有着落。我很爱我的儿子颜回，但我买不起椁；我知道您也不富裕，但您很爱您的学生颜回，能否请您卖掉车子，为颜回买椁呢？"

听颜路这么说，孔子很不高兴，拒绝道："对不起，我无法满足你的请求。你爱你的儿子，所以有这样的想法，也是人之常情，我不怪你；可是我儿子鲤去世的时候，我和你一样穷，同样是只有棺材没有椁，我也没把车子卖掉买椁啊！"

孔子并不富裕，为什么一直要保留着车子呢？因为他要乘着车子出行，周游列国，游说诸侯，施展抱负。但周游列国需要旅费，不然早就要在半路上饿死了。哪里来这笔钱呢？全靠子贡提供。

◉ 鎏金嵌玉镶琉璃银带钩　战国

卧薪尝胆

在中原局势渐趋平静的时候，南方的吴越争霸开始了。

原来早在阖闾攻打楚国的时候，阖闾的弟弟夫概带着一队兵马，偷偷地回到吴国去抢王位。他还派人上越国去借兵，应许送五座城给越王。吴王阖闾得知越国攻吴的消息，立即从前线回师，虽然最后平息了叛乱，但阖闾对越国的仇恨却未就此平息。

公元前496年，越王允常病死，其子勾践继位。吴王阖闾趁越国刚刚遭到丧事，发兵攻打越国，两军在檇李（今浙江嘉兴西南，檇音zuì）展开大战。结果，吴军大败，阖闾中箭受了重伤，回到吴国就只剩一口气了。阖闾临死前，对儿子夫差说："千万不要忘记越国的仇恨。"

夫差即位后，发誓一定要打败勾践，为父亲报仇。他任命伍子胥为相国，伯嚭（pǐ）为太宰，励精图治，准备攻打越国。

过了两年，勾践探知夫差昼夜练兵，就想先发制人。吴王夫差率兵迎战，双方大战于夫椒（今江苏苏州西南）。结果，越军大败，勾践战败逃到会稽山上，被吴国追兵围困起来。

　　勾践以为局面已临近最后关头，准备杀妻与吴王决一死战。他手下有两个很有才能的人，一个叫文种，另一个叫范蠡。他们认为一味蛮干，只有死路一条，不如先贿赂吴国权臣伯嚭，以求生路，便暗中派人把一批越女和奇珍送给他，托他在夫差面前说好话。伯嚭果然接受礼物，在夫差面前劝说一番。

　　夫差不顾伍子胥的反对，答应了越国的求和条件，但要勾践到吴国去赎罪。

　　勾践把国家大事托付给文种后，就带着夫人与大夫范蠡去了吴国。夫差派人在其父阖闾墓旁筑了一个石屋，将勾践夫妇及臣子赶进屋中，换上囚衣，去做喂马的苦役。夫差每次坐车出去，叫勾践牵马，叫范蠡伏在地上当马镫。

　　这样过了两年，勾践在吴国吃尽了苦头。文种又给伯嚭送去珍宝美女，请他在夫差面前进言放回勾践。夫差对伯嚭一向唯命是听，又觉得勾践这两年的表现的确是真心归顺了他，也就微笑点头了。

　　勾践回到越国后，发誓要报仇雪耻。他号召全国上下艰苦奋斗。他自己身穿粗布衣服，不吃肉食，住在简陋的屋子里，把席子撤去，用柴草作褥子；在吃饭的地方悬挂一个苦胆，每逢吃饭的时候，先尝一尝苦胆，然后大喊一声："勾践，你忘记会稽的耻辱了吗？"他不断激励自己，振作精神。这就是"卧薪尝胆"故事的由来。

　　勾践决定要使越国富强起来，他亲自参加耕种，叫他的夫人织布，来鼓励生产。因为越国遭到亡国的灾难，人口大大减少，他制定出奖励生育的制度。他叫文种管理国家大事，叫范蠡训练兵马，自己虚心听从别人的意见，救济贫苦的百姓。全国的老百姓都渴望越国成为强国。

兔死狗烹

越王勾践的一系列措施，使国力渐渐强盛起来，他常和范蠡、文种商议怎样对付吴国。

这时候，吴王夫差当上了霸主，骄傲起来，一味享乐。文种出主意向吴王进贡美女。越王勾践派人物色最美的女子，结果找到个叫西施的美人。勾践就派范蠡把西施献给夫差。

夫差一见西施，就把她当作下凡的仙女，宠爱得不得了。

有一回，越国派文种向吴国借1万石粮，说过了年就归还。夫差看在西施的面上，答应了。

第二年，文种把1万石粮亲自送还吴国。

夫差见越国守信用，很高兴。他把越国的粮食拿来一看，粒粒饱满，就让伯嚭把这些粮食卖给老百姓做种子。

伯嚭把这些粮食分给农民，让他们去种。到了春天，种子种下去了，等了十几天，还没有抽芽。大家想，好种子也许出得慢一点，就耐心地等着。没想到，没过几天，撒下去的种子全烂了，他们想再补种自己的种子，已经误了下种的时机。

这一年，吴国闹了大饥荒，吴国的百姓全恨夫差。原来，这是文种的计策，还给吴国的1万石粮，是经过蒸熟了又晒干的粮食，自然不能抽芽了。

勾践想趁机发兵。文种说："还不到时候。一来，吴国刚闹荒，国内并不空虚；二来，还有个伍子胥在，不好办。"

勾践觉得文种的话有道理，就继续操练兵马，扩大军队。

公元前484年，吴王夫差要去打齐国。伍子胥急忙去见夫差，说："我听说勾践卧薪尝胆，跟百姓同甘共苦，看样子是要想报仇。不除掉他，总是个后患。应该先灭了越国。"

范蠡经商

"吴王亡身余杭山，越王摆宴姑苏台"，在举国欢庆之时，范蠡急流勇退，带着一家老小隐姓埋名做起了生意。范蠡的生意可谓红红火火，每到一处，不久都能成为富家巨贾。然其与众不同的是，总能淡泊名利，不为钱财所困扰。据载，每家致千金后，范蠡都能散尽家财给知交和老乡，而自己又再迁于他处。一身布衣，范蠡第三次迁徙至陶（今山东定陶），在这个居于"天下之中"的最佳经商之地，范蠡很快又成巨富，遂自号陶朱公。当地民众皆尊陶朱公为财神，由于其经商有道，又有"儒商鼻祖"之称。

吴王夫差不肯听，照样带兵攻打齐国，结果打了胜仗回来。大臣们全都道贺，只有伍子胥没有道贺。

这样一来，夫差越来越讨厌伍子胥，再加上伯嚭总说伍子胥坏话。最后，夫差给伍子胥送去一口宝剑，逼他自杀。伍子胥临死的时候，气愤地对使者说："把我的眼珠挖下来，放在吴国东门，让我亲眼看看勾践是怎样打进来的。"

夫差杀了伍子胥，任命伯嚭做了太宰。

公元前482年，吴王夫差约会鲁哀公、晋定公等在黄池（今河南封丘县西南）会盟，把精兵都带走了，只留了一些老弱残兵。

等夫差从黄池回来，勾践已经率军攻进了吴国国都姑苏。吴国士兵远道回来，已经很累了，加上越军已经训练多年，士气旺盛。两边一交手，吴军大败。

夫差只好派伯嚭去向勾践求和。勾践和范蠡一商量，决定暂时答应讲和，退兵回去。

公元前475年，勾践作好了充分准备，大规模地进攻吴国，吴国连着打败仗。越军把吴都包围了两年，夫差被逼得走投无路，就用衣服遮住脸，自杀了。

勾践灭了吴国，又带着大军渡过淮河，在徐州约会中原诸侯。诸侯都承认他是霸主。

勾践得胜回国，大赏功臣，可就少了个范蠡。传说他带着西施，隐姓埋名跑到别国去了。

范蠡走前，留给文种一封信，说："飞鸟打光了，好的弓箭就该收藏起来；兔子打完了，就轮到把猎狗烧煮了吃（文言文是：飞鸟尽，良弓藏，狡兔死，走狗烹）。越王这个人，可以跟他共患难，不可以共安乐，您还是赶快走吧。"文种没听范蠡的劝告。

◎ 范蠡像

范蠡，公元前496年前后入越，辅助勾践20余年，曾助勾践灭吴。范蠡既能治国用兵，又能齐家保身，是先秦时期罕见的智士，史书概括其平生"与时逐而不责于人"。

有一天，勾践派人给文种送来一把剑。文种一看，正是当年夫差叫伍子胥自杀的那把宝剑。文种后悔没听范蠡的话，只好自杀了。

吴越争霸是春秋时期的尾声。到了公元前475年，进入战国时期。我国的封建社会开始了。

木匠师傅鲁班

春秋末期和战国初期，活跃着许多后来非常有名的人物，鲁班就是其中之一。

鲁班是鲁国人，姓公输，名般，也作班，后人叫他鲁班。

鲁班的父亲是一位老木匠。受父亲的影响，鲁班小时候活泼好动，喜欢摆弄父亲的斧、锛。10岁的时候，小鲁班便会使用所有的木工工具。他一天到晚闲不住，自己做了很多小木柜、小板凳、小车等。

随着年龄的增长，鲁班逐渐成长为一名优秀的木匠。他不仅做出了很多精美实用的家具，建造了众多富丽堂皇的住宅，还热衷于发明、改进木工用的工具。相传，锯就是由鲁班发明的。

有一年，鲁班奉王命建造一座规模宏大的宫殿。建造这座宫殿需要很多木料，鲁班吩咐徒弟们上山砍伐树木。由于当时还没有锯，徒弟们都是用斧头伐木，效率非常低。他们起早贪黑地忙活，累得精疲力竭，进展却很慢。眼看工程期限越来越近，鲁班急得像热锅上的蚂蚁。他决定亲自上山察看砍伐树木的情况。山路崎岖不平，杂草丛生。他无意中抓了一把路旁的一种野草，不小心将手划破了。鲁班很纳闷，一根小草怎么能把长满老茧的手划破？于是，他摘下一片叶子来细心观察，发现叶子两边布满了小细齿，用手轻轻一摸，这些细齿非常锋利。他这才明白，手就是被细齿划破的。

◉《鲁班经匠家镜》营造家具图

正在思忖这个问题时，鲁班又看到一只蝗虫正啃吃草叶，只见它的两颗大板牙一开一合，很快就吃下一大片叶子。出于好奇，他顺手抓住那只蝗虫，仔细观察它的牙齿，发现大板牙两侧同样排列着许多小细齿，蝗虫正是靠细齿来咬断草叶的。

这两件事使鲁班大受启发。经多次试验，鲁班终于发明了锯。

他到别人家做木工活的时候，发现人们用一种叫作"杵臼"的碾米工具舂米，这种装置比较费时费力。鲁班决心解决这道难题。他反复观察杵臼的工作原理，认为它的主要弊端在于：它是上下运动，操作时需要抬高手臂，向下用力，时间长了肯定会腰酸胳膊痛。另外，操作这种装置，必须细致，还得把握方向和分寸，故只能由人来做。

针对这两个弊端，鲁班开始考虑解决办法，同时经常深入老百姓的日常生活，询问他们的看法和要求。经过几个月的刻苦努力，鲁班终于发明了一种更为简单，且省时省力的碾米工具石磨。

鲁班在很多方面取得成就，很大程度上得益于刻苦钻研、勇往直前的精神。有一次，他雕刻一只凤凰。还没有雕成时，有人讥笑他，说："你刻的凤凰脑袋不像脑袋，身体不像身体。"鲁班听了很生气，但没有发作，而是继续认真工作。他决心用事实反击他人的讽刺。于是，他更加努力学习、刻苦钻研，最后终于将凤凰刻成。这只凤凰栩栩如生，神采飞扬，赢得了大家的交口称赞。曾经讥笑鲁班的人也为他的高超技艺所折服。

在兵器制造方面，鲁班曾为楚国制造攻城用的器械云梯，在战争中发挥过巨大作用。后来在墨子的影响下，不再制作这类战争工具，专门从事生产和生活上的创造发明，以造福于劳动人民。

鲁班除了发明锯和石磨之外，还发明了一系列木工用具，如刨子、钻、铲、凿子、墨斗和曲尺等，以及弹墨线时用的小弯钩——"班母"，刨木料时顶住木料的卡口——"班妻"。鲁班曾经还对古代的锁进行了改进，把锁的机关设在里面，只有通过特定的钥匙才能开启。据记载，鲁班曾用竹子做成一只木鸟。它能借助风力飞上高空，三天三夜不落地。

墨子守城

　　鲁班巧匠的名声，很快就传遍了鲁国，并远播其他国家。一次，楚国的国君楚惠王邀请鲁班到楚国来，给予了他很多恩惠，还封他为大夫。原来楚惠王想恢复楚国的霸权。他扩大军队，要攻打宋国。楚惠王请鲁班来，就是想让他为楚国制造云梯，用来攻打宋国。据说这种云梯十分厉害。它能折叠起来载在战车上，攻城时可以灵活地架在车上升得很高，士兵就能顺着梯子越过城头攻进城去。

　　造云梯的消息传扬出去，各国诸侯都有点担心。特别是宋国，听说楚国要来进攻，更觉得要大祸临头。楚国想进攻宋国，引起一些人的反对。反对得最厉害的是墨子。

　　墨子，名翟，是墨家学派的创始人。孔丘的学说，在思想本质上是代表中上层统治者的利益的。与此相反，墨子的学说则代表了下层庶民的利益。墨子主张兼爱、非攻、尚贤、尚同、节用、节葬、非乐、天志、明鬼、非命等思想。他反对各诸侯国之间无休止的战争，并希望以此能让劳动者"饥者得食，寒者得衣，劳者得息"。此外，墨子还有一套出色的守城作战的本领。

　　墨子听说楚国要利用云梯去攻打宋国，就赶快跑到楚国去，跑得脚底都起了泡。

　　一直奔走了10天10夜，墨子终于到了楚国的都城郢都。他先去劝说鲁班不要帮助楚惠王攻打宋国。鲁班说："不行呀，我已经答应楚王了。"

　　墨子又要求鲁班带他去见楚惠王。墨子很诚恳地对楚惠王说："楚国有方圆5000里广大土地，物产丰富，而宋国土地不过500里，土地并不好，物产也少，大王有了华贵的车马，还要去偷人家的破车，这是何苦呢？扔了自己的绣花绸袍，去偷人家一件旧短褂子，这又是为什么呢？"

⊙ 《墨子》书影

清光绪湖北崇文书局刻本。总计53篇，大多为墨翟弟子及其后世门人对墨翟言行的记述。

楚惠王觉得墨子说得有理，但仍不肯放弃攻宋国的打算。鲁班也认为用云梯攻城很有把握。

墨子说："你能攻，我就能守，你占不了便宜。"

墨子解下了身上系着的皮带，在地下围着当作城墙，再拿几块小木板当作攻城的工具，叫鲁班来演习攻城，比比看，到底谁能赢。

鲁班采用一种方法攻城，墨子就用一种方法守城。一个用云梯攻城，另一个就用火箭烧云梯；一个用撞车撞城门，另一个就用滚木石头砸撞车；一个用地道，另一个用烟熏。鲁班用了九套攻法，把攻城的方法都使完了，可是墨子还有好些守城的招没用呢。鲁班只得认输。

鲁班非常吃惊，但是心里还不服。他停了一会儿，说："我想出了对付你的办法，不过现在我不说。"

墨子微微一笑说："我知道你想怎样对付我，不过我也不说。"

楚惠王听他两人说话像打哑谜，弄得莫名其妙，问墨子："你们究竟在说什么？"

墨子说："鲁班的意思，不过是想杀掉我，以为杀了我，就没人帮宋国守城了。其实他想错了。我来楚国之前，早已派了300个徒弟守在宋城，他们每一个人都学会了我的守城办法。即使把我杀了，楚国也捞不到什么好处。"

楚惠王听了墨子的话，又看到墨子守城的本领，感到要打胜宋国未必能取得胜利，就说："先生的话说得对，我决定不进攻宋国了。"

这样，一场战争就被墨子阻止了。

墨子是我国古代的大思想家之一，他和孔子很像，也是招收弟子，宣扬自己的理论。在他死后，他的弟子将他的言行写成了《墨子》一书。

三家分晋

经过春秋时期长期的争霸战争，到了战国时期，许多小国被大国吃掉了。诸侯国的大权渐渐落在大夫们的手里。这些大夫原来也是奴隶主贵族，后来他们采用了封建的剥削方式，转变为地主阶级。有的为了扩大自己的势力，还用减轻赋税的办法，来笼络人心，这样，他们的势力就越来越大了。

而这时候，中原霸主晋国，实际上也不是一个统一的诸侯国了，实权由六家大夫把持着。他们各有各的地盘和军队，常常互相攻打，争夺地盘。后来有两家被打散了，还剩下智家、赵家、韩家、魏家这四家了。这四家中，又以智家的势力最大，野心也最大。

智家大夫智伯瑶打算侵占韩、赵、魏三家的土地，就把这三家的大夫韩康子、赵襄子、魏桓子请到家中，设宴款待。席间智伯瑶对三家大夫说："晋文公时，晋国是中原霸主，后来霸主地位被吴、越夺去了。为了重振晋国雄风，我主张每家献出100里土地和户口交给公家管理。"

韩康子害怕智伯瑶，首先表示赞同。魏桓子心里不愿意，但也不得不表态答应。赵襄子却一言不发，智伯瑶便威胁他。在威胁下，赵襄子也没同意。智伯瑶气得火冒三丈，命令韩、魏两家一起发兵攻打赵家。

公元前455年，智伯瑶自己率领中军，韩家的军队担任右路，魏家的军队担任左路，三队人马直奔赵家。赵襄子自知打不过他们，就带着赵家兵马退守晋阳（今山西太原市）。晋阳是赵氏的封地，城池经赵氏几代人的修筑，十分牢固，粮草储备也很充足。

◎ 金器　战国前期

战国时代，随着铁制工具的应用和普及，金银器的制作工艺有了很大提高。由于当时的黄金极为稀少，所以只有上层社会才有条件使用。

没几天，智伯瑶率领的三家人马已经把晋阳城团团围住。晋阳城凭着弓箭死守了两年多。三家兵马始终没能把它攻下来。

智伯瑶非常不甘心。有一天，他到城外察看地形，看到晋阳城东北的晋水，忽然有了主意。他吩咐兵士在晋水旁边另外挖一条河，一直通到晋阳，又在上游筑起坝，拦住上游的水。

这时候正赶上雨季，水坝上的水满了。智伯瑶命令兵士在水坝上开个豁口。这样，大水直冲晋阳，灌到城里去了。

晋阳城里的房子被淹了，许多人被淹死了，城内的百姓恨透了智伯瑶，宁可淹死，也不肯投降。

智伯瑶约韩康子、魏桓子一起去察看水势。他指着晋阳城得意地对他们两人说：“你们看，晋阳不是就快完了吗？以前我只以为晋水像城墙一样能保护晋国，现在才知道大水也能灭掉一个国家呢。”

这句话提醒了韩康子和魏桓子。原来魏家的封邑安邑（今山西夏县

西北）、韩家的封邑平阳（今山西临汾县西南）旁边也各有一条河道。说不定哪天安邑和平阳也会遭到和晋阳同样的命运。

晋阳被大水淹了之后，城里的情况越来越危急了。赵襄子非常着急，找门客张孟谈商量。他们决定说服韩康子和魏桓子。

当天晚上，张孟谈偷偷出城，先找到了韩康子，又找到魏桓子，约他们反过来一起攻打智伯瑶。韩、魏两家也正担心自己的处境，经张孟谈这么一说，自然都同意了。

第二天半夜，韩、魏两家派军队杀掉智伯瑶守坝的士兵，从西边掘开堵住晋水的堤坝，结果大水反向智军军营冲去。智军大乱。待智伯瑶从梦中惊醒，水已漫到他的床边。兵营里一片汪洋，士兵被大水冲得惊慌失措。这时候，三家的兵士，撑着木筏，驾着小船，从四面八方冲杀过来。智家兵士，被砍死的和淹死的不计其数，智伯瑶也被杀了。

韩、赵、魏消灭了智家，还瓜分了智家的土地。公元前403年，三家派使者上洛邑见周威烈王，要求封他们为诸侯。周威烈王见木已成舟，只好封韩康子、赵襄子、魏桓子为诸侯。

从此，韩、赵、魏都成为中原大国，加上秦、楚、燕、齐四个大国，在历史上并称"战国七雄"。

李悝变法

从晋分出的三家里头，最强盛的要算魏国。魏国定都安邑（今山西夏县），占据今山西西南部的黄河以东地区，这里地势险要、土地肥沃、经济发达。魏国国君魏文侯励精图治，招纳人才，魏国逐渐强盛起来。

魏文侯让李悝管理上地（今陕西北部黄河以西一带）。上地郡为魏文侯设置，孤悬在黄河以西，是魏国的边防要地，周围都是秦国的地盘，常与秦国发生军事冲突。李悝到任后，秦军攻打上地，李悝吃了败仗。秦军退走后，他组织百姓一面发展生产，一面加强军事训练。

李悝规定，百姓如果出现矛盾纠纷，就比赛射箭，谁射得远、射得准，就判谁赢。这样一来，上地的男女老少，纷纷练起射箭来。后来秦军再次侵犯上地，李悝率军迎战，上地的百姓也纷纷拿起弓箭反抗，秦军大败而走，再也不敢侵犯上地。李悝乘胜追击，占领了秦国很多领土，建了十五座城。

在治理上地时，李悝显露出非凡的才华，魏文侯很赏识他。有一次，魏文侯问李悝："怎样才能治理好国家呢？"

李悝说："要想治理好国家，必须让老百姓有饭吃，给有功劳的人赏赐，做到言而有信，赏罚分明。"

魏文侯说："这些我都做到了，但老百姓为什么还不满意呢？"

李悝说："这是因为国家有很多寄生虫啊！我认为应该削减那些世袭贵族的俸禄和特权。拿来赏赐给那些有本事有功劳的人，只要这样，老百姓才会满意。"

魏文侯觉得有理，任用他为相国。李悝当上相国后，开始进行变法。

第一，废除官爵世袭制，重用有才能有功劳的人。以前的官爵是世袭制，父亲的官爵由儿子继承，也不管儿子有没有才能和功劳。这条措施，沉重打击了旧贵族势力，同时吸引来很多人才。

第二，充分发挥土地的效用。首先废除了"井田制"，鼓励人民垦荒种田，扩大土地面积。耕地面积扩大了，粮食产量自然会提高，农业得到了大发展。他提倡在土地上种植各种粮食作物，并要求百姓在住宅

唐代杜佑对李悝的评价

唐代著名理财家杜佑在他所著的《通典》中将李悝与历史上最伟大的政治家并列在一起，他评论道："周之兴也得太公，齐之霸也得管仲，魏之富也得李悝，秦之强也得商鞅，后周有苏绰，隋氏有高颎。此六贤者，上以成王业，兴霸图，次以富国强兵，立事可法。"

四围种植桑树，充分利用每一寸空闲土地。

第三，实行法治。他收集了各国的法律，编成了中国历史上第一部完整的封建法典——《法经》，分为盗法、贼法、囚法、捕法、杂法、具法六篇，用来维护社会秩序。

第四，实行平籴法。平籴就是国家在丰收年大量买进农民的粮食，欠收年再把粮食以平价卖给农民，以保证农民不会因闹饥荒而逃亡流失。

魏国在经过李悝变法后，迅速发展强大起来。而李悝也被奉为法家的鼻祖，此后的商鞅变法、吴起变法，无不受到他的影响。

用人不疑

魏国渐渐强盛起来，魏文侯就想收服中山国（在河北定县）。中山国在魏国的东北边，原来是晋国的属国。自从三家分晋之后，中山国向谁也没进贡。魏文侯怕让赵国或是韩国抢了先，就打算先下手。

有人向魏文侯推荐乐羊，说让他当大将，一定能把中山收过来。可是有人反对，因为乐羊的儿子乐舒，正在中山做大官。

魏文侯自有主张。公元前406年，魏文侯让乐羊做大将，西门豹为副将，率领5万人马进攻中山国。中山国君姬窟派大将鼓须迎击。后来，乐羊用火攻的战术打败鼓须，一直追到中山城下。

姬窟让乐舒向乐羊求情。乐舒在城头上向父亲求情。乐羊说："给你们一个月的时间。要是再不投降，我就攻城。"乐羊下令把中山城围住，但不攻打。

姬窟认为乐羊心疼儿子，不会急着攻城。他仗着中山城结实，城里粮草又充足，不打算投降。他还想到外边去请救兵。一晃，一个月过去了。乐羊准备攻城。姬窟又叫乐舒去求情，再宽限一个月。就这么打也不打，降也不降，拖了好几个月。

这时候，魏国朝廷里议论纷纷，说乐羊为了儿子不攻打，中山就别想收服了，说不定乐羊会造反。魏文侯不说话，只接连不断地派人去慰劳乐羊，还告诉他正在给他盖房子，预备等他得胜回朝后，送给他住。

乐羊还是按兵不动。西门豹也着急了，对乐羊说："将军为何还不攻城？"

乐羊说："我两次三番地答应中山国君放宽期限，让他两次三番地失信，为的是让百姓知道谁是谁非。我不是为了乐舒一个人，为的是要收服中山的民心。"

西门豹听了，也放了心。

又过了一个月，中山国君还不投降。乐羊就开始攻城。

姬窟眼瞧着中山守不住了，就叫大夫公孙焦把乐舒绑在城门楼上，威胁乐羊。

乐羊骂乐舒说："没出息的东西！你当了大官，不能劝告国君改邪归正，又不能为国君出一分力，还叫唤什么？"说着，他拿起弓箭来，准备射死乐舒。公孙焦赶紧叫人把乐舒拉下来。姬窟见乐舒没有可利用的价值了，就把他杀了。

乐羊命令将士加紧攻城，等到撞开城门，他带头冲了进去。姬窟只好自杀了。

乐羊安抚中山的百姓，废除了欺负老百姓的法令，叫西门豹带着5000人留在中山，自己率领着大队人马回去了。

乐羊回到安邑城，魏文侯摆宴庆功，并赏乐羊一只箱子。乐羊以为是黄金或是白玉。回到家，打开箱子一瞧，箱子里装的不是什么宝贝，全是朝廷里大臣们的奏章！上面都是大臣们说的他的坏话。乐羊一边看一边掉着眼泪，说："要不是主公坚决信任我，我哪能成功呢？"

第二天，乐羊上朝谢恩。魏文侯把灵寿（原属中山国，在河北正定县北）封给了他。

河伯娶媳

中山虽然被打下来了，但魏文侯心里不踏实，中山离着本国太远，得派自己人去守才放心。他封太子为中山侯，把西门豹替换回来，要西门豹去守邺城（在河南临漳县西；邺音 yè）。

西门豹来到邺城后，发现这里人烟稀少、土地荒芜、百业萧条，就把当地有名望的老人招集到一起，询问情况。

老人们说："这都是让河伯娶媳给闹的。"

西门豹很奇怪，就问："什么是河伯娶媳啊？"

老人们说："河伯是漳河（邺城的一条河）的河神，巫婆说河伯每年都要娶个媳妇，要是不给他娶媳妇，漳河就会发大水，把农田、村子全淹了。当地的里长和衙门的差役每年都要向百姓额外征税，搜刮的钱多达数百万，给河伯娶媳妇只花二三十万，剩下的钱他们就和巫婆私分了，结果弄得老百姓没法活。"

西门豹问："那新娘子是哪里来的？"

老人们回答："每年快到河伯娶媳的时候，里长、差役和巫婆就会挨家巡视，见到哪户人家的姑娘长得漂亮，就说这个姑娘该做河伯的媳妇，然后立即放下聘礼就把人带走。有钱人家花点钱就没事了，没钱人家的姑娘只好被带走。他们先给姑娘沐浴，穿上新衣服，然后关在河边盖的房子里，房子外面挂上大红帐子，让姑娘住在里面每天吃斋。他们还宰牛造酒准备饭食，弄得好像真的出嫁女儿一样。到了河伯娶媳的那天，他们在漳河边放一张苇席，装点得和出嫁女儿的床帐枕席一样，再把姑娘打扮一番，让她坐在苇席上，放到河里，顺水漂走。苇席一开始还在水面上漂着，漂着漂着就沉下去了。巫婆说是让河伯接走了，然后就举行仪式庆祝。所以有女儿的人家都逃到外地去了，这里的人口也就越来越少，这个地方也变得越来越穷了。"

《甘石星经》

战国时齐国的天文学家甘德写了一本《天文星占》，魏国的天文学家石申写了一本《天文》，后人将他们的著作合二为一，称作《甘石星经》。这是中国历史上最早的一部天文学著作。

这部书中记载了许多重要的天文学成就：天文学家已经掌握了月亮和月食的关系，确定日食肯定发生在每月初一或每月的最后一天；书中还记载了木星有卫星，这比意大利人用望远镜观察到木星有卫星早将近2000年；书中保留了中国历史上最早的星表，把测量出来的许多恒星的位置坐标和其他特性都汇集起来。星表中记载了二十八星宿和一些恒星，一共有120多颗星的赤道坐标，这个星表比欧洲最早的星表要早200年左右。

西门豹问："河伯娶媳以后就不发大水了？"

老人们说："也发。但巫婆说要是河伯不娶亲，洪水会发得更大。"

西门豹想了一会儿，忽然笑着说："这么说来河伯还挺灵验的。好吧，今年河伯娶媳的时候，我亲自去看看。"

到了河伯娶媳那天，漳河两岸站满了人。西门豹带领十几个卫士来了，里长、差役和巫婆急忙跑过来迎接。巫婆是个七十多岁的老婆子，后面跟着几个穿红戴绿的女徒弟。

西门豹说："把新娘子带过来让我看看漂不漂亮！"

巫婆的女徒弟把新娘从帐子里面扶出来，来到西门豹面前。

西门豹看了看新娘子，才十五六岁，哭哭啼啼的，就皱着眉头说："长得这么丑，河伯怎么能满意呢？麻烦巫婆你去跟河伯说一声，告诉他我们再重新选个好的，过几天再送去。"

说完手一挥，两个卫士架起巫婆，"扑通"一声就扔到河里。巫婆在水里挣扎了几下就沉下去了。

过了一会儿，西门豹叹了一口气，说："年纪大了不中用啊，这么长时间还不回来。让巫婆的徒弟去催一催。"两个卫士又架起巫婆的一个徒弟，扔到了河里。巫婆其他的徒弟吓得战战兢兢，不敢出声。

又过了一会儿，西门豹又把里长扔到河里让去看看。

等了一会儿，西门豹扭头看了看差役们，说："还是不行啊，你们谁去催催？"差役们吓得脸都白了，跪在地上不停地磕头，把头都磕破了。西门豹说："看来河伯是把他们留下喝喜酒了。你们都起来吧。"

西门豹扯开嗓门对大家说："河伯娶媳就是骗钱害人的把戏！如果今后谁再敢提这件事，我就把谁扔到漳河里去见河伯！" 从此以后，邺地再也没有发生过河伯娶媳的闹剧。

吴起变法

乐羊收服中山，西门豹治理邺城，这是魏国做得很漂亮的两件事。接着魏文侯又派吴起镇守西河（地名，在陕西澄城县）。

吴起（约公元前440—前381年），战国初期卫国左氏（今山东曹县北）人。吴起家境富裕，他周游列国，整日舞枪弄棒，同乡的人都讥笑他不务正业。吴起非常愤怒，杀死了嘲笑他的30多人，然后咬掉手臂上的一块肉，和母亲告别，发誓说："要是不当上大官，我绝不回家！"吴起从东城门跑到了鲁国，拜孔子得意门生曾参（一说是曾参的孙子曾申）为师，学习儒术，日夜苦读，渐渐地学有所成。

当时天下各国之间的兼并战争愈演愈烈，吴起看到这种情况，就放弃儒术，学习兵法。经过三年的刻苦学习，终于学成，鲁国国君任命他为大将。

后来，有些人开始诽谤吴起，说他不孝顺，母亲死了都不回去奔丧，为了当官把老婆都杀了，品德实在是太差了。鲁国国君听到后就辞退了吴起。

吴起听说魏国魏文侯很贤明，正在求贤，就前去投奔。

吴起到了西河立刻修理城墙，训练兵马。他不但挡住了秦国，还夺了秦国在河西的五座城，吓得秦人不敢再到河西这边来。

魏文侯非常高兴，在那里设置了西河郡，

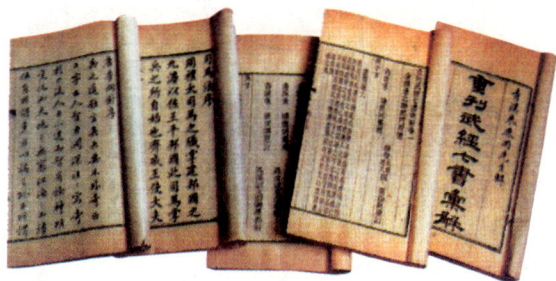

◎《武经七书》

北宋神宗时，健全了武学制度，每年招收武生，练习兵法，演练武艺，三年后考试，按等第授官。1078—1085年，朝廷颁布《武经七书》作为武学和武举的统一教材，这在军事学术史上是一个创举。作为第一套军事教科书，它包括《孙子》、《吴子》、《司马法》、《六韬》、《尉缭子》、《三略》和《唐太宗李卫公问对》。

并任命吴起为西河郡守，吴起任西河郡守达27年之久。在此期间，吴起率军与各诸侯国大战76次，获胜64次，曾率5万军队打败了50万秦军，占领了大片土地，使魏国成为战国初期第一强国。魏文侯死后，魏国的大臣嫉妒吴起的功劳，在魏国新国君面前造谣诽谤他，吴起只好逃到楚国。

楚国是战国初期领土最大的国家。但因政治腐败，经济落后，国力衰弱。公元前402年，楚声王因暴虐被杀。其子楚悼王即位后，接连遭到魏、赵、韩等国的进攻。公元前391年，魏、赵、韩又伐楚，再败楚军于大梁（今河南开封）、榆关（今河南中牟），楚丧失大片土地。面对着这种内外交困的形势，楚悼王很想进行政治改革。就在这时，吴起因在魏国遭到排斥而来到楚国。公元前382年，楚悼王任命吴起为令尹，主持变法。

吴起变法基本上承袭了李悝在魏国实行的办法，它的主要内容如下：

其一，凡是封君传到第三代时，就收回其爵禄；废除公族中疏远者的特殊待遇，把一些旧贵族迁移到荒凉的地区。这就从政治上和经济上削弱了旧贵族的势力。

其二，精简无关紧要的官职，削减过高的官吏俸禄，把节省下的经费用来训练战士。

其三，整顿吏治，要求官吏"私不害公"，不计毁誉，一心为地主政权效力。

吴起变法沉重地打击了楚国的旧贵族，加速了楚国封建化的进程，使其国力迅速强盛。公元前381年，赵国遭到魏国的进攻，求救于楚。楚国派兵攻魏救赵，大败魏军。

但是就在对魏战争胜利的这一年，楚悼王病死。楚国旧贵族乘机作乱，拿起弓箭射杀吴起。吴起知道自己必死无疑，就趴在楚悼王的尸体上。当时楚国的法律规定，凡是侮辱楚王尸体的，灭三族。但楚国贵族已经顾不了那么多了，结果吴起被乱箭射死，可是箭也射到了楚王的尸体上。太子楚肃王即位后，将那些射杀吴起和射中楚王尸体的贵族全部诛杀，有70多个贵族因此被灭族。这样就打击了旧势力的凶焰。

吴起著作

吴起一生著有《吴子》《吴起玉帐阴符》三卷,已佚)《吴起教战法》(已佚)等书,其中《吴子》最为著名。《吴子》一书,现存两卷六篇,系后人所托。

吴起与孙武齐名,并称"孙吴"。其主要谋略思想是:"内修文德,外治武备。"他一方面强调,必须在国家和军队内部实现协调和统一,才能对外用兵,提出国家如有"四不和",就不能出兵打仗;另一方面强调必须加强国家的军事力量。吴起把战争的起因归纳为五种:争名、争利、积恶、内乱、困饥。

以此为基础,又将战争性质分为五类:义兵、强兵、刚兵、暴兵、逆兵。

你一定要知道的

中华上下五千年

（全4册）

石开航 编

②

中国华侨出版社

·北京·

统一与分裂

统 一 与 分 裂

始皇举措

秦王政统一了中国，觉得自己的功绩比古代传说中的三皇五帝还要大，决定采用"皇帝"的称号。他是中国第一个皇帝，就自称是始皇帝。

全国统一了，该怎样来治理这样大的国家呢？在李斯的提议下，秦始皇废除分封制，改用郡县制，把天下分为三十六郡，郡下面再分县。郡的长官直接由朝廷任命。国家的政事，不论大小，都由皇帝决定。

秦始皇怕六国的旧贵族造反，他下令把天下12万户豪富人家一律搬到咸阳来住，这样好管住他们；又把天下的兵器统统收集起来，除了给政府军队使用以外，剩下的全熔铸成12个巨大的铜人和一批大钟。

◉秦统一六国货币简图

在秦始皇统一中原之前，各国没有统一的制度。就拿交通来说，各地的车辆大小不一样，车道有宽有窄。秦始皇规定，车辆上两个轮子的距离一律改为六尺，使车轮的轨道相同。这方便了全国各地车辆的往来。

交通便利了，商业也发达起来，可麻烦的事儿也来了。原来各国

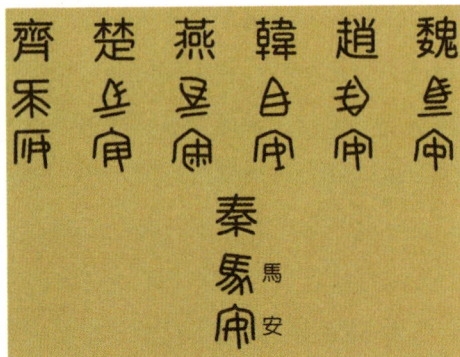

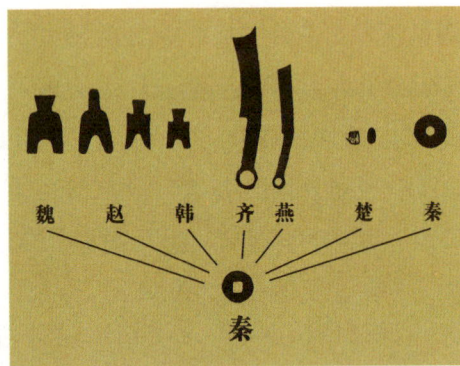

的尺寸、升斗、斤两的标准都不一样，市场很杂乱。因此，秦始皇规定，全国用统一的度、量、衡制。这样，各地的买卖交换也方便了。

那时各国的文字也很不统一，就是一样的文字，也有好几种写法。秦始皇规定，采用比较方便的书法，使用统一的文字。这样，各地的文化交流也方便多了。

秦始皇正在从事国内改革，北方的匈奴却打了进来。

匈奴本来是我国北部古老的少数民族。战国后期，匈奴贵族趁北方的燕国、赵国衰落，一步步向南侵扰，夺取了黄河河套一带大片土地。秦始皇统一中原以后，派大将蒙恬带30万人马去抵抗，把河套一带地区都收了回来。

为了防御匈奴的侵扰，秦始皇把原来燕、赵、秦三国北方的城墙连接起来，又新造了不少城墙。这样，从西面的临洮（今甘肃岷县）到东面的辽东（今辽宁辽阳西北），筑成一道万里长城。

后来，秦始皇又平定南方，添设了三个郡。在南方大兴水利，开掘灵渠，能通航，能灌溉。第二年，蒙恬打败了匈奴，又添了一个郡。这样，全国总共有40个郡。

"皇帝"的由来

君王称为"皇帝"是从秦始皇开始的。在此之前，中国古代的最高统治者称"王"，如周文王、周武王等。春秋战国时期，王室渐衰，一些国力强大的诸侯国的国君也自称为王，如秦王、楚王、齐王等。

秦王嬴政统一天下后，自认为这是自古未有的功业，如果不改变"王"的称号，"无以称成功，传后世"。于是，让李斯等人议改称号。他们和众人商议后报告秦王说："上古，有天皇、地皇、泰皇，泰皇最贵，可改'王'为'泰皇'。"秦王反复考虑，认为自己"德高三皇，功高五帝"，决定兼采"帝"号，称为"皇帝"。从此以后，"皇帝"的称号便为历代君主所袭用。

公元前213年，秦始皇因为开辟了国土，在咸阳宫里举行庆祝宴会，许多大臣都赞颂秦始皇统一国家的功绩。淳于越却提出分封制度不能废除。丞相李斯却说："有些读书人不学现在，却学古代，对国家大事乱发议论，在百姓中制造混乱。如果不加禁止，会影响朝廷的威信。"

秦始皇立刻下了一道命令：除了医药、占卜、种树、法令等书籍以外，凡是有私藏《诗》、《书》、百家言论的书籍，一概交出来烧掉；谁要是再私下谈论这类书，办死罪；谁要是拿古代的制度来批评现在，满门抄斩。

第二年，有两个方士（一种用求神仙、炼仙丹骗钱的人）在背后议论秦始皇的不是。秦始皇得知后，派人去抓他们，他们早已逃跑了。

秦始皇大为恼火，再一查，又发现咸阳有些儒生也议论过他。秦始皇把那些儒生抓来审问。儒生经不起拷打，又东拉西扯地供出一大批人来。秦始皇下令，把那些犯禁严重的460多个儒生都活埋了，其余犯禁的就流放到边境去做苦役。这就是历史上的"焚书坑儒"事件。

秦始皇的大儿子扶苏，劝谏他不要这样对待儒生。秦始皇被触怒，让扶苏到北方去和蒙恬一起守边疆。

张良捡鞋

秦始皇常常到各地巡游。公元前218年的春天，秦始皇带了大队人马出去巡游。到了博浪沙（在今河南原阳县），有人用飞锤行刺，把紧跟在秦始皇后面的副车打得粉碎。刺客逃走了。

秦始皇立刻下命令，在全国进行大搜查，一定要把刺客捉到。

这个行刺的人，叫张良。张良的祖父、父亲都做过韩国的相国。韩国被灭的时候，张良还年轻。他变卖家产离开老家，到外面去结交英雄好汉，一心想替韩国报仇。

后来，他认识了一个会使用大铁锤的大力士。他的铁锤足足有120斤重（相当于现在的60斤）。他们得知秦始皇来到博浪沙，就商量好准备刺杀。

他们预先在树林隐蔽的地方埋伏起来。见秦始皇的车队经过，大力士就把铁锤砸过去。没想到只砸了一辆副车。

行刺失败，张良隐姓埋名，逃到下邳（今江苏睢宁西北）。

有一天清早，张良散步走到一座大桥上，看见一个老头儿穿着一件粗布大褂，坐在桥头上。他见张良过来，故意把一只鞋子掉到桥下去。

老头儿回过头对张良说："小伙子，下去把我的鞋子捡上来。"张良不由得火气上来了，可再一看是个老头，眉毛胡子全白了，就走到桥下，捡回那只鞋子递给老头儿。老头儿没接，只把脚一伸，说："给我穿上。"张良又好气又好笑，可一想，鞋已经捡上来了，索性好人做到

中国的县制起源

中国的县制最早可追溯到春秋时期，广泛应用于战国时期，至秦始皇时作为定制全面推行。春秋初期，秦、晋、楚等国已开始在边地设县，后逐渐在内地推行，其长官可以世袭，这有别于以后的县制。春秋中期以后，设县的国家增多，有的在内地也设置了县，县开始成为地方行政组织。春秋末期，有的国家又在边远地区设置了郡。这时的郡，虽然面积比县大，但是由于偏僻荒凉，地广人稀，行政建制却比县低。战国时，郡所辖的地区逐渐繁荣，人口增多，于是在郡的下面分设了县，逐渐形成了郡统辖县的两级地方行政组织。至此，郡县制开始形成。秦统一六国后，把全国分为三十六郡，郡下辖若干县，县分大小，万户以上的县长官称县令，不满万户的县长官称县长。郡县由于直属中央，不受诸侯王控制，因而避免了春秋以来诸侯纷争的局面，有效地抑制了地方割据，为以后历代沿用。

底，就跪在地上把鞋子给他穿上。那老头儿这才微微一笑，站起来走了。

张良心想这老头儿可有点怪。他盯着老头儿的背影望着，看老头儿往哪儿去。老头儿走了一会儿，又返了回来，对张良说："小伙子不错呀，我倒乐意教导教导你。过五天，天一亮，你到桥上再来见我吧。"张良是个聪明人，知道老头儿有来历，赶紧跪下答应。

过了五天，张良一早起来，就赶到桥上去。谁知道老头儿已经先到啦。他生气地对张良说："你跟老人家约会，就该早一点来，怎么反叫我等你呢？"张良只好认错。那老头儿说："去吧，再过五天，早点儿来。"说完就走了。

又过了五天，张良一听见鸡叫，就跑到大桥那边。他还没走上桥，就见那老头儿已经在桥上了。老头儿瞪了张良一眼说："怎么又晚了？过五天再来吧。"

张良吸取了前两次的教训，到了第四天半夜，就赶到桥上，这回总算没迟到，就静静地等着天亮。

过了一会儿，那老头儿来了。他一见张良，笑着说："这才对了。"说完，从袖里掏出一部书来给张良，说："回去好好读，将来会大有作为的。"张良再想问他，可老头儿头也不回地走了。

等到天亮，张良拿出书来一看，原来是一部兵书。相传是周朝初年太公望编的《太公兵法》。

从此以后，张良就刻苦钻研兵法，后来成了有名的军事家。

沙丘密谋

公元前210年，秦始皇又到东南一带巡游。随他一起去的，有丞相李斯、宦官赵高、小儿子胡亥。那时，胡亥也已经20岁了，他要求父亲让他也跟着去，好开开眼界。秦始皇答应了。

秦始皇他们，渡过钱塘江，到了会稽郡，再向北到了琅邪（今山东胶南县）。回来的路上，秦始皇感到身子不舒服，在平原津（今山东平原县南）病倒了。随从的医官给他看病、进药，可全不见效。

七月里，到了沙丘（今河北广宗县西）的时候，秦始皇病势越来越重。他知道病好不了，吩咐赵高说："快写信给扶苏，叫他赶快回咸阳去。万一我好不了，叫他主办丧事。"

信还没来得及送出，秦始皇已经咽了气。

丞相李斯跟赵高商量说："这里离咸阳有1600多里，一两天内是赶不回去的。万一皇上去世的消息传出去，恐怕里里外外都会发生混乱；不如暂时保密，不发丧，赶回咸阳再说。"

他们就把秦始皇的尸体放在车里，关上车门，放下窗帷。随从的人除了胡亥、李斯、赵高和五六个内侍外，别的大臣全不知道秦始皇已经死了。车队照常向咸阳进发，每到一个地方，文武百官都照常在车外朝拜，每天的饮食也照常往车里送。

李斯叫赵高赶快派人把信送出去，叫公子扶苏赶回咸阳即位。赵高是胡亥的心腹，跟扶苏和蒙恬都有仇恨，他没把信送出去，却偷偷地跟胡亥商量，准备篡夺皇位的事。

赵高和胡亥逼着李斯帮胡亥即位。李斯既怕死又怕扶苏继承皇位以后，自己保不住丞相之位。于是三人合谋，假造了一份诏书给扶苏，说他在外不能立功，反而怨恨父皇；又说将军蒙恬和扶苏同谋，都该自杀，把兵权交给副将王离。

扶苏接到假诏书，就哭泣着想自杀。蒙恬怀疑诏书是伪造的，要扶苏向秦始皇申诉。扶苏说："既然父皇要我死，哪里还能再申诉？"就这样自杀了。

赵高和李斯催着人马日夜赶路。那时候，正是夏末秋初，天气还很炎热，没几天，尸体已经腐烂，车子里散发出恶臭。

赵高怕人怀疑，派人买了一大批咸鱼，叫人在每辆车上放一筐。

车队周围的咸鱼气味，把秦始皇尸体的臭味掩盖过去了。

他们到了咸阳，才宣布秦始皇的死讯，举行丧葬，并且假传秦始皇的遗诏，由胡亥继承皇位。这就是秦二世。

二世和赵高葬了秦始皇以后，怕篡夺皇位的事泄露出来，就残害自己的同族兄弟姐妹和大臣。过了一年，赵高又唆使二世把李斯也杀了。赵高当了丞相，独掌大权。

揭竿而起

秦始皇为抵抗匈奴，建造长城，发兵30万，征集民夫几十万；为了开发南方，动员军民30万；又用70万囚犯，建造巨大豪华的阿房宫。到了二世即位，从各地征调了几十万人，大规模修造秦始皇的陵墓。

陵墓还没完工，二世又继续建造阿房宫。那时候，全中国人口不过2000万，被征发去筑长城、守岭南、修阿房宫、造陵墓的合起来差不多有二三百万人，耗费了巨大的人力财力，百姓怨声载道。

公元前209年，阳城（今河南登封东南）的地方官接到命令，要他征调九百名壮丁到渔阳（今北京市密云西南）去防守。差役挨家挨户抽壮丁，有钱人出点财物就免了，可穷人没钱只好被征去。军官从这批壮丁当中挑了两个能干的人当管理员。一个叫陈胜，阳城人，是给人当长工的；另一个叫吴广，阳夏（今河南太康县）人，是个贫苦农民。

他们到了大泽乡（今安徽宿县东南），正赶上接连的大雨，水淹了道，没法通行。只好扎营，停留下来。

秦朝的法令很严酷，民夫如果误了期，就要被杀头。陈胜偷偷跟吴广说："这儿离渔阳还有几千里，怎么着也按时到不了，难道我们就白白送死吗？"

◉ 大泽乡起义复原图

吴广说："那咱们逃吧。"

陈胜说："逃跑被抓回来是死，起来造反大不了也是死，一样是死，不如起来造反，就是死了也比白白送死强。"

吴广赞成陈胜的主张。为了让大家相信他们，他们利用当时人们迷信鬼神这一机会，想出了一些计策。他们拿了一块白绸条，用朱砂在上面写上"陈胜王"三个大字，把它塞在鱼肚子里。伙夫买回了鱼，剖开鱼肚子，发现了绸子上的字，十分惊奇。

到了半夜，吴广又偷偷跑到附近的一座破庙里，点起篝火，先装做狐狸叫，接着喊："大楚兴，陈胜王。"

大家听了，又惊又怕。

陈胜平日待人和气，经过这两件事，大家就更加尊敬陈胜了。

有一天，天下着雨，两个军官喝醉了酒。吴广跑去对军官说，反正误了期，还是放大家走吧。军官大怒，拿起军棍责打吴广，还拔出剑来威吓他。吴广夺过剑砍死了军官。陈胜也把另一个军官杀了。

陈胜把大家召集起来说："大丈夫不能白白去送死，死也要死得有个名堂。王侯将相，难道是命里注定的吗！"

大家都愿意跟着起义。陈胜叫人搭台，做了一面大旗，旗上写了斗大的"楚"字。大家公推陈胜、吴广为首领。他们很快就把大泽乡占领了。

临近的农民听到消息，都拿出粮食慰劳他们，青年们纷纷拿着锄头铁耙来投军。人多了，没有刀枪和旗子，就砍木棒做刀枪，削竹子做旗杆。历史上把这件事称作"揭竿而起"。

起义军很快占领了陈县。陈胜在陈县称了王，国号"张楚"。陈胜称王后，起义军节节胜利，占领了大片土地，可战线越拉越长，号令不能统一。六国旧贵族势力，也趁机自立为王，但不支援起义军。后来，吴广在荥阳（位于河南中北部）碰上了秦国大将李由，周文碰上了秦国大将章邯，起义军打了败仗，吴广和周文都死了。最后，连陈胜也被叛徒杀死。

天下响应

陈胜、吴广起义以后，各地百姓纷纷响应。在会稽郡起兵的是项梁和项羽。

项梁是楚国大将项燕的儿子。他总想恢复楚国。他的侄儿项羽身材魁梧，很聪明，项梁教他念书识字。可是项羽才学了几天，就不愿学下去。项梁又教他学剑，项羽学了一阵子，也扔下了。

项梁很生气。项羽说："念书识字有什么用处？学会了，不过记记自己的名字；剑学好了，也只能跟几个人对杀，没什么了不起。要学，就要学敌得过上万人的本领。"

项梁就把祖传的兵书拿出来教他。项羽只略略懂得个大意，又不肯深入钻下去了。

项梁本是下相（今江苏宿迁西南）人，因为跟人结了冤仇，避到会稽郡吴中来。吴中的年轻人见他能文能武，都很佩服他。项梁教他们学兵法，练本领。

他们听到陈胜起义，觉得是个好机会，就杀了会稽郡守，占领了会稽郡。不到几天，拉起了一支八千人的队伍。因为这支队伍里大都是当地的青年，所以称为"八千子弟兵"。

项梁、项羽带着八千子弟兵渡过江，很快打下了广陵（在今江苏扬州市），接着又渡过淮河，继续进军。一路上又有各地方的起义队伍来投奔，和他们联合起来。

第二年，有支100多人的队伍，来投靠项梁，领头的叫刘邦。

⊙ **阿房宫图卷　清　袁耀**
阿房宫是秦始皇在统一六国之后于渭河以南修建的豪华宫殿。西汉司马迁在《史记》中详细记述了阿房宫的规模，唐代杜牧曾经写过《阿房宫赋》，认为此宫殿被项羽焚烧，清代画家袁耀也曾绘制过《阿房宫图》。

小篆是在秦始皇统一中国后，推行"书同文，车同轨"，统一度量衡的政策，由丞相李斯负责，在秦国原来使用的大篆籀文的基础上，进行简化，取消其他六国的异体字，创制的统一文字汉字书写形式。小篆一直流行到西汉末年，才逐渐被隶书所取代。但由于其字体优美，始终被书法家所青睐。又因为其笔画复杂，形式奇古，而且可以随意添加曲折，印章刻制上，尤其是需要防伪的官方印章，一直采用篆书，直到封建王朝覆灭，近代新防伪技术出现。如今，《康熙字典》上对所有的字还注有小篆写法。

刘邦是沛县（今江苏沛县）人，做过秦朝的亭长（秦朝十里是一亭，亭长是管理十里以内的小官）。有一次，上司要他押送一批民夫到骊山去做苦工。在途中，每天总有几个民夫逃走。这样下去，就算到了骊山他也不能交差。他干脆把那些准备押去做苦工的民夫放了。民夫们很感激。其中有十几个壮士愿意跟着刘邦一起找活路，他们就逃到芒砀山躲了起来。别的无路可走的人也跑来入伙，几天工夫，就聚集了100多人。

沛县县里的文书萧何和监狱官曹参知道刘邦是个好汉，暗暗地跟他来往。

等到陈胜打下了陈县，萧何和沛县城里的百姓杀了县官，派人到芒砀山把刘邦接了来，请他当沛县的首领。大家称他沛公。

刘邦在沛县起兵以后，又招集了两三千人，攻占了自己的家乡丰乡，接着他又去攻打别的县城。可是，留在丰乡的部下叛变了。刘邦得到这个消息，想回去攻打丰乡，但自己的兵力不足，只好往别处去借兵。

刘邦到了留城（今江苏沛县东南），正好张良也带着100多人想投奔起义军，两人相遇。他们一商量，觉得附近的起义队伍中，只有项梁声势最大，决定去投奔项梁。

项梁见刘邦是个人才，就拨给他人马，帮助他收回丰乡。刘邦、张良都成了项梁的部下。

陈胜、吴广等主要起义领袖死了以后，各地起义的领导权都落在旧六国贵族手里，彼此争夺地盘，闹得四分五裂。秦国的大将章邯、李由，想趁机把起义军一个个击破。

在这个紧要关头，项梁在薛城召开了会

⊙ 秦末农民战争图

议，决心把起义军整顿一下。项梁听了谋士范增的意见，把楚怀王的孙子找来立为楚王。为了提高号召力，大家把他仍称作楚怀王。

破釜沉舟

项梁整顿军队以后，接连打了几个胜仗，打败了秦朝大将章邯。项羽、刘邦带领另一支队伍，杀了秦将李由。不久，章邯重新补充兵力，趁项梁不防备，发动猛烈反扑。项梁在乱战中被杀。项羽、刘邦只好退守彭城（今江苏徐州）。

章邯打败项梁，认为楚军大伤元气，就暂时停止攻打楚军，带军北上进攻赵国（这个赵国不是战国时代的赵国，而是新建立起来的一个政权），很快就攻下了赵国都城邯郸，赵王歇逃到巨鹿（今河北平乡西南）。

章邯派王离把巨鹿包围起来，自己领大军驻扎在巨鹿南面的棘原。章邯为王离提供粮草。

赵王歇连连派人向楚怀王求救。当时，楚怀王正想派人往西进攻咸阳。他说，谁先打进咸阳，就封谁为关中王。

项羽想为叔父报仇，要求带兵进关。刘邦也愿意去。

有几个老臣暗地对怀王说：“项羽性子太暴躁，杀人太多；刘邦倒是个忠厚人，不如派他去。”

正好赵国来讨救兵。楚怀王就派刘邦打咸阳，另派宋义为上将军，项羽为副将，带领20万大军到巨鹿去救赵国。

宋义带军到了安阳（今河南安阳东南），听说秦军声势浩大，就命令楚军停下来，想等双方拼耗的差不多了，再进攻过去。

宋义按兵不动，在安阳一停就是46天。这下，急坏了项羽。项羽对宋义说：“秦军包围了巨鹿，形势这样紧急，我们却在这看着。依我看，渡河过去跟赵军里外夹击，一定能打败秦军。”

宋义不但不听，还下了道命令：军中如有不服从指挥的，立即斩首。

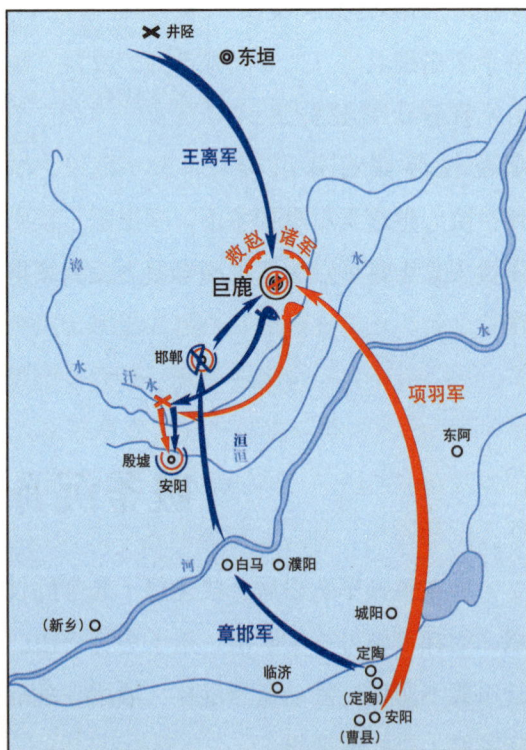

◎巨鹿之战示意图

这道命令明显是针对项羽的。这时候是十一月，北方天冷，又碰着大雨。楚营里军粮接济不上，兵士们受冻挨饿，都抱怨起来。

项羽说："现在军营里没有粮食，但是上将军却按兵不动，自己喝酒作乐，这样不顾国家，不体谅兵士，哪像个大将的样子。"

第二天，项羽趁朝会的时候，拔出剑来把宋义杀了。他提了宋义的头，对将士们说："宋义背叛大王（指楚怀王），我奉大王的命令，已经把他处死了。"

将士们大多是项梁的老部下，见项羽杀了宋义，都愿意听项羽的指挥。

楚怀王得知消息虽然很不满，也只好封项羽为上将军。

项羽先派英布和蒲将军率领两万人做先锋，渡过漳水，切断秦军运粮的道，把章邯和王离的军队分割开。然后，亲自率领主力渡河。

渡过了河，项羽命令将士，每人带三天的干粮，把军队里做饭的锅全砸了，把渡河的船只全凿沉了（文言叫作"破釜沉舟"，釜就是锅），对将士们说："我们这次打仗，有进无退，三天之内，一定要把秦兵打退。"

项羽的决心和勇气，极大地鼓舞了将士们的士气。楚军把王离的军队包围起来，经过九次激烈战斗，活捉了王离，围困巨鹿的秦军就瓦解了。

当时，来救赵国的有十几路人马。可是他们害怕秦军，都不敢跟秦军交锋，只是观看。项羽打败了秦军，实际上成了各路反秦军的首领。

王离打了败仗，章邯还有20多万人马驻在棘原。章邯向朝廷讨救兵。秦二世和赵高不但不发救兵，反而要治章邯的罪。章邯怕赵高害他，率领部下向项羽投降了。

范增劝项羽不要计较前嫌。项羽封章邯为雍王，让投降的秦军走在前面，项羽自己带着章邯，率领各路诸侯，浩浩荡荡往西打过去。

刘邦进关

章邯投降的消息传到咸阳，秦王朝内部发生了混乱。

赵高害死李斯以后，秦朝的大权全掌握在他手里。他知道大臣中有人不服他。有一次，他牵着一只鹿到朝堂上，当着大臣们的面对秦二世说："我得到了一匹名贵的马，特来献给陛下。"

秦二世虽然糊涂，但是鹿是马还分得清。他笑着说："丞相开什么玩笑，这明明是鹿，怎么说是马呢？"

赵高绷着脸说："怎么不是马？请大家说说吧。"

不少人懂赵高的用意，就附和着说："真是匹好马呀！"也有的害怕赵高，不吭声。只有少数大臣说是鹿。没过几天，说是鹿的大臣都被赵高陷害了。从那以后，大臣们都害怕赵高，不敢说赵高的不是了。

公元前206年，刘邦的人马攻破了武关（今陕西丹凤县东南），离咸阳没多远。秦二世叫赵高带兵去抵抗。赵高可不想出去送死，知道不能再混下去，就派心腹把秦二世逼死。

赵高杀了秦二世，立秦二世的侄儿子婴为秦王，大臣们不敢得罪赵高，只好同意。

子婴知道，赵高杀害秦二世的目的是想自立为王，只是怕大臣和诸侯们反对，才假意立他为王。子婴到即位那天，故意推说有病不去，赵高亲自去催子婴，被子婴埋伏的人杀了。

子婴杀了赵高，派了五万兵马守住峣关（今陕西商县西北）。刘邦用张良的计策，派兵在峣关左右的山头插上很多旗子，迷惑秦兵；另派将军周勃带领全部人马绕过峣关正面，从东南侧面打进去，打败了秦军。

刘邦的军队进了峣关，到了灞上（今陕西西安市东）。秦王子婴一看大势已去，便带着群臣投降了。这样，秦始皇建立起来的强大的王朝，仅仅维持了15年，就在农民起义的浪潮中灭亡了。

函谷关

函谷关，西据高原，东临绝涧，南接秦岭，北塞黄河，是中国建置最早的雄关要塞之一，因关在谷中，深险如函，故称函谷关。始建于春秋战国之际，是东去洛阳、西达长安的咽喉，素有"天开函谷壮关中，万谷惊尘向北空""双峰高耸大河旁，自古函谷一战场"之说，自古为兵家必争之地。周慎靓王三年（公元前 318 年），楚怀王举六国之师伐秦，秦依函谷天险，使六国军队"伏尸百万，流血漂橹"。秦始皇六年（公元前 241 年），楚、赵、卫等五国军队犯秦，"至函谷，皆败走"；"刘邦守关拒项羽"，都是在这里进行的。

函谷关不仅是一处军事重地，而且是古代中原腹地与西北地区文化、经济交流的要点。

刘邦的军队进了咸阳，将士们争着去找仓库拿金银财宝。只有萧何先跑到秦朝的丞相府，把有关户口、地图等文书档案都收了起来，保管好。这些文件是将来治理国家必不可少的，他认为比金银财宝更有用。

刘邦来到了豪华的阿房宫，看到宫里的摆设和美女就不想离开了。

部将樊哙闯了进来，说："沛公是要打天下，还是要当富翁？这些奢侈华丽的东西，使秦朝亡了，您还要这些干吗？还是赶快回到军营里去吧！"

刘邦不听他的话。张良也进来了，对刘邦说："樊哙的话说得很对，希望您听从他的劝告。"

刘邦很信任张良，马上醒悟过来，吩咐将士封了仓库，带兵回到灞上。

接着，刘邦召集了咸阳附近各县的父老，对他们说："你们被秦朝残酷的法令害苦了。今天，我跟诸位父老约定三条法令：第一，杀人的偿命；第二，伤人的办罪；第三，偷盗的受罚。除了这三条，其他秦国的法律、禁令，一律废除。各位父老，安居乐业，不必惊慌。"

百姓听到刘邦的约法三章，高兴得不得了，拿着酒肉来慰劳刘邦的将士，刘邦却没有接受。刘邦的军队给关中（函谷关以西地区）的百姓留下了好的印象，人们都希望刘邦能留在关中做王，但刘邦只在函谷关派兵驻守。

鸿门宴

章邯投降之后，项羽想趁秦国混乱，赶快打到咸阳去。

大军到了新安（今河南新安），投降的秦兵纷纷议论，不想打进关中，因为他们的家人在关中，怕家人受难。

部将听说后报告项羽。项羽怕秦国的降兵造反，一夜之间，就把20多万秦兵全部活埋，只留下章邯和两个降将。打那以后，项羽的残暴可就出了名。

项羽的大军到了函谷关，关上的守兵不让进去，项羽下令猛攻函谷关。很快就打进了关。大军在新丰、鸿门（今陕西临潼东北）驻扎下来。

刘邦手下有个将官，叫曹无伤，偷偷派人向项羽密告说，这次沛公进入咸阳，是想在关中做王。项羽就决心要灭掉刘邦。

那时候，项羽有40万兵马，驻扎在鸿门；刘邦只有10万兵马，驻扎在灞上。双方相隔只有40里地。

项羽的叔父项伯是张良的老朋友，张良曾经救过他的命。项伯怕张良跟着遭难，就连夜到灞上找张良，劝张良逃走。

张良不愿离开刘邦，还把消息告诉了刘邦。刘邦会见项伯，再三辩白自己不想反对项羽，请项伯帮忙在项羽面前说好话。项伯答应了，并且叮嘱刘邦亲自向项羽赔礼。

第二天，刘邦带着张良、樊哙，到了鸿门拜见项羽。

◉鸿门宴壁画 汉

刘邦说："我跟将军同心协力攻打秦国，将军在河北，我在河南。我自己也没有想到能够先进了关。今天在这儿和将军相见，真是件令人高兴的事。哪儿知道有人挑拨，叫您生了气，这实在太不幸了。"

项羽见刘邦低声下气向他说话，满肚子气都消了。他还留刘邦喝酒，让范增、项伯、张良作陪。

酒席上，范增一再向项羽使眼色，举起他身上佩戴的玉玦（音jué，古代一种佩戴用的玉器），示意项羽趁机杀掉刘邦。可是项羽只当没看见。

范增看项羽不忍心下手，就出去找到项羽的堂兄弟项庄，让他刺杀刘邦。项庄进去敬了酒并舞剑助兴，想找机会刺杀刘邦。项伯看出苗头也起来舞剑，他一面舞剑，一面用身子护住刘邦，使项庄刺不到刘邦。

张良见形势危急，找个机会溜了出去。在营门外他找到樊哙，把情况告诉了他。樊哙右手提着剑，左手抱着盾牌，直接闯了进去，气呼呼地望着项羽，头发都竖起来了，眼睛瞪得大大的，连眼角都快要裂开了。

项羽十分吃惊，张良赶忙打圆场。

樊哙说："当初，怀王跟将士们约定，谁先进关，谁就封王。现在沛公进了关，可并没有做王。他封了库房，关了宫室，什么都不动，把军队驻在灞上，天天等将军来。像这样劳苦功高，没受到什么赏赐，将军反倒想杀害他。这跟秦王有什么两样？"

项羽听了，没话回答，只说："壮士，坐吧。"樊哙就挨着张良身边坐下了。

过了一会，刘邦起来上厕所，张良和樊哙也跟了出来。刘邦留下一些礼物，要张良向项羽告别，自己带着樊哙从小道跑回灞上去了。

刘邦走了好一会儿，张良才进去向项羽说："沛公酒量小，喝醉了酒先回去了。叫我奉上白璧一双，献给将军；玉斗一对，送给亚父（亚父原是项羽对范增的尊称）。"

项羽接过白璧，放在座席上。范增非常生气，把玉斗摔在地上，砸得粉碎，说："唉！真是没用的小子，没法替他出主意。将来夺取天下的，一定是刘邦，我们就等着做俘虏吧！"

一场剑拔弩张的鸿门宴，终于结束了。

韩信拜将

鸿门宴后，项羽率领诸侯进了咸阳，杀了秦王子婴和秦国贵族800多人，还下命令烧阿房宫。他把六国旧贵族和有功的将领一共封了18个王，自封为18位诸侯王的首领——西楚霸王。春秋时期不是有霸主吗？项羽自称霸王，等于宣布他有权号令别的诸侯，诸侯都得由他指挥。到了第二年，项羽把楚怀王也杀了。

分封诸侯以后，各国诸侯就都分别带兵回到自己的封国去了，项羽也回到他的封国西楚的都城彭城。

在18个诸侯中，项羽最担心的是刘邦。他把刘邦封在偏远的巴蜀（今四川）和汉中（今陕西汉中），称为汉王，又把关中地区封给秦国的3名降将章邯等人，想这样把刘邦关进偏僻的山里去，以便阻塞刘邦向东发展的出路。

汉王刘邦对他的封地很不满意，但是自己兵力弱小，没法跟项羽反抗，只好带着人马到封国的都城南郑（今陕西汉中东）去。

汉王到了南郑，拜萧何为丞相，曹参、樊哙、周勃等为将军，养精蓄锐，准备将来和项羽争夺天下。但是他手下的兵士们都不想在山里过，都想回老家，差不多每天都有人逃走，急得汉王连饭也吃不下。

有一天，忽然有人来报告，说："丞相逃走了。"

汉王急坏了，三天后萧何回来一问才知道是去追韩信了。

萧何所说的韩信，本来是淮阴人，小时候读过书，文武双全，后来父母双亡，投奔了项梁。项梁死了，又跟了项羽，但没有得到重用。韩信感到十分失望，又投奔了汉王。

韩信在汉王的军队，也只得个小官。后来，丞相萧何见到了韩信，跟他谈了谈，认为韩信谈吐不凡，很器重他，还几次三番劝汉王重用他，但汉王总是不听。

韩信知道汉王不肯重用他，感觉很失望，趁着将士纷纷逃跑的时候，也找个机会走了。

萧何得知韩信逃走的消息，急得直跺脚，立即亲自骑上快马追赶了去。

萧何一路问一路追，直到天黑，也没追着。本想歇歇明天再追，可怕到了明天更追不着了，于是乘着月色又赶了一阵。转过山腰，前面是一条河。远远望见有个人牵着马在河边溜达。那不是韩信吗？萧何快马加鞭跑到河边死乞白赖地把韩信劝了回来。

萧何对汉王说："大王一定要争天下，就赶快重用韩信；不重用他，韩信早晚还是要走的。"

汉王同意了。汉王叫萧何把韩信找来，想马上拜他为大将。萧何却直爽地说："大王平日不大注意礼貌。拜大将可是件大事，不能像跟小孩闹着玩似的叫他来就来。大王决心拜他为大将，就要择个好日子，还得隆重地举行拜将的仪式，这样才能让全体兵将都能听从大将的指挥。"汉王又同意了。

汉营里传出消息，汉王要择日子拜大将啦。几个跟随汉王多年的将军个个兴奋得睡不着觉，认为这次自己一定能当上大将。

等到拜大将的日子，当大家知道拜的大将竟是平日被他们瞧不起的韩信，一下子都愣了。

汉王举行拜将仪式后，拱拱手，说："丞相多次推荐将军，将军一定有好计策，请将军指教。"

韩信谢过汉王，向汉王详细地分析了楚（项羽）汉双方的条件，认为汉王发兵东征，一定能战胜项羽。汉王越听越高兴，只后悔没早点发现这个人才。

打那以后，韩信就指挥将士，操练兵马，为刘邦策划向东发展、夺取天下的军事部署。

暗渡陈仓

项羽分封诸侯，大搞"任人唯亲"，各诸侯都是怒气满腹。不久，齐国的田荣就起兵反楚了。项羽出兵击齐，刘邦乘乱谋划重返关中，他采纳韩信的计策，派了一万多人马大张旗鼓地去修复栈道，并以军令限一个月内修好。

当时川陕之间道路险阻，多峭岩陡壁，人们便在上面凿孔架桥，用以通行，这就是栈道。当时刘邦所部要到达巴蜀和汉中，必须经过这些栈道。途中张良建议刘邦烧毁栈道。刘邦不解其意，问道："烧毁栈道，我怎么出得去呢？"张良说："若不烧掉这条道路，它的北口就在雍王的大门上！你还没有打出去，他就打进来了。"张良接着说："项羽不是怀疑大王吗？烧掉栈道，就表明大王不准备打回关中，以消除项羽的猜忌。这样大王可以乘机养精蓄锐，再图来日。"刘邦依计而行，烧掉了走后的栈道。项羽知道后大喜，果然放松了对刘邦的警惕，不久就班师回了自己的封地。

这时，刘邦重新修建栈道，守着关中西部的章邯听到了这个消息，不禁笑道："谁叫你们把栈道烧毁的！你们自己断绝了出路，现在又来修复，这么大的工程，只派几百个士兵，看你们哪年哪月才得以完成。"他哪里知道，刘邦明修栈道，暗地里却让精锐部队摸小道翻山越岭来到陈仓。这就叫"明修栈道，暗渡陈仓"。由于这个历史故事，后来形容瞒着人偷偷摸摸地活动，并达到了目的，就叫"暗渡陈仓"或者"陈仓暗渡"。

陈仓是刘邦进入关中的必经之地，这里有险山峻岭阻隔，又有章邯王的重兵把守，若明着攻取，代价甚大不说，攻不攻得下来还是个问题。所以刘邦采取了声东击西的策略。

韩信的这个计策，当初张良建议烧毁栈道的时候就曾向刘邦说过。刘邦见他们两人先后所定的计策竟然完全一样，高兴地说："英雄所见，毕竟略同！"由此，后来又形成了"英雄所见略同"或"所见略同"这句成语，和成语"不谋而合"（事先未经商量而彼此的看法、态度完全一致）的含义相同。

不久，章邯便接到紧急报告，说刘邦的大军已攻入关中，陈仓（在今陕西宝鸡市东）被占，守将被杀。章邯起初还不相信，以为是谣言，等到证实的时候，才慌忙领兵抵抗，但是已经来不及了。

楚汉之争

刘邦和韩信率领汉军进攻关中的战争开始后，由于关中的老百姓对"约法三章"的汉军本来就有好感，所以，汉军每到一处，士兵、百姓都不愿抵抗。不到三个月的时间，刘邦就消灭了秦国降将章邯的兵力，驻守关中东部的司马欣和北部的董翳也相继投降。号称三秦的关中地区于是一下子被刘邦全部占领了。

项羽得知刘邦攻占了整个汉中，非常生气，准备率兵来打。但是东边也出了事，齐国的田荣也起来反抗项羽，把项羽所封的齐王赶下台，自立为王。这对项羽来说，比攻打刘邦更严重。他只好扔了刘邦这一头，带兵去镇压田荣。

刘邦趁项羽和齐国相持不下的时候，率军东进，攻下了西楚的都城彭城。项羽一听彭城给夺了去，赶紧往回撤兵。双方在濉（Suī）水展开了一场大战。战斗一开始，双方谁也不知道对方有多少人，只打得昏天黑地，尸横遍野。到最后，汉军战败，刘邦的父亲太公和妻子吕氏也被楚军抓走了。

刘邦恨透了项羽，但也没办法，只好领着残兵败将，退到成皋（河南荥阳汜水镇）一带，严密布防。同时派韩信带领兵马向北收服了魏国、燕国和赵国的地盘，又派陈平用重金挑拨项羽和范增的关系。项羽本来疑心就很重，听信了谣言，真的怀疑起范增来，而且有什么重大的事情也不跟范增商量。范增一气之下告老还乡，又气又伤心地死在路上。范增一死，项羽身边少了一位得力的谋士，汉军的压力也减轻了。刘邦又叫将军彭越在楚军后方截断楚军的运粮道，这样就有效地控制了楚军。楚汉双方这样对峙了两年多。

公元前203年，项羽决定自己带兵去攻打彭越。临走时，他再三叮嘱成皋守将曹咎，无论如何也要坚守城池不许与汉军交战。

刘邦见项羽一走就向曹咎挑战，曹咎说什么也不战。后来刘邦叫士兵整天隔着汜水辱骂楚军。一连骂了几天，曹咎实在受不了刘邦士兵的辱骂，就渡江作战，结果被刘邦打得落花流水。曹咎觉得没脸见项羽，就抹脖子自杀了。

项羽听说成皋被汉军占领，曹咎自杀，急忙赶回来，楚汉两军在广武（今河南荥阳县东北）又对峙起来。

中国象棋上的"楚河""汉界"

在中国象棋的棋盘中间,常有一区空隙,上面写有"楚河""汉界"字样,作为红方和黑方的分界线。这来自历史上西楚霸王项羽与汉高祖刘邦之间的一场楚汉战争。至今,在荥阳广武山上还保留有两座遥遥相对的古城遗址,西边那座叫汉王城,东边的叫霸王城,传说就是当年的刘邦、项羽所筑。两城中间,有一条宽约300米的大沟,这就是人们平常所说的鸿沟,也是象棋盘上所标界河的依据。

正当刘邦想和项羽决一死战的时候,项羽派使者给刘邦传话说:"现在天下不安定,都是由于你我两人相持不下造成的,你敢不敢与我比试高低,别让老百姓受连累了。"刘邦也叫使者回话说:"我愿意比文斗智。"刘邦和项羽各自出阵来。刘邦为了叫项羽在楚、汉军面前威风扫地,便历数项羽有"十大罪状"。

项羽听后,忍无可忍,但也不回答,回头作了个暗示,钟离昧带领弓箭手一阵乱箭齐发。刘邦刚要回头,胸口已经中了一箭,他忍住疼痛,故意弯下身大叫道:"不好,贼兵射到我的脚趾了。"众将士急忙把他扶到营里,叫医官医治。张良怕军心动摇,便劝刘邦勉强起来,坐在车上巡视军营。

项羽见刘邦没死,还能巡视军营,而楚军粮草已供应不上,感到进退两难。

刘邦重伤在身,见双方相持不下,也非常着急。这时,洛阳人侯公从中调和了一下,双方定下协议,楚汉双方以荥阳东南的鸿沟为界,鸿沟以东属楚,鸿沟以西属汉,双方各守疆土,互不侵扰,停止内战。协议达成后,项羽把太公和吕氏也放了回来。

四面楚歌

其实，楚汉之争中汉王中箭后的讲和，只是汉王的一个缓兵之计。楚汉议和还不到两个月，刘邦便组织了韩信、彭越、英布三路大军会合在一起，在韩信统率下，追击项羽。

公元前202年，项羽被汉军围困在垓下（今安徽灵璧县东南，垓音gāi），韩信在垓下的周围布置了十面埋伏。项羽的兵士少，粮食也快吃光了。项羽想带领人马冲杀出去，但是汉军和各路诸侯的人马里三层外三层，项羽打退一批，又来一批，杀出一层，还有一层。项羽没法突围出去，只好回到垓下大营，吩咐将士小心防守。

这天夜里，项羽在营帐里愁眉不展。他身边有个宠爱的美人名叫虞姬，看见他闷闷不乐，便陪伴他喝酒解愁。虞姬故意露出笑脸来安慰项羽，说："胜败乃兵家常事，何必这么烦恼。咱们还是喝几杯提提神吧。"虞姬劝了几杯酒伺候霸王睡下了，自己守着营帐，焦虑不已。

到了午夜，只听得一阵阵西风吹动树枝的声音，风声里还夹着哭声，虞姬很害怕，正想躲进内帐，忽然听到风声里夹杂着唱歌的声音，就叫醒了项羽。项羽仔细一听，歌声是从汉营里传出来的，唱的都是楚人的歌曲，唱的人还挺多。

项羽听到四面八方都是楚歌声，愣住了。他失神地对虞姬说："完了！难道刘邦已经打下西楚了吗？怎么汉营里会有那么多的楚人呀？"

项羽愁绪满怀，忍不住唱起一曲悲凉的歌来：

力拔山兮气盖世，时不利兮骓（音zhuī）不逝。骓不逝兮可奈何，虞兮虞兮奈若何？

这首歌的意思是：力气拔得起一座山，气魄压倒天下好汉，时运不济，乌骓马不肯走。马儿不跑怎么办，虞姬呀虞姬，你可怎么办？

项羽唱着唱着，禁不住流下了眼泪。旁边的虞姬和侍从也都伤心地哭了起来。

楚营里的楚军听了家乡的歌，都想起家来了。他们现在内无粮草，外无救兵，早就不安心了。于是他们开始三三两两地逃跑，后来成批成批地逃跑，有些大将也逃跑了。大将一走，小兵一哄而散，士兵只剩下千儿八百人。楚军就这样自己垮了。

当天夜里，项羽跨上乌骓马，带了八百个子弟兵冲出汉营，马不停蹄地往前跑去。天亮后，汉军才发现项羽已经突围出去，连忙派了五千骑兵紧紧追赶。项羽一路奔跑，后来他渡过淮河时，跟着他的只剩下一百多人了。

◎ 霸王别姬木雕

"霸王别姬"讲述的是楚霸王项羽在垓下战败后，与宠姬虞姬诀别时的故事。这段凄美的故事至今为人所传唱。本图为依据此故事所作的木雕。

但后面的追兵又围上来了。项羽对跟随他的士兵们说："我从起兵到现在有八年了，经历过七十多次战斗，从来没有失败过，才当上了天下霸王。今天在这里被围，这是天要叫我灭亡啊！"

项羽说罢又几次冲出重围，一直到了乌江（在今安徽和县东北）边。此时，他身边只剩下二十几个人了。恰巧乌江的亭长有一条小船停在岸边，亭长劝项羽马上渡江。

项羽苦笑了一下说："我当年在会稽郡起兵时，带了八千子弟渡江，到今天他们没有一个能回去。我一个人回到江东，即便是江东父老同情我，立我为王，我也没脸见他们呀。"

项羽说完跳下马来，把乌骓马送给了亭长，兵士们也跳下马。他们的手里都拿着短刀，跟追上来的汉兵展开肉搏战。他们杀了几百名汉兵，楚兵也一个个倒下。项羽受了十几处创伤，最后在乌江边拔剑自杀了。

大风歌

刘邦打败了项羽，建立了一个比秦朝更强大的汉王朝。公元前202年，汉王刘邦正式做了皇帝，这就是汉高祖。汉高祖定都洛阳，后来迁都到长安（今陕西西安）。

汉高祖即位后，封曾在楚汉战争中立下大功的大将为王。这些诸侯王有的虽不是旧六国贵族，但也都想割据一块土地，不想听朝廷的指挥。在被封为王的人中要数楚王韩信、梁王彭越、淮南王英布功劳最大，兵力也最强。

在汉高祖即位的第二年，有人告发韩信想谋反。汉高祖问大臣该怎么办，许多人主张发兵灭了韩信。只有陈平反对。

后来，汉高祖采用了陈平的计策，假装到云梦泽（湖北省江汉平原上的古湖泊群的总称）巡视，命令受封的王侯到陈地见面。韩信接到命令，只得前去。韩信一到陈地，汉高祖就叫武士把韩信绑了起来，押回长安。

汉高祖捉住韩信后，想治他的罪。后来，有人劝汉高祖看在韩信过去功劳的分上，从宽处治。汉高祖想想也是，而且毕竟还没造反，就免了韩信的罪，但还是取消了他楚王的封号，改封为淮阴侯。

过了几年，有一个叫陈豨（音xī）的将军造反，自称代王，一下子攻占了二十多座城池。

汉高祖让淮阴侯韩信和梁王彭越同去讨伐陈豨，可是两个人都推说身体不好，不肯带兵打仗。汉高祖只好亲自率兵讨伐。

汉高祖离开长安后，有人向吕后告密，说韩信和陈豨是同谋，他们计划里应外合，一同造反。吕后跟丞相萧何商量了一个计策，故意传出消息，说陈豨已经被高祖抓住了，大王快回来了，请大臣们进宫祝贺。韩信不知是计，一进宫门，就被预先埋伏好的武士杀了。

三个月后，汉高祖灭了陈豨，回到洛阳，彭越的手下人告发彭越谋反。汉高祖派人抓住彭越后，就把彭越处死了。

◎ "汉并天下" 瓦当　西汉

此种瓦当为汉高祖初建天下时所造，汉武帝时修建的建章宫遗址中，也曾出现过这种瓦当。

淮南王英布听说韩信、彭越都被杀了，干脆也起兵反叛了。

英布一出兵就打了几个胜仗，占领了荆楚一带的土地。汉高祖得知消息后，又亲自带兵征伐。

两军一对阵，汉高祖就指挥大军猛击英布。英布命手下兵士弓箭齐发，汉高祖一不小心，当胸中了一箭。他忍住疼痛，继续进攻。英布被打败，在逃跑的路上被人杀了。

汉高祖平定了英布叛乱后，在凯旋的路上，回故乡沛县住了几天。他邀集了故乡的父老子弟和以前的熟人，举行了一次宴会。

他在与父老乡亲团聚畅饮当中，想起过去自己战胜项羽的经历，又想到以后要治理好国家，可真不容易。想到这里，汉高祖感慨

歌风台

当年汉高祖平定了英布叛乱后，于归途中经故乡沛县，酒酣之时，有感于昔日亡秦灭楚的戎马生涯，欣喜于既成帝业，即兴击筑（古代一种乐器）而歌："大风起兮云飞扬，威加海内兮归故乡，安得猛士兮守四方。"后沛人于鸣唱处筑"歌风台"以纪念。

万千，情不自禁地唱道：大风起兮云飞扬，威加海内兮归故乡，安得猛士兮守四方。

这首歌的名字叫《大风歌》。刘邦唱着唱着跳起舞来，忍不住流出了眼泪。

白登被围

就在汉高祖刘邦同西楚霸王项羽在中原展开大战的时候，北方的匈奴也趁乱一步步向南打过来。

汉高祖做了皇帝后，匈奴的冒顿单于（单音chán，冒顿是人名，单于是匈奴王）带领了四十万人马向汉朝攻来，并包围了韩王信（原韩国贵族，和韩信是两个人）的封地马邑（今山西朔县）。韩王信抵挡不了，便向冒顿求和。汉高祖得知这个消息后非常生气，派使者责备韩王信。韩王信害怕汉高祖治罪于他，就投靠了匈奴。

冒顿占领了马邑，又继续向南进攻。汉高祖亲自带兵赶到晋阳去迎战。

这是公元前200年的冬天，寒风刺骨，天气特别冷。中原的士兵没碰到过这样冷的天气，冻得受不了，战斗力明显减弱。但是，汉朝的军队和匈奴兵一交战，就来了劲，把匈奴兵打得落花流水。一连打了几回，匈奴兵都败下阵去。后来，冒顿单于大败而逃了，据说逃到代谷（今山西代县西北）了。

汉高祖进晋阳（今山西太原）后，派出兵士侦察，回来的人都说冒顿的部下全是一些老弱残兵，连他们的马都是瘦得皮包骨头。如果趁势打过去，准能打赢。

汉高祖担心这些兵士的侦察不可靠，又派刘敬到匈奴营地看看虚实。

刘敬回来说："我们看到的匈奴的确都是些老弱残兵，但我认为冒顿一定把精兵埋伏起来了，陛下千万不能上他们的当。"

汉高祖听罢大怒，说："你胆敢胡说八道，是想阻拦我进军吗？"说完，命令士兵把刘敬关押起来。

汉高祖率领的一队人马刚到平城（今山西大同市东北），就被四下里涌出的匈奴兵包围起来。这些匈奴兵个个身强力壮，原来的老弱残兵全不见了。汉高祖在部下的掩护下，拼命杀出一条血路，退到平城东北面的白登山。

冒顿单于的40万精兵，把汉高祖围困在白登山。外面的汉军无法进入白登山进行救援，而汉高祖他们，整整被围困了七天，冲杀不出去。

⊙ **匈奴武士像**

匈奴是北方强大的游牧民族，其制军政合一，整个民族都是一支组织严密的军队。单于是匈奴的最高军事统帅，下设有左贤王、右贤王。匈奴最盛时，军队由二十个部族组成，总计有三十万骑兵。

后来，高祖身边的谋士陈平想出一个办法，打发了一个使者带着黄金、珠宝去见冒顿的阏氏，请她在单于面前说些好话。阏氏一见汉朝使者给她送来这么多贵重礼物，心里非常高兴。

当天晚上，阏氏对冒顿说："我们即使占领了汉朝的地方，也没法长期住下来。再说，也会有人来救汉朝皇帝的。咱们不如早点撤兵回去吧！"

冒顿听阏氏这么一说，想想也有道理，第二天一清早，就下令将包围圈闪开一个缺口，放汉兵出去。

汉高祖提心吊胆地撤出了匈奴的包围圈，一出白登山，立即快马加鞭，一口气逃到广武。

　　经过这一次险情，汉高祖知道汉朝暂时没有力量再去征服匈奴，只好回到长安。之后，匈奴一直侵扰北方，这使汉高祖大伤脑筋。他问刘敬该怎么办，刘敬说："我们最好和他们联姻，用'和亲'的办法，结为亲戚，这样，彼此就可以安安稳稳地过日子。"

　　汉高祖同意了刘敬的建议，派刘敬到匈奴去说亲，冒顿当即同意了。汉高祖挑了一个宫女所生的少女，假称大公主，送到匈奴去，冒顿非常高兴，还把她立为阏氏。

　　从那时候起，汉朝开始采用"和亲"的政策，跟匈奴的关系暂时缓和了下来。

白马盟誓

　　汉高祖晚年的时候，宠爱戚夫人。戚夫人生了个孩子，叫如意，被封为赵王。汉高祖老觉得吕后所生的太子刘盈生性软弱，怕他将来干不了大事，倒是如意说话做事很像自己。因此，想改立如意为太子。

　　他很烦恼，也曾经为这件事跟大臣们商量过，但大臣们都反对，连他一向敬重的张良也不同意。汉高祖只好请了当时很有名望的四个叫"商山四皓"（皓，音 hào，就是白发老人的意思）的隐士，来辅佐太子刘盈。

　　汉高祖在讨伐英布的时候，胸部中了流箭。后来，伤口发作了，伤势越来越厉害。有一次，有人偷偷地对他说："樊哙（吕后的妹夫）和吕后串通一气，只等皇上一死，就打算杀掉戚夫人和赵王如意。"

汉高祖听后非常生气，立即把陈平和将军周勃召进宫来，对他们说："你们赶快到军营，立刻把樊哙的头砍下来见我。"

那时候，樊哙正带兵在燕国。陈平、周勃接受了命令，但又怕以后高祖后悔起来怪罪他们，就使了个计，把樊哙关在囚车里，送到长安。后来樊哙果然被吕后释放。

汉高祖的病越来越重了，他把大臣召集起来，又吩咐手下人宰了一匹白马，要大臣们歃血为盟。大伙儿当着高祖的面，歃了血，起誓说："从今以后，不是姓刘的不得封王，不是功臣不得封侯。违背这个盟约的，大家共同讨伐他。"大臣们宣了誓，汉高祖才放下心来。

汉高祖快不行了。他叫吕后进去，嘱咐了后事。最后说，将来安定刘家天下，还要靠周勃。

公元前195年，汉高祖死去。吕后把消息封锁起来，秘密地把她的一个心腹大臣审食其（食其音 yì jī）找去，对他说："大将们和先帝都是一起起兵的，他们在先帝手下已经不大甘心。如今先帝去世，更靠不住，不如把他们都杀了。"

审食其觉得这事不好办，就约吕后的哥哥吕释之做帮手。吕释之的儿子吕禄把这个秘密泄露给他的好朋友郦寄，郦寄又偷偷地告诉他父亲郦商。

郦商得知消息，赶忙去找审食其，对他说："听说皇上去世已经四天了，皇后不发丧，反倒打算杀害大臣。这样做，一定会激起大臣和将军们的反抗，天下大乱不用说，只怕您的性命也保不住。"

审食其被吓住了，忙去找吕后。吕后也觉得杀大臣这件事没有把握，就下了发丧的命令。

大臣们安葬了汉高祖，太子刘盈即位，就是汉惠帝。吕后就成了吕太后。

汉惠帝的确老实无能，一切听凭他母亲吕太后做主。吕太后大权在手，爱怎么做就怎么做。

她最痛恨的是戚夫人和赵王如意。她先把戚夫人罚做奴隶，又派人把赵王如意从封地召回长安。

汉惠帝知道太后要害死弟弟如意，就亲自把如意接到宫里，连吃饭睡觉都和他在一起，使吕太后没法下手。

有一天清晨，汉惠帝起床外出练习射箭，他想叫如意一起去，如意年轻贪睡，汉惠帝见他睡得很香，不忍叫醒他，自己出去了。等惠帝射箭回来，如意已经被毒死在床上。

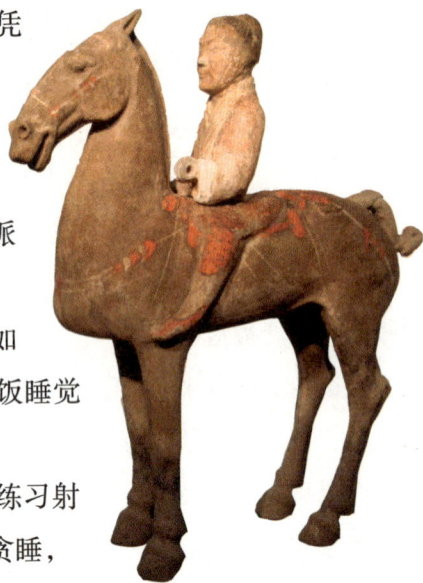

⊙ 骑俑　西汉

此件骑马陶俑出土于陕西咸阳汉高祖刘邦的陪葬墓中，俑高67～68.5厘米，长64～64.5厘米，是研究汉初军事状况的重要史料。

吕太后杀了如意，还残酷地把戚夫人的手脚统统砍去，挖出她的两眼，逼她吃了哑药，把她扔在猪圈里。

汉惠帝瞧见戚夫人被太后折磨成这个样子，不禁放声大哭，还吓得生了一场大病。打那以后，汉惠帝就不愿再过问朝廷的政事。

萧规曹随

汉朝一建立，汉高祖为有效地管理国家，就叫韩信定军法，张苍定历法及度量衡制度，让在朝廷当过博士的叔孙通定礼仪，特别是叫萧何定律令。萧何做相国，处理政事，全按律令办事。

萧何提倡节俭。连汉高祖，他也不配给纯一色的四匹马驾车；有的将相大臣，只能坐牛车。他还招贤纳士，不准买卖奴婢、与少数民族联姻，等等，这一切都有利于国家的安定、统一，有利于百姓相对和平地生活。

汉惠帝刘盈即位第二年，年老的相国萧何病重。汉惠帝亲自去探望他，还问他将来谁来接替他合适。

萧何起先没有表达自己的意见，直到汉惠帝问："你看曹参怎么样？"

萧何和曹参早年都是沛县的官吏，跟随汉高祖一起起兵。两个人本来关系很好，后来曹参立了不少战功，可是他的地位比不上萧何，两个人就不那么好了。但是萧何知道曹参是个治国的人才，所以汉惠帝一提到他，他也表示赞成，说："陛下的决断英明。有曹参接替，我死了也安心了。"

曹参本来是个将军，汉高祖封长子刘肥做齐王的时候，叫曹参做齐相。那时候，曹参拜道家大师盖公做老师。这个盖公是相信黄老学说（黄老就是指黄帝、老子）的，主张治理天下的人应该"清静无为"，让老百姓过安定的生活。曹参依了盖公的话，尽可能不去打扰百姓。他做了九年齐相，齐国所属的七十多座城都比较安定。

萧何一死，汉惠帝马上命令曹参进长安，接替做相国。曹参还是用盖公"清静无为"的办法。而且他认为，前任相国萧何制定的法令，符合治理国家、安定百姓的实际，所以他的一切治国大政，都按照萧何规定了的章程办事。这就是成语"萧规曹随"的由来。

一些大臣见曹参这种无所作为的样子，有点着急，也有人去找

汉初三杰

汉初三杰是指张良、萧何、韩信。正是由于他们的全力辅佐，刘邦才能击败强大的楚霸王项羽，建立西汉。刘邦当上皇帝后，曾这样说："出谋划策，决胜千里，我比不上张良；治理国家，安抚百姓，筹集粮饷，我比不上萧何；率领百万大军，战必胜，攻必克，我比不上韩信。这三个人都是绝顶聪明的人，我能够重用他们，这就是我得天下的原因。"

他，想帮他出点主意。但是他们一到曹参家里，曹参就请他们一起喝酒。有些人想借机向他说些朝廷政务，他总是岔开话头，让人开不了口。最后，这些好言相劝者总是醉醺醺地回去。

汉惠帝看到曹相国这种做法，认为他瞧不起自己，心里挺不舒服。于是，他把在皇宫里侍候他的曹参之子曹窋（音zhú）叫来，对他说："你回家找个机会问问你父亲，高祖归了天，皇上年轻没有经验，国家大事全靠相国来处理。可他天天喝酒，不管政事，这么下去，能治理好天下吗？看你父亲怎么说。"

曹窋回去就照惠帝的话对曹参说了。

曹参一听，马上火了，他骂道："你这个毛孩子懂得什么，国家大事也轮到你来管。"说着，竟叫仆人拿板子打了曹窋一顿。

曹窋莫名其妙地挨了一顿打，非常委屈，回到宫中就一五一十地向汉惠帝说了。汉惠帝听了很不高兴。

第二天，在朝堂上，惠帝就对曹参说："曹窋跟你说的话，是我让他说的，你打他干什么？"

曹参向惠帝谢过罪，接着说："请问陛下，您跟高祖比，哪一个更英明？"

汉惠帝说："那还用说，我当然比不上高皇帝。"

曹参说："我跟萧相国比较，哪一个能力强？"

汉惠帝禁不住微微一笑，说："好像萧相国强一些。"

曹参说："陛下说得对。陛下比不上高皇帝，我又比不上萧相国。高皇帝和萧相国平定了天下，又给我们制定了一套规章。我们只要照着他们的规定办，不要失职就行了。"

汉惠帝这才明白了过来。

曹参采用黄老无为而治的学说，做了三年相国。那个时候，国家正处于长期战争的动乱之后，百姓需要安定，曹参那套办法没有加重百姓的负担，国家也得以休养生息。

周勃夺兵权

汉惠帝一直没有儿子，吕太后叫孝惠皇后假装怀孕，到生的时候，从后宫抱来一个婴儿，对外说是惠帝生的，立为太子。吕后怕走漏风声，就秘密地杀害了婴儿的生母。公元前188年，惠帝一死，这个婴儿就接替了皇位。小皇帝不能处理朝政，吕太后便名正言顺地临朝执政。

吕太后为了巩固自己的权力，要立吕家人为王，向大臣们征求意见。右丞相王陵是个直性子，他提起汉高祖临终前与大臣们立下白马盟誓的事，不赞成吕太后的想法。吕太后大为不满。陈平和周勃却同意吕太后的想法。

散朝以后，王陵批评陈平和周勃违背了誓言。

陈平、周勃说："您别着急。当面在朝廷上和太后争论，我们比不上您；将来保全刘家天下，可就要靠我们了。"

从这以后，吕太后就陆续把她的娘家人，像吕台、吕产、吕禄等一个个都封了王，还让他们掌握了军权。朝廷大权几乎全都控制在吕家的手里了。

吕太后临朝的第八个年头，患了重病，临死前封赵王吕产为相国，掌管北军，吕禄为上将军，掌管南军，并且叮嘱他们说："现在吕氏掌权，朝廷里有很多大臣不服。我死了以后，你们要带领军队保卫宫廷，不要出去送殡，提防被人暗算。"

吕太后死后，兵权都在吕产、吕禄手里，他们便策划发动叛乱。

自从吕家夺了刘家的权，朝廷中很多人不服气，只是大多数人都敢怒不敢言罢了。

汉高祖有个孙子叫刘章，封号叫朱虚侯，他的妻子是吕禄的女儿。刘章得知吕家的阴谋，就派人去通知哥哥齐王刘襄，约他出兵攻打长安。

齐王刘襄起兵，吕产得到了这个消息，立刻派将军灌英带领兵马去征讨。灌英一到荥阳，就跟部将们商量说："吕氏想夺取刘家天下，如果我们向齐王进攻，这不等于帮助吕氏叛乱吗？"

大家商量了一下，决定按兵不动，暗地里通知齐王，要他联络诸侯，等时机成熟，一起起兵讨伐吕氏。齐王接到通知，马上就地安营扎寨，停止前进。

周勃、陈平知道吕氏要发动叛乱，便想先发制人，但是兵权掌握在吕氏手里，必须想办法夺回兵权。

他们想到大臣郦商的儿子郦寄和吕禄是好朋友，派人鼓动郦寄去劝说吕禄："太后死了，皇帝年纪又小，您身为赵王，却留在长安带兵，大臣诸侯都怀疑您。如果您能把兵权交给太尉周勃，回到自己的封地，齐国的兵就会撤退，叛乱也就会平息。"吕禄相信了郦寄的话，把北军军权交给太尉周勃掌管。

周勃拿到了将军的大印，马上赶到北军军营，向将士下了一道命令："现在吕氏想夺刘家的天下，你们看怎么办？支持吕家的把右臂袒露出来，帮助刘家的把左臂袒露出来。"

北军中的将士本来都是向着刘家的，命令一传下去，兵士们全脱下左衣袖，露出左臂来。这样，周勃顺利地接管了北军，夺了吕禄的兵权。

吕产不知道吕禄的北军已全部落在周勃手里，他跑到未央宫想要发动政变，没想到被周勃派来的兵士杀了。接着，周勃带领北军，把吕氏的势力全部铲除了。

这时，有人揭发，说现在的皇帝不是惠帝的孩子，也不姓刘。经大臣们商议，认为高祖的几个儿子中，刘恒年龄最大，品格又好，决定废掉小皇帝，立刘恒为皇帝，这就是汉文帝。

将门虎子

汉文帝即位之后，继续和匈奴贵族采取和亲政策，双方没有发生大规模的战争。但是后来匈奴单于听信了汉奸的挑拨，中断了与汉朝的交往。

公元前158年，匈奴的军臣单于带领6万士兵，侵扰上郡（治所在今山西榆林东南）和云中（治所在今内蒙古托克托东北），烧杀抢掠，一时间战火又起。

汉文帝连忙派三位将军兵分三路去抵抗。为了保卫长安，另外派三位将军带兵守卫在长安近郊，将军刘礼驻扎在灞上，徐厉驻扎在棘门（今陕西咸阳市东北），周亚夫驻扎在细柳（今咸阳市西南）。

周亚夫是绛侯周勃的儿子。几年前，周亚夫的哥哥犯了罪，被废除侯位。汉文帝要选拔周勃儿子中最贤能的人，大家都推举周亚夫，于是文帝封周亚夫为条侯，继承绛侯周勃的爵位。

周亚夫带兵驻守细柳后，有一天，汉文帝亲自到长安附近三个军营去慰劳，顺便也去视察一下。

汉文帝先到灞上，刘礼和他的部下将士接到皇帝来视察的消息，都纷纷骑着马来迎接，汉文帝的车马驶进军营，没有受到任何阻碍。汉文帝慰劳了一阵走了，将士们列队欢送。接着，他们又来到棘门，受到的迎送仪式同样隆重。

最后，汉文帝来到细柳。周亚夫军营的前哨看见远远有一队人马过来，立刻向周亚夫报告。将士们披盔带甲，弓上弦，刀出鞘，作好了战斗准备。

汉文帝的先遣队到达了营门，守营的岗哨立刻拦住。先遣的官员吆喝道："皇上马上就到，打开营门！"营门的守将镇定地回答说：

"军中只听将军的军令，没有将军的命令，不能开营门放你们进去。"官员正要同守将争执，文帝的驾车已经到了。守营的将士照样挡住不让进。汉文帝只好命令侍从拿出皇帝的符节，派人给周亚夫传话说："皇帝来军营劳军。"周亚夫这才下令打开营门，让汉文帝的车马进来。

护送文帝的人马一进营门，守营的官员就郑重地告诉他们："军中有规定：军营内不允许车马奔驰。"侍从的官员都很生气，汉文帝却吩咐侍从控制住马头的缰绳，缓缓地前进。

到了中军大营，只见周亚夫披盔戴甲，拿着武器，威风凛凛地站在汉文帝面前，拱手施礼道："臣盔甲在身，不能行跪拜礼，请允许我按照军中的礼节朝见。"汉文帝听了，很受震动，也扶着车前的横木欠身答礼。接着，又派人向全军将士传达了他的慰问。

⊙ 周勃像

慰问结束后，汉文帝离开细柳。在回长安的路上，汉文帝的侍从人员都心怀不满，认为周亚夫对皇帝太无礼了。但是，汉文帝却赞叹地说："周亚夫是真正的将军啊！灞上和棘门两个地方的军队，防备松懈，如果敌人来偷袭，一定会失败。如果将军们都能像周亚夫这样治军，敌人就不敢侵犯了。"

通过这次视察，汉文帝认定周亚夫是个军事人才，就把他提升为中尉（负责京城治安的军事长官）。第二年，汉文帝害了重病。临死之前，他对太子说："如果将来国家发生动乱，叫周亚夫率军队去平乱，准错不了。"

汉文帝在位23年，于公元前157年去世，终年46岁。他的儿子刘启即位，就是汉景帝。景帝刘启任命周亚夫为车骑将军。

文景之治

刘恒的母亲是薄太后。当年吕太后在宫中专横跋扈，为了躲避灾祸，薄太后就和儿子刘恒一起来到了刘恒的封地代国（今山西、河北北部一带，国都在今河北蔚县）。刘恒在做代王时，就以勤政孝顺闻名天下。刘恒即位后，在刘邦休养生息政策的基础上又进一步采取了轻徭薄赋、与民休息的措施。他十分重视农业生产，多次鼓励农民发展生产，兴修水利。为了减轻农民负担，他先后两次把田租减为三十税一，就是农民交纳的田税是收成的1/30，甚至连续12年免收全国田租，赋税由每人每年120钱减为40钱，徭役也改为每三年服役一次；开放归国家所有的森林大山、河流湖泊，允许人民进去砍柴、挖矿、煮盐、捕鱼。他还减轻了刑罚，取消了连坐法和割鼻、砍脚、在脸上刺字等肉刑，改用笞刑（用鞭、杖或竹板子打，笞音chī）代替。

汉文帝还比较关心百姓的疾苦，刚当皇帝不久，他就下令：80岁以上的老人全部由国家供养，每月都要发给他们米、肉和酒；对90岁以上的老人，再增加一些麻布、绸缎和丝绵，给他们做衣服。汉文帝还曾亲自下地种田，皇后也去采桑、养蚕、纺线、织布。

为了对付匈奴的侵扰，汉文帝把大批百姓迁到边疆地区，派大量军队驻扎在北方边疆以增强防御力量的同时，继续奉行"和亲"政策。在匈奴南下后，他派军队进行抵御。匈奴退走后，他禁止军队追赶，避免扩大战争，以保存有生力量。

南越国国王赵佗自称南越武帝，派兵侵扰长沙国，与汉朝分庭抗一次，文帝出行中路过渭桥，有人从桥下走出，使文帝乘车的马受惊而跑。廷尉张释之按当时的法律判处此人"罪金"（罚四两金）。文帝要求处死。张释之向文帝说："法律是天子和天下人共同制定的，如果我们轻易地改变法律，就会使人们对法律失去信任，不知怎样做才对。"文帝终究肯定了廷尉的做法。时人称赞"张释之为廷尉，天下无冤民"。惊马事件后不久，有人更是胆大妄为，偷窃了汉高祖庙中神座前的玉环。盗贼擒获之后，张释之判处盗贼斩首示众，文帝认为量刑过轻。张释之叩头谢罪道："将来若有人公然去挖掘祖庙，陛下预备如何惩治？"文帝闻言遂接受了张释之的依法判处。

礼。汉文帝没有出兵讨伐，而是派人修葺了赵佗老家真定（今河北正定）的祖坟，并封赏他的亲属，然后派使者出使南越国劝说赵佗。赵佗深受感动，除去了帝号，复称南越王，再次归附汉朝。

汉文帝生活非常简朴。一次，汉文帝想修建一个露台来观赏风景，他问大臣需要多少钱。大臣告诉他："大概需要100斤金子。"汉文帝吃了一惊，接着问："100斤金子合多少户人家的财产？"大臣回答："大概合十户中等人家的财产。"他急忙摆手说："不修了，不修了。现在国家的财力不足，用钱的地方还很多，还是省省吧。"汉文帝穿的都是粗布衣服，住的、用的都是前代皇帝留下的，从没有增添过新的东西，就连他宠爱的妃子们也不穿华丽的衣服，床上的帷帐也不绣花。汉文帝在位23年，没有修建宫殿、花园，车马、衣服也没有增添过。

汉景帝即位后继续采取文帝时的政策，把三十税一的田税定为长期田租制度，又进一步减轻刑罚。他果断地平定了七国之乱，维护了统一。他在位期间，三次与匈奴和亲，使得汉朝北部边境保持了安定和平。他也像汉文帝一样亲自下地种田，为国民做表率。

经过汉文帝和汉景帝近半个世纪的励精图治，国库里的钱堆积如山，有些钱由于很久不用，串钱的绳子都腐烂了，仓库里新粮食压陈粮食，都堆到了仓库外面，陈粮食都腐烂得不能吃了。街道上、田野里牛马成群，国家安定团结，人民安居乐业，史称"文景之治"。

"文景之治"为汉武帝反击匈奴提供了雄厚的物质基础。文景之治时期的"与民休息"政策看似对农民有利，其实对地主、商人更为有利。文帝为求得政治上的安定，没有限制诸侯王势力，结果在他的儿子汉景帝的时候，爆发了七国之乱。

晁错削藩

汉景帝当太子的时候，有个管家的官员叫晁错，挺有才能，大家都称他为"智囊"。后来，汉景帝把他提升为御史大夫。

秦朝实行的是郡县制，但是汉高祖打下天下后，分封了22个诸侯国。这些诸侯都是汉高祖的子孙。到了汉景帝时，诸侯的势力变得强大起来，土地又多，像齐国就有七十多座城，吴国有五十多座城，楚国有四十多座城。有些诸侯不受朝廷的约束，简直成了独立王国。

晁错见各诸侯国的发展态势很有可能造成国家分裂的危险，就对汉景帝说："吴王一直不来朝见，还私自开铜山铸钱，煮海水取盐，招兵买马，动机不纯。不如趁早削减诸侯国的封地。"

汉景帝有点犹豫，说："削地只怕会引起他们造反。"

晁错说："诸侯想造反的话，削地会反，不削地将来也会反。现在造反，祸患小；将来他们势力大了，再反起来，祸患就大了。"

汉景帝觉得晁错的话很有道理，便下定决心，削减诸侯的封地。过了不久，朝廷找了些理由，削减了诸侯的封地。有的被削去一个郡，有的被削掉几个县。

正当晁错与汉景帝商议要削吴王刘濞的封地时，吴王刘濞先造起

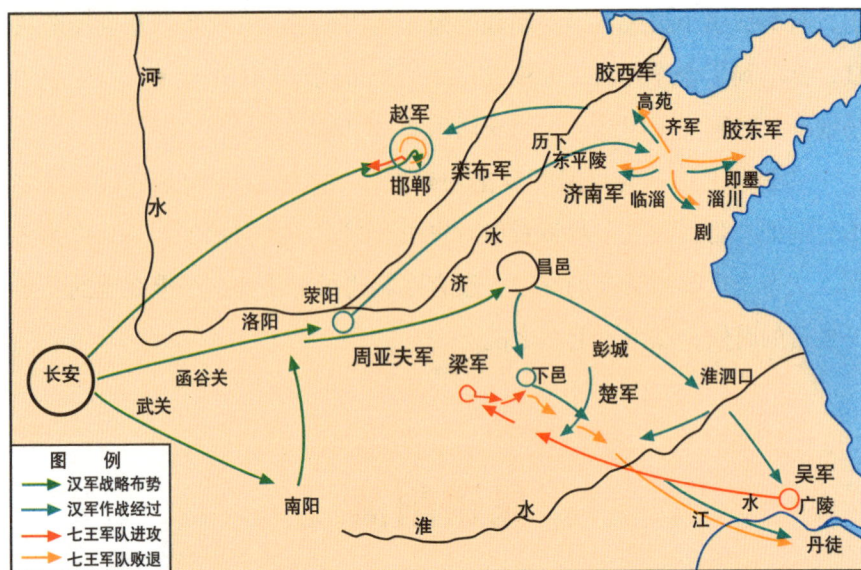

⊙ 平定七国之乱示意图

反来了。他打着"惩办奸臣晁错，救护刘氏天下"的旗号，煽动其他诸侯一同起兵造反。

公元前154年，吴、楚、赵、胶西、胶东、菑（音zī）川、济南七个诸侯王发动叛乱，历史上称之为"七国之乱"。

叛军声势很大，汉景帝惊恐之余，想起汉文帝临终时的嘱咐：国家有变乱，就让周亚夫带兵出征。于是，他拜善于治军的周亚夫为太尉，统率三十六名将军去讨伐叛军。

那时候，朝廷中有人妒忌晁错，说七国发兵完全是晁错的过错，如果杀了他，七国就会退兵。接着，有一批大臣上奏章弹劾晁错，说他大逆不道，应该杀头。汉景帝看了这个奏章，为保全自己的皇位，竟昧着良心，批准了。

这样，一心想维护汉家天下的晁错，竟莫名其妙地被杀了。

汉景帝杀了晁错，下诏书要七国退兵。这时候，吴王刘濞已经打了几个胜仗，夺得了几座城池。他听说要他拜受汉景帝的诏书，冷笑着说："现在我也是个皇帝，为什么要拜受别人的诏书？"

这时，汉军营里有个叫邓公的官员，到长安向景帝报告军情。汉景帝问他："你从军营里来，知不知道晁错已经死了？吴楚答应退兵了吗？"

邓公说："吴王一直有造反的野心，这次借削地的借口发兵，哪里是为了晁错呀？陛下把晁错杀了，恐怕以后没人敢替朝廷出主意了。"

汉景帝这才知道自己错杀了晁错，但后悔已来不及。亏得周亚夫善于用兵，把吴、楚两国的兵马打得一败涂地。这两个带头叛乱的诸侯国一败，其余的五个诸侯国也很快垮掉了。

汉景帝平定了叛乱，仍旧封七国的后代继承王位。但是从那以后，诸侯王只能在自己的封国里征收租税。汉景帝取消了他们干预地方行政的资格，大大削弱了他们的权力，汉朝的中央集权才得以巩固。

罢黜百家，独尊儒术

汉景帝去世后，他的儿子刘彻即位，就是汉武帝。

西汉初年，实行休养生息政策，推崇道家的"无为而治"思想。汉武帝即位后，为了进一步加强中央集权和统一全国思想，开始推崇儒家思想，实行自己的政治方略，安排自己的亲信掌管朝政大权。同时，汉武帝还重用许多儒生。为了选拔更多的人才，武帝下诏命令全国官吏向中央推荐人才，然后中央再选拔考试。考试的第一名是董仲舒。

董仲舒，广川（今河北枣阳）人，西汉著名思想家，是当时儒家的代表人物。武帝召见他并询问治国的策略。他把儒家的治国思想讲给汉武帝听，汉武帝觉得非常合乎自己的想法，立即封董仲舒为大官。丞相卫绾建议，只要不是儒家学派的，一律不予录用。武帝表示同意。太尉窦婴、丞相田蚡还举荐儒生王臧为郎中令，赵绾为御史大夫，宣扬儒家，排斥道家，建议从此以后实行政治改革，不要再向汉武帝的奶奶窦太后奏事。

当时窦太后还奉行"无为而治"的道家思想，并任命她的族人担任重要官员，经常干涉朝政，汉武帝的政策在实施时受到很大阻力。当她得知那些儒生鼓动汉武帝不要向她奏事后，勃然大怒。她强迫汉武帝废除了刚刚实施的一系列改革，连汉武帝任命的丞相和太尉也被罢免，有的大臣还被逮捕下狱，甚至被逼死狱中。窦太后的族人很快接替了这些重要职位，窦太后把持了朝政。

汉武帝深受打击，但他并没有消沉，只是默默等待。公元前135年，窦太后病死，汉武帝掌握了朝政大权，他立即驱逐了窦太后的族人，任命田蚡为丞相，提拔重用董仲舒等儒生，从此儒家理论成为治理国家的理论基础。

董仲舒向汉武帝提出了"大一统"的思想。所谓大一统，就是抑制诸侯，听命于皇帝。要想政治统一，就需要在思想上统一。如果像春秋战国诸子百家那样，各有各的学说，人们站在各自的立场上议论朝政，就无法做到思想统一，因此董仲舒建议"罢黜百家，独尊儒术"，也就是说只提倡儒家学说，把儒家思想作为统治国家的正统思想，其他诸子百家的思想都禁止传播。选拔官吏一定要选用儒生，其他学派的人一概排斥。因为董仲舒的主张适应了在政治上大一统的需要，所以"罢黜百家，独尊儒术"的主张被汉武帝所采纳。

董仲舒还主张"德主刑辅"，就是以实施仁政为主，法制为辅。先对百姓进行教育，当教育无效时再用法律来惩罚。这种软硬兼施、刚柔相

◎董仲舒像

济的治国方针，被武帝采用后成为汉朝乃至以后历代的治国指导思想。

公元前124年，汉武帝采纳董仲舒和丞相公孙弘的建议，在长安设立了太学，在地方设立了学校。太学以五经博士（教授儒家经典《书》《诗》《春秋》《易》《礼》的学官）为老师，博士的学生称为太学生。儒学教育制度的建立，结束了战国以来百家争鸣的局面，儒家学说正式取代了道家学说，确立了独尊地位，成为封建王朝的统治思想，成为中国两千多年封建专制统治的思想基础。

"罢黜百家，独尊儒术"的政策，有利于加强封建中央集权和巩固封建大一统局面，对维护封建统治具有积极作用，也促进了文化的繁荣和教育的发展。但"罢黜百家，独尊儒术"局面的形成，禁锢了人们的思想，扼杀了人们的聪明才智。

飞将军李广

西汉经过几位皇帝的励精图治，到了汉武帝时期，国力逐渐强大起来。但是，强盛的汉朝却常常受到北方匈奴的威胁。从汉高祖在白登受包围以后，汉朝对匈奴一直采取"和亲"政策。这种"和亲"，实际上是一种妥协，不但要把汉朝皇室的女儿嫁给匈奴单于，每年还得送给匈奴许多财物。即使这样做，匈奴贵族还是经常侵犯中原，杀害百姓，掠夺粮食和牛羊，使北方地区不得安宁。

汉武帝刘彻是个雄心勃勃的皇帝，一心想要改变这种屈辱的地位。公元前129年，匈奴又来侵犯汉朝边境。汉武帝派卫青、公孙敖、公孙贺、李广四位将军带兵抵抗。在这四名将军中，李广的年纪最大，立下了无数战功。

李广是陇西成纪（今甘肃秦安北）人，他的先祖叫李信，在秦始皇时当过将军。李广能骑善射，武艺高强。汉文帝十四年（公元前166

年），匈奴大举侵扰萧关（今甘肃东南）时，李广应征入伍，参加抗击匈奴。到了汉景帝时，李广担任陇西都尉，不久，又调任骑郎将。吴、楚等七国发动叛乱时，李广跟随周亚夫平定叛乱。在昌邑之战中，李广冲入敌营，拔掉敌军的帅旗，从此名声大振。李广曾在边境的许多地区担任过太守，经常打击匈奴的侵扰。李广每到一地，都以和匈奴奋力拼杀出名，他的战略战术更是让匈奴谈虎色变。

武帝即位后，朝廷里的大臣们都夸奖李广是员猛将，武帝便把李广从上郡太守的任上调往京师，担任未央宫的警卫。

这一次李广和卫青、公孙贺、公孙敖四路人马去抵抗匈奴，匈奴的军臣单于早已得到了消息。匈奴人最害怕的就是李广，军臣单于便把大部分兵力集中在雁门（位于今山西代县），并设了埋伏，要活捉李广。匈奴人事先挖下陷阱，再和李广对阵，假装被打败了，引诱李广去追赶他们。李广看到前面是平坦的草地，没想到匈奴人挖好了陷阱，就等着他中计。李广追着追着，只听"呼啦"一声，连人带马都掉进了陷阱，被匈奴人活捉了。

匈奴人捉住了李广，高兴极了，又生怕他跑了，就把李广装在用绳子结成的网兜里，用两匹马吊着，打算送到大营里去献功。

李广躺在网兜里，一动不动，像死了一样。走着走着，他微睁眼睛，偷偷地瞧见旁边一个匈奴兵骑着一匹好马，就使劲一挣扎，猛一跃跳上了那匹好马，夺了那个匈奴的弓箭，将那个匈奴兵打翻在地，掉转马头，拼命地往回奔跑。几百个匈奴骑兵在后面追，李广一连射死了前面的好几个追兵，终于逃了回来。

李广虽然跑了回来，但是打了败仗，按军法应当斩首。后来李广花钱赎罪，回家做了平民。

过了不久，匈奴又来进犯汉朝边境，李广被重新起用，到右北平（今辽宁凌源市西南）做了太守。

李广有多年的防守经验，他行动快，箭法精，忽来忽去，敌军总是摸不清他的打法。所以匈奴人称他为"飞将军"。在他驻守右北平期间，匈奴人不敢来犯。

李广常常闲暇无事时，便带上一些将士外出打猎。当时右北平山里有不少老虎，李广一连射死了好几只。有一次，李广外出打猎，突然瞧见迎面的乱草丛中蹲着一只斑斓猛虎，正准备向他扑过来。李广急忙弯弓搭箭，用足全身力气，一箭射去，凭他百发百中的箭法，射个正着。将士们赶快提

◉ 李广射石图　清　任颐

着剑跑过去捉老虎，可是跑近一看，都愣住了，原来草丛中并没有老虎，只有一块奇形怪状的大石头，李广的那支箭，竟然射进了石头！箭射进去很深，怎么拔都拔不出来。

飞将军李广一箭射进石头的消息，很快传开了。匈奴人听了，更加害怕李广，急急忙忙地往西迁移，再也不敢来侵扰右北平一带的边境地区了。

李广的一生，大都投入了抗击匈奴的事业。他身经大小七十几次战斗，由于他英勇善战，成为匈奴贵族心目中可怕的劲敌。但是李广在他一生的战斗中常常遭到意外的挫折。倒是两个新提拔起来的青年将军——卫青和霍去病，在抗击匈奴的战争中立下了出色的战功。

神勇两将军

卫青出身低微，他的父亲是平阳侯曹寿家里的差役。卫青长大后，当了平阳侯家的骑奴。后来，卫青的姐姐卫子夫在宫里受到汉武帝的宠幸，卫青的地位才渐渐显贵起来。

公元前127年，卫青指挥大军打败匈奴，控制了河套地区。接着，又在雁门打败了匈奴。公元前124年，卫青打败了匈奴的右贤王（匈奴的右贤王只比单于低一级），俘获了15000多个俘虏。汉武帝拜卫青为大将军。

霍去病是卫青的外甥，是卫皇后姐姐的儿子。霍去病从18岁开始就在皇帝左右担任侍卫，他擅长骑马射箭。公元前123年，匈奴又来进犯，霍去病也跟着卫青一起去抗击匈奴。

匈奴听说汉军大批人马杀来，立即往后逃走。卫青派四路人马分头去追赶匈奴兵，决定歼灭匈奴主力。卫青自己坐镇大营，等候消息。

这次出击，霍去病是以校尉的职务带领800名壮士组成的一个小队，这是他第一次带兵打仗。他们一直向北追赶了几百里路，才远远望见匈奴兵的营帐。他带手下兵士偷偷地绕道抄过去，瞅准最大的一个帐篷，猛然冲了进去。霍去病眼疾手快，一刀杀了一个匈奴贵族。他手下的壮士又活捉了两个。而后乘乱杀了2000多个匈奴兵。

卫青正在大营等得焦急，只见霍去病提了一个人头回来，后面的兵士还押来了两个俘虏。经过审问，原来这两个俘虏，一个是单于的叔叔，另一个是单于的相国，被霍去病杀了的那个，是单于的叔伯爷爷。霍去病因此被封为冠军侯。

后来，霍去病多次打败匈奴西部的浑邪王，先后把他手下的几万兵士都消灭了。单于非常恼火，要杀浑邪王，于是浑邪王就打算向汉朝投降。汉武帝得到消息后，怀疑敌人可能诈降，于是作了两手准备，先派霍去病率领军队去接应浑邪王，要他见机行事。霍去病渡过黄河后，见过浑邪王，派人把他送到武帝巡行的处所，再领着投降的匈奴兵渡过了黄河，并平定了那些企图顽抗的匈奴人。汉武帝相应地封了来投降的匈奴首领浑邪王等人的职位。同时加封1700户的封邑给霍去病。

由于霍去病不畏艰险，接连不断地打击敌军，黄河上游沿岸的边塞地区，几乎避免了战争带来的灾祸。

第二年，匈奴又侵扰右北平和定襄（今山西北中部忻定盆地东）两郡，屠杀了汉朝军民1000多人。

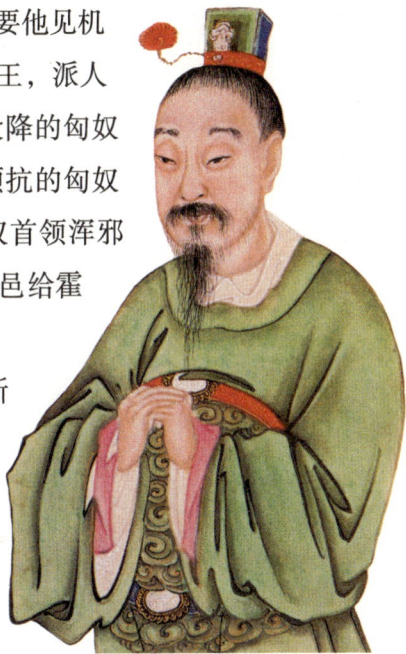

⊙ 卫青像

公元前119年，为了根除匈奴的侵扰，经过充分准备之后，汉武帝

察举征辟制

察举征辟制是汉代的选拔官员制度。

所谓察举，就是由州、郡等地方官，在自己管辖区内进行考察，发现统治阶级需要的人才，以"孝廉""茂才异等""贤良方正"等名目，推荐给中央政府，经过一定的考核，任以相应的官职；所谓征辟，是由皇帝或地方长官直接进行征聘。察举和征辟，对于原先实行的世禄世卿制来讲，是一大进步。但是这一制度又带有举士和举官不分、选举和考课不分、选举与教育分离、没有选官的专职官员，先选后考等特点，给各级官吏在察举和征辟中徇私舞弊留下很多缝隙，所以到了东汉末年，竟然出现了"举秀才，不知书；举孝廉，父别居；寒素洁白浊如泥，高第良将怯如鸡"的怪现象。

派卫青、霍去病各领5万精兵，分两路合击匈奴。卫青从定襄郡出发，穿过大沙漠，与匈奴的伊单于率领的精兵相遇，双方展开了激烈的战斗。卫青冒着扑面的沙砾，命令骑兵分左右两翼夹攻匈奴。最后伊单于招架不住，只好带领残余的几百名骑兵向北逃去。

霍去病带领另一路人马也横越大沙漠，前进2000多里，大破匈奴左贤王的兵马，一直追到狼居胥山（今蒙古国境内）下。

这次追歼战，是汉朝规模最大、进军最远的一次。从此以后，匈奴被迫撤到大沙漠以北，沙漠南面就没有匈奴之患了。

张骞出使西域

汉武帝初年的时候，汉武帝从投降过来的匈奴人那里，得知了有关西域（今新疆和新疆以西一带）的情况。他们说有一个被匈奴打败的月氏国，向西迁移到西域一带。

汉武帝想，月氏在匈奴西边，如果汉朝能跟月氏国联合起来，断绝匈奴跟西域各国的交往，这不是等于断了匈奴的右臂吗？

于是，他下了一道诏书，征求能到月氏国去联络的人。

有个年轻的郎中（官名）张骞（音qiān），觉得这件事很有意义，便自告奋勇去应征。随后又有100多名勇士应征，其中有个叫堂邑父的匈奴族人，也愿意跟张骞一块儿去找月氏国。

公元前138年，汉武帝就派张骞带着应征的100多个人出发了。但是要到月氏，中途必须经过匈奴占领的地界。张骞他们小心地走了几天，还是被匈奴兵给发现了，全都做了俘虏。

他们被匈奴扣押了10多年。日子久了，匈奴对他们管得不那么严了。张骞偷偷找到堂邑父，两人商量了一下，趁匈奴人不防备，骑上两匹快马逃走了。

他们一直向西跑了几十天，历尽千辛万苦，逃出了匈奴地界，进入了一个叫大宛（在今中亚细亚）的国家。

大宛和匈奴是近邻，当地人能听懂匈奴话。张骞和堂邑父便用匈奴话与大宛人交谈起来。大宛人给他们引见

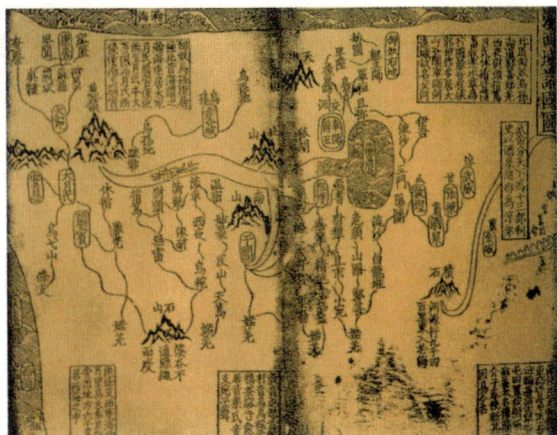

⊙西域诸国图　西汉

了大宛王，大宛王早就听说汉朝是个富饶强盛的大国，听说汉朝的使者到了，非常高兴，后来，又派人护送他们到康居（约在今巴尔喀什湖和咸海之间），再由康居到了月氏。

月氏被匈奴打败以后，迁到大夏（今阿富汗北部）附近，在那里建立了大月氏国。大月氏国王听了张骞的来意，不感兴趣，因为他们不想再跟匈奴结仇。但是张骞毕竟是个汉朝的使者，大月氏国王也很有礼貌地接待了他。

张骞和堂邑父在大月氏住了一年多，没能说服大月氏国共同对付匈奴，只好返回长安。

张骞在外面整整过了13年才回来。汉武帝认为他立了大功，封他为太中大夫。

到了卫青、霍去病消灭了匈奴兵主力，匈奴逃往大沙漠北面以后，汉武帝再次派张骞去结交西域诸国。

公元前119年，张骞和他的几个副手，拿着汉朝的旌节，带着300个勇士，还有1万多头牛羊和黄金、绸缎、布帛等礼物去西域建立友好关系。

张骞到了乌孙（在新疆境内），乌孙王亲自出来迎接。张骞送给

⊙ 张骞第二次出使西域示意图

他一份厚礼，建议两国结为亲戚，共同抵御匈奴。

过了几天，张骞又派他的副手们带着礼物，分别去联络大宛、大月氏、于阗（在今新疆和田一带，阗音tián）等国。乌孙王派了几个翻译作他们的助手。

这些副手去了好久还没回来，张骞决定不再等下去了。乌孙王便派了几十个人护送张骞回国，顺便一起到长安参观，还带了几十匹高头大马送给汉朝皇帝。

西域都护府

汉宣帝神爵二年（公元前60年），在西域设置都护府，行使对西域的全面管理。这一年九月，匈奴日逐王率其众投汉朝，骑都尉郑吉率西域诸国5万人迎之。汉王封日逐王为归德侯。公元前59年，汉宣帝任命汉王朝派驻在西域的骑都尉郑吉为西域都护，统领西域诸国。郑吉在乌垒（今新疆轮台县境内）建立都护府，督察乌孙、康居等36国，使汉朝的号令更好地在西域得到执行。这是中央王朝在新疆地区设置行政机构的开始。

汉武帝见乌孙人来了，很是高兴，又瞧见乌孙王送的大马，就格外优待乌孙使者。

一年后，张骞生病死了。张骞派到西域各国去的副手也陆续回到长安。副手们把到过的地方合起来一算，总共到过36个国家。

从那以后，汉朝和西域各国建立了友好交往的关系，汉武帝每年都派使节去访问西域各国。西域派来的使节和商人也络绎不绝。中国的丝和丝织品，经过西域运到西亚，再转运到欧洲，后来人们把这条路线称作"丝绸之路"。

苏武牧羊

卫青、霍去病打败匈奴以后，双方停战了几年。这时，匈奴已经失去大规模进犯中原的实力，于是表示要和汉朝和好，实际上还是想借机进犯中原。

公元前100年，匈奴觉察出汉朝又有出兵的迹象，便派使者来求和，还把以前汉朝派去而被他们扣留的使者都放回来了。汉武帝为了答复匈奴的善意，派中郎将苏武持旌节，带着副手张胜和随员常惠，出使匈奴。

苏武到了匈奴，送回汉朝以前扣留的匈奴使者，献上礼物。在等单于写回信让他回去的时候，发生了一件意外的事。

原来，以前有个汉人使者叫卫律，在出使匈奴后投降了匈奴。单于特别器重他，封他为王。卫律有一个部下叫虞常，对卫律很不满，他跟苏武的副手张胜是故友。虞常和张胜在匈奴见了面，就暗地跟张胜商量，想杀了卫律，再劫持单于的母亲，逃回中原去。由于虞常办事不够严密，泄露了计划，被单于抓起来，交给卫律去审问。

事情发生后，张胜也被抓了起来。因为张胜是苏武的副使，单于

⊙苏武牧羊图 清 任颐

命令卫律去叫苏武来受审。苏武对常惠等人说："我们这次出使匈奴，是为了汉朝与匈奴和好。如今堂堂使者，却在匈奴受审，使汉朝受到侮辱，我还有什么脸面回到汉朝去呢？"说着，拔出佩刀向自己身上砍去。卫律急忙把他抱住，可是苏武已经把自己砍成了重伤，血流如注，倒在地上，晕过去了。卫律赶快叫人抢救，苏武才慢慢苏醒过来。

单于暗暗佩服苏武是个有骨气的人，他希望苏武能够投降，像卫律一样为他效劳。于是他每天都派人来问候苏武，想要软化苏武，劝他投降。

但任何威逼利诱都没能使苏武投降。单于便下令把苏武关在一个大地窖里，不给饭吃，不给水喝，想用饥饿来迫使苏武投降。但是，意志坚强的苏武却毫不动摇。

匈奴单于实在拿苏武没有办法，就只好命人把苏武送到北海边上（苏联西伯利亚贝加尔湖一带）去放羊。

北海这个地方，终年白雪皑皑，荒无人烟，连鸟兽也很稀少。苏武渴了，就捧一把雪止渴；饿了，就掘取野鼠洞里的草籽、草根来充饥。有时饿极了，连野鼠也吃。单于还不时派人来劝苏武投降，苏武依旧坚决予以拒绝。每天，苏武一面牧羊，一面抚摸着出使时汉武帝亲手交给他的旌节。日子长了，旌节上的穗子都掉了，苏武还是紧紧地抱着那根光秃秃的旌节，艰苦地度着这漫长的岁月。

公元前85年，匈奴单于死了，匈奴发生了内乱，分成三个国家。这时候，汉武帝已经死了，他的儿子汉昭帝即位。汉昭帝派使者到匈奴打听苏武的消息，匈奴谎称苏武死了。

后来，汉使者又去匈奴。苏武的随从常惠当时还在匈奴，他买通匈奴人，私下和汉使者见了面，把苏武在北海牧羊的情况告诉了使者。使者又惊又喜，他想出一个主意。见了单于，他严厉地责备说："匈奴既然有心同汉朝和好，就不应该欺骗汉朝。我们皇上在御花园里射下一只大雁，雁脚上拴着一条绸子，上面写着苏武还活着，而且在北海牧羊，你怎么说死了呢？"

单于听了，吓了一跳，忙向使者边道歉边说："苏武确实还活着，我们马上就放他回去。"

苏武到匈奴的时候才40岁，在匈奴遭受了19年的摧残折磨，胡须、头发全白了。回到长安的那天，长安的百姓都出来迎接他。他们看见白胡须、白头发的苏武，手里还拿着光秃秃的旄节，没有一个不受感动的，说他真是个有气节的大丈夫。

司马迁忍辱著《史记》

苏武被匈奴扣押后，汉武帝非常生气，立刻派贰师将军李广利（李广利是汉武帝宠妃的哥哥）带领3万人进攻匈奴。但汉军打了败仗，几乎全军覆没。第二年，汉武帝又派李广的孙子李陵带着5000名步兵跟匈奴作战。李陵年轻力大，箭法精准，但因孤军深入，寡不敌众，又没救兵，被匈奴俘虏，投降了。

消息传来，大臣们都谴责李陵贪生怕死。汉武帝也收押了李陵的妻儿老母，但太史令司马迁却为李陵辩护。他说："李陵带领5000步兵，深入敌人的腹地，打击了几万敌人。他虽然打了败仗，可是杀了很多敌人，也可以向天下人交代了。李陵不想马上死，一定有他的打算。他一定还想将功赎罪来报效朝廷的。"

汉武帝认为司马迁这样为李陵开脱罪责，是有意贬低李广利，不禁勃然大怒，说："你这样替投降敌人的人辩解，我看是存心反对朝廷。"他命令侍从把司马迁送进监狱，交给廷尉审问，最后被判为宫刑（一种阉割性器官的肉刑）。

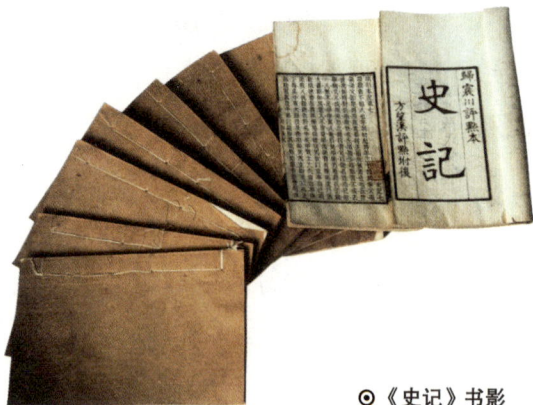
◉《史记》书影

司马迁认为受宫刑是一件很丢脸的事，自己作为知识分子，受此刑罚，更是无脸再活在世上，便想自杀。但他想到自己有一件极重要的工作没有完成，不能去死。他当时正用全部精力写一部书，这就是我国古代最伟大的历史著作之一——《史记》。

司马迁的祖上几代都担任史官，父亲司马谈也是汉朝的太史令。司马迁10岁那年，就跟随父亲到了长安。由于受到家庭环境的熏陶，司马迁从小就读了不少书籍。

为了收集史料，开阔视野，司马迁从20岁开始，就游历祖国各地。他的经历，为他日后写作打下了坚实的基础。

经过无数个日日夜夜的痛苦煎熬，他终于想通了。周文王在牢里写下了《周易》，孔子一生不得志却孜孜不倦地写下了《春秋》，左丘明双眼失明，还毅然写下了《国语》，屈原被流放却写出了《离骚》，孙膑被挖去膝盖骨还能忍辱负重写出了《孙膑兵法》。历史上的这些伟人都能不顾自己的不幸而发愤著书，完成自己的人生志愿，自己为什么不能呢？于是司马迁放弃个人的悲痛与屈辱，效法这些古人，去完成自己的宏愿。

他从传说中的黄帝时代开始写起，一直写到汉武帝太始二年（公元前95年）为止，汇编成130篇、52万字的历史巨著《史记》。

司马迁在他的《史记》中，把古代文献中过于艰深的文字改写成当时比较浅近的文字。人物刻画和情节叙述形象鲜明，语言生动。因此，《史记》既是一部伟大的历史著作，又是一部杰出的文学著作。

司马迁出狱以后，在朝中担任中书令。他的著作《史记》在我国的史学史上、文学史上都占有很重要的地位。

巫蛊之祸

巫蛊是指祈求鬼神加害于仇人或使人迷惑昏狂的巫术，历朝历代对巫蛊都严刑惩治，比如汉朝法律规定巫蛊者处死。巫蛊的具体办法是在一个木头小人上写下诅咒之人的生辰八字，然后再把木头人的全身都扎上针，埋在被诅咒人的家的方向。

汉武帝刘彻晚年喜欢巡游天下。在一次巡游中忽然得了重病，被巫师治好，从此汉武帝便深信巫术。全国各地的巫师云集京城，用巫术迷惑百姓。女巫们来到宫中，教嫔妃们巫术，埋木人诅咒得宠的妃子。由于嫔妃们为了争宠而互相嫉妒，于是争相到汉武帝跟前告状，举报情敌用木人诅咒皇帝。汉武帝听了大怒，下令捕杀嫔妃和大臣，结果陈皇后被废，株连300人。后来还发生了很多巫蛊案件，历史上称之为"巫蛊之祸"，其中以太子刘据的巫蛊案件影响最大。

一天中午，汉武帝午睡时做了一个梦，梦见有几千个木头人在打他。汉武帝从梦中惊醒，出了一身冷汗。惊魂未定的他急忙召见宠臣江充，讲述了这个噩梦。

江充说："皇上，肯定是有人在用巫蛊诅咒你！"汉武帝一听大怒，马上令江充调查这件事，并派韩说、章赣、苏文协助。

江充和一个胡巫率人挨家挨户地找蛊，只要看见木人，无论是贵族大臣还是平民百姓，一律办罪。其实他从地里挖出的木偶，全是暗中预先埋下的。胡巫用烧红的铁钳或夹或烙，严刑逼供，很多人屈打成招，当时被陷害致死的官员、百姓多达数万人。因为有汉武帝的支持，那些被因巫蛊治罪的人都无处伸冤。

后来，江充又把矛头指向了与他不和的太子。一次太子刘据的仆人犯了法，主管京城治安的江充就毫不客气地捉住了太子的仆人，没收了车马。太子听说后，忙派人前来谢罪说："我不是舍不得车马，只是怕皇上责怪我训导无方，请江先生高抬贵手。"江充不但不听，反而上奏了汉武帝，结果受到了汉武帝的夸奖。江充害怕太子当上皇帝后报复自己，所以处心积虑地想除掉太子。

江充率人在太子的住处和太子母亲卫子夫卫皇后的宫殿里四处挖掘，他将太子和皇后居住的宫室挖得如同菜地，以至于太子和皇后连放一张坐榻的平地都没有。太子和卫皇后尽管非常愤怒，但还是坚信清者自清，隐忍不发。

但江充宣布在太子的住处挖出了六个扎满针的桐木人和写有咒语的帛书，他得意扬扬地说要上奏皇上。太子非常震惊，要求去见汉武帝申辩，但被江充一口回绝。

太子惊恐万分，急忙问老师少傅石德该怎么办。石德说："现在皇上远在敦化甘泉宫避暑养病，巫蛊大案，可能是江充等人故意制造陷害殿下的。奸臣如此猖獗，殿下可以伪造皇上的文书先把江充抓起来，再进行审问。太子难道忘记了秦始皇的太子扶苏被陷害而死的教训吗？"太子于是下决心起兵杀江充。

太子派侍从伪装成皇帝的使者抓捕江充。韩说拒捕当场被杀，章赣、苏文逃走，江充被太子斩首示众，胡巫被活活烧死。

章赣、苏文逃到甘泉宫诬告太子谋反。昏庸的汉武帝亲自来到长

⊙ **汉武帝茂陵**

茂陵被称为"中国的金字塔",位于西汉11座帝陵的最西端,是汉诸陵中规模最大的帝王陵。

安西郊,征调附近郡县的军队,由丞相刘屈氂指挥,平定"叛乱"。太子此时已经骑虎难下,只好打开武库,释放长安的数万囚犯,发给他们武器,卫皇后也令皇宫侍卫进行抵抗。双方军队在京城血战五日,死伤数万人。太子抵挡不住,从长安东门逃走,卫皇后自杀。汉武帝下令通缉太子,太子走投无路,只好自杀。

　　一年多后,大臣车千秋上书为太子喊冤,汉武帝也觉得此事疑点太多,令车千秋调查,终于真相大白:太子根本没有造反的意图,是被逼无奈才发兵自卫,巫蛊之祸都是江充一手制造的。汉武帝追悔莫及,盛怒之下将苏文烧死,杀光了江充族人,又在长安建造了一座思子宫,并在太子自杀的地方建造了一座归来望思台,以寄托哀思。

轮台之诏

　　巫蛊之祸使卫皇后和太子自杀,对汉武帝打击非常大。事后一些正直的大臣又纷纷上书,揭露巫蛊之祸的真相,汉武帝心中非常懊悔。他清除了江充的余党,肃清了流毒,建思子宫和归来望思台,哀悼太子。

汉武帝是个好大喜功的皇帝，他在位时发动了对匈奴的长期战争，终于击垮了匈奴的主力，残余的匈奴逃到大漠以北，再也不能对西汉构成威胁了。另外汉武帝还向西打通了西域，使西域三十六国归附汉朝；向东征服了朝鲜，在朝鲜半岛设立了乐浪、临屯、玄菟和真番四郡；向南平定了南越国的叛乱，把南越国的故土直接划归汉朝中央政府管辖，大大扩展了汉朝的领土。据《汉书·地理志》记载：西汉疆域东西长9302里（1里=500米），南北长13368里（1里=500米），人口5900万人。当时的西汉成为名副其实的地大物博，人口众多的强国。

汉武帝在位54年，战争打了43年。西汉用兵少则数万人，多则30万人，军马10万匹，军费动辄数十亿，军功赏赐所用的黄金一次竟达数10万斤。另外还征发农民修建长城和移民到边地屯田，加强对匈奴的防御。他即位之初，百姓家人人富足，官府仓库存满了多年用不着的钱粮，但经过常年连续的征战之后，百姓的生活贫困不堪，官府仓库的钱粮被耗费殆尽。

汉武帝还大兴土木，兴建了很多宫殿。他扩建甘泉宫，兴建明光宫、建章宫。新兴建的建章宫、明光宫和原有的未央宫之间建了在空中相连的阁道，汉武帝和他的后妃们不经地面就可以游走其间，可见这项工程是多么的浩大。此外，汉武帝征发大量农民修建了专为皇家游猎的上林苑，把终南山和原来皇家林苑之间的全部土地都划进去。上林苑建成后，周围有400余里的围墙环绕，苑中遍布山林湖泊，麋鹿成群，名贵的花木种类繁多，甚至南方的龙眼、槟榔、橄榄等也都移植到苑中。70多座离宫别院壮丽辉煌，分布得错落有致。

汉武帝作为皇帝，享尽了人间的荣华富贵，但凡人都是要死的，这成了他的一块心病。于是他也开始效仿秦始皇，招集方士求不死药，求长生术，甚至渴望羽化成仙，享受当神仙的乐趣。汉武帝当了几十年的皇帝，耗费了大量的人力物力，修建了无数的庙宇神祠，派了许许多多的方士求仙问药，甚至派他们出海去寻找海外仙山，拜访仙人。汉武

上林苑

上林苑是汉武帝刘彻于建元二年（公元前139年）在秦代的一个旧苑址上扩建而成的宫苑，规模宏伟，宫室众多。苑中设三十六苑、十二宫、三十五观，多用于居住、游乐等。三十六苑中有供游憩的宜春苑，供御人止宿的御宿苑，为太子设置的专门招揽宾客的思贤苑、博望苑等。上林苑中不仅天然植被丰富，初修时群臣还从远方各献名果异树2000余种。这座秦汉时期的宫廷别苑亦是当时武帝尚武之所，此处还有皇帝的亲兵御林军。如今上林苑已荡然无存。

帝曾多次来到东海边巡视，希望遇到仙人。他还在建章宫中挖了一个大水池，命名为太液池，池中建有象征海外仙山蓬莱、瀛洲、方丈的小岛，以寄托思仙之情。元封元年（公元前110年），汉武帝还去泰山封禅，大赦天下。

但长期频繁的对外战争耗费了大量的人力物力，文景之治时期留下的巨额物质财富被消耗一空，再加上统治阶级日益奢侈腐化，骄奢淫逸，更加重了人民的负担。汉武帝晚期，阶级矛盾异常尖锐，民怨沸腾，从河北到长江的广大区域相继爆发了许多农民起义，严重地威胁了汉朝的统治。汉武帝曾多次派兵镇压农民起义，但农民起义仍然此起彼伏，政治局势不断恶化。

这一切都迫使汉武帝晚年不得不改变统治政策。征和四年（公元前89年），汉武帝最后一次去泰山封禅。路过钜定县（今山东广饶县）时，汉武帝看到农民在田里辛勤地劳作，大为感慨，就亲自拿来耒耜，到田里参加劳动。汉武帝说："我即位以来，连年对外战争，耗尽了国家的财富，让百姓困苦不堪。从今天起，凡是不利于国家百姓的政策，全部废除。"大鸿胪田千秋请求斥退方士，不要再搞求神问药的事了，汉武帝也表示同意。大臣桑弘羊上书建议驻西域轮台的汉军扩大

⊙ 泰山无字碑　汉

此碑置于山东泰山玉皇殿大门西侧，高6米，宽1.2米，厚0.9米，形制古朴，不著一字，故名。对此碑有两种说法：一说因秦始皇"焚书坑儒"，故于碑上"一字不镌"；一说汉武帝登封泰山，为显示自己"受命于天""功德盖世"的超凡气概，立碑于古登封台前，史称"立石"，即今无字碑，至今仍莫衷一是。

屯戍，修建亭障。但汉武帝却断然拒绝了桑弘羊的建议，并发布了历史上著名的《轮台罪己诏》。诏书说，以后要停止对外战争，转向对内发展生产，任命车千秋为丞相，封富民侯，表示"思富养民""与民休息"的意思，借以缓和阶级矛盾，使国家安定。

"轮台之诏"说明汉武帝是一位具有远见卓识的政治家，他能检讨自己过去的错误。经过几年的努力，社会又趋于安定，为后来西汉的"昭宣中兴"打下了基础。

霍光受托辅政

汉武帝晚年时，误信谗言逼死了太子刘据，后来十分后悔，准备立钩弋夫人生的刘弗陵为新太子。当时，弗陵才7岁，汉武帝觉得需要找一个忠实可靠的人来辅佐他。他叫画工画了一张"周公背成王朝诸侯图"送给霍光。为防止"子幼母壮"，导致外戚专权，他就狠下心让钩弋夫人自杀了。公元前87年，汉武帝病危，他嘱咐霍光辅政，霍光流着泪接受了。

汉武帝死后，即位的汉昭帝刘弗陵年仅8岁，朝中政事都由霍光决定。

霍光掌了朝廷大权，帮助汉昭帝继续实行休养生息政策，减轻税收，减少劳役，把国家管理得井井有条。可是，霍光办事不讲情面，朝廷中的一些大臣不能为所欲为，就把霍光看作眼中钉。

当时，上官桀与霍光同为汉武帝委托的辅政大臣，现在看到霍光独揽大权，不留情面，就与汉昭帝的大姐盖长公主密谋排挤霍光。汉昭帝从小就死了母亲，一向把大姐盖长公主看成母亲一样，什么话都听盖长公主的。上官桀还勾结燕王刘旦（汉昭帝的异母哥哥），想方设法要陷害霍光。

上官桀为保全自己在宫廷中的地位，想把他6岁的孙女，嫁给汉昭帝做皇后，霍光没有同意。后来，上官桀靠盖长公主的帮助，让孙女当上了皇后。

公元前81年，霍光出去检阅羽林军，检阅后，把一个校尉调到他的府里来。上官桀他们趁机冒充燕王刘旦上书，告发霍光阴谋造反。

汉昭帝接信后看了又看，然后就搁在一边。第二天，霍光等人上朝。霍光事前听说了这件事，不敢进金銮殿。汉昭帝临朝，

◎霍光像

大臣们都到了，就是不见霍光，就问："大将军在哪儿？"上官桀暗自得意，说道："大将军听说燕王告发他的罪行，躲在偏殿里不敢来。"

汉昭帝吩咐传霍光进殿，霍光一进殿就摘掉官帽，趴在地上请罪。昭帝说："大将军请起！"一边指着信说道："这封信是假造的，我知道有人成心要害你。"霍光又是高兴又是奇怪地问："皇上是怎么知道的？"汉昭帝说："大将军检阅羽林军是在临近长安的地方，调用校尉也是最近的事，一共不到10天的时间。燕王远在燕京，离长安这么远，他怎么知道这件事？即便知道了，马上派人送信来，也来不及赶到这儿。再说，大将军如果真的要叛乱，也用不着靠一个校尉。这明明是有人谋害大将军。我虽然年轻，也不见得这么容易受人愚弄。"最后，汉昭帝把脸一沉，要大臣们尽快查出事情的真相。自此，汉昭帝就怀疑起上官桀那一伙人了。

桑弘羊

桑弘羊（公元前152—前80年），汉武帝时大臣，一说生于景帝后元三年（公元前141年），洛阳人。出身商人家庭，自幼有心算才能，以此13岁入侍宫中。自元狩三年（公元前120年）起，终武帝之世，历任大司农中丞、大司农、御史大夫等重要职务。元狩年间，在桑弘羊的参与和主持下，汉先后实行了盐、铁、酒官营，均输、平准、算缗、告缗，统一铸币等经济政策。此外，还组织了60万人屯田戍边，防御匈奴。这些措施都在不同程度上取得了成功，暂时缓解了经济危机，史称当时"民不益赋而天下用饶"。汉昭帝始元六年（公元前81年），昭帝召集各地贤良文学至长安，会议盐铁等国家大事。贤良文学反对盐铁官营和均输平准等与民争利的政策，力主改弦更张，桑弘羊与之展开辩论。由于桑弘羊的坚持和封建国家财政方面的需要，当时除废止酒类专卖改为征税外，盐铁官营等各项重要政策仍沿袭不变。

上官桀见一计不成，就准备铤而走险，设计行刺霍光。谏议大夫杜延年得到这个消息，连忙告诉了霍光，霍光立即向昭帝报告，昭帝通知丞相田千秋火速带兵，把上官桀一伙统统抓起来处死。

早慧的昭帝在公元前74年病死，年仅21岁。

昭帝死了，上官皇后才15岁，没有孩子，别的妃子也没生过儿子，霍光等大臣与皇后议定立汉武帝的孙子昌邑王刘贺为帝。刘贺得知让自己去当皇帝，就高兴得手舞足蹈。

刘贺进京的路上荒淫无度，即位后仍然旧习不改，荒淫无耻。霍光忧心如焚，他偷偷和大司农田延年商量挽救办法，决定废掉刘贺。随后，霍光又与车骑将军张安达成了共识。

废掉刘贺后，汉武帝的曾孙刘询即位，这就是汉宣帝。汉宣帝吩咐众大臣有公事先奏明大将军霍光，然后再奏明皇上。这样，霍光的地位就更高了。

昭君出塞

汉宣帝登基后，在霍光等大臣的辅助下，实行了一系列利国利民的政策，有功必赏，有罪必罚，使官吏廉洁奉公，百姓安居乐业，国家渐渐强大起来。

汉昭帝和汉宣帝在位期间，汉朝社会稳定，经济不断发展，汉朝盛世再现。后世把他们统治的时期称为"昭宣中兴"。

那时候，匈奴由于贵族内部争权夺力，国势渐渐衰落。后来，匈奴发生分裂，五个单于分立自治，互相攻打不休。其中一个单于名叫呼韩邪，被他的哥哥郅支单于打败了，死伤了不少人马。呼韩邪和大臣商量后，决心跟汉朝和好。呼韩邪还亲自带着部下来见汉宣帝。

呼韩邪是第一个来中原朝见的单于，汉宣帝像招待贵宾一样招待他，亲自到长安郊外去迎接他，为他举行了盛大的欢迎仪式。呼韩邪临行时，与汉朝订立了此后"汉朝与匈奴合为一家，世世代代不相侵犯"的友好盟约。

公元前49年，汉宣帝害病死了，太子刘奭即位，也就是汉元帝。呼韩邪第三次到长安，提出愿意做汉家的女婿，结为亲戚，加强汉匈友好。汉朝经历了近百年的战火侵扰，也希望内外和平安宁。汉元帝答应了呼韩邪的要求。

以前，汉朝和匈奴和亲，都得挑个公主或者宗室的女儿。这回，他吩咐人到后宫去传话："谁愿意到匈奴去的，皇上就把她当公主看待。"汉元帝决定从后宫的宫女中挑选出合适的人选，嫁给单于。

后宫的宫女都是从民间选来的，她们好像是关在笼子里的鸟儿，永远没有飞出去的机会。能够出去嫁人的话，也算是幸运的了。可是要嫁到遥远的匈奴去，谁都不愿意。

有个宫女叫王嫱（音qiáng），也叫王昭君，长得十分美丽，又是个明大义、有远见的姑娘，为了自己的终身，她自愿嫁到匈奴去。王昭君平时并未被人注意，可当她打扮起来，竟是位绝色的姑娘。呼韩邪单于在五位列选的姑娘中，一下就看中了她。汉元帝吩咐办事的大臣选择吉日，让呼韩邪单于和王昭君在长安成亲。

呼韩邪单于得到这样一个年轻貌美的妻子，又是高兴又是感激。

在汉朝和匈奴官员的护送下，王昭君离开了长安，千里迢迢地来到了匈奴单于的领地。

到了匈奴后，呼韩邪单于封昭君为"宁胡阏氏"（王后），意思是说昭君嫁给匈奴，会带来和平安宁。呼韩邪单于娶了昭君很满意，他上书向汉元帝表示愿意为汉朝守卫边疆，让汉天子和百姓永享和平、幸福。

王昭君出塞的时候带去很多礼物，她在塞外同匈奴人民和睦相处，爱护百姓，教给当地妇女织布、缝衣和农业生产技术，受到人民的爱戴。

王昭君在匈奴生了一儿两女，这些子女长大后，也致力于汉与匈奴两族的友好。

自从王昭君出嫁匈奴后，匈奴和汉朝和睦相处，友好往来，有60多年没有发生战争。

王莽篡位

王昭君离开长安不久，汉元帝就死了。他的儿子刘骜即位，就是汉成帝。汉成帝是个荒淫的皇帝，他当了皇帝后，朝廷的大权逐渐被外戚（太后或者皇后的亲属叫外戚）掌握了。成帝的母亲王政君有八个兄弟，除了一个死去的以外，其他人都封了侯。其中要数王凤的地位最显赫，他被封为大司马、大将军。

王家掌了大权，王凤的几个兄弟、侄儿都十分骄横。只有一个侄儿王莽与众不同。他像平常的读书人一样，做事谨慎小心，生活也比较节俭。人们都说王家子弟中，王莽是最好的一个。

王凤死后，他的两个兄弟先后接替他的职位，后来又让王莽做了大司马。王莽很注意招揽人才，有些读书人慕名前来投奔他。

汉成帝死后，在10年之内，换了两个皇帝——哀帝和平帝。汉平帝登基时才9岁，国家大事都由大司马王莽做主。很多大臣都吹捧王莽，说他是安定汉朝的大功臣，请太皇太后封王莽为安汉公。王莽说什么也不肯接受封号和封地。后来，经大臣们一再劝说，他才勉强接受了封号。

王莽越是不肯受封，越是有人要求太皇太后封他。据说，朝廷里的大臣和地方上的官吏、平民上书请求加封王莽的人多达48万人。有人还收集了各种各样歌颂王莽的文字，使王莽的威望越来越高。

三堂会审

中国文学作品中经常会出现"三堂会审"这一名词，以形容事态的严重性。其实，三堂会审又称三司会审，是中国古代三法司（三个司法有关单位）共同审理重大案件的制度。《商君书·定分》中载"天子置三法官，殿中置一法官，御史置一法官及吏，丞相置一法官"。后世的"三法司"之称即源于此。汉代以廷尉、御史中丞和司隶校尉为三法司。唐代以刑部、大理寺和御史台为三法司。明、清两代以刑部、大理寺和都察院为三法司，遇有重大疑难案件，由三法司会同审理，以避免决策失误，也是古代法制民主的一种体现。

渐渐长大的汉平帝越来越觉得王莽的行为可怕、可恨，免不了背地里说些抱怨的话。

有一天，大臣们给汉平帝过生日。王莽借机献上一杯毒酒。汉平帝没想到王莽胆敢做出这种事，接过来喝了。

没过几天，汉平帝就得了重病，死去了。王莽假惺惺地哭了一场。汉平帝死的时候才14岁，自然没有儿子。王莽就从刘家的宗室里找了一个2岁的小孩做皇太子，叫刘婴，也叫孺子婴。王莽自称"假皇帝"（假，是代理的意思，不是真假的假）。

一些文武官员想做开国元勋，便劝王莽即位做皇帝。一直以谦让出名的王莽这会儿不再推让了。

公元8年，王莽正式称帝，改国号叫新，都城仍在长安。从汉高祖称帝开始的西汉王朝，历经了214年，到此结束了。

王莽刚做了皇帝，便打着复古改制的幌子，下令实行变法。变法的内容是：第一，把全国土地改为"王田"，不准买卖；第二，把奴婢称为"私属"，不准买卖；第三，评定物价，改革币制。

这些改革，听起来都是好事情，可是没有一件能行得通。土地改制和奴婢私属，在贵族、豪强的反对下，一开始就没法实行；评定物价的权力掌握在贵族官僚手里，他们正好利用职权投机倒把、贪污勒索，反倒增加了人民的痛苦。币制改了好几次，钱越改越小，价越作越大，无形之中又刮了老百姓的一笔钱。这种复古改制，不但受到农民的反对，许多中小地主也不支持。

面对国内的混乱局面，王莽便想借对外战争来缓和一下。这当然引起了匈奴、西域、西南各部族的反对。后来，王莽又征用民夫，加重捐税，纵容官吏对老百姓的压迫和剥削。这样一来，就逼得农民起来反抗了。

绿林、赤眉起义

王莽的残酷压榨，加上一连串的天灾，逼得农民走投无路，纷纷起义。东方和南方都有大批的农民起来反抗官兵。

公元17年，荆州发生饥荒，老百姓到沼泽地区挖野荸荠充饥，野荸荠越挖越少，便引起了争斗。新市（今湖北京山东北）有两个有名望的人，一个叫王匡，另一个叫王凤，出来调解，受到农民的拥护。王匡、王凤就把这批饥民组织起来举行起义。

王匡、王凤他们把绿林山（今湖北大洪山）作为根据地，上打官府，下打恶霸，劫富救贫，除暴安良，接着攻占附近的乡村。人们都叫他们"绿林好汉"。

王莽派了两万官兵去围剿绿林军，被绿林军打得溃不成军。投奔绿林山的穷人越来越多，起义军很快就发展到五万多人。

这时候，另一个起义领袖樊崇带领几百个人占领了泰山。不到一年工夫，就发展到一万多人，在青州和徐州之间来往打击官府、地主。

樊崇的起义军纪律严明，规定谁杀死老百姓就处死谁，谁伤害老百

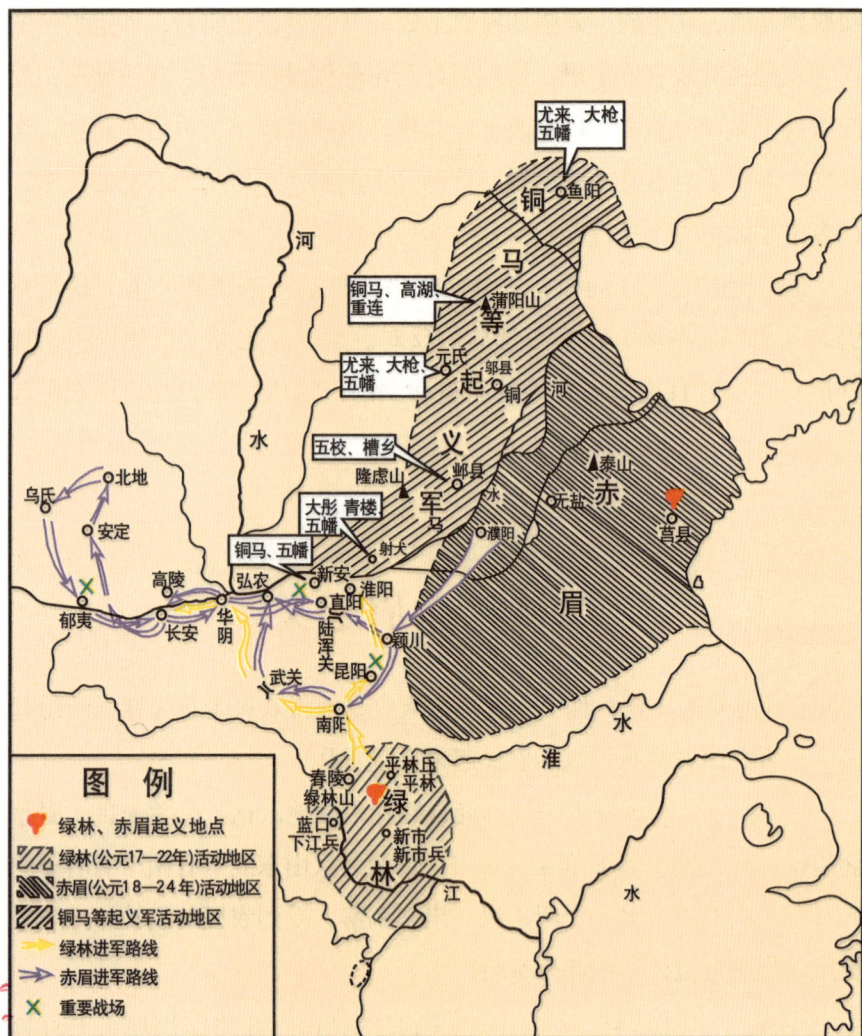

尤来、大枪、五幡

铜马等起义军

铜马、高湖、重连 → 蒲阳山

尤来、大枪、五幡 → 元氏 邬县 铜

五校、槽乡 隆虑山

大肜五幡 青楼

铜马、五幡 邺县

射犬

濮阳

泰山

无盐

赤眉 莒县

河

水

水

乌氏 北地

安定

高陵

弘农

新安 淮阳

郁夷 长安 华阴 直阳 陆浑关 颍川

武关 昆阳

南阳 淮

水

春陵 绿林山

蓝口 下江兵

平林 平林 压

绿 新市 新市兵

林 江

水

图 例

绿林、赤眉起义地点

绿林(公元17—22年)活动地区

赤眉(公元18—24年)活动地区

铜马等起义军活动地区

绿林进军路线

赤眉进军路线

重要战场

⊙绿林、赤眉、铜马起义图

姓就要受惩罚。这样一来，得到了老百姓的拥护。

公元22年，王莽派太师王匡（和绿林军中的王匡是两个人）和将军廉丹率领10万大军去镇压樊崇起义军。樊崇为了避免起义兵士跟王莽的兵士混杂，叫他的部下把自己的眉毛涂成红色，作为识别的记号。这样，人们都称樊崇的起义军为"赤眉军"。

王莽的军队和赤眉军打了一仗，结果被赤眉军打得狼狈逃窜。赤眉军越打越强，队伍不断发展壮大。

绿林、赤眉两支起义大军分别在南方和东方打败王莽军的消息一传开，其他地方的农民也纷纷起义。另外，还有一批没落的贵族和地主、豪强也乘机起兵造反。

南阳郡舂陵（今湖南宁远北）乡的汉宗室刘縯、刘秀两人，怨恨王莽废除汉朝宗室的封号、不许刘姓人做官的做法，发动族人和宾客七八千人在舂陵乡起兵。他们和绿林军三路人马联合起来，接连打败了王莽的几名大将，声势越来越强大。

绿林军将士们认为人马多了，必须推选出一个负责统一指挥的首领，这样才能统一号令。一些贵族地主出身的将军，利用当时有些人的正统观念，主张找一个姓刘的人当首领，这样才能符合人心。于是，舂陵兵推举刘縯，可是其他各路的将领都不同意。经过商议，众人立了破落的贵族刘玄做皇帝。

公元23年，刘玄正式做了皇帝，恢复汉朝国号，年号"更始"，所以刘玄又称更始帝。更始帝拜王匡、王凤为上公，朱鲔、刘縯为大司徒，刘秀为太常偏将军，又封了其他的将领。从此，绿林军又称为汉军。

昆阳大战

更始政权建立后，为阻止王莽军南下，保障主力夺取战略要地宛城（今河南南阳市宛城区一带），刘玄派上公王凤、大将王常、偏将刘秀统率部分兵力趁莽军严尤、陈茂军滞留颍川郡（今河南许昌市市区）之际，迅速攻占昆阳（今河南叶县）、定陵（今河南舞阳东北）和郾县（今河南郾城），与围攻宛城的绿林军主力形成掎角之势。

王莽听说汉军立刘玄为皇帝，急得直上火，立即派大将王邑、王寻赴洛阳调集各州郡兵42万，号称100万，经颖川会合了严尤、陈茂军后直逼昆阳。此时，昆阳城中汉军只有八九千人，敌军兵力庞大又来势汹汹，不少将领提议与其寡不敌众，遭受重创，不如化整为零，退回根据地以图后举；但青年将领刘秀反对这一消极做法，主张坚守昆阳牵制、消耗王邑军兵力，掩护主力攻取宛城。还未定议，敌人已兵临城下，诸将于是同意坚守。王凤、王常率众守城，刘秀、李轶率十三骑到定陵、郾县调集援兵。

莽军不久就将昆阳围得水泄不通。大将严尤向王邑进言："昆阳虽小，但易守难攻。敌人主力在宛城，我们不如绕过昆阳赶往宛城寻歼其主力，到那时昆阳敌人受震动，昆阳城可不战就能拿下。"但王邑拒绝了。于是，他们在昆阳城外扎营，挖地道，造云车，猛攻昆阳城。王凤、王常率全城军民顽强抵挡，多次挫败莽军的进攻，莽军消耗很大。

严尤见昆阳久攻不下，再次向王邑进言："围城应该网开一面，使城中一部分守军逃出至宛城，散布兵危的消息，以使敌人情绪消沉，军心动摇，其士气低落下来后，城一定可以攻破！"但又被王邑拒绝，他认为不久昆阳就会告破。

正当王邑将取胜战机丧失的时候，精明强干的刘秀已从定陵、郾县征集了1万步骑兵精锐，日夜兼程赶到了昆阳。他见昆阳仍未失守，而莽军队形不整，显得士气低落，疲惫不堪，心下大喜。他立即投入战斗，亲率1000轻骑为前锋，冲到王邑军阵前挑战。王寻一看汉军人少，不放在眼里，就派了3000人迎战。刘秀急忙挥军疾冲猛杀，转眼间莽军百余人被砍死，剩下的败退回去了。初战告捷，城内城外的汉军士气都为之一振，斗志立时高涨了许多。

刘秀为了更进一步振奋士气，同时动摇敌人军心，便假造宛城已为汉军攻克的战报，用箭射入昆阳城中；又故意遗失战报，让莽军拾去传播。这一消息顿时一传十，十传百。城内军民守城意志更加昂扬，而城外莽军情绪则更加沮丧。胜利的天平已开始向起义军这边倾斜了。刘秀

⊙ 昆阳之战形势图

见效果已经达到，便精选勇士3000人迂回到敌军侧后偷渡昆水，而后猛攻王邑大本营。

　　此时，王邑仍不把刘秀放在眼里，但他担心所有的莽军全部主动出击会失去控制，就令一部分兵士守营勿动，自己和王寻率万人迎战刘秀的3000义勇。然而王邑的轻敌应战怎奈得住刘秀部署严密的进攻？万余兵马很快被冲得阵势大乱，而守营莽兵却因王邑有令不得擅自出兵，谁也不敢去救援。于是王邑所部大溃，王寻也被杀死。莽军余部见主帅都溃退了，也纷纷逃命。刘秀乘胜追杀，城中王凤、王常见莽军崩溃，立即从城内杀出，与刘秀部内外夹攻王邑。王邑军互相践踏，死伤无数，狼狈地向洛阳方向逃去。昆阳围解。

刘秀重建汉王朝

昆阳一战，使刘缤和刘秀兄弟俩名扬天下。有人劝更始帝把刘除掉。更始帝便找了个借口，杀了刘。

刘秀这时候不在宛城，听说大哥被杀，痛哭了一场，知道以自己的实力还打不过更始帝，就立刻赶到宛城，向更始帝赔礼。

更始帝见刘秀不记他的仇，很有点过意不去，就封刘秀为破虏大将军，但没有重用他。后来，攻下了长安，杀了王莽，更始帝才给刘秀少数兵马，让他到河北去招抚各郡县。

这时候，各地的豪强大族有自称将军的，有自称为王的，还有的自称皇帝，各据一方。更始帝派刘秀到河北去招抚，正好让刘秀得到一个扩大势力的好机会。他到了河北，废除王莽时期的一些严酷的法令，释放了一些囚犯。同时，不断消灭割据势力，镇压河北各路农民起义军。整个河北几乎全被刘秀占领了。

公元25年，刘秀和他身边的官员、将领认为时机成熟，在鄗（音hào，今河北柏乡县北）自立为皇帝，这就是汉光武帝。

更始帝先建都洛阳，后来又迁到长安。他到了长安以后，认为自己的江山已经坐稳，便开始腐化起来。原来的一些绿林军将领，看到更始帝整天花天酒地，不问政事，都十分不满。

赤眉军的首领樊崇眼看更始帝腐败无能，就立具有西汉皇室血统的15岁的放牛娃刘盆子为皇帝，率领20万大军进攻长安。不久就攻占了函谷关。

更始帝眼看赤眉军就要攻到长安了，便领文武百官逃到城外。樊崇进入长安后，派使者限令更始帝在20天内投降。更始帝没办法，只好带着玉玺向赤眉军投降。

赤眉军声势浩大地进了长安，可是几十万将士的口粮发生了困难，长安天天有人饿死。这样一来，长安的混乱局面就无法收拾了。

无奈之下，樊崇带着军队离开长安，向西流亡。但是别的地方粮食也一样缺乏。到了天水（郡名，在今甘肃）一带，又遭到那里的地主豪强的拦击。樊崇没辙，又带着大军往东走。

汉光武帝这时已占领了洛阳，他一听到赤眉军向东转移，就带领20万大军分两路设下了埋伏。

汉光武帝派大将冯异到华阴，把赤眉兵往东边引。冯异用计把一队赤眉军包围在崤山下。冯异让伏兵打扮得和赤眉军一模一样，双方混战在一起，分不出谁是赤眉兵，谁是汉兵。赤眉军正在为难的时候，打扮成赤眉军模样的汉兵高声叫嚷"投降""投降"，赤眉军兵士一看有那么多人喊投降，没了主意。赤眉军一乱就被缴了武器。

公元27年一月，樊崇带着残余的赤眉军向宜阳（今河南宜阳县）方向

◎光武帝涉水图　明　仇英

谶纬之学

西汉末年，风行谶（chèn）纬的思想。谶是以诡语托为天命的预言，其实质属于以阴阳五行为骨架的天人感应论的范畴。纬与"经"相对，是托名孔子以诡语解经的书。为了经学神学化和神化现实统治者的需要，纬书中引用和编造了大量的谶言，这种经学神学化的产物——纬书就称为"谶纬"。

东汉初年，谶纬主要有87篇，有的解经，有的述史，绝大部分都是宣扬神灵怪异的荒诞言论。汉光武帝刘秀建国以后，把谶纬作为一种重要的统治工具。建初四年（公元79年），汉章帝大会群儒于白虎观讨论经义，由班固写成《白虎通德论》。与会的今文经学、古文经学和谶纬神学的代表们求同存异，在三纲五常的基础上实现了经学与谶纬神学的结合。

转移。汉光武帝得到消息，亲自率领预先布置好的两路人马截击，把赤眉军围困起来。赤眉军无路可走，樊崇只好派人向汉光武帝投降。

汉光武帝把刘盆子、樊崇等人带回洛阳，给他们房屋田地，让他们在洛阳住下来。但是不到几个月，就加上谋反的罪名，把樊崇杀了。

汉光武帝在镇压了绿林、赤眉两支最大的起义军之后，接着又消灭陇右和蜀地的两个割据政权，统一了中国，便把洛阳作为都城。为了和刘邦建立的汉朝区分开，历史上把这个王朝称为"东汉"，也叫"后汉"。

"强项令"董宣

汉光武帝建立了东汉王朝之后，深知老百姓受战乱之苦，便也学着西汉的做法，采取休养生息的政策。

汉光武帝一面扶持发展农业，一面注重施行法令。不过法令也只能管老百姓，要拿它去约束皇亲国戚，那就难了。

洛阳令董宣是一个执法严格的人，就是皇亲国戚犯了法，他都同样办罪。

汉光武帝的大姐湖阳公主有一个家奴行凶杀了人，躲在公主府里不出来。董宣不能进公主府去搜查，就天天派人在公主府门口守着，等那个凶手出来，以便捉拿。

有一天，湖阳公主坐着车马外出，那个杀人凶手也跟在身边侍候。董宣得到了消息，就亲自带衙役赶来，拦住湖阳公主的车。他不管公主阻挠，吩咐衙役把凶手逮起来。然后，就当场把他处决了。

湖阳公主怒气冲冲地赶到宫里，向汉光武帝哭诉董宣怎样欺负她。汉光武帝听了，十分恼怒，立刻召董宣进宫，吩咐内侍当着湖阳公主的面，责打董宣，替公主消气。

董宣说："先别动手，让我把话说完了，我情愿死。"

汉光武帝瞪着眼说："你还有什么话好说？"

董宣说："陛下是一个中兴的皇帝，应该注重法令。现在陛下允许公主放纵奴仆杀人，怎么能治理好天下？用不着打，我自杀就是了。"说罢，他仰起头就向柱子撞去。

汉光武帝连忙喊内侍拉住董宣，可是董宣已经撞得头破血流了。

汉光武帝认为董宣说得有理，不该责打他，但是为了照顾湖阳公主的面子，便要董宣去给公主磕个头赔个礼。

董宣宁愿不要命了，怎么也不肯磕这个头。内侍把他的脑袋往地下摁，可是董宣用两只手使劲撑着地，挺着脖子，不让内侍把他的头摁下去。

内侍知道汉光武帝并不想责罚董宣，可又得给汉光武帝个台阶下，就大声地说："回陛下的话，董宣的脖子太硬，摁不下去。"

汉光武帝也只好笑了笑，下令说："让这个硬脖子的人下去！"

后来，汉光武帝不但没办董宣的罪，还赏给他30万钱，奖励他执法严明。董宣领了赏钱，全分给了手下的差役。

董宣不怕皇亲国戚、豪门贵族，对汉光武帝也有好处，而他的威望也震动了整个京师。从此以后，人们就称他"强项令"，意思是：硬脖子的洛阳令。

汉明帝求佛

汉光武帝活到63岁时，得病死了。太子刘庄继承皇位，这就是汉明帝。

有一回，汉明帝做了个梦，梦里出现一个金人，头顶罩了一圈光环，绕殿飞行，一会儿升上天空，向西去了。

第二天，汉明帝把这个梦告诉了大臣们，大臣们都说不上这个梦是凶还是吉。有个叫傅毅的博士说："天竺有神名叫佛。陛下梦见的头顶发光的金人一定是天竺的佛。"

天竺的另外一个名称叫身毒，是释迦牟尼出生的地方（天竺是古代印度的别称，释迦牟尼出生在古印度北部迦毗罗卫国，在今尼泊尔境内）。释迦牟尼原来是个王子，大约出生在公元前565年。传说他在29岁那年，厌倦了王族的舒适生活，出家修道，后来发扬光大了佛教。

释迦牟尼到处宣讲佛教的宗义。他传教40多年，收了许多信徒，大家尊称他"佛陀"。他死了以后，他的弟子把他生前的学说整理出来，编成了经书，这就是佛经。

汉明帝对傅毅的话很感兴趣，就派蔡愔（音yīn）和秦景两名官员到天竺去求佛经。

蔡愔和秦景跋山涉水，到达了天竺国。天竺人听到中国派来使者求佛经，非常欢迎。天竺有两个沙门（就是高级僧人），一个名叫摄

⊙**白马寺山门**
白马寺有中国佛寺"祖庭"之称，始建于东汉永平十一年（公元68年），因汉明帝"感梦求法"，遣使迎天竺僧人到洛阳而创建。

摩腾，另一个名叫竺法兰，帮助蔡愔和秦景了解了一些佛教的理义。后来，他们在蔡愔和秦景的邀请下决定到中国来。

公元67年，蔡愔、秦景给两个沙门引路，用白马驮着一尊佛像和42章佛经，经过西域，回到了洛阳。

尽管汉明帝不懂佛经，也不清楚佛教的道理，但对前来送经的两位沙门还是很尊敬的。第二年，他命令在洛阳城的西面仿照天竺的式样，造一座佛寺，把送经的白马也供养在那儿，把这座寺取名叫白马寺（在今河南洛阳市东）。

汉明帝虽然派人求经取佛像，但他其实并不懂佛经，也不相信佛教，倒是提倡儒家学说。朝廷里的大臣们也不相信佛教，所以当时到白马寺里去拜佛的人并不多。

投笔从戎

汉光武帝建立了东汉王朝后，让大学问家班彪整理西汉的历史。班彪有两个儿子，一个叫班固，另一个叫班超，还有一个女儿叫班昭。班彪在几个孩子幼小的时候，就教他们学习文学和历史。

班彪死了以后，汉明帝任命班固为兰台令史（汉宫藏书的地方叫兰台，兰台令史是在宫里校阅图书、治理文书的官，后来史官也叫兰台），继续完成他父亲整理历史书籍的事业，就是《汉书》（一部记载西汉历史的书）。班超跟着他哥哥做抄写工作。哥儿俩都很有学问，可是性情和志趣不一样，班固喜欢研究百家学说，致力于他的《汉书》，而班超却不愿意老伏在案头写东西。

后来，班超听说匈奴不断地掳掠边疆的居民和牲口，就扔下了笔，气愤地说："大丈夫应当像张骞那样到塞外去立功，怎么能在书房里待一辈子呢？"就这样，他下决心放弃文案工作，去立战功。

大将军窦固为了抵抗匈奴，采用了汉武帝的办法，派人到西域去，与各国建立友好关系，共同对付匈奴。他赏识班超的勇气才干，派班超出使西域。

班超带着36个随从，先到了鄯善（在今新疆境内）。鄯善原来是归顺匈奴的，因为匈奴逼他们纳税进贡，勒索财物，鄯善王十分厌恶。这次看到汉朝派了使者来，他很高兴，非常殷勤地招待班超一行。

几天后，班超发现鄯善王对待他们忽然变得冷淡了。班超料想到其中必有变故，他从鄯善的侍者口中得知匈奴也派使者来了，鄯善王何去何从犹豫不定。班超立即与同行的36个随从密商，必须先发制人，夜袭匈奴使者。于是，班超布置随从们乘夜纵火烧了匈奴营帐，将匈奴使者全部杀死。第二天，班超把鄯善王请来，鄯善王看到匈奴使者的人

头，非常惊叹汉朝将军的英勇行为，马上打消
疑虑，承诺要摆脱匈奴的统治，与汉朝复通
友好。

班超回到洛阳，汉明帝提拔班超做军马
司，又派他去于阗（古代西域王国，今新
疆和田一带）联络。于阗王接见班超的
时候，并不怎么热情。班超劝他脱离
匈奴，跟汉朝交好。于阗王犹豫不
定，找来巫师向神请示。班超见巫
师装神弄鬼，借神的名义不愿与
汉朝结交，便拔刀杀了巫师。最
后，于阗王同意和汉朝和好，
并主动把匈奴派去奴役他们的
"监护使者"杀了。

班超在西域联合弱小民族，团
结抗暴，先后打败莎车（今新疆沙车一带）、龟兹（今新
疆库车县一带）、焉耆（今新疆焉耆一带）等国，匈奴北单于在西域
北道上的势力也被驱逐出去，西域50多国又同东汉王朝建立起友好的
关系。

不久，汉明帝去世，他的儿子刘炟（音dá）即位，即为汉章帝。

王充宣扬无神论

汉章帝在位期间，东汉的政治比较平稳。这个时期，出了一位杰
出的唯物主义思想家——王充。王充的祖父、父亲在钱塘"以贾贩为
事"。王充自幼聪明好学，青年时期曾到京师洛阳入太学，拜班彪为

师。"家贫无书，常游洛阳市肆，阅所卖书，一见辄能诵忆，遂博通众流百家之言。"

王充一生在政治上很不得志，相传，曾做过几任州、县的官吏，但都没什么实权，多系幕僚性质。他嫉恨俗恶的社会风气，常常因为和权贵发生矛盾而自动辞职。因此，每次当官都为期极短。他把毕生的精力投入著书立说，居贫贱而不倦。他一生撰写了《论衡》、《政务》和《养性》等著作，其中《论衡》一书流传至今。

王充的著述活动也不是一帆风顺的，经常遭到社会舆论的非难，以致他的学说一旦问世，便被视为异端学说，甚至遭到禁锢。王充冲破种种阻力，坚持著述。他在《论衡》一书中系统地清算和批判了神秘主义的思想体系，确立了唯物主义思想，难能可贵。

汉代的唯心主义神学，鼓吹天是至高无上的神，像人一样具有感情和意志，大肆宣传君权神授和"天人相与"的"天人感应说"。宣扬"天子受命于天"，"承天意以从事"；天神能赏善惩恶；君主的喜怒、操行好坏和政治得失都会感动天神做出相应的报答，而自然界的变异和灾害就是天神对君主的警告和惩罚。王充针锋相对地指出：天是自然，而不是神。他说，天和地一样，是客观存在的平正无边的物质实体，它有自己的运行规律。日月星辰也都是自然物质，"系于天，随天四时转行"。天和人不一样，没有口眼，没有欲望，没有意识。

在王充生活的时代，各种鬼神迷信泛滥。王充在《论衡》中对各种迷信活动及其禁忌，尤其是对"人死为鬼"的谬论进行了深刻的批判。他很风趣地说，从古到今，死者亿万，大大超过了现在活着的人，如果人死为鬼，那么，道路上岂不是一步一鬼吗？王充认为人是由阴阳之气构成的，"阴气主为骨肉，阳气主为精神"，"精神本以血气为主，血气常附形体"，二者不可分离。他指出："天下无独燃之火，世间安得有无体独知之精！"也就是说，精神不能离开人的形体而存在，世间根本不存在死人的灵魂。

王充在《论衡》一书中还否定了圣人"神而先知"，"圣贤所言皆无非"。为了适应封建专制主义中央集权的统治需要，汉代的唯心主义神学极力推崇古代的圣人，说圣人是天神生的，"能知天地鬼神"、"人事成败"和"古往今来"。王充虽然也承认孔子是圣人，并且也不反对孔子所提倡的封建伦理道德，但他批判了圣人"前知千岁，后知万岁"，有独见之明，不学自知的唯心主义先验论。他认为圣人只不过是比一般人聪明一些，而聪明又是来自于学习。

《论衡》极具战斗性，涉及自然科学、哲学、伦理学、宗教和社会生活等诸多方面，阐明了以唯物主义为基本特征的世界观。全书共85篇（现存84篇），分30卷，约30万字。《论衡》是王充从33岁开始，前后用了30多年的时间，直到临终才写成的，是他毕生心血的凝结，是中国传统文化中的宝贵财富。

蔡伦造纸

汉章帝死后，年仅10岁的汉和帝继承了皇位。窦太后临朝执政，她的哥哥窦宪掌握了朝政大权，东汉王朝便开始走下坡路了。这段时期里，我国四大发明之一——造纸术也应运而生。

造纸术由蔡伦发明，与火药、指南针、印刷术一起，是我国古代科技史上的四大发明，是中国人对世界文明的巨大贡献。

蔡伦，字敬仲，出生于农家，从小家境贫寒，为了生计，于东汉明帝永平末年入宫做了宦官。进宫之后，蔡伦从小黄门（小太监）做起，小心谨慎，不敢有半点马虎。到了汉和帝年间，蔡伦升任中常侍，参与国家机密大事。后来又加官尚方令，掌管宫廷手工作坊，监督御用品的制造。公元89年，蔡伦开始负责监管刀剑武器和其他器械的制造工作。蔡伦监督制造的器械，全都精工坚密，世人争相仿效。当然，他最杰出

⊙ 蔡伦像

的贡献是改进了造纸术。

进宫之前，蔡伦就对造纸感兴趣，曾经用破旧的废物黏合在一起，做过许多加工试验，虽然不是很成功，却对造纸用的材料有了很深的了解，为他后来成功改进造纸术奠定了基础。

他认真总结西汉以来用麻质纤维造纸的经验，经过长期地实验，对造纸的原料和造纸工艺都进行了改革，引发了书写材料的革命。他把树皮、麻头、破布和旧渔网等作为造纸的原料，不但扩大了原料的来源，还降低了造纸的成本；在传统流程的基础上，增加了用石灰进行碱液蒸煮的工序，使植物纤维分解速度加快、分解分布得更加均匀细致；经过切断、捣碎、沤煮、化浆、定型、风干等一整套工艺流程，纸张的质量大大提高，书写起来极为方便。

公元105年，蔡伦将他监造的优质纸张进献给汉和帝，因造纸有功，被封为龙亭侯。之后，植物纤维造纸开始代替竹简、缣帛，成为广泛使用的书写材料，蔡伦也被后世奉为造纸祖师。

经过蔡伦改革之后，造纸业开始成为一个独立的手工行业，在全国各地发展起来。纸的推广使用，为保存文献、记载历史、交流思想、积累传播文化、促进科学技术的发展作出了巨大的贡献。后来，蔡伦的造纸术陆续传到朝鲜、越南、日本、阿拉伯以及非洲和欧洲，到19世纪，又传到澳洲，被世界普遍接受。

蔡伦不仅被我国的造纸工人奉为造纸鼻祖"纸神"，还被日本等国的造纸工人尊为祖师，历代奉祀。我国大部分的产纸地区，都有为祭祀蔡伦而建造的庙宇。每年的阴历三月十六日是蔡伦的祭祀纪念日。元朝政府曾经在他的故乡耒阳（湖南东南部）重修蔡伦庙，蔡伦的墓地陕西洋县也有他的祠庙。

蔡伦发明的纸和造纸术，具有划时代的伟大意义，为人类文明与进步作出了巨大的贡献。它充分显示了中华民族古老悠久的历史和灿烂辉煌的古代科技成就，是中华民族的骄傲。

张衡发明地动仪

与蔡伦同时期，还出了一位著名的科学家——张衡。张衡是河南南阳人。17岁那年，他离开家乡，先后到了长安和洛阳，在太学里用功读书。朝廷听说张衡很有学问，便召他进京做官，先是在宫里做郎中，继而又担任了太史令，叫他负责观察天文。这个工作正好符合他的研究兴趣。

经过观察研究，他断定地球是圆的，月亮的光源是借太阳的照射而反射出来的。他还认为天好像鸡蛋壳，包在地的外面；地好像鸡蛋黄，在天的中心。这种学说虽然不完全准确，但在1800多年以前，能得出这种科学结论，不能不使后来的天文学家感到钦佩。

张衡还用铜制作了一种测量天文的仪器，叫作"浑天仪"。上面刻着日月星辰等天文现象。他设法利用水力来转动这种仪器。据说什么星从东方升起来，什么星向西方落下去，都能在浑天仪上看得清清楚楚。

那个时期，地震发生频繁。有时候一年发生一两次。发生一次大地震，就波及好几十个郡，城墙、房屋倾斜倒坍，造成人畜伤亡。

当时的封建帝王和一般人都把地震看作不吉利的征兆，有的还趁机宣传迷信、欺骗人民。

但是，张衡却不信神，不信邪，还记录了地震的现象。经过细心地考察和试验，他发明了一个预测地震的仪器，叫作"地动仪"。

地动仪是用青铜制造的，形状类似酒坛，四周刻铸了八条龙，龙头朝着八个方向。每条龙的嘴里都含着一颗小铜球；龙头下面，蹲着一个铜制的蛤蟆，蛤蟆的嘴大张着，对准龙嘴。哪个方向发生了地震，朝着那个方向的龙嘴就会自动张开来，把铜球吐进蛤蟆的嘴里，发出响亮的声音，这就是地震的警报。

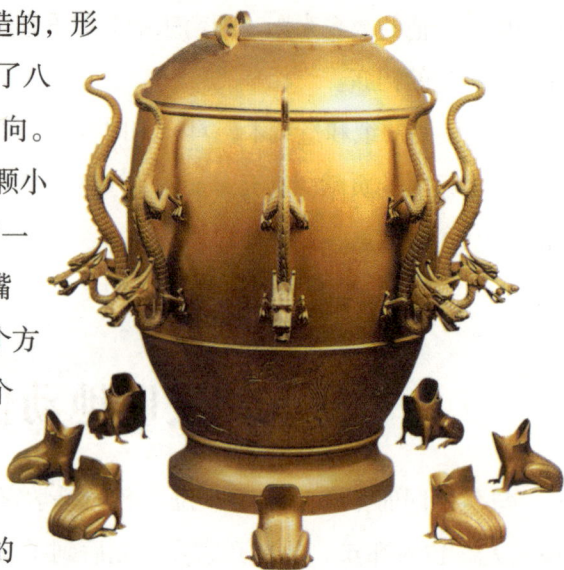

◉ 张衡地动仪模型之一

公元138年初的一天，地动仪对准西方的龙嘴突然张开，吐出了铜球。按照张衡的设计原理，这就是报告西部发生了地震。

可是那一天，地动仪西方的洛阳一点也没有地震的迹象，也没有听说附近有哪儿发生了地震。因此，大伙儿议论纷纷，都说张衡的地动仪是骗人的玩意儿，甚至有人说他有意造谣生事。

过了几天，有人骑着快马来向朝廷报告，离洛阳1000多里的金城、陇西一带发生了大地震，还出现了山体崩塌。大伙儿这才信服。

可是在那个时候，朝廷掌权的全是宦官或外戚，像张衡这样有才能的人不但不被重用，反而被打击排挤。张衡做侍中的时候，因为与皇帝接近，宦官怕张衡在皇帝面前揭他们的短，就在皇帝面前讲张衡的很多坏话。最后他被调出了京城，到河间去当国相。

张衡61岁那年得病死去。他为我国的科学事业作出了巨大的贡献。

外戚和宦官交替当政

东汉王朝从汉和帝起，即位的皇帝大多是小孩子，最小的是只生下100多天的婴孩。皇帝年幼，照例由太后临朝执政，朝政掌握在皇太后手里，皇太后依靠自己的父兄来管理朝政，从而形成了外戚专权的局面。皇帝长大后，不甘心做傀儡，想要亲政，夺回大权，但满朝文武都是外戚和他们的亲信，自己势单力薄，只好依靠身边伺候自己的人——宦官。宦官也就是太监，是宫廷中侍奉皇帝及其家人的人员。

汉和帝即位时只有10岁，实权掌握在窦太后和她的哥哥窦宪手里。朝中重要的职位都被窦家人占据，地方的主要职位也都被窦家的党羽占据。窦家人及其党羽横行不法，百姓深受其害。汉和帝成年后，决心夺回大权。但皇帝身居深宫，只有依靠宦官。永元四年（公元92年），汉和帝派宦官郑众指挥禁军，一举铲除了窦家的势力，夺回大权。郑众因功被封侯，参与朝政。这是东汉宦官专权的开始。从此以后，东汉出现了外戚和宦官两大集团争权夺利、互相厮杀的局面，东汉的政治日益黑暗。

汉安帝即位时只有13岁，实权掌握在汉和帝的皇后邓太后和他的哥哥邓骘手里。邓骘是东汉开国功臣邓禹的孙子，家世显赫，邓家封侯29人，公2人，大将军13人，高官14人，列校22人，州牧、郡守48人，权势熏天。邓太后还提拔士大夫，以求得他们的支持。邓太后去世后，汉安帝和宦官李闰、江京

◉牵马俑　东汉晚期

等人杀死邓骘，消灭了邓家势力，夺回大权。李闰、江京等掌握了朝政大权。

汉安帝死后，他的皇后阎氏及其兄长阎显拥立汉朝宗室刘懿为帝，史称汉少帝，阎氏家族掌握了朝政大权，汉少帝不久病死。延光四年（公元125年），宦官孙程等19个宦官发动政变，一举消灭了阎氏势力。逼太后交出传国玉玺，拥立汉安帝之子11岁的刘保为帝，就是汉顺帝，改元"永建"。

汉顺帝刘保为了报答宦官的大恩，封孙程等19个宦官为侯，执掌朝政。从此东汉宦官的势力空前膨胀。宦官们不仅操纵朝政，而且还可以将爵位传给养子，甚至取得了举孝廉的权力。东汉政权由外戚阎氏专政变为宦官专权，朝政更加腐败，社会更加黑暗，当时民间有"举秀才，不知书；察孝廉，父别居"的讽刺时政的民谣。

汉顺帝死后，梁太后和她的哥哥梁冀先后拥立2岁的汉冲帝、8岁的汉质帝。梁冀把持朝政，一手遮天，飞扬跋扈。汉质帝对他非常不满，当面说他是跋扈大将军，结果被梁冀派人毒死。

梁冀害死了质帝，又从皇族里挑了一个15岁的刘志接替皇帝，就是汉桓帝。汉桓帝即位后，梁皇后成了梁太后，朝政全落在梁冀手里，梁冀更加飞扬跋扈。梁冀掌权20年，梁家有7人被封侯，3人当上皇后，6人为贵人，2人为大将军，担任其他职位的不计其数。

公元150年，梁太后病死，梁冀杀了汉桓帝宠爱的梁贵人的母亲。汉桓帝忍无可忍，就秘密联络了单超等5个与梁冀有仇的宦官，发动宫廷侍卫羽林军1000多人，围攻梁冀的住宅，梁冀被迫自杀。梁家的势力被彻底肃清，梁冀提拔的官员300多人全部被罢免，一时间朝廷里几乎空了。汉桓帝将梁冀的家财全部没收，竟有30亿之多，相当于国家半年的税收！

单超等五人因诛杀梁冀有功，同时被封侯，当时人们称他们为"五侯"，朝政被他们把持。

党锢之祸

"五侯"掌权以后，胡作非为，与梁冀相比，有过之而无不及。他们把持朝政，卖官鬻爵，党羽遍布朝廷和各郡县，搞得整个社会一片黑暗。历史上有名的"党锢事件"就在这时发生了。

当时，除了外戚和宦官两大势力集团的相互斗争外，还有第三股力量，即士人集团，主要由名士和太学生组成。这个士人集团当中的名士，是一批士族地主出身的官员，他们对宦官掌权十分不满，主张改革朝政，罢斥宦官；那些太学生，主要出身于中小地主阶层，因为社会黑暗腐败，政治前途渺茫，便要求改革。这些人批评朝政，对飞扬跋扈的宦官及其党羽深恶痛绝。

公元165年，陈蕃做了太尉，名士李膺做了司隶校尉。他们都是读书做官、操行廉正又看不惯宦官弄权的人，因而太学生都拥护他们。

李膺做司隶校尉的职责是纠察京师百官及附近各郡县官吏。有人向他告发大宦官张让的弟弟张朔做县令时，横行不法，虐杀孕妇，事后逃到张让家躲避罪责。李膺打听到张朔藏在张让家空心柱子中，亲率部下直入张让家中，"破柱取朔"，拉出去正法了。

张让马上向汉桓帝哭诉。桓帝知道张朔的确有罪，也没有责备李膺。

李膺执法公正，刚直不阿，轰动了京师，受到士人和百姓的推崇。

过了一年，有一个和宦官来往密切的方士张成，从宦官侯览那里得知朝廷即将颁布大赦令，就纵容自己的儿子杀人。杀人凶手被逮起来，准备法办。就在这时，大赦令下来了。张成得意地对众人说："有大赦诏书，司隶校尉也不能把我儿子怎么样。"这话传到李膺的耳朵里，李膺怒不可遏。他说："张成预先知道大赦，故意叫儿子杀人，这是藐视王法，大赦轮不到他儿子。"就下令把张成的儿子处决了。

张成哪肯罢休，他与宦官侯览、张让一起商量了一个鬼主意，叫张成的弟子牢修向桓帝诬告李膺和太学生，罪状是"结成一党，诽谤朝廷"。

汉桓帝本来就恨透了那些批评朝廷的读书人，这会儿接到牢修的控告，便下令逮捕党人。除了李膺之外，还有杜密、陈寔和范滂等200多人，均在党人之列。朝廷出了赏格，通令各地抓捕这些人。李膺和杜密都被关进了监狱。

捉拿人的诏书到达了各郡，各郡的官员都把与党人有牵连的人申报上去，有的多达几百个。

第二年，有个颍川（今河南禹县）人叫贾彪，自告奋勇到洛阳替党人申冤叫屈，汉桓帝的岳父窦武也上书要求释放党人。李膺在牢里采取以守为攻的办法，故意招出了好些宦官的子弟，说他们也是党人。宦官害怕，就对汉桓帝说："现在天时不正常，应当施行大赦。"汉桓帝对宦官是唯命是从的，马上宣布大赦，把200多名党人全部释放了。

党人被释放后，宦官不许他们在京城居留，打发他们一律回家，并把他们的名字向各地通报，罚他们一辈子不得做官。历史上称之为"党锢之祸"（锢，禁锢之意）。"党锢之祸"实质上缘起于东汉正直派与宦官专权之间的斗争，对后代产生了深远影响。

"党锢之祸"发生后不久，汉桓帝死了。窦皇后便和窦武商量，从皇族中找了一个年仅12岁的少年即位，这就是汉灵帝。

黄巾起义

汉灵帝昏庸腐败，宠信宦官，只知道吃喝玩乐。国库里的钱耗尽了，宦官们给汉灵帝出了个主意，在西园开一个挺特别的铺子，有钱的人可以公开到这里来买官职，买爵位。他们在鸿都门外张贴榜文，标出了买官的价格。买个郡太守定价2000万，买个县令定价400万；一时付不出钱的可以暂时赊欠，等他上任以后加倍付款。这些花了钱买官的官吏，一上任当然更加起劲地搜刮民脂民膏。这样一来，老百姓更苦了。

老百姓面对朝廷的腐败，地主豪强的压迫，再加上接二连三的天灾，实在活不下去了，纷纷起来造反。

◎ 黄巾起义形势图

巨鹿郡有弟兄三个，老大名叫张角，老二名叫张宝，老三名叫张梁。三个人不仅有本领，还常常帮助老百姓排忧解难。

张角通晓医术，给穷人治病，从来不要钱，深得穷人的拥护。他知道农民只求安安稳稳地过日子，可眼下受地主豪强的压迫和天灾的折磨，多么盼望有一个太平世界啊！于是，他决定利用宗教把群众组织起来，创立一个教门，叫太平道。

随着他和弟子们的传教广泛深入民间，相信太平道的人越来越多。大约花了10年的时间，太平道传遍了全国。各地的教徒发展到几十万人。

张角和其他组织者商议后，把全国八个州几十万教徒都组织起来，分为三十六方，大方有1万多人，小方六七千人，每方选出一个首领，由张角统一指挥。

他们秘密约定三十六方在"甲子"年（公元184年）三月初五那天，京城和全国同时举行起义，口号是："苍天已死，黄天当立；岁在甲子，天下大吉。""苍天"，指的是东汉王朝；"黄天"，指的是太平道。张角还派人在洛阳的寺庙和各州郡的官府大门上，用白粉写上"甲子"两字作为起义的暗号。

可是，在离起义的时间还有一个多月的紧要关头，情况发生了变化，起义军内部出了叛徒，向东汉朝廷告了密。

面对突然变化的形势，张角当机立断，决定提前一个月举事。张角自称天公将军，张宝称为地公将军，张梁称为人公将军。三十六方的起义农民，接到张角的命令后，同时起义。因为起义的农民头上全都裹着黄巾当作标记，所以起义军就叫"黄巾军"。

汉灵帝得到消息后，惊慌失措，忙拜外戚何进为大将军，派出大批军队，由皇甫嵩、朱儁、卢植率领，兵分两路，前去镇压黄巾军。

然而，各地起义军声势浩大，把官府的军队打得望风而逃。大将军何进不得不请求汉灵帝调集各州郡的力量，让他们各自招募兵丁，对付黄巾军。这么一来，各地的宗室贵族、州郡长官、地主豪强，都借着攻打黄巾军的名义，乘机扩张势力，抢夺地盘，一时间，把整个国家闹得四分五裂。

　　黄巾军面对东汉朝廷和各地地主豪强的血腥镇压，进行了艰苦顽强的抵抗。在形势极为严峻的关键时刻，黄巾军领袖张角病死。张梁、张宝带领起义军将士继续和官兵进行殊死搏斗，先后在战斗中不幸牺牲。

　　起义军的主力虽然失败，但是化整为零的黄巾军一直坚持战斗了20年。经过这场大规模起义的严重打击，东汉王朝的腐朽统治，也就奄奄一息了。

袁绍杀宦官

　　经过黄巾军起义的冲击，东汉王朝本来已经摇摇欲坠，到汉灵帝一死，外戚和宦官两个集团闹了一场大火并加速了它的崩溃。

　　公元189年，14岁的皇子刘辩即位，这就是汉少帝。按照惯例，由何太后临朝，外戚大将军何进掌权。宦官蹇硕，原是禁卫军头目，想谋杀何进，没有成功。何进掌权以后，把蹇硕抓起来杀了。

何进手下有个中军校尉袁绍，是个大士族的后代。他家祖上四代都做过三公（太尉、司徒、司空）一级的大官，许多朝廷和州郡的官员是袁家的门生或者部下，所以势力特别大。

蹇硕被杀以后，袁绍劝何进把宦官势力彻底除掉，可何进不敢作主，去跟太后商量。何太后说什么也不答应。

袁绍又替何进出谋划策，劝何进秘密召集各地的兵马进京，迫使太后同意除宦官。何进觉得这是个好办法，决定召各地兵马来吓唬太后。

何进的主簿（管理文书、办理事务的官员）陈琳听了，连忙阻拦，说这样可能会出乱子，可何进不听劝。何进想了想，各州人马中，数并州（今山西大部分，内蒙古、河北的一部分）牧（州的长官）董卓的兵力最雄厚，就派人给董卓送了一封信，叫他迅速带兵进洛阳。

这个消息很快就传到宦官的耳朵里。几个宦官商量后，就在皇宫里埋伏了几十个武士，假传太后的命令，召何进进宫。何进一进宫，就被宦官围住杀了。

袁绍得知何进被杀的消息，立刻派他弟弟袁术攻打皇宫。袁术一把火烧了皇宫的大门，并将搜捕到的宦官，全部杀死了。

经过这场火并，外戚和宦官两败俱伤。何进召来的董卓却带兵进了洛阳。

董卓本来有侵占中原的野心，这次趁何进征召的机会，就急急忙忙带了3000人马来了。没想到出了意外。董卓进了洛阳，就想掌握大权，可是人马太少，怕压不住洛阳的官兵，他就使了一个计。在晚上，把人马悄悄地开到城外去。到了第二天白天，再让这支人马大张旗鼓地开进来。这样一连几次进出，洛阳的人都闹不清董卓到底调来多少兵马。原来属何进手下的将士看到董卓势力大，也纷纷投靠董卓。这样一来，洛阳的兵权就全落到了董卓手里。

为了独揽大权，董卓决定废掉汉少帝，另立少帝的弟弟陈留（今河南陈留县）王刘协。他知道洛阳城里的士族官员，数袁家的势力大，就请袁绍来商量这件事。可是袁绍不答应，结果两个人闹翻了脸。袁绍怕董卓不会放过他，就匆忙奔往冀州（约当今河北中、南部，山东西北端和河南北端）去了。袁绍的弟弟袁术听到消息，也逃出洛阳，出奔南阳（在今河南省）。

袁绍兄弟走了以后，董卓就召集文武百官，宣布废立的决定。刘协即了皇位，这就是汉献帝。董卓自己当了相国。

袁、董虽然反目成仇，但袁绍世代为官，是当时声名显赫的世家大族，董卓顾及袁绍势力太大，为了缓和同袁绍的矛盾，就听从一些官员的劝告，任命袁绍为渤海太守。

不久，袁绍号召各地豪强贵族势力反对董卓废立皇帝，董卓因此而杀死袁氏一族在洛阳和长安的50多人。董卓残忍地对待袁氏家族，反而使袁绍更具有号召力。在反对董卓的队伍中，有一支不太引人注目的队伍，带领这支队伍的首领，名叫曹操。

曹操起兵

曹操是沛国谯县（今安徽省亳县，亳音bó）人。他父亲曹嵩，是个宦官的养子。曹操从小聪明机灵，办事能干。当时有一个名士叫许劭，善于品评人物。曹操年轻时，去请他评论。许劭说："你这个人呀，如果在太平时代，可能成为能臣；要是在乱世，你会成为奸雄。"

黄巾起义的时候，汉灵帝封曹操为骑都尉，派到颍川一带镇压起义。他打败了波才领导的黄巾军。东汉王朝认为他作战有功，把他提升为济南相。过了几年，他才重新回到洛阳。

董卓进了洛阳，为了笼络人心，用高官厚禄收买一些官员。他听说曹操有点名气，就把曹操提升为骁骑校尉。但是曹操看出董卓倒行逆施，不得人心，迟早要垮台，不愿在董卓手下办事，他冒险逃出济阳（今山东济阳县），到陈留去找他父亲。

曹操的父亲在陈留有点财产。曹操回到陈留，招兵买马，准备讨伐董卓。不久，曹操的堂弟曹洪带着1000人来投奔曹操。曹操逐渐聚集了5000多人马。他一面操练兵马，一面派人探听各处动静。

自从黄巾起义后，各州各郡，都拥有一支人马。许多州郡的刺史、太守，本来有割据野心，趁洛阳大乱，借声讨董卓的名义，纷纷起兵。其中声势最大的要数袁绍。

袁绍自从在洛阳同董卓闹翻以后，跑到冀州，当了渤海太守。因为袁绍是个大士族，冀州牧韩馥又是袁家的老部下，所以袁绍很快就在渤海郡组织了一支人马。

公元190年，曹操和各路讨伐董卓大军一共十几万人马，在陈留附近的酸枣（今河南延津西南）集合，组成一支联军，大家推袁绍做盟主。

各地起兵的消息传到洛阳，董卓有点害怕起来。他不顾大臣们反对，决定把汉献帝和上百万人口迁到长安，自己留在洛阳附近对付联军。献帝被迫离开洛阳的时候，董卓放了一把火，把宫室、官府、民房，全部烧掉。洛阳周围200多里以内，被烧得鸡犬不留。老百姓被迫离开洛阳，路上有饿死的，被踩死的，打死的，倒在路边的尸体不计其数。

但是，在酸枣附近讨伐董卓的联军却互相观望，按兵不动。连盟主袁绍都不想动，谁还愿意先动手呢？

曹操看出他们只想保存实力，不想打董卓，心里很生气，就决定单独带着5000人马，向成皋（今河南荥阳汜水）进兵。

董卓听到曹操向成皋进兵，早已派大军在汴水（在今河南荥阳西南，汴音biàn）边布好阵势。曹操的人马刚刚到了汴水，就遇到董卓部将徐荣的拦击。

徐荣兵多，曹操兵少，两下里一交战，曹操的人马就垮了下来。

曹操骑着马往后撤走的时候，肩上中了一箭；他赶紧拍马逃奔，又是一箭，射伤了曹操骑的马。那马一受惊，把曹操掀了下来。

后面徐荣的追兵呐喊声越来越近。正在危急的时候，幸亏曹洪赶来将曹操救上马，才脱了险。

曹操损兵折将，回到酸枣，再看看他的同盟军，不但按兵不动，将领们还每天喝酒作乐，根本没想讨伐董卓。他满心气愤，指责他们，但无济于事。过了不久，酸枣的几十万兵马把粮食全消耗完，就散伙了。

曹操经过这一次讨伐战斗，觉得跟这些人一起，根本成不了大事，就单独到扬州（今安徽淮水和江苏长江以南）一带招募人马，准备重整旗鼓。

"医圣"张仲景

东汉末年是我国历史上一个极为动荡的时代，军阀、豪强也为争霸中原而大动干戈。农民起义的烽火更是此起彼伏。一时间战乱频仍。百姓为避战乱而相继逃亡，流离失所者不下数百万。汉献帝初平元年（公元190年），董卓挟汉献帝及洛阳地区百万居民西迁长安，洛阳所有宫殿、民房都被焚毁，方圆二百里内尽为焦土，百姓死于流离途中者不可胜数。

除连年战乱外，疠疫流行，东汉桓帝时大疫三次，灵帝时大疫五次，献帝建安年间疫病流行更甚。成千累万的人被病魔吞噬，以致造成了十室九空的空前劫难。其中尤以东汉灵帝（在位公元167—189年）时的公元171年、173年、179年、182年、185年等几次的疾病流行规模最大。这个时期，出了一位我国历史上有名的医学家张仲景。

张仲景，名机，字仲景，东汉南郡涅阳县（今河南南阳县）人，为古代伟大的医学家。他的医学著作《伤寒杂病论》对于推动后世医学的发展起了巨大的作用。

南阳地区当时也接连发生瘟疫大流行，许多人因此丧生。张仲景的家族本来是个大族，人口多达200余人。自从建安初年以来，不到十年，有2/3的人因患疫症而死亡，其中死于伤寒者竟占7/10。面对瘟疫的肆虐，张仲景内心十分悲愤。他痛恨统治者的腐败，将百姓推入水深火热之中。对此，张仲景痛下决心，潜心研究伤寒病的诊治，一定要制服伤寒症这个瘟神。

张仲景从小就跟随伯父张伯祖学医。有一次他到洛阳一带行医，见到了建安七子之一的王粲，他见王粲面色不好，就断定王粲有病。王粲，字仲宣，张仲景说："仲宣，你的脸色不对，你有病。20年以后你鼻子就要塌了，眉毛要落光，我现在给你开个药方，吃几服药你的病情就可以缓解。"过了几天他们两位见面了，张仲景就问王粲吃药了没有，王粲说吃药了。张仲景看了看王粲的脸，说："你没吃药，因为你脸色不对，跟我前几天看到你的容貌还是完全一样。"

因为王粲对自己的身体很自信，所以他并没有听从张仲景按时服药的嘱咐，王粲根本不相信张仲景对他病情所作出的判断，他认为张仲景只是戏言，然而事实证明张仲景的判断是正确的。

过了20年，王粲跟着曹操去征东吴，在路上
王粲生病了，鼻子果真塌了，眉毛也逐渐地掉
光了。没几天，王粲死了。

建安年间，张仲景行医游历各地，目睹
了各种疫病流行对百姓造成的严重后果，也
借此将自己多年对伤寒症的研究付诸
实践，进一步丰富了自己的
经验，充实和提高了理性认
识。经过数十年含辛茹苦的
努力，终于写成了一部名为
《伤寒杂病论》的不朽之
作。这是继《黄帝内经》之
后，又一部最有影响的光辉
医学典籍。

《伤寒杂病论》是集秦汉以来医药理论之大成，并广泛应用于医疗
实践的专书，是我国医学史上影响最大的古典医著之一，也是我国第一
部临床治疗学方面的巨著。

王允巧施连环计

董卓到了长安后，就自称太师，要汉献帝尊称他是"尚父"。他看
到朝廷里的大臣们人心涣散，对他没有什么威胁，也就骄横跋扈起来。
他在离长安200多里的地方，建筑了一个城堡，称作郿坞。他把城墙修
得又高又厚，把从百姓那里搜刮得来的金银财宝和粮食都贮藏在那里，
单是粮食，足足够30年吃的。

董卓在洛阳的时候，就杀了一批官员；到了长安以后，更加专横跋

扈。文武官员说话一不小心，触犯了他，就丢了脑袋。一些大臣怕保不住自己性命，都暗暗地想除掉这个坏蛋。

董卓手下有一个心腹，名叫吕布，是一个出名的勇士。吕布的力气特别大，精通射箭骑马。他本来是并州刺史丁原的部下，后来被董卓收买，投靠了董卓。

董卓把吕布收做干儿子，叫吕布随身保护他。人们害怕吕布的勇猛，就不好对董卓下手。

司徒王允对董卓的倒行逆施十分愤恨，他下决心一定要铲除这个奸贼，但苦无良策，因此整天坐立不安。

有一天夜晚，王允在自家后园长吁短叹，正好看见自家一位色艺俱佳名叫貂蝉的歌妓，顿时心生一个"连环美人计"，并马上将计谋告诉了貂蝉。貂蝉同意了。

第二天，王允请吕布到府中吃饭，席间叫貂蝉为吕布斟酒。吕布见她貌若天仙，竟自心猿意马。王允即提出将貂蝉嫁与他为妾，吕布大喜而去。

几天后，王允又请董卓到府中喝酒，席间又叫貂蝉献舞助兴。董卓见貂蝉美貌绝伦，赞不绝口。王允当即命人备好车，将貂蝉送至相府服侍董卓，董卓称谢不已。

吕布一心等着迎娶貂蝉，但王允那边始终没有动静。吕布等不及了，冲入王府想问个究竟，却被告知他的"新娘"已经被义父霸占了，气得他七窍生烟。

一天，董卓上朝去了，吕布乘机与貂蝉在后花园约会，貂蝉在吕布面前泪水涟涟，直哭得吕布肝肠寸断，把个董卓恨得咬牙切齿。正在这时，董卓回来了，他一见吕布与貂蝉抱在一起，顿时怒火冲天，一把抓起身边的画戟朝吕布刺去。幸亏吕布眼疾手快，抬手一挡，才没被刺中。

吕布怒气冲冲地来到王府，将董卓骂了个狗血喷头。王允也大骂

⊙连环计　年画

本图绘王允利用貂蝉美貌来离间董卓和吕布的感情，从而达到诛杀董卓的目的。

董卓抢走了自己的干女儿，霸占了吕布的妻子。吕布咬着牙恨恨地说："要不是看在他是义父的分上，我早就杀了他。"

王允见时机成熟，说："将军，他姓董，您姓吕，本来就不是亲骨肉，更何况他抢了你的妻子，还用兵器来杀你，哪里还有什么父子之情呢？大丈夫在世，怎么能这么窝囊地让人欺负呢？"吕布点头道："是啊，他不仁，我也不义。我一定要亲手杀了这个老贼！"接着，他和王允密谋如何杀董卓，替天下除害。

计议停当，王允便派人假传圣旨，说皇帝病愈后要把皇位让给太师，召他上朝受禅。董卓信以为真，带着人马回到京城长安。

董卓乘车刚进宫门，埋伏着的卫士挺戟朝董卓刺去。董卓贴身穿着铁甲，没有被刺中。董卓高声大叫吕布救命，吕布应声从车后闪出身来。董卓以为吕布前来救驾，却不料吕布挺戟直刺他的喉头，送他上了西天。

恶贯满盈的董卓被消灭了，但是百姓的灾难并没有完。过了不久，董卓的部将李傕（音 jué）、郭汜打进长安，杀死王允，赶跑了吕布，长安百姓又一次遭到烧杀抢掠。

103

迁都许城

董卓之乱以后，东汉王朝名存实亡，对各地州郡失去了控制。各地官僚、豪强趁机争夺地盘，形成了大大小小的割据势力。势力比较大的有冀州（河北衡水冀州县）的袁绍、南阳的袁术、荆州（约当今湖北、湖南两省和河南、贵州、广东、广西的一部分）的刘表、徐州（约当今江苏长江以北和山东东南部）的陶谦、吕布等，他们相互混战，打得昏天黑地。成千上万的百姓在混战中遭到屠杀，许多地方出现了没有人烟的荒凉景象。

曹操本来势力很小。后来，他打败了攻进兖州（今山东西南部和河南东部，兖音yǎn）的黄巾军，在兖州建立了一个据点。他还从黄巾军的降兵中，挑选一部分精锐力量，扩大了武装。以后，他又打败了陶谦和吕布，成为一个强大的割据力量。

公元195年，长安的李傕和郭汜发生火并，外戚董承和一批大臣带着献帝逃出长安，回到洛阳。洛阳的宫殿早已被董卓烧光了，到处是碎砖破瓦，荆棘野草。汉献帝到了洛阳，没有宫殿，住在一个官员的破旧住房里。一些文武官员，没有地方住，只好在断墙残壁旁边搭个草棚，遮避风雨。最大的难处是没有吃的。汉献帝派人到处奔走，要各地官员给朝廷输送粮食。但是大家正在忙着抢地盘，谁也不肯送粮来。

朝廷大臣没有办法，只好自己去挖野菜。有的官员吃不了这个苦，吃了几顿野菜，就倒在破墙边上饿死了。

这时候，曹操正驻兵在许城（今河南许昌），听到这个消息，就立刻派出曹洪带领一支人马到洛阳去迎接汉献帝。

董承等大臣不同意到许城。后来，曹操亲自到洛阳向他们解释说，洛阳无粮，许城有粮，但是运输不便，只好请皇上和大臣们暂时搬到那边去，免得在这里受冻挨饿。他们这才同意迁都。公元196年，曹操把汉献帝迎到了许城，打那时候起，许城成了东汉临时的都城，因此称为许都。

曹操在许都给汉献帝建立了宫殿，让献帝正式上朝。曹操自封为大将军，开始用汉献帝的名义向各地州郡豪强发号施令。

首先他用献帝名义下诏书给袁绍，责备他地广兵多，只管扩大自己势力，攻打别的州郡，不来帮助朝廷。

尽管袁绍势力大，但是名义上他还是汉献帝的臣子，接到诏书以后，没法子，只好上个奏章给自己辩护。

曹操又用汉献帝名义封袁绍为太尉。袁绍很不高兴，就上个奏章把太尉辞了。

曹操觉得自己地位还不巩固，不愿和袁绍闹翻，就把大将军的头衔让给袁绍，自己改称为车骑将军。

许都的情况暂时稳定下来了，但是日子一久，粮食供应出现了不足。经过十年混乱，到处都在闹饥荒。如果许都的粮食问题不解决，大家也待不下去。有个官员枣祗（音zhī）向曹操提出一个办法，叫作"屯田"。他请曹操把流亡的农民招集到许都郊外开垦荒地，由官府租

屯田制

屯田亦称屯垦，是历代封建王朝组织劳动者在官地上进行开垦耕作的农业生产组织形式。主要采取军屯和民屯两种形式。军屯即以军事组织形式由士兵及其家属进行垦种，民屯则以民户为主体进行有组织的屯垦，其中也有利用犯人者。此外，明代还有商屯。民屯、军屯均始于汉代。西汉文帝、武帝、宣帝时都组织过屯田，有民屯，也有军屯。东汉末，曹操组织的屯田为民屯，取得了显著效果。其后，历代多沿此制，唐以后又称营田，元、明、清一般仍称屯田。各代均设专门机构管理，具体名称、制度或有不同。

给他们农具和牲口。每年收割下来的粮食一半归官府，一半归农民。

曹操接受了枣祗的建议，发布命令，实行屯田。许都附近的荒地很快就开垦出来了。一年下来，原来已经荒了的土地上获得了丰收。光是许都的郊外就收到公粮100万斛。曹操又在他管辖的州郡都推行屯田制，设置田官。以后，凡是实行屯田制的地方，谷仓都装得满满的。

曹操用皇帝的名义号令天下，又采用屯田办法，解决了军粮问题，还吸收了荀攸、郭嘉、满宠等一批有才能的谋士，他的实力就更加强大起来了。

煮酒论英雄

曹操把汉献帝迎到许都的这一年，徐州牧刘备前来投奔他。那时，刘备驻守的徐州被袁术和吕布联军夺了去。

刘备是河北涿郡（今河北涿县）人，是西汉皇室的宗亲。他从小死了父亲，家境败落，跟他母亲一起靠贩鞋织席过日子。他对读书不太感兴趣，却喜欢结交豪杰。有两个贩马的大商人经过涿郡，很赏识刘备的气度，就出钱帮助他招兵买马。

当时，到涿郡应募的有两个壮士，一个名叫关羽，另一个名叫张飞。这两人武艺高强，又跟刘备志同道合，日子一久，三个人的感情真比亲兄弟还密切。后来，三人就结拜为把兄弟。

刘备投奔曹操以后，曹操和刘备一起去攻打吕布。吕布兵败被杀。回到许都后，曹操请汉献帝封刘备为左将军，并且非常尊重刘备，走到哪儿，都要刘备陪在他身边。

这时候，汉献帝觉得曹操的权力太大了，又很专横，便要外戚董承设法除掉曹操。他写了一道密诏缝在衣带里，又把这条衣带送给董承。

董承接到密诏，就秘密地找来几个亲信，商量如何除掉曹操。他们觉得自己力量不够，认为刘备是皇室的后代，一定会帮助他们，就秘密与刘备联络。刘备果然同意了。

此后过了不久，曹操邀请刘备去喝酒。两个人一面喝酒，一面说笑，谈得很投机。他们谈着谈着，很自然地谈到天下大事上来了。

曹操拿起酒杯，说："您看当今天下，有几个人能算得上英雄呢？"

刘备谦虚地说："我这个人肉眼凡胎，哪能知道呢。"

曹操笑着对刘备说："我看啊，当今的天下英雄，只有将军和我曹操两个人。"

刘备心里想着跟董承同谋的事，正感觉不安，听到曹操这句话，大吃一惊，身子打了一个寒战，手里的筷子掉在了地上。

正巧在这时，天边闪过一道电光，接着就响起一声惊雷。刘备一面俯下身子捡筷子，一面说："这个响雷真厉害，把人吓成这个样子。"

刘备从曹操府中出来，总觉得曹操这样评价自己，将来会丢了性命，便等待机会离开许都。

事也凑巧，袁绍派他儿子到青州去接应袁术，要路过徐州。曹操认为刘备熟悉那一带的情况，就派他去截击袁术。

刘备一接到曹操的命令，就赶紧和关羽、张飞带着人马走了。

刘备打败了袁术，夺取了徐州，决定不回许都去了。

到了第二年春天，董承和刘备在许都合谋反对曹操的事败露了。曹操把董承和他的三个心腹都杀了，并且亲自发兵征讨刘备。

刘备听说曹操亲自带领大军进攻徐州，慌忙派人向袁绍求救，袁绍手下的谋士田丰劝袁绍乘许都兵力空虚的时候偷袭曹操，袁绍没有听从。

曹操大军进攻徐州，刘备兵少将寡，很快就抵挡不住，最后只好放弃徐州，投奔冀州的袁绍。

官渡之战

袁绍看到刘备兵败后，才感到曹操是个强大的敌人，决心进攻许都。

公元200年，袁绍调集了10万精兵，派沮授为监军，从邺城（冀州的治所，在今河北临漳西南）出发，进兵黎阳（今河南浚县）。他先派大将颜良渡过黄河，进攻白马（今河南滑县）。

曹操采纳荀攸的意见，把一部分人马带到延津（今河南延津西北）一带假装渡河，吸引袁军主力，然后派出一支轻骑兵突袭白马。袁绍听说曹操要在延津渡河，果然派大军来堵截。哪儿知道曹操已经亲自带领一支轻骑兵袭击白马去了。包围白马的袁军大将颜良被打个措手不及。颜良死在乱军之中，他的部下全都溃散了，白马之围也解除了。

袁绍得知曹操救了白马，又气又急，下令全军渡河追击曹军，并且派大将文丑率领五六千骑兵打先锋。

文丑的骑兵赶到南坡，看见曹兵的武器盔甲丢得满地都是，认为曹军已经逃远了，叫兵士收拾那丢在地上的武器。此时，早已埋伏好的600名曹兵一齐冲杀出来，袁军一下被杀得七零八落。文丑也糊里糊涂地丢了脑袋。

一连打了两场败仗，损失了手下的颜良、文丑两员大将的袁绍哪肯就此罢休，他准备带领十万大军，猛追曹操。监军沮授说："我们的人尽管数多，可不像曹军那么勇猛；曹军虽然勇猛，但是粮食没有我们多。所以我们还是坚守在这里，等曹军粮草完了，他们自然会退兵。"

袁绍又不听沮授劝告，命令将士继续进军，一直追到官渡（今河南中牟县东北），才扎下营寨。曹操的人马也在官渡布置好阵势。

双方在官渡相持了一个多月，曹军粮食越来越少，兵士也疲惫不堪，眼看就要坚持不下去了。

袁绍的谋士许攸根据曹操缺粮的情况，向袁绍献计，劝袁绍派出一小支人马，绕过官渡，偷袭许都。袁绍很冷淡地拒绝了他的建议。

许攸在袁绍手下郁郁不得志，想起曹操是他的老朋友，就连夜投奔了曹操。

曹操在大营里刚脱下靴子，正想入睡，听说许攸来投奔他，高兴得顾不上穿靴子，光着脚板跑出来迎接许攸。他一见许攸的面便说：

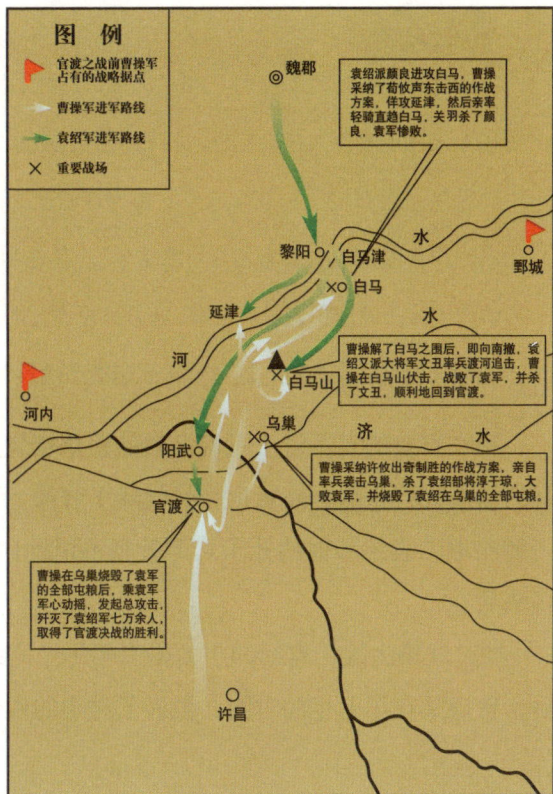

图 例

▶ 官渡之战前曹操军占有的战略据点
→ 曹操军进军路线
→ 袁绍军进军路线
✕ 重要战场

袁绍派颜良进攻白马，曹操采纳了荀攸声东击西的作战方案，佯攻延津，然后亲率轻骑直趋白马，关羽杀了颜良，袁军惨败。

曹操解了白马之围后，即向南撤，袁绍又派大将军文丑率兵渡河追击，曹操在白马山伏击，战败了袁军，并杀了文丑，顺利地回到官渡。

曹操采纳许攸出奇制胜的作战方案，亲自率兵袭击乌巢，杀了袁绍部将淳于琼，大败袁军，并烧毁了袁绍在乌巢的全部屯粮。

曹操在乌巢烧毁了袁军的全部屯粮后，乘袁军军心动摇，发起总攻击，歼灭了袁绍军七万余人，取得了官渡决战的胜利。

魏郡　黎阳　白马津　白马　延津　河　白马山　水　水　郓城　河内　阳武　乌巢　济　水　官渡　许昌

◉ 官渡之战示意图

"您来了，真是太好了！我的大事有希望了。"

许攸说："我知道您的情况很危急，特地来给您透露个消息。现在袁绍有一万多车粮食、军械，全都在乌巢放着。那里的守将是淳于琼，他的防备很松。您只要带一支轻骑兵去袭击，把他的粮草全部烧光，三天之内，袁兵就会不战自败。"

曹操得到这个重要情报后，立刻布置好官渡大营防守，自己带领五千骑兵，连夜向乌巢进发。他们打着袁军的旗号，对沿路遇到袁军的岗哨说，他们是袁绍派去增援乌巢的。

曹军顺利地到了乌巢，放起一把火，把一万车粮食，烧了个一干二净。乌巢的守将淳于琼匆忙应战，也被曹军杀了。

古代最早的炮是石字旁，顾名思义，这种石字旁的炮叫抛石机，是用几十人甚至上百人拉动杠杆，将石头抛出去的作战器械。早在春秋时期，中国就使用抛石机了。东汉末年，曹操在官渡之战使用了一种抛石车，因抛石时声音很大，所以命名为"霹雳车"。其是利用杠杆原理抛石来攻击敌方城池或城防设施和人员。后来，唐朝孙思邈发明了火药，并逐渐用于军事。北宋又出现了突火枪，这对近代火炮的产生具有重要意义。

正在官渡的袁军将士听说乌巢的粮草被烧光，都惊慌失措。袁绍手下的两员大将张郃、高览也带兵投降了曹操。曹军乘势猛攻，袁军顿时一败涂地。袁绍和他的儿子袁谭狼狈不堪地向北逃走，身边只剩下800多骑兵。

经过这场大战，袁绍的主力损失殆尽。袁绍也在两年后病死了。而后，曹操又花了七年的时间，消灭了袁绍的残余势力，统一了北方。

孙氏兄弟踞江东

正当曹操经营北方的统一大业时，南方有一支割据势力渐渐壮大起来，这支队伍的首领就是入主江东（今长江下游的江南地区）的孙策、孙权两兄弟。

孙策，字伯符，吴郡富春（今浙江富阳）人，出生于当地一个名家大族。他的父亲孙坚因镇压农民起义有功，朝廷封他为长沙太守。

孙坚后来又参加了讨伐董卓的联军。他到鲁阳（今河南鲁山县）时遇上袁术，被袁术封为破虏将军。在袁术和刘表争夺荆州的战斗中，孙坚打先锋，击败了刘表的大将黄祖，孙坚乘胜追击。不料，在追击途中被黄祖手下一名躲藏在树丛中的士兵用暗箭射死。

孙坚死后，长子孙策接替他的职务，统领部队，继续在袁术手下供职。孙策打起仗来勇猛异常，总是一马当先，当时人们都称他为"孙郎"。

孙策想继承父志，干一番大事业，但总感到在袁术手下难以施展自己的抱负。于是千方百计寻找机会脱离袁术，另寻出路。正巧孙策的舅舅、江东丹阳（今安徽宣州）太守吴景，这时被扬州刺史刘繇赶出丹阳，孙策便向袁术请求，去平定江东，替舅舅报仇。

孙策带领袁术拨给他的一千人马到江东去，以此来开辟自己的地盘。他一路上招募兵士，从寿春到达历阳（今安徽和县）时，已招募了五六千人。这时，孙策少年时的好朋友周瑜正在丹阳探亲，听说孙策出兵，就带领一队人马前来接应，帮助他补充了粮食和其他物资。这样，孙策进一步充实了自己的力量，而且增加了一个得力助手。

孙策带领军队，渡过长江，先后几次打败刘繇的军队，最后把刘繇从丹阳赶走，还攻下了吴郡和会稽郡，同时控制了江东大部分地区。

孙策到江东后，军纪严明，不许士兵抢掠百姓财物、侵害百姓利益，深得江东百姓的欢迎。

孙策平时爱好打猎。有一天，他追赶一头鹿，一直追到江边，他的马快，跟从他的人都被远远地甩在后面。这时，原吴郡太守许贡的三个门客正好守在江边。孙策在攻下吴郡时，杀了太守许贡，因此，许贡的门客一直在寻

◉ **南京古石头城遗址**

这里古为长江故道，江涛逼城，形势险峻。东汉末，孙权依山傍江筑石头城，作为军事堡垒。所谓"石城虎踞"指的就是这里。

找机会替许贡报仇。他们见机会来了，便一齐向孙策突发冷箭。孙策的面颊中了一箭。

孙策的病情很快恶化，他自知好不了了，便把张昭等谋士请来，对他们说："我们现在依靠吴、越地区的人力资源，长江的险固，可以干一番事业，请你好好辅佐我的弟弟。"

他又把孙权叫到面前，把自己的印绶交给他，说："带领江东的人马，在战场上一决胜负，和天下人争英雄，你不如我；推举和任用贤能的人，使他们尽心竭力，保住现在的江东，我不如你。"当晚，这位纵横江东的"孙郎"便死去了。

孙策死后，弟弟孙权接替他的职务，掌管大权。在张昭和周瑜的帮助下，年仅19岁的孙权，继承父兄业绩，担负起巩固发展江东的重任。

由于孙权重用人才，江东地方，文臣武将，人才济济，出现了一片兴旺景象。曹操为了笼络孙权，就以朝廷的名义，封孙权为征虏将军，兼会稽太守。从此后，孙权实际上在江东建立了割据政权。

三顾茅庐

官渡一战，曹军以少胜多，大败袁军，原先投奔袁绍的刘备，又投奔了荆州刺史刘表，得到了兵力上的补充，在新野（今河南新野县）驻扎下来。

刘备从不甘心寄人篱下，现在有了落脚之地就开始寻找机会实现自己的政治抱负。他四处招请人才，为自己出谋划策。在投奔他的人当中，有个名士叫徐庶，刘备非常赏识他的才智，便拜他为军师。

有一天，徐庶对刘备说道："在襄阳城外20里的隆中（山名，在湖北襄阳），有一位奇士，您为什么不去请他来辅助呢？这位奇士复姓诸葛，名亮，字孔明。此人有经天纬地之才，他住的地方有个卧龙岗，大家都称他'卧龙先生'。"

刘备听到有这样的贤才，非常高兴，便决定亲自去拜访诸葛亮。第二天，刘备带着关羽、张飞启程前往隆中。

刘备一行三人来到隆中卧龙岗，找到了诸葛亮居住的几间茅草房。刘备下马亲自去叩柴门，一位小童出来开门，刘备自报姓名，说明了来意。小童告诉他们：先生不在家，一早就出门了。

几天以后，刘备听说诸葛亮已经回来了，忙让备马，再次前往。时值隆冬，寒风刺骨。他们三人顶风冒雪，非常艰难地走到卧龙岗。当他们来到诸葛亮家，才知道诸葛亮又和朋友们出门了。刘备只好给诸葛亮留下一封信，表达了自己求贤若渴的心情。

跟刘备一起去的关羽、张飞都感到不耐烦。但是刘备却记住徐庶的话，耐着性子去请，一次见不到，第二次再去，两次不见，第三次再去请。

刘备回到新野之后，一心想着诸葛亮的事，时常派人去隆中打听消息，准备再去拜谒孔明。三个人第三次去隆中时，为了

◎ 三顾茅庐图

表示尊敬，刘备离诸葛亮的草房还有半里地就下马步行。到了诸葛亮的家时，碰巧诸葛亮在草堂中酣睡未醒。刘备不愿打扰他，就让关、张两人在柴门外等着，自己轻轻入内，恭恭敬敬地站在草堂阶下等候。

诸葛亮被刘备的诚心所打动，接待了刘备。他根据自己多年来研究时势政治的心得体会，向刘备详细讲述了自己的政治见解，提出了实现统一的战略方针。他说："现在曹操打败了袁绍，拥有百万兵马，又借天子的名义号令天下，很难用武力与他争胜负了。孙权占据江东，那里地势险要，民心顺服，还有一批有才能的人为他效劳，也不可以与他争胜负，但可以与他结成联盟。"

接着，诸葛亮分析了荆州和益州（今四川、云南和陕西、甘肃、湖北、贵州的一部分地区）的形势，认为如果能占据荆州和益州的地方，对外联合孙权，对内整顿内政，一旦机会成熟，就可以从荆州、益州两路进军，攻击曹操。到那时，功业可成，汉室可兴。

刘备听完诸葛亮的讲述，茅塞顿开。他赶忙站起来，拱手谢道："先生的一席话，让我如拨开云雾而后见青天。"刘备从诸葛亮的分析中看到了自己广阔的政治前景，于是再三拜请诸葛亮出山。诸葛亮见刘备这样真诚的恳求，也就高高兴兴地跟刘备到新野去了。

从那时起，年仅27岁的诸葛亮用他的全部智慧和才能帮助刘备实现政治抱负，建立大业。从此，刘备才真正拉开了称霸一方的序幕。

赤壁之战

公元208年秋天，曹操率兵30万，号称80万，南下攻打荆州。驻守荆州的刘表那时已经病死了，他的儿子刘琮被曹军的气势吓破了胆，没有交战就投降了。

孙权、刘备为各自利益，决定联合起来对抗曹操。孙权任命周瑜为

船舶技术的发展

中国古代船舶技术一直走在世界前列。汉代，在先前的经验基础上，船舶技术有了很大的发展，造船规模发展惊人。同时，无论在省力高效以及速度方向等把握上，较之前代汉代都有新的突破，集中体现在风帆、橹、舵、锚的广泛使用上。汉安帝元初二年（公元 115 年），大臣马融上书《广成颂》一文，其中对风帆的使用作了极生动的描写。由此可见，东汉中期之后，风帆已经得到了广泛的使用。橹的发明也是中国造船技术中一项杰出的成就。西汉时已用橹作为船舶重要的推行工具了。此外，锚的发明不晚于西汉早期，石质的称碇，铁质的叫锚。广州出土的东汉陶质船模尾部系有一物，基本上具备了后世锚的特点，说明中国在汉代已创造了系泊设备。

大都督，率3万精兵沿江西上，到夏口（在今湖北武汉）与刘备的队伍会合，孙刘联军乘舟一直西上迎敌。孙刘联军在赤壁（在今湖北武汉赤矶山）驻扎，与长江北岸的曹军对峙。

曹操的士兵因来自北方，初到南方个个水土不服，很不习惯南方潮湿的气候，再加上不习惯乘船，没多久就病倒了许多人。曹操见士兵们身体虚弱，只好召集谋士们商量对策。这时，有人献上连环计：将水军的大小战船分别用铁环锁住，十几条船一排，每排船上再铺上宽阔的木板，不仅人可以在上面行走自如，就是马也可以在上面跑起来。曹操听了非常高兴，立即下令：连夜打造铁链，锁住大小战船。这样做后，效果果然不错，人在船上走，如履平地，一点也不觉得摇晃，也不会晕船呕吐了。曹操万万没料到，自己已经中了周瑜的"连环计"了。

驻防在长江南岸的孙刘联军，看见曹操的战船连在一起，便想用火攻。正在发愁无法将火种靠近曹船时，周瑜手下的大将黄盖主动要求自己假装投降，以便靠近曹船。

周瑜很赞成黄盖的主意，两人经过商量，演了一幕"苦肉计"。

第二天，黄盖故意与周瑜闹翻，周瑜大怒，要把黄盖拉出去斩首。在众将的一再劝阻下，周瑜才免黄盖一死，但打得黄盖皮开肉绽，几次昏死过去。

几天后，黄盖派人给曹操送去一封信，表示投降曹操。曹操原本疑虑重重，等听到奸细报告了黄盖被痛打的经过，这才信以为真，就与黄盖约定了暗号。

周瑜在江东将各路人马布置停当，只等东南风起，火攻曹营。

公元208年冬至那天半夜，果然刮起了东南风，而且风势越来越猛。黄盖又给曹操去了一封信，约定当晚带着几十只粮船到北营投降。

当天晚上，黄盖率领20只战船，船上装满干草、芦苇，浇了膏油，上面蒙上油布，严严实实地把船遮盖住。每只船后又拴着3只轻快灵活的小船，小船里都埋伏着弓箭手。降船扯满风帆，直向北岸驶去。曹军水寨的官员听说东吴的大将前来投降，都跑到船间来观看。

⊙ **周瑜像**

周瑜，字公瑾，庐江舒县（今安徽庐江县西南）人。东汉末年东吴名将，因其相貌英俊而有"周郎"之称。周瑜精通军事，又精于音律，江东向来有"曲有误，周郎顾"之语。公元208年，孙刘联军在周瑜的指挥下，于赤壁以火攻击败曹操的军队，此战也奠定了三分天下的基础。公元210年，周瑜因病去世，年仅36岁。

黄盖的大船离北岸约二里时，只见黄盖大刀一挥，二十几只大船一齐着起火来，火焰腾空而起，二十几条战船像狂舞的火龙，一起撞入曹操的水军中。火趁风势，风助火威，一眨眼的工夫，曹军的水寨成了一片火海。水寨外围都是用铁钉和木板连起来的首尾相接的连环船，一时间拆也无法拆，逃也逃不走，只好眼巴巴地看着大火烧尽战

船。黄盖他们则早已跳上小船，不慌不忙地接近北营，向岸上发射火箭。这样一来，不但水寨里的战船被烧，连岸上的营寨也着了火。一时间，江面上火逐风飞，一片通红，漫天彻地。

刘备、周瑜一看北岸火起，马上率水陆两军同时进兵，杀得曹军死伤了一大半，曹操只好率领残军从小道一直逃回许都。

赤壁之战，以孙刘联军胜利、曹操大败而告结束。这是历史上以少胜多，以弱制强的著名军事战役，为三国鼎立奠定了基础。

华佗治病

曹操在赤壁大败，心里非常不痛快。偏在这个时候，他最喜爱的小儿子曹冲得了重病，曹操派人到处请医抓药，都不见效。最后，眼看着孩子死了。曹操伤心地说："要是华佗在，孩子就不会死了。"

曹操所说的华佗，是我国历史上一位著名医学家，和曹操是同乡。华佗从小就熟读经书，尤其精通医学。不管什么疑难杂症，到他手里，大都药到病除。当地官员和朝廷太尉听到华佗名声，征召他做官。华佗都推辞不去。

华佗诊病极其准确。一次，有两个官员闹头疼发热，先后找华佗看病。经华佗问明病情，给一个开了泻药，另一个开了发汗药。有人在旁边看华佗开药方，问他为什么病情相同，用药却不一样。华佗说："这种病表面看起来症状一样，其实不同。前一个病因在内部，该服泻药；后一个只是受点外感，所以让他发发汗就好了。"这两人回去抓了药服了，果然病都好了。

华佗还善于做开刀手术。他配制的一种麻醉剂叫麻沸散。有个病人肚子痛得厉害，过了十多天，胡须眉毛全脱落下来。华佗一诊断，就知道这是病人的脾脏溃烂了。华佗让病人服了麻沸散，打开腹腔，把坏死

⊙华佗像

的脾脏切除，再缝好伤口，敷上药膏。过了四五天，创口愈合。一个月后，病人就康复了。

曹操一直患头风病。一遇到军事和政事繁忙，头风病就发作，痛得受不了。他听说华佗的医术高明，就把华佗请来，华佗扎了几针，头痛就止了。曹操不肯放他，把他留了下来做随从医官，好随时给他治病。

华佗虽然乐于给人们治病，但却不愿一直待在曹操身边，只给一个人管药箱。有一次，他借口回家探亲，顺便去取点药，却一去不返。

曹操多次派人催华佗赶快返回，华佗都坚决不肯回来。这一来可惹恼了曹操。曹操派人把华佗抓了回来。他认为华佗故意违抗他的命令，是大逆不道的行为，下令把华佗处死。

谋士荀彧认为这个处刑太重了，劝曹操说："华佗医术高明，他一死，牵涉到许多人的生命，希望丞相从宽发落。"

曹操本来也是个爱惜人才的人，自从他打败了袁绍后，有点骄傲起来；再说，他正在气头上，哪肯听荀彧的劝阻，就派人把华佗杀了。

华佗被捕离开家乡的时候，随身还带着一部医书，这是他根据多年来积累的经验写成的。他没想到得罪曹操竟招来杀身大祸。他觉得自己遭到罪没法挽回，可是让这部书湮没太可惜。临刑前一天，他对狱吏说："请您把这部书好好保存，将来可以靠它治病救人。"

那狱吏胆小，怕接了华佗手里这部书，将来曹操追究起来，自己受到牵连，说什么也不肯保管。

华佗是三国著名医学家。少时曾在外游学，钻研医术而不求仕途。他医术全面，精通内、妇、儿、针灸各科，尤其擅长外科，精于手术，被后人称为"外科圣手""外科鼻祖"。他曾用"麻沸散"使病人麻醉后施行剖腹手术，是世界医学史上应用全身麻醉进行手术治疗的最早记载。又仿虎、鹿、熊、猿、鸟等禽兽的动态创作名为"五禽之戏"的体操，教导人们强身健体。

华佗十分失望，他叹了口气，向狱吏要了火种，在监狱里把宝贵的医书一把火烧毁了。

自华佗死后，曹操发头风病，就再没有找到合适的医生给他治疗。但是曹操并不肯承认自己做错了事，说："华佗是有心不肯根治我的病，即使我不杀他，也不见得会治好我的病。"直到他的小儿子曹冲死了，他才懊丧万分。

华佗死后，他的几个学生继承他的事业，继续为百姓治病。可惜记下华佗的经验的那部医书竟失传了。

刘备夺益州

赤壁之战以后，周瑜把曹操的人马从荆州赶了出去。在荆州的归属问题上，孙、刘两家发生了分歧。刘备认为，荆州本来是刘表的地盘，他和刘表是本家，刘表不在了，荆州理应由他接管；孙权则认为，荆州是靠东吴的力量打下来的，应该归东吴。后来，周瑜只把长江南岸的土地交给了刘备。刘备认为分给他的土地太少了，很不满意。不久，周瑜病死，鲁肃从战略的角度考虑，认为把荆州借给刘备，可以让他抵挡北

⊙ 让成都　版画

方的曹操，东吴便可以借机整顿兵马，图谋大业。为此，他劝说孙权把荆州借给刘备。

借人家的地方心里总是不舒服，刘备按照诸葛亮的计划，打算向益州（今四川、成都一带）发展。正好在这个时候，益州的刘璋派人请刘备入川。

原来，法正和张松是益州牧刘璋手下的两个谋士，两人私交很深，都是很有才能的人。他们认为刘璋是无能之辈，在他手下做事没有出息，早就密谋要把刘备请来代替刘璋。

当曹操打下荆州时，刘璋曾派张松到曹操那里去联络。但曹操根本看不起张松，张松被气走了。

张松回到成都（益州的治所），对刘璋说："曹操野心很大，恐怕想吞并益州。"刘璋着急起来。张松建议联络刘备对付曹操。刘璋就派法正到荆州联络刘备。

法正来到荆州后，与刘备谈得十分融洽。回到益州后，就和张松密商，想把刘备接到益州，让他做益州的主人。

过了不久，曹操打算夺取汉中（今陕西汉中市东）。这样一来，益州就受到了威胁。张松趁机劝刘璋请刘备来守汉中。刘璋便派法正带了四千人马到荆州去迎接刘备。

刘备见到法正后，对于是否入川还有点犹豫。这时，军师庞统坚决主张刘备到益州去。

刘备听从了法正、庞统的劝说，让诸葛亮、关羽留守荆州，自己亲率人马到益州去。

后来，张松作内应的事泄露了。刘璋杀了张松，布置人马准备抵抗刘备。

刘备带领人马攻打到雒城（今四川广汉北，雒音luò）时，受到雒城守军的顽强抵抗，足足打了一年才攻下来，庞统也在战斗中中箭而亡。随后，刘备向成都进攻，诸葛亮也带兵从荆州赶来会师。刘璋被打败，只好投了降。

公元214年，刘备进入成都，自称益州牧。他认为法正对这次进攻益州立了大功，便把他封为蜀郡太守，致使整个成都都归法正管辖。

法正这个人有了权浮躁起来，有恩报恩，有仇报仇，为报私仇，甚至杀了好几个人。

诸葛亮就不一样，他帮助刘备治理益州，执法严明，不讲私情，当地有些豪门大族都在背地里吐露怨气。

法正劝告诸葛亮说："从前汉高祖进关，约法三章，废除了秦朝的许多刑罚，百姓都拥护他。您现在刚来到这里，似乎也应该宽容些，这样才合大家心意。"

诸葛亮说："您知道得并不全面。秦朝刑法严酷，百姓怨声载道，高祖废除秦法，约法三章，正是顺了民心。现在的情况与那时完全不同。刘璋平时软弱平庸，法令松弛，蜀地的官吏横行不法。现在我要是不注重法令，地方上是很难安定下来的啊。"

法正听了这番话，对诸葛亮十分佩服。他自己也不敢像以前那么专横了。

败走麦城

刘备占领益州后，又出兵对付曹操的军队，把他们赶到了长安。这样，刘备在益州的地位得到了巩固，就自立汉中王。接着，刘备又派关羽攻打樊城，恰好这时汉水暴涨，关羽利用大水淹没了曹军大将于禁的七支大军，乘胜包围了曹军占据的樊城。

曹操为解樊城之围，想出了一个一箭双雕的主意。他写信给孙权，劝说孙权乘现在荆州后防空虚，攻取被刘备夺去的荆州。这样，当关羽听说荆州被夺，定会撤军回救，樊城之围自然就会解除。

孙权采纳了曹操的建议，派大将吕蒙攻取荆州。吕蒙从密探口中得知，沿江到处都是烽火台，防备也不见有松懈的迹象。他和孙权商量，对外假称他生病回去休养了，以此来麻痹关羽。孙权另派年轻的陆逊接替吕蒙。

陆逊故意派人送信给关羽，对他水淹于禁七军大大称赞了一番，表达了自己对他的万分仰慕之情。

关羽看信后，认为陆逊初出茅庐，比吕蒙好对付多了，就放松了警惕，陆续把防守荆州的人马调拨到樊城。

孙权得知计谋得逞，立刻派吕蒙起兵攻打荆州。吕蒙把战船伪装成商船，派一些士兵乔装打扮成商人和船夫的模样，自己率兵埋伏在船舱内，骗过烽火台上的防守士兵，把船靠了岸。到了半夜三更，躲在船舱里的士兵一拥而出，出其不意地杀死了防守的士兵，占领了荆州。

吕蒙趁热打铁，派人劝说江陵（今湖北荆州一带）、公安（今湖北公安）的守军投降，那些将领原本对关羽就有意见，经不起三劝两劝，就投靠了东吴。

关羽得知荆州、江陵等长江要塞相继失守，非常震惊，几乎不敢相信，他马上率兵从樊城南撤。

而吕蒙进入江陵后，释放了被关羽俘获关押的于禁，又派人抚慰蜀军将士和家属。这些举措，使蜀军军心涣散，斗志瓦解，许多将士半路而逃。关羽恨得咬牙切齿，大叫："我生不能杀吕蒙，死了也要杀了他！"

孙权的军队势如破竹，所向披靡，而关羽节节败退，一直退到麦城（今湖北当阳东南）。孙权率兵赶到，派诸葛瑾多次劝说关羽投降。关羽假装投降，在城头上竖起白旗，暗地里带了十几个骑兵弃城往西而逃。

孙权闻讯，派兵阻断了关羽必经之路，埋伏在草丛中，用绊马索绊倒关羽等人，活捉了关羽。

孙权亲自出马，再次劝关羽投降，然而关羽怒目圆睁，破口大骂："我和刘皇叔一起共谋大业，怎会和你这样的叛贼共事。要杀便杀，要剐便剐，何必废话！"

租佣调制

在实行屯田制的同时，曹操于建安九年（公元 204 年）在《收田租令》中颁布了新的租调制，规定的田租是每亩每年缴纳粟四升；户调是平均每户每年缴纳绢二匹、绵二斤，具体实行时根据民户的资产划分等差进行征收。这种征收实物的户调制，实际上自东汉后期以来就已经开始，曹操把它正式确定下来，并以此取代繁重的口赋和算赋。这对促进北方社会经济的恢复和发展起到了积极的作用，巩固了后来的曹魏政权，使它在三足鼎立的局面中占据了经济上的优势。租调制也是中国古代赋税史上的一次重要变革，对后代的赋税制度产生了极其深远的影响。

孙权怕留下后患，杀了关羽。

关羽被害的消息传到刘备耳中，刘备昏倒在地，醒来后不吃不喝，整天痛哭不止。关羽的坐骑赤兔马则日日哀鸣，也不吃不喝，没几天就死了。

曹操认为孙权这次立了大功，就封他为南昌侯。后来曹丕称帝，又封孙权为吴王。

你一定要知道的
中华上下五千年

（全4卷）

石开航 编

③

中国华侨出版社
·北京·

乾坤变幻

乾坤变幻

开皇之治

　　隋文帝统一中国后，一面躬行俭朴，一面采取了许多有利于巩固政权的措施。由于他明白"古帝王没有好奢侈而能持久"的道理，所以由他辅政时开始，就提倡生活节俭，宫中的妃妾不作美饰，一般士人多用布帛，饰带只用铜铁骨角，不用金玉。这种躬行节俭，使人民的负担相应得到减轻，而且有利于各项措施的推行。

　　隋文帝所采取的措施，主要有以下几点：

　　一是政治方面，首先是改良政治，改革制度。中央政制行五省（尚书、门下、内史、秘书、内侍）六部（吏、礼、兵、刑、户、工）制；地方政制由州、郡、县三级改为州、县两级行政制。同时，又采用西魏、北周的府兵制，寓兵于农，府兵在农时耕种、闲时练兵，轮番宿卫，或临时调遣。其次是废除魏晋南北朝以来维护世族豪门权益的九品中正制和门阀制度。任用官员不限门第，唯才是举，通过考试以取士。文帝本人又躬身节俭，整饬吏治，曾派人巡视河北52州，罢免贪官污吏200余人，又裁汰地方冗员约十分之三。他还宽简刑法，删减前代的酷刑，制定隋律，使刑律简要，"以轻代重，化死为生"。

　　二是经济方面，仿北魏的均田制，实行均田法，成年男子即丁男可以分到露田80亩，永业田20亩；成年女子分露田40亩。死后露田归政府，永业田可以传给子孙，奴婢和一般人的占田数相等。在赋役上，推行租庸调制，减免赋役，轻徭薄赋，与民休息。

　　此外，隋文帝下令重新编订户籍，以五家为保，五保为闾，四闾为族。开皇初有户360余万，平陈后得50万，后增至870万。为了积累粮食防治饥荒，广设仓库。仓库分官仓、义仓。官仓做粮食转运、储积用，义仓则备救济之需。文帝又致力建设，在原长安城东南营建新都大

科举制度

科举制度是历代封建王朝通过考试选拔官吏的一种制度，由于采用分科取士的办法，所以叫科举。其制创始于隋，确立于唐，完备于宋，而延续至元、明、清，至清光绪三十一年（1905年）废除，历经1300多年。隋文帝为废除世族垄断仕途的九品中正制，开始用分科考试办法选拔官员。隋炀帝时置进士科，允许普通士人应考。唐代于进士科外，又置秀才、明法、明书、明算诸科为常科，而由皇帝特诏举行的考试为制科，武则天时又增置武举。诸科中以进士科最为重要。至宋代，确立了殿试制度，使科举三级考试制度得以完备。宋以后，只有进士一科。为防止应试者及考官舞弊，历代都建立了比较完整的防范制度，在一定程度上体现了公平竞争的原则。考试内容，唐代主要是诗赋和帖经，宋代主要是诗赋、经义、论、策，明、清则以四书五经为主。考试文体用八股文。唐代进士及第后，须经吏部考试合格方授官，宋代进士一甲至四甲可直接授官，明、清进士则均可直接授官。

兴城；开凿广通渠，自大兴引渭水至潼关，以利关东漕运。

隋文帝还统一了度量衡和货币，废除其他比较混乱的古币和私人铸造的钱币，改铸五铢钱。

三是学术文化方面，隋文帝大力提倡文教，广求图书。鉴于长期战乱，官书散佚，所以他下诏求天下之书。经过一两年，收集了大量的图书，整理后共得三万余卷。为广置人才，隋文帝又开创了科举制度。通过科举考试，根据成绩优劣选拔任用人才。科举制度开创了贫民士子入世为官之先河。为明全国教化，恢复华夏文化之正统，文帝下诏制订礼乐，以提升国家的文化素质。

四是军事方面，鉴于南北朝晚期，突厥借强大的军事力量，不时侵扰北周、北齐。故隋文帝统一全国后，派将兵攻打突厥，后来采用离间分化策略，使突厥分为东西两部，彼此交战不已，隋则得以消除北方忧患。

正由于上述措施的推行，隋在文帝统治的最初20多年间，政治清明，人口增加，府库充实，外患不生，社会呈现了一片繁荣的景象，历史称为"开皇之治"。

赵绰依法办事

隋文帝经过一番整顿治理，政局稳定，社会经济开始繁荣起来。

隋文帝又派人修订了刑律，把那些残酷的刑罚都废除了。这本来是件好事，但是隋文帝本人却不完全按照这个刑律办事，往往一时发怒，便不顾刑律规定，随便下令杀人。

隋文帝的做法叫大理（管理司法的官署）的官员十分为难。大理少卿赵绰觉得有责任维护刑律公正，常常跟隋文帝顶撞。

在大理官署里，有一个叫来旷的官员，听说隋文帝对赵绰不满，想迎合隋文帝，就上了一道奏章，说大理衙门执法不严。隋文帝看了奏章，认为来旷说得很中肯，就提升了他的官职。

来旷自以为皇帝很赏识他的做法，就昧着良心，诬告赵绰徇私舞弊，放了一些不该赦免的犯人。

隋文帝虽然嫌赵绰办事不合他的心意，但是对来旷的频频上告，却有点怀疑。他派亲信官员去调查，发现很多事情子虚乌有。隋文帝弄清真相后，勃然大怒，立刻下令处死来旷。

隋文帝把这个案子交给赵绰办理，他觉得这一回来旷诬告的是赵绰自己，赵绰一定会同意他的命令。哪儿知道赵绰还是说："来旷有罪，但是不该判死罪。"

隋文帝很不高兴，起身就离朝回内宫去了。

《开皇律》

隋文帝即位以后，命人修订刑律，编成《开皇律》。《开皇律》分为名例、卫禁、职制、户婚、贼盗、斗讼、捕亡、断狱等 12 篇，一共 500 条。《开皇律》废除了前代实行的许多酷刑，如枭首、宫刑、孥戮、车裂等，减掉了 81 条死罪和 154 条流罪。从历史的角度来看，《开皇律》意在维护封建统治秩序，同时它也体现了一种文明和进步的精神。

赵绰在后面大声嚷着说："来旷的事臣就不说了。不过臣还有别的要紧事面奏。"

隋文帝信以为真，就让赵绰随他进了内宫。

隋文帝问赵绰要奏什么事。赵绰说："我有三条大罪，请陛下发落。第一，臣身为大理少卿，没有管理好下面的官吏，使来旷触犯刑律；第二，来旷本不该被判处死，臣却不能据理力争；第三，臣请求进宫，本来无事可奏，只是因为心里着急，才欺骗了陛下。"

隋文帝听了赵绰最后几句话，禁不住笑了。在一旁坐着的独孤皇后（独孤是姓），也很赏识赵绰的正直，便让侍从赐给赵绰两杯酒。隋文帝终于同意了赦免来旷，改判革职流放。

隋文帝吸取了陈后主亡国的教训，比较注意节俭，对那些有贪污奢侈行为的官吏，一律严办，连他的儿子也不例外。他发现太子杨勇讲究排场，生活奢侈，很不高兴，就渐渐疏远了杨勇。

皇子晋王杨广很狡猾，他摸到父亲的脾气，平时装得特别朴素老实，骗得了隋文帝和独孤皇后的信任，再加上宰相杨素经常在隋文帝面前说他的好话——结果，隋文帝把杨勇废了，改立杨广为太子。直到隋文帝病重的时候，才发现杨广是个品质很坏的人。后来，杨广害死了父亲，夺取了皇位，这就是历史上出名的暴君隋炀帝。

隋炀帝兴修大运河

杨广即位后，为了加强对全国政治上的控制，并且使江南地区的物资能够更方便地运到北方来，加上他个人追求享乐，一开始就办了两件事：一是在洛阳建造一座新的都城，叫东都；二是开一条贯通南北的大运河。

公元605年，隋炀帝派管理建筑工程的大臣宇文恺负责造东都。宇文恺是个高明的工程专家，他迎合隋炀帝追求奢侈的心理，把工程规模搞得特别宏大。建造宫殿需要的高级木材石料，都是从大江以南、五岭以北地区运来的，光一根柱子就得用上千人拉。为了造东都，每月征发200万民工，日夜不停地施工。他们还在洛阳西面专门造了供隋炀帝玩赏的大花园，叫作"西苑"，方圆有200里。园里有人造的海和假山，亭台楼阁，奇花异草，应有尽有。

在建造东都的同一年，隋炀帝就下令征发河南、淮北各地百姓100多万人，从洛阳西苑到淮水南岸的山阳（今江苏淮安），开通一条运河，叫"通济渠"；又征发淮南百姓十多万人，从山阳到江都（今江苏扬州），把春秋时期吴王夫差开的一条叫"邗（音hán）沟"的运河疏通，即把淮河和长江连接了起来。这样，从洛阳到江南的水路交通就十分便利了。此后，又从洛阳的黄河北岸到涿郡（今北京市），开通一条叫"永济渠"的运河。接着，从江都的京口（今江苏镇江）到余杭（今浙江杭州），开通了一条叫"江南河"的运河。这四条运河连接起来，就成了一条贯通南北的大运河。通济渠、邗沟、江南河是大运河的主体航线，主要用于从江南地区向关中和洛阳漕运布帛粮食和财物。永济渠是专门为对辽东作战而开凿的。

隋代大运河全长2000多千米，河面宽30米到70米，北通涿郡，南达余杭，沟通了海河、黄河、淮河、长江、钱塘江五大水系，经过了河北、山东、河南、安徽、江苏和浙江等广大地区，使得南北的物资可直达长安。隋朝大运河与长城一样，是我国最雄伟的工程之

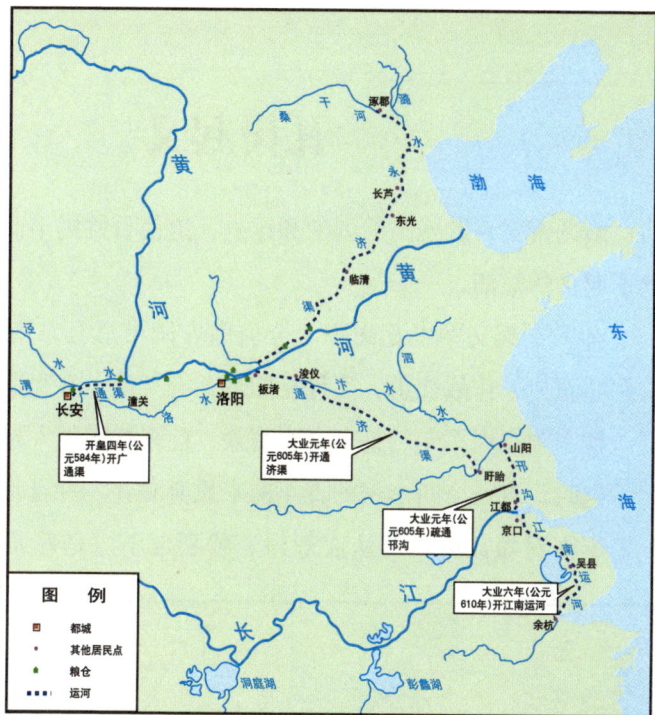

◎ 隋运河图

一。大运河开通后，成为南北交通的大动脉，促进了南北的经济、文化的交流，维护了国家的统一。但在开凿大运河的过程中，隋炀帝征发了大量民夫，造成了严重的社会危机，是隋朝灭亡的原因之一。

隋炀帝还从陆路到北方去巡游，为此开凿了数千里的驰道（供国君车马行驶的大道）。为了自己的安全，还征发100万民工修筑长城。

隋炀帝建东都，开运河，筑长城，加上连年的大规模的巡游和对高丽的战争，无休无止的劳役、兵役和越来越重的赋税，已经把百姓压得喘不过气来。

人民没法忍受下去了。要想活下去，只有反抗。邹平（今山东邹平）人王薄首先领导农民在长白山起义。接着，在山东、河北广大地区，接二连三地发生了农民起义，隋王朝的统治开始不稳了。

瓦岗起义

隋炀帝对百姓残酷的剥削和压迫，迫使百姓揭竿而起，全国各地掀起了起义的浪潮。

有一支起义军以瓦岗寨（今河南安阳市滑县东南部）为根据地，首领叫翟让，作战骁勇，而且有胆量，有气度，在瓦岗军中有很高的威望。他率领瓦岗军专门打击官府富豪，前来投奔的人越来越多。

这时，有一个叫李密的青年前来投奔翟让，并且帮助他整顿人马。

李密对翟让说："从前刘邦、项羽也不过是普通老百姓，后来推翻了秦朝。现在皇上昏庸残暴，民怨沸腾，官军大部分又远在辽东。您手下兵精粮足，要拿下东都和长安，打倒暴君，是很容易办到的事！"

接着，两人商量了一番，决定先攻打荥阳（今河南郑州）。荥阳太守见事不妙，慌忙向隋炀帝告急。隋炀帝派大将张须陀带大军前来镇压起义军。

李密请翟让在正面迎击敌人，他自己带

⊙隋末农民起义晚期势力分布图

了1000人马埋伏在荥阳大海寺北面的密林里。

张须陀根本没把翟让放在眼里，莽莽撞撞地指挥人马杀奔过来。翟让抵挡了一阵，假装败退。张须陀紧紧在后面追赶，追了十多里，路越来越窄，树林越来越密，进入了李密布置的埋伏圈。李密见敌军到了，一声令下，埋伏着的瓦岗军将士奋勇杀出，把张须陀的人马团团围住。张须陀左冲右突，没法突围，最后全军覆没。张须陀也被起义军杀死了。

经过这次战斗，李密在瓦岗军里的声望提高了。李密不但号令严明，而且生活俭朴，对起义将士也十分关心。日子一久，将士们就渐渐倾向他了。

后来，翟让觉得自己的才能不如李密，就把首领的位子让给了李密。大家推李密为魏公，兼任起义军元帅。

瓦岗军在洛口建立了自己的政权。不久，又乘胜攻下许多郡县，隋朝官吏士兵都纷纷前来投降。瓦岗军一面继续围攻东都，一面发出讨伐隋炀帝的檄文，历数炀帝的罪恶，号召百姓起来推翻隋王朝的统治。这样一来，震动了整个中原。

正当瓦岗军不断发展壮大的时候，它的内部却发生了严重分裂。翟让让位给李密后，翟让手下有些将领很不满意。有人劝翟让把权夺回来，翟让却总是一笑了之。这些话传到李密耳朵里，李密就心生疑虑

李密

李密（公元 582—619 年），字玄邃，一字法主，京兆长安（今陕西西安）人，祖籍辽东襄平（今辽阳），出身世家，隋末农民起义军首领。其父李宽为隋上柱国，李密袭父爵。公元 613 年，随杨玄感反隋，兵败后逃出。于公元 616 年加入瓦岗军，与翟让谋划，屡败隋军。公元 617 年，二人率精兵攻占兴洛仓，放粮赈济饥民。围攻洛阳，列隋炀帝十大罪状，天下震动。同年秋，杀翟让。后为王世充所败，投降唐朝，不久谋反被杀。

了。李密的部下也撺掇他把翟让除掉。李密为了保住自己的地位，终于起了杀心。

有一天，李密请翟让喝酒。在宴会中，李密把翟让的兵士支开后，假意拿出一把好弓给翟让，请他试射。翟让刚拉开弓，李密便暗示埋伏好的刀斧手动手，把翟让杀了。

从此，瓦岗军开始走向衰弱了。这时，北方由李渊带领的一支反隋军却日益强大起来。

李渊起兵建唐

李渊出身贵族，继承祖上的爵位，当了唐国公。公元617年，隋炀帝派他到晋阳（今山西太原）去当留守（官名），镇压农民起义。

李渊有四个儿子，其中第二个儿子李世民是个很有胆识的青年，他很喜欢结交朋友。

晋阳县令刘文静就是李世民非常赏识的一个朋友，他跟李密有亲戚关系，李密参加起义军以后，刘文静受到株连，被革了职，关在晋阳的监牢里。

李世民得知刘文静坐了牢，急忙赶到监牢里去探望。

李世民拉着刘文静的手，请求刘文静帮他出主意。

刘文静早就知道李世民的心思，他说："现在杨广远在江都，李密正进攻东都，到处都有人造反，这正是打天下的好时机。我可以帮您招集十万人马，您父亲手下还有几万人。如果用这支力量起兵，不出半年就可以打进长安，取得天下。"

李世民回到家里，反复想着刘文静的话，觉得很有道理。但是要说服他父亲，却不是一件容易的事。正好在这个时候，晋阳北面的突厥（我国古代北方民族之一）可汗向马邑进攻。李渊派兵抵抗，连连打败仗。李渊怕这件事传到隋炀帝那里，要追究他的责任，急得不知怎么办才好。

李世民正好抓住这个机会，劝李渊起兵反隋。

李世民对李渊说："皇上委派父亲到这里来讨伐反叛的人。可是眼下造反的人越来越多，您能讨伐得了吗？再说，皇上猜忌心很重，就算您立了功，您的处境也将更加危险。唯一的出路，只有起来造反。"

李渊犹豫了许久，才长叹一声，说："我思考你说的话，也有些道理，我只是有些拿不定主意。好吧！从现在起，是家破人亡，还是夺取天下，就凭你啦！"

李渊把刘文静从晋阳监牢里放了出来。刘文静帮助李世民招兵买马。李渊又派人召回正在河东打仗的另两个儿子李建成和李元吉。

李渊自称大将军，让李建成做左领军大都督，李世民做右领军大都督，刘文静做司马，带领三万人马离开晋阳，向长安进军。一路上他们继续扩充人马，所到之处都打开粮仓救济贫民。不久，李渊大军攻下霍邑城（今山西霍县），然后继续向西进军，在关中农民军的配合下，渡过了黄河。

李渊率领了20多万大军攻打长安。守在长安的隋军，已经无力回天，很快就被李渊的军队攻破了城池。为了争取民心，李渊一进长安就宣布约法十二条，把隋王朝的苛刻法令全部废除，随后立隋炀帝13岁的孙子杨侑（音yóu）做了挂名的皇帝。

江都宫变

在农民起义风暴的猛烈冲击下，隋朝土崩瓦解，只剩下江都等几座孤城，江都的东、西、北三面都被起义军包围。

隋炀帝预感到末日就要来临，索性躲到江都，整天和皇后、妃子

赵州桥

赵州桥是世界上最古老的石拱桥。原名"安济桥"，位于今河北赵县的汶河上。由隋代杰出工匠李春于公元595—605年设计建造，比欧洲同类拱桥早1200年。桥全长64.4米，宽9.6米。桥身的大拱两端上方各有两个小拱，可以减轻桥身的重量和桥基的压力，遇到洪水，又可减弱激流对桥身的冲击。整个桥型匀称轻盈，栏板上刻有龙形花纹，栩栩如生。赵州桥历经1400多年，至今仍然完好，为全国重点文物保护单位。

寻欢作乐，醉生梦死。他不愿听到失败的消息，禁止大臣向他汇报，还对萧皇后说："听说外面有不少人想害我，不管他了，还是快快活活喝酒吧。"有一次，他拿起一面镜子，呆呆地照了半天，叹了一口气说："多好的头啊，不知道谁会来砍它？"萧皇后听了心惊胆战，掩面痛哭，隋炀帝轻描淡写地说："富贵荣辱本来就是不断交替的，有什么好伤心的？"

隋炀帝的禁卫军，大多数是关中（今陕西一带）人。他们眼看着隋炀帝的末日将要来临，都想回关中老家，许多人都私下逃走。贵族宇文化及和大将司马德勘利用士兵的这种心理，煽动士兵发动兵变。宇文化及带领兵士，冲入行宫，准备杀死隋炀帝。

隋炀帝吓得瘫在大殿上，战战兢兢地对叛乱的士兵说："我犯了什么罪，你们要杀我？"

宇文化及说："你发动战争，穷奢极侈；昏庸无道，杀害忠良；使男子死在战场，妇女儿童饿死他乡，百姓流离失所，你还说自己没罪吗？"

隋炀帝说："我确实对不起老百姓，但是你们这些人跟着我享受荣华富贵，我没对不起你们。今天这样做，是谁带的头？"

宇文化及说："全国的百姓都恨透了你这昏君，哪儿是一个人带的头！"

隋炀帝知道今天必死无疑，但他害怕砍头碎尸，于是声嘶力竭地大叫："我是天子，应该按天子的死法去死，不能砍头碎尸！来人哪！

拿毒酒来！"叛乱的士兵不耐烦了，齐声拒绝。隋炀帝无可奈何，只好取下了一条丝巾，缠在自己的脖子上，两头交给两名士兵，让他们使劲拉。一代昏君终于死了，统治中国38年的隋朝也就此宣告灭亡。

隋炀帝被杀的消息一传来，远在长安的李渊就把杨侑废了，自己登基称帝，改国号为唐，这就是唐高祖。

虎牢之战

唐朝建立后，李世民东出攻伐盘踞洛阳的王世充，唐军与王世充军在洛阳城下激战半年，王世充遭重创，不久洛阳被唐军重重包围。王世充困守孤城，粮食殆尽，危急之中连连遣使向河北夏王窦建德求救。窦建德明白"唇亡齿寒"的道理，意识到王世充被消灭后，李唐政权下一个要打击的就是自己，于是决定出兵救王世充。

公元621年春，窦建德率十余万兵马西援洛阳，接连攻下管州（今河南郑州市管城回族区）、荥阳、阳翟（今河南禹州市）等地，很快到达虎牢（也叫武劳，在今河南荥阳汜水镇）以东的东原一带。秦王李世民在洛阳坚城未下、窦军骤至的形势下召部下商量对策。大多数将领怕遭敌人内外夹攻而主张退兵以避敌锋。但是有人认为王世充兵力还很强，缺少的是粮食，如果让窦建德跟王世充两军会合，用河北的粮食接济东都，那么唐军胜利就没有希望了，所以，一定要把南下的窦建德大军堵住。

李世民接受了这个意见，把李元吉留在东都继续围攻王世充，自己带3000多精兵北上，扼守虎牢关。

李世民一面令唐军坚守城防，一面率小拨人马骚扰试探窦军，尽数掌握了窦军的虚实。由于李世民拒守不出，窦军在虎牢城外屯扎数周却不得西进，心情郁闷，士气下降。四月，李世民又派军抄袭了窦军的粮道，窦军处境更加不利，将士思归河北。窦建德认为自己兵力强大，很容易攻下虎牢关。他也不听部下和妻子的劝阻，决定趁唐军饲料用尽到河北岸牧马之机袭击虎牢。李世民得到情报，遂将计就计，他派一部分兵士过河，故意留马千余匹于河岸以诱窦军进攻。窦军果然上当，全军出动，在汜水东岸布阵，依河背山，准备进攻唐军。

李世民正确分析形势后，认为窦军犯险而进，逼城而布阵，有轻视唐军之意，于是令军士严阵以待，只守不攻，待窦军疲惫后再出击。从早上到中午，任凭窦军怎么叫阵，唐军都不出来。沿汜水列阵的窦军又疲劳又饥饿，很多人倒在地上，有的争着抢水喝，阵形开始混乱。李世民细心观察了这些迹象后，立即派宇文化及率300精骑渡过汜水先行试阵，并指示说：如果窦军严整不动，立即回军返阵；如果敌阵散乱，则继续东进。

宇文军到了窦军阵前，窦军看到突然而来的唐军，惊慌不已，阵势开始动摇。李世民见状，当机立断，下令唐军全部出动，自己率骑兵在前，主力步兵随后跟进，过汜水后直扑窦军大本营。双方展开了一场激战，阵地上尘土飞扬，箭如雨落，杀得窦军丢盔弃甲。李世民又派骁将秦琼、程咬金率军迂回抄窦军的后路，分割窦军。窦建德见失败不可避免，便令全军撤退，唐军乘胜追击30里，斩杀并俘虏窦军五万多人。窦建德本人受伤，行走不便而被唐军俘获。唐军大胜。

窦建德被送到长安，不久就被杀害，他的部将刘黑闼（音tà）率领河北夏军，继续和唐军作战。唐军又花了三年时间，才把河北地区稳定下来。公元623年，唐统一中国的战争基本结束。但是，唐朝皇室内部的矛盾却尖锐起来。

玄武门之变

唐高祖即位以后，封李建成为太子，李世民为秦王，李元吉为齐王。李世民和皇太子李建成之间，为争夺皇位展开了激烈的斗争。

李世民手下有大批人才：勇将中有声名显赫的尉迟敬德、秦叔宝、程咬金，文人中有著名的十八学士，其中房玄龄、杜如晦多谋善断，都是一时俊秀。太子李建成在晋阳起兵之后，也统领过一支军队，打过一些胜仗，在他的周围聚集着一大批皇亲国戚。另外，他长期留守关中，在京城长安一带有牢固的基础，宫廷的守军（玄武门的卫队）也在他的控制之下。他还和齐王李元吉结成联盟对付李世民。因而，总体来说，李世民和李建成是势均力敌，旗鼓相当。

为了削弱李世民的势力，李建成和李元吉绞尽脑汁。凡是有调动兵马的机会，他们总是想方设法把李世民的部将调离。这样，他们之间由明争暗斗发展到了兵戎相见的地步。

这时正好突厥进犯，李建成便和李元吉策划，先夺了李世民的兵权，等出征的时候再把他杀掉。消息很快便传到李世民那里，他急忙找来长孙无忌、尉迟敬德商量对策，大家都主张立即动手，先发制人。

当天夜里，李世民进宫去控告李建成和李元吉，揭发他们在后宫胡作非为。高祖大吃一惊，说："有这样的事吗？"李世民说："不但如此，他们还想谋害我。如果他们得逞，儿就永远见不到父皇了！"说完便哭了起来。高祖说："你讲的事情，关系重大，明天你们一同进宫，我要亲自审问！"

第二天一早，李世民让长孙无忌等人带了一支精兵，埋伏在玄武门内。守卫玄武门的将领叫常何，原来是李建成的心腹，事先已被李世民收买过来了。他见李建成和李元吉走进玄武门，便迅速将大门关闭。

◉十八学士图 唐 佚名
李世民建文学馆，广揽人才，杜如晦等十八人称学士。

李建成和李元吉下了马，走上临湖殿。李建成眼光向周围一扫，发觉周围的气氛有点反常。他扯了一下齐王的衣袖，转身飞快走下石级，翻身上马，奔向玄武门。这时，只听有人喊道："太子、齐王，为什么不去上朝？"李建成回头一看，不是别人，正是对头李世民。李世民对准李建成一箭射去，先把李建成射死了。李元吉急忙向西逃去，也被尉迟敬德一箭射下马来。

正当唐高祖在皇宫里等着三人去朝见时，只见一个全副甲胄的将军手拿长矛气呼呼地冲进宫来，便问："你是什么人？"那位将军跪在地上说："臣就是尉迟敬德。"高祖又问："你来这里干什么？"尉迟敬德说："太子、齐王叛乱，秦王恐怕惊动陛下，特地派臣来护驾。"高祖大吃一惊，忙问："太子、齐王在哪儿？"尉迟敬德说："已经被秦王杀死了。"

高祖这才知道外面出了事，吓得不知道该怎么办才好。左右大臣听到李建成、李元吉已死，也就乐得顺水推舟做个人情。宰相萧瑀等说："建成、元吉本来就没有大功，现在秦王已经杀了他们，也不是坏事。不如陛下把国事交给秦王，就没有事了。"

事已至此，唐高祖只好听从萧瑀的话，命令各路军队都接受秦王李世民的指挥。三天之后，唐高祖李渊立李世民为皇太子，国家军政大事一律由太子处理。又过了两个月，唐高祖被迫让位，自称太上皇。李世民当上皇帝，就是唐太宗。

魏徵直谏

玄武门之变后，有人向李世民告发了魏徵策划杀他的事。

魏徵在隋末参加了瓦岗起义军，后来随瓦岗军投奔了唐军，在皇太子李建成跟前当了一名侍从官。他曾几次劝太子杀掉秦王李世民。

李世民找来魏徵，板着脸问道："你为什么在我们兄弟之间挑拨是非？"魏徵神色自如地回答说："要是皇太子早听我的话，就不会发生今天的事了！"左右大臣都替魏徵捏把汗，没想到李世民竟然转怒为喜。他觉得魏徵很正直，就任命他做了谏议大夫。

公元626年，唐太宗派人征兵。有大臣建议说：有些16岁以上的男孩，虽然不满18岁，可长得身材高大，也应该让他们当兵打仗，唐太宗同意了。但是魏徵扣住诏书不发。唐太宗催了几次，魏徵就是不发。唐太宗气得火冒三丈，对魏徵说道："你好大的胆子！竟然敢扣住我的诏书不发？"魏徵不慌不忙地说："我不赞成您这样做！军队强大不强大，不在于人多人少，而在于用兵得法。好比湖里的鱼和水，您把水弄干了，可以捉到很多鱼，但是到明年湖中就无鱼可捞了。如果把那些不到18岁的男子都征来当兵，以后还到哪里征兵呢？"唐太宗虽觉得有理，可就是不服气。魏徵也生气了，不顾一切地说："陛下，您已经好几次说话不算数、失信于民了！"魏徵一席话，说得唐太宗哑口无言。他别扭了好半天，才老老实实承认了自己的错误。于是，又重新下了一道诏书，免征不到18岁的男子。

有一次，唐太宗去洛阳巡视，中途在昭仁宫（今河南寿安）休

房谋杜断

唐朝初年，唐太宗善于任用能人为之服务，经常听从大臣的意见。一次他与大臣商量事情，房玄龄感慨地说："非如晦莫能筹之。"等到杜如晦来到时，杜如晦立即分析房玄龄的计谋作并出决断。他们两人合作得十分融洽，是秦王最得力的谋士，人称房谋杜断。

息，他对用膳安排不周大发脾气。魏徵当面批评唐太宗说："隋炀帝就是因为常常为百姓不献食物而发火，或者嫌进献的食物不精美，使百姓背上沉重的负担而灭亡了，陛下应该从中吸取教训。如能知足，今天这样的食物陛下就应该满意了；如果贪得无厌，即使食物再好一万倍，也不会满足。"唐太宗听后不觉一惊，说："若不是你提醒，恐怕我就难得听到这样中肯的话了。"

公元643年，63岁的魏徵得了重病。唐太宗不断派人前去探视他的病情。这一天，唐太宗听说魏徵病危，急忙领着皇太子，亲自到他府里去看望。唐太宗难过地问魏徵："您还有什么话要说吗？"魏徵用微弱的声音说："我最担心的就是国家的危亡啊！如今国家昌盛，天下安定，希望陛下您在太平的时候要想到可能出现的危险局面啊（文言是居安思危）！"唐太宗边听边点头，表示一定记住他的话。几天以后，魏徵病死了。

唐太宗十分悲痛，亲自为他撰写了墓碑的碑文。此后，他还时常怀念魏徵，有一次，唐太宗在朝堂上对大臣们说："用铜做镜子，可以整理衣帽；用历史做镜子，可以知道兴亡的道理；用人做镜子，可以明白自己的过失。我常常拿这三面镜子来检察自己的得失。如今魏徵去世了，我就少了一面镜子啊！"

魏徵的忠言直谏和唐太宗的虚心纳谏，使唐朝出现了繁荣的局面，形成了后世历史学家称赞的"贞观之治"的局面。

李靖平定东突厥

唐太宗刚即位的时候，中原战事基本结束，但边境还经常受到外族的侵扰。特别是东突厥，当时还很强大，常常威胁唐朝的边境。当初，唐高祖一心对付隋朝，只好靠妥协的办法，维持和东突厥的友好关系，但东突厥贵族仍旧不断侵扰唐朝边境，使得北方很不安宁。

唐太宗即位不到20天，东突厥的颉利可汗便率领十多万人马，一直打到离长安只有40里的渭水边。颉利以为唐太宗刚即位，内部不稳，一定无力抵抗，便先派使者进长安城见唐太宗，扬言100万突厥兵马上就到。

唐太宗把使者扣押起来，并布置长安的唐军摆开阵势。然后，又亲自带了房玄龄等6名将领，骑马来到渭水边的桥上，指名要颉利出来对话。

颉利听说使者被扣，已经有点吃惊，再看到太宗亲自上阵，后面唐军旌旗招展，军容整齐，不禁害怕起来。他带着突厥将领在渭水对岸，下马拜见太宗，并表示愿意讲和。过了两天，双方在便桥上重新订立盟约。接着，颉利就退兵了。从这以后，唐太宗加紧训练将士。

第二年，一场大雪覆盖了北方。东突厥死了不少牲畜，大漠以北发生饥荒。颉利可汗加紧压迫其他部族，引起各部族的反抗。颉利派他的堂兄弟突利去镇压，反被打得大败。

唐太宗利用这个机会，派出李靖、徐世等四名大将和大军十多万，由李靖统率，分路向突厥攻击。

李靖是唐朝初年有名的军事家，精通兵法。他在隋朝末年归附唐朝，在唐朝统一战争中，立了不少战功。

⊙李世民便桥会盟图　辽　陈及之

此图是唐太宗李世民在长安近郊的便桥与突厥颉利可汗结盟。图中右侧全为突厥人，下跪者即颉利可汗。

公元630年，李靖亲自率领3000精锐骑兵，从马邑出发，趁颉利不防备，连夜进军，逼近突厥营地。颉利毫无防备，发现唐军突然出现，慌得大惊失色。将士们也慌了手脚，还没到唐军发起攻击，突厥兵先乱了起来。李靖又派间谍混进突厥内部活动，说服颉利一个心腹将领投降。颉利一看形势不妙，就偷偷逃跑了。

李靖很快便攻下定襄（山西北中部），得胜还朝。唐太宗十分高兴。

颉利逃到阴山以北，担心唐军继续追赶，便派使者到长安求和，还表示愿意亲自入朝请罪。其实他并非真心归顺，只想争取时间，等时机成熟，再卷土重来。

唐太宗派唐俭到突厥安抚，又命令李靖带兵前去察看颉利动静。李靖领兵来到白道（在今内蒙古呼和浩特西北），与在那里的徐世会师。两个人商量对付颉利的办法。李靖说："颉利虽然打了败仗，但是手下还有很多人马。如果让他逃跑，以后再要追他，就很困难了。我们只要选一万精兵，带20天的粮，跟踪袭击，把颉利捉住，就可以大获全胜了。"徐世表示赞成，两支军队便向阴山进发了。

颉利得知唐军骑兵到来，慌忙上马逃走。李靖指挥唐军追杀，突厥兵没有主帅，全军溃败。颉利东奔西逃，最后被他的部下抓住交给唐军，随后被押送到长安。一度很强大的东突厥就这样灭亡了。

唐太宗并没有杀死俘虏，同时，在东突厥原址设立了都督府，让突厥贵族担任都督，并由他们管理各部突厥。

这次胜利，使唐太宗在西北各族中的威信大大提高。这一年，回纥等各族首领一起来到长安，朝见唐太宗，拥护唐太宗为他们的共同首领，尊称他是"天可汗"。

从那以后，西域各族人和亚洲许多国家的人，不断来到长安拜见和观光。在这一时期，我国高僧玄奘（音zàng）也通过西域各国去天竺求取佛经。

玄奘取经

玄奘的原名叫陈祎（音yī），洛州缑氏（今河南偃师缑氏镇，缑音gōu）人，是长安大慈恩寺的和尚。他从13岁出家做和尚起，就认真研究佛学。后来他到处拜师学习，很快就精通了佛教经典，被尊称为三藏法师（三藏是佛教经典的总称）。玄奘发现原来翻译过来的佛经有很多错误，就决定到天竺去学习佛经。

公元629年（一说公元627年）他从长安出发，到了凉州（今甘肃武威）。当时，朝廷不允许唐人出境，他在凉州被边境兵士发现，命令他回长安去。他没有改变初衷，而是逃过边防关卡，向西来到玉门关附近的瓜州（今甘肃安西）。

玄奘在瓜州听别人说玉门关外有五座堡垒，每座堡垒间相隔100里，中间没有水草，只有堡垒旁有水源，并且有士兵把守。玄奘束手无策。最后，他在玉门关守吏王祥及同族兄弟的帮助

◎玄奘像

《大唐西域记》

《大唐西域记》，简称《西域记》，为唐代著名高僧唐玄奘口述，门人辩机奉唐太宗之敕令笔受编集而成。《大唐西域记》共12卷，成书于唐贞观二十年（公元646年），为玄奘游历印度、西域旅途19年间之游历见闻录。其中，包括玄奘游学五印（印度，古印度区划为东、西、南、北、中五部，故称），大破外道诸论的精彩片段，高潮迭起。

下，艰难地走出玉门关五堡，其中经历了沙漠缺水的考验，最终到达高昌（今新疆吐鲁番市东）。

高昌王麴（音qū）文泰也笃信佛教，听说玄奘是大唐来的高僧，十分敬重，请他讲经，还恳切地要玄奘留在高昌。玄奘坚决不肯。麴文泰无法挽留，就给玄奘备好行装，派了25人，带着30匹马护送，还写信给沿路24国的国王，请他们保护玄奘安全过境。

玄奘带着一行人马，越过雪山冰河，经历了千辛万苦，到达碎叶城（在苏联吉尔吉斯北部托克马克附近），西突厥可汗接待了他们。从那以后，一路上十分顺利，通过西域各国进入到天竺。

天竺摩揭陀国有一座古老的叫作那烂陀的大寺院。寺里有个戒贤法师，是天竺有名的大学者。玄奘来到那烂陀寺，跟着戒贤法师学习。五年后，他把那里的经全部学会了。

摩揭陀国的戒日王是个笃信佛教的国王，他听到玄奘的名声后，便在他的国都曲女城（今印度北方邦境内卡瑙季）为玄奘开了一个隆重的讲学大会。天竺18个国的国王和3000多高僧都到了会。戒日王请玄奘在会上讲经说法，还让大家讨论。会议开了18天，大家十分佩服玄奘的精彩演讲，没有一个人提出不同的意见。最后，戒日王派人举起玄奘的袈裟，宣布讲学圆满成功。

玄奘的游历，在佛学上取得了巨大成功，还促进了东西方的文化交流。公元645年，他带着600多部佛经，回到阔别十多年的长安。他的取经事迹，轰动了长安人民。当时，正在洛阳的唐太宗对玄奘的壮举十分赞赏，在洛阳行宫接见了玄奘。玄奘将他游历西域的经历向太宗作了详细的讲述。

从这以后，玄奘就在长安定居下来，专心致志地翻译从天竺带回来的佛经。他还和他的弟子合作编写了一本《大唐西域记》。

后来民间流传了许多关于唐僧取经的神话，明代小说家吴承恩在此基础上写了《西游记》，成为一部优秀的长篇神话小说。

文成公主入藏

唐太宗灭了东突厥后，又派李靖击败了西南的吐谷浑（我国古代民族之一，在今青海省，谷音yù），打通了西域的通道。西域各国纷纷和唐朝交往，远在西南的吐蕃（我国古代藏族在青藏高原建立的政权，蕃音bō），也派使者来了。

当时的吐蕃赞普（吐蕃王的称号）名叫松赞干布，是个能文能武的人才。他从小就精通骑马、射箭、击剑等各种武艺，而且很有文化素养，会写民歌，善于写诗，受到吐蕃人的爱戴。他父亲死后，吐蕃贵族发动叛乱，企图夺取政权。松赞干布靠他的勇敢和才智，很快平定了叛乱。

年轻的松赞干布并不满足吐蕃的贵族生活，为了学习唐朝的文化，他派出使者，长途跋涉，到长安来要求跟唐朝建立友好关系。

公元640年，松赞干布派得力的大相（宰相）禄东赞带着5000两黄金，数百件珍宝，去长安求婚。唐太宗向禄东赞仔细询问了吐蕃的情况，答应把美丽多才的文成公主嫁给松赞干布。

传说当时到长安求婚的有五个国家的使臣，唐太宗决定出几道难题，考一考这些使臣，谁回答得正确，就把公主许配给谁的国王。

唐太宗叫侍从拿出一颗珍珠和一束丝线，对使臣们说："谁能把丝线穿过珍珠的小孔，就把公主嫁给谁的国王。"这是一颗中间有一个弯弯曲曲小孔的珍珠，叫九曲珍珠。一根软软的丝线怎能从弯弯曲曲的小孔中穿过呢？几位使臣拿着丝线不知怎么办。禄东赞灵机一动，他捉来一只蚂蚁，把丝线拴在蚂蚁的身上，再把蚂蚁放进小孔的一端，然后向小孔内吹气。一会儿，蚂蚁爬出了小孔的另一端，丝线也就在蚂蚁的带动下，穿了过去。

接着，唐太宗又出了第二道难题。他命令马夫赶来100匹母马和100匹马驹，要求辨认100对马的母子关系。其他使臣束手无策，只有禄东赞想出了办法。禄东赞把母马和马驹分别圈起来，只喂马驹草料，不喂水。过了一天，再把马驹放出来。小马驹渴得厉害，纷纷找自己的妈妈吃奶。就这样，禄东赞辨认出了它们的母子关系。

◉ 步辇图　唐　阎立本

此图描绘贞观十五年（公元641年）唐太宗李世民接见来迎娶文成公主的吐蕃使者禄东赞的情景。图中李世民威严而平和，端坐在宫女抬着的步辇之上，另有几位宫女为太宗撑伞、张扇。画面左边站立三人：红衣虬髯者为官中的礼宾官员，其后身着藏服者为吐蕃使者禄东赞，最后着白袍者为内官。作者不仅再现了这一具有伟大历史意义的事件，更鲜明生动地刻画了人物的不同身份、气质、仪态和相互关系，并具有肖像画特征。

禄东赞通过了一道道试题，最后一道是要从2500名美貌年轻的女子中找出谁是文成公主。禄东赞凭他敏锐的眼力一下子就把那仪态大方的公主认出来了。

公元641年，唐太宗派礼部尚书、江夏王李道宗护送文成公主，动身进入吐蕃。松赞干布亲自率领大队人马从逻些赶到柏海（今青海扎陵湖）迎接。松赞干布原来住在帐篷里，为了和文成公主成婚，在逻些专门建筑了一座华丽的王宫，就是现在的布达拉宫。在这座王宫里，松赞干布和文成公主举行了隆重的婚礼。

文成公主进藏，在吐蕃历史上是一件重大事件。文成公主到达吐蕃，不仅带去各种谷物、蔬菜种子，而且带去了工艺品、药材、茶叶及各种书籍。吐蕃过去没有文字，无论什么事都用绳打结，或在木头上刻符号表示。文成公主劝松赞干布设法造字。于是，松赞干布指令吞弥·桑布扎去研究，后来创制出了30个字母及拼音造句的文法。从此吐蕃有了自己的文字。她还让随从向当地百姓传授耕种方法。所有这些，都极大地促进了吐蕃经济文化的发展。

公元650年，松赞干布不幸英年早逝，只活了33岁。松赞干布死后，文成公主又在吐蕃生活了30年。文成公主受到吐蕃人世世代代的热爱，留下了许多美丽的传说。

"药王"孙思邈

孙思邈（公元581—682年），陕西华原人（今陕西耀县孙家塬村人）。他自幼聪明过人，7岁开始读书，有过目成诵的本事。因为少时体弱多病，为求医买药而耗尽家产，于是改学医道。

当时，正是隋朝的繁盛时期。隋文帝重新统一了全国，农业、手工业生产都有了新的发展，商业也呈现出一派发达繁荣的景象。这一安定的局面，是孙思邈学好医术的客观条件。

孙思邈一面学习医书，一面不畏艰险，穿山越岭，攀登陡崖，进山采药。他还亲自将采回来的药进行晾晒、加工，有时还亲自试用。

孙思邈对医术精益求精，而且在医疗实践中不断创新，发现了一些新的疾病，创造出一些新的治疗方法。世界上第一个眼科疾病夜盲症的发现者是孙思邈，找到治疗方法的还是孙思邈。这在世界医学史上是一个重要发现和突破。那时，山区的老百姓中，有的人白天视力正常，一到了晚上，什么也看不见了，很是奇怪，便找到孙思邈诊治。孙思邈经调查发现，这种病叫夜盲症，患病的都是穷苦人家，便让病人吃动物的肝脏。病人吃了一段时间，夜盲症便慢慢地好转了。同时，在当地有几家富人找他看病，病人身上发肿，肌肉疼痛，浑身没劲，孙思邈诊断为脚气病。他想：脚气病很可能是因为富人的饮食中缺少米糠和麸子这些物质引起的。于是他试着让病人吃米糠和麦麸来治疗脚气病，果然很灵验。后来，他还发现用杏仁、吴茱萸等几味中药也能治好脚气病。

孙思邈又是世界上导尿术的发明者。据记载：有一个病人得了尿潴留病，撒不出尿来。孙思邈用葱管将病人的尿液导了出来。

有一次孙思邈在行医途中，突然看到四个人抬着一口棺材往墓地走。他看见有些颜色鲜红的血液从棺材缝隙里滴出来，忙追上去询问跟在棺材后面哭得很伤心的老妈妈。老妈妈告诉他说，她的女儿因为生孩子难产，死了有大半天了。孙思邈听了这段话，又仔细察看了棺材缝里流出来的血水，忙叫开棺抢救。老妈妈一听，半信半疑地让人把棺材盖打开了。孙思邈连忙上前察看。只见那妇女脸色蜡黄，嘴唇苍白，没有一丝血色。孙思邈仔细摸脉，发觉脉搏还在微弱地跳动，就赶紧选好穴位，扎下一根金针，又把身边带的药拿出来，向附近人家要了点热开水，给产妇灌了下去，产妇完全苏醒过来了，并生下一个胖娃娃。大家见孙思邈把行将入土的人都救活了，而且是一针救活了两条人命，都情不自禁地赞颂他是"起死回生的神医"。

孙思邈在医疗实践中，经过不断努力，总结了唐以前的医学理论和临床经验，亲自采集药物分析药性，收集方药、针灸等内容，写成了千古名著《千金要方》。全书共30卷，232门，方论5300余首，记载了800多种药物，书之规模之大，在唐代以前的医书中是罕见的。其书倡立脏病二腑病分类，具有新的系统性，对妇儿科方面，也有许多独创。

《千金要方》是我国最早的医学百科全书，从基础理论到临床各科，理、法、方、药齐备。一类是典籍资料，另一类是民间单方验方。广泛吸收各方面之长，时至今日，很多内容仍起着指导作用，有极高的学术价值。

孙思邈从71岁到整整100岁（681年）时，他又把后30年所积累的验方编成第二部医书《千金翼方》，为《千金要方》作了补充。除此，还著有《摄生论》《福寿论》等医书。

阎立本

阎立本（公元601—673年），中国唐代画家。雍州万年（今陕西西安临潼县）人，出身贵族。他父亲阎毗和兄长阎立德都擅长于绘画、工艺、建筑。

阎立本的绘画艺术，先承家学，后师从张僧繇、郑法士。据传阎立本到荆州看张僧繇的旧画作，第一天看时，说："一定是徒有其名的。"第二天又去看，评价说："还是近代的出色画家。"到第三天又去看，评价说："盛名之下肯定没有徒有其名的人。"于是坐下来以至躺着欣赏，住宿在张僧繇的家中，十来天不肯离去。

阎立本除了擅长绘画外，而且还颇有政治才干，在唐高祖武德年间任秦王（李世民）府任库直，太宗贞观时任主爵郎中、刑部侍郎。高宗显庆元年（公元656年）阎立德死去，阎立本代兄立德为工部尚书，总章元年（公元668年）擢升为右相，封博陵县男。当时姜恪以战功擢任左相，因而时人有"左相宣威沙漠，右相驰誉丹青"之说。

阎立本具有多方面的才能。他善画人物、车马、台阁，尤擅长于肖像画与历史人物画。

阎立本绘画的艺术特点是线条刚劲有力，具有丰富的表现力，色彩古雅沉着，人物的精神状态有着细致的刻画，超过了南北朝和隋的水平，有"丹青神化""冠绝古今"之誉，在绘画史上具有重要地位。他曾在长安慈恩寺两廊画壁作画，颇受称誉。他又工写真，不少肖像画是为了表彰功臣勋业而创作的。武德九年（公元626年）所绘《秦府十八学士》系表现秦王李世民属下的房玄龄、杜如晦等18位文人谋士的肖像，都是按人写真，图其形貌，画卷中对每个人的身材、相貌、服饰、年龄及神情等特征都有生动而具体的刻画。贞观十七年（公元643年）又奉诏画长孙无忌、李孝恭、魏徵、房玄龄、杜如晦等二十四功臣像于凌烟阁，作品称《凌烟阁功臣二十四人图》，成为继汉代麒麟阁、云台画功臣像之后的又一次大型政治性肖像画创作活动。阎立本还曾奉诏为唐太宗画像，后经人传写于长安玄都殿东壁，一时传为名迹。

阎立本的不少创作活动与初唐政治事件有密切关系。据记载，他画过《职贡图》《西域图》《外国图》《异园斗宝图》，都是通过对边远各民族及国家人物形象的描绘，反映唐王朝与各民族的友好关系，从而歌颂政权的强大；他曾画《魏徵进谏图》则是表现太宗时名臣魏徵敢于直谏，从而歌颂唐太宗善于听取臣下意见的美德；他曾画《永徽朝臣图》，系表现高宗时的大臣肖像；又画《昭陵列像图》，则是树立在太宗陵墓两侧的各族首领石雕像的设计图。可惜这些具有历史意义的作品没能流传下来。

现传世名画有《步辇图》《历代帝王图》《锁谏图》《萧翼赚兰亭图》等。

英年早逝的王勃

王勃的父亲和祖父都是隋末著名的学者，在他们的直接影响下，王勃很小就会写诗作文。他9岁的时候就对颜师古的《汉书注》进行纠误，并撰写《指瑕》十卷；12岁时到长安拜当时的名医曹元为师，学习《周易章句》《黄帝素问难经》等重要著作。

尽管王勃的祖上代代为官，但都是些清闲的职务，没有多少实权，所以不能给他带来多少走向仕途的政治凭依。他并不为此事苦恼，只是从小注重研究经世致用之学，关心国家大事，寻找机会上书献颂自荐，以获得一官半职。少年时期的王勃对自己的未来充满了信心。

唐初的盛世使统治者滋长了侵略的野心，他们自恃国力强盛，经常侵略弱小的邻国。公元664年，王勃上书右相刘祥道，抨击朝廷的侵略政策，反对讨伐高句丽。他说："开辟数千里的疆域，对江山社稷并没有多大好处；大规模对外用兵，使朝廷的军队困顿不堪。烽烟四起，报告紧急军情的传车一辆接一辆，弄得老百姓惶惶不可终日；巨额的军费支出，耗尽了国家的财力。"刘祥道见王勃小小年纪竟有如此深刻的见解，认为他是一个不可多得的"神童"，立即向朝廷上表举荐。

◉ 王勃像

公元666年，王勃参加科举考试，受到考官的赏识，考中后当上了朝散郎。经过主考官的介绍，他担任沛王府修撰，并赢得了沛王的欢心，这使得他一度踌躇满志。然而，灾难正向他迫近。一次，沛王李贤与英王李哲斗鸡，王勃写了一篇

《檄英王鸡文》，讨伐英王的斗鸡，以此为沛王助兴。但高宗看到这篇文章后，认为这是官员们互相勾结的兆头，立即下令免除了王勃的官职，并于当天将其赶出沛王府。王勃凭着自己的才情和苦心经营刚刚打通的仕途，就这样毁于一旦。

正值春风得意的王勃受到这样的打击，心情异常沉重。他在《夏日诸公见寻访诗序》中表白了自己的心境：气吞山河的理想，在这个繁荣昌盛的时代化为泡影；凌云壮志，现在已经消失得无影无踪。可见他的内心是非常凄怆悲苦和愤激不平的。不久，王勃悻悻地离开长安，南下进入蜀地，开始了他在蜀中漫游的生涯。

漫游期间，朝廷先后数次征召王勃，他都以生病为由不去。公元672年，王勃返回长安，裴行俭等人又数次召用。但王勃作文表明自己的志向，婉言拒绝，结果触怒了裴行俭，斥他"徒有虚名"。翌年，王勃听友人陆季友说虢州多药草，便设法做了虢州参军，第二次走上仕途。

王勃才学过人，又不愿与那些贪官同流合污，因此遭到同僚的排挤。有一次，官奴曹达犯了死罪，王勃把他藏到自己府内，想先查清原委再行定夺。后来，他又害怕事情败露，就私下里把曹达杀了。王勃因此被判死刑而入狱，后又巧遇大赦，免除死刑。此后，他更加珍惜劫后余生，在文中表示：富贵好比浮云一样轻飘。光阴荏苒，著书立说应该是现在主要的努力方向……整理典籍、舞文弄墨方面需要加倍用心。

第二年，朝廷打算重新起用王勃，但他决计弃官为民。之后，在短短的一年多的时间里，王勃完成了《续书》《周易发挥》等大量著作，同时还创作了许多不朽的诗文作品。其间，他经常夜以继日地读书、写文章，以至于手指经常挟笔的部位都磨出了茧子。

公元675年春，王勃从龙门老家南下，前往交趾探望父亲。他一路上经洛阳、扬州、江宁等名城，九月初到达洪州。当时，洪州的滕王阁新修完毕，都督阎伯屿在滕王阁内宴请宾客，各方贤达人士，齐聚一堂。阎公有个女婿，文章写得比较好，阎公让他提前写就一篇《滕王阁序》，待到宴会上拿出来，以为即席赋就。宴会上，阎公请宾客们写《滕王阁序》，众宾客不敢放肆，只得推辞说自己文笔不好。

王勃少年气盛，便不客气地接过纸笔，一挥而就，写下了不朽的《滕王阁序》。阎公接过来一看，不由得啧啧称奇。当读到"落霞与孤鹜齐飞，秋水共长天一色"时，他震惊万分，大呼："这才是不朽的文章啊！"王勃从此声望大振。

女皇武则天

唐太宗是个精明能干的皇帝，但是他的儿子高宗却是个庸碌无能的人。唐高宗即位以后，把朝政大事交给他的舅父、宰相长孙无忌处理。后来，他又立武则天为皇后，武则天权力欲很强，逐渐掌握了朝政大权。

武则天是并州文水（今山西文水）人。14岁时，已经近40岁的唐太宗听说她长得很美，便选她入宫，赐号"武媚"，人称"媚娘"，后来又封为"才人"。唐太宗死后，她和一些宫女依旧制被送到感业寺去做尼姑。李治当太子时曾与她有暧昧关系，于是让她蓄发入宫侍寝，封为昭仪。但武则天心里还不满足，想进一步夺取皇后的位子，于是武则天千方百计想陷害王皇后。

武则天生了一个女儿，有一天，王皇后来探望，爱抚地摸了摸，逗了逗。王皇后走后，武则天竟狠心地把女儿掐死。当高宗来看时，她便诬陷王皇后杀了她的女儿。唐高宗因此大怒，从此动了废王立武的念头。

到了公元655年九月，唐高宗不顾诸臣反对，正式提出废王皇后，立武则天为后。

有一天，唐高宗问李："我打算立武昭仪做皇后，褚遂良他们坚决反对，你看这事该怎么办呢？"李看见高宗废立决心已下，便为武则天说好话，他说："废立皇后，这是陛下的家事，何必一定要得到外人同意呢？"于是高宗决定，废王皇后为庶人，册封武氏为皇后。

武则天当皇后以后，很快形成了自己的势力集团，参与朝政。她利用

⊙武后步辇图　唐　张萱

高宗与元老重臣之间的矛盾，在短短几年内，就杀了长孙无忌，罢免了20多个反对她的重臣。武则天对拥护她的人全都重用。后来，武则天甚至同高宗一起垂帘听政，当时朝臣并称他们为"二圣"，即称高宗为天皇，武后为天后。

武则天作威作福，高宗一举一动都受她约束。唐高宗很不满，就秘密把大臣上官仪找来，让他起草废武后的诏书。消息传到武则天那里，武则天怒气冲冲地去见唐高宗。唐高宗十分害怕，没了主意，就结结巴巴地说："我本来没有这个意思，都是上官仪教我这么干的。"武则天立刻命人杀掉上官仪等人。从此，大小政事都由武则天一人定夺。

唐高宗感到武氏一派的威胁越来越大，担心李家的天下难保，就想趁自己还在世，传位给太子李弘（武则天的长子）。但是，武则天竟用毒酒害死了李弘，立次子李贤做太子。不久，又把李贤废为平民，改立三儿子李显为太子，弄得唐高宗束手无策。

到公元683年十二月，唐高宗病死，太子李显即位，就是唐中宗。武则天以皇太后的身份临朝执政。后来，她容忍不了唐中宗重用韦氏家族的人，又废了唐中宗，立她的四儿子李旦为帝，就是唐睿宗。同时，

骆宾王

骆宾王（约公元 638—684 年）字观光, 汉族, 婺州义乌（今浙江义乌）人, 唐初诗人, 与王勃、杨炯、卢照邻合称"初唐四杰", 又与富嘉谟并称"富骆"。唐龙朔初年, 骆宾王担任道王李元庆的属官。后来相继担任武功主簿和明堂主簿。唐高宗仪凤四年（公元 679 年）, 升任中央政府的侍御史官职。曾经被人诬陷入狱, 被赦免后出任地方官临海县丞, 所以后人也称他骆临海。武则天光宅元年（公元 684 年）, 徐敬业起兵讨伐武则天, 他作为秘书, 起草了著名的《讨武曌檄》。

她不许睿宗干预朝政, 一切事务由她自己做主。

唐宗室功臣看到武氏家族弄权, 人人自危, 于是激烈的斗争便公开化了。最先起来反抗的是李唐旧臣徐敬业、唐之奇、骆宾王等人。他们以拥戴中宗为号召, 在扬州起兵反对武则天, 在朝廷内部获得了宰相裴炎的支持, 内外呼应, 一时间聚集了十余万人马。骆宾王乘讨武军浩大的气势, 慷慨激昂地写了一篇著名的《讨武曌檄》。武则天派出30万大军讨平了徐敬业, 杀了倾向徐敬业的宰相裴炎等人。

公元690年九月, 67岁的武则天自称圣神皇帝, 改国号为周, 以洛阳为神都, 降唐睿宗为皇嗣。就这样, 她成了中国历史上唯一一位登上皇帝宝座的女性。

请君入瓮

武则天为了保住自己的地位和统治, 任用酷吏, 实施严刑峻法, 还大开告密之门检举告发反对者。她下了一道命令, 凡告密的人都能享受优惠的待遇, 如果告密的内容符合武则天的心意, 可以马上做官; 若告密内容查下来不符事实, 也不追究诬告的责任。结果一时间告密之风盛行。而善于投机钻营的奸恶之人，便把告密作为升官发财的捷径。

有一个胡族将军索元礼，就是靠告密起家的。索元礼生性残忍，杀人不眨眼。他审理案件动不动就严刑逼供，犯人受不住刑，就胡乱招了一些假口供，这样一个案子就会牵连到几十个几百个人，死在他手里的人不计其数。武则天多次召见他，大加赏赐。

周兴和来俊臣也学索元礼的样，以告密起家。他们每人手下养了几百个流氓，专门干告密的事。只要他们认为谁有谋反嫌疑，就派人同时在几个地方告密，捏造许多证据。来俊臣还和同伙专门编写了一本《告密罗织经》，传授告密整人的办法。

周兴、来俊臣他们还置办了许多令人毛骨悚然的刑具，每次审案，先把这些刑具在"犯人"面前一放，"犯人"一看，就被迫招认了。

周兴、索元礼前前后后一共杀了几千人，来俊臣毁了1000多家，他们的残酷出了名。

有个正直的大臣劝谏武则天，审案要慎重，可武则天不愿听这种劝告。告密的风气越来越盛，连她的亲信、掌管禁军的大将军丘神，也被人告发谋反，被武则天下令杀了。

有一天，有人告密说周兴跟已经被处死的丘神同谋。武则天就命来俊臣审理这个案件。

当太监把太后的密旨送到来俊臣家时，来俊臣正跟周兴在一起喝酒。来俊臣看完密旨，不动声色，把密旨往袖子里一放，仍旧回过头来跟周兴谈话。

来俊臣说："有些犯人，不肯老实招供，您看该怎么办？"

周兴说："这还不容易！拿一个大瓮放在炭火上。谁不肯招认，就把他放在大瓮里烤。还怕他不招？"

来俊臣听了，连连称赞，便立刻叫人搬来大瓮和炭火。

周兴正在奇怪，来俊臣站起来说："接太后密旨，有人告发周兄谋反。你如果不老实招供，只好请你进这个瓮了。"（这就是成语"请君入瓮"的来历。）

来俊臣根据周兴的口供，定了他死罪，上报太后。武则天赦免了周兴的死罪，把他革职流放到岭南（在今广东、广西一带）去。

周兴到了半路上，就被人暗杀了。后来，武则天发现索元礼害人太多，民愤很大，就借个因头，把他也杀了。

留下的一个来俊臣，仍旧得到武则天的信任，继续干了五六年诬陷杀人的事，前前后后不知道杀害了多少官吏百姓，连宰相狄仁杰也曾经被他诬告谋反，关进牢监，差一点被他整死。

来俊臣的胃口越来越大，他想独掌朝廷大权，嫌武则天的侄儿武三思和女儿太平公主势力大，索性告到他们身上去了。这些人当然也不是好惹的，他们先发制人，把来俊臣平时诬陷好人、滥施刑罚的老底全都揭了出来，并且把来俊臣抓起来，判他死罪。武则天还想庇护他，一看反对来俊臣的人不少，只好批准把他处死。

来俊臣被处死刑那天，人人称快。大家互相祝贺，说："从现在起，夜里可以安心睡觉了。"

名相狄仁杰

武则天对那些反对她的人，进行残酷的迫害；对那些有才能的人，不计较门第出身，破格任用。她手下有许多有才能的大臣，其中最著名的是宰相狄仁杰。

狄仁杰，字怀英，太原（今山西太原）人。祖父狄孝绪，贞观年间做过尚书左丞，父亲狄知逊做过夔州长史。公元676年初，狄仁杰升任为大理丞。大理丞是负责掌管案件审判的官员。当时积压了许多纠缠不清的案件，狄仁杰以卓越的才能，一年内处理了17000千余件，件件都处理得公平合理，没有一个喊冤叫屈的。

唐高宗知道狄仁杰这人不但有胆气，而且有才识，便擢升他为侍御史。

侍御史是负责监察弹劾百官的官员。狄仁杰常常置个人安危于不顾，与那些有权有势的贪官进行斗争。

武则天当上皇帝后，更加赏识狄仁杰的才干，不断提升他的官职，最后让他当了宰相。

公元692年，酷吏来俊臣诬告狄仁杰谋反，狄仁杰被捕下狱。狄仁杰为了不被冤死，等待时机，就承认自己谋反。来俊臣还要逼狄仁杰供出另外一些同谋的大臣。狄仁杰怒不可遏，气愤地把头向柱子撞去，血流满地，以致来俊臣不敢再审问。后来，狄仁杰趁看管松懈，偷偷扯碎被子写了一幅申诉状，藏在棉衣里转给儿子。儿子接到诉状急忙向武则天上报，引起武则天的注意。武则天亲自召来狄仁杰，问他为什么要造反。狄仁杰回答说："如果不承认造反，我早死在酷刑之下了。"武则天又问他为什么要写谢罪表。狄仁杰说："没有这样的事。"武则天这才知道是来俊臣阴谋陷害他。

后来，狄仁杰又恢复了宰相官职。这时，武则天在立李氏为太子还是立武氏为太子的问题上犹豫不定。武则天的侄儿武承嗣、武三思为谋求太子地位，曾多次让人劝说武则天立武氏为太子。他们大肆宣扬自古到今从来没有一个皇帝立异姓为太子的。狄仁杰便劝她立李氏为太子。他说："陛下您想想，姑侄的关系和母子的关系哪个亲。陛下立儿子为太子，在千秋万岁之后，配食太庙，享受祭祀，承继无穷；如果立侄儿为太子，就没有听说太庙中供姑姑的！"狄仁杰的这些话触动了武则天的心。

狄仁杰做宰相，善于推举贤才。先后推举的有桓彦范、敬晖、窦

◉ 狄仁杰像

唐三彩

唐三彩是一种盛行于唐代的铅釉陶器，因为陶器上有光亮的黄、绿、白三种基本釉色，故而得名。其实唐三彩远不止三种颜色，除白色（一般微带黄色）外，还有浅黄、赤黄、浅绿、蓝色，也有少量茄紫色的，各种釉色相互渗化又会产生多种新的颜色，总之是绚烂多彩、五花八门。唐三彩被誉为是唐代社会的"百科全书"，其表现的内容概括了当时社会生活的各个方面，有人物、动物、碗盘、水器、酒器、文具、家具、房屋，甚至装骨灰的壶坛，等等。唐三彩是我国古代陶瓷艺术的精品，它汲取了中国国画、雕塑等工艺美术的特点，采用堆贴、刻画等形式的装饰图案，线条粗犷有力。拿较为后人喜爱的马俑来说，其造型有的扬足飞奔、有的徘徊伫立、有的引颈嘶鸣，均表现出栩栩如生的各种姿态。

怀贞、姚崇等数十人，均官至公卿，有的后来成为宰相。

狄仁杰善于用人，能够让他们发挥各自的才能。就是已经归降的少数民族将领，狄仁杰也能使他们充分发挥作用。如契丹部落的两员大将李楷固和骆务整，骁勇异常，屡次打败唐朝军队，许多唐朝将领死在他们手中。后来，这两个人都来归顺唐朝，武则天接受了狄仁杰的意见，赦免了他们的罪过，派他们到边境驻守。这两人驻守边境，尽忠职守，从此边境平安无事。

狄仁杰晚年的时候，武则天更加敬重他，尊称他为"国老"，而不直接叫他的名字。

公元700年，狄仁杰病死。武则天非常悲痛，罢朝三日，追封他为梁国公。以后，每有不能决断的大事，武则天就想起狄仁杰，慨叹地说："老天为什么要那么早夺走国老呢！"言语中，对狄仁杰充满了无限怀念之情。

姚崇灭蝗

公元705年，武则天卧病不起，唐中宗李显在一些李氏旧臣的拥戴下冲入宫中发动政变，武则天被迫禅让天子之位给李显。不久，显赫一时的女皇帝武则天病死了。

唐中宗复位以后，让他的妻子韦后掌握政权，重用武三思，把朝政弄得混乱不堪。公元710年，中宗死后，唐睿宗的儿子李隆基起兵杀了韦后，拥戴睿宗复位。过了两年，睿宗把皇位让给李隆基。这就是唐玄宗。

20多岁的唐玄宗即位后，一心想干一番像唐太宗那样的事业。他以开元作为年号，任用贤能。他任用姚崇为宰相，整顿朝政，把中宗时期的混乱局面逐渐扭转了过来。唐王朝重新出现了兴盛繁荣的景象。

正当玄宗励精图治的时候，河南一带发生了一场特大蝗灾。中原的广阔土地上，到处都是成群的飞蝗。那蝗群飞过的时候，黑压压的一片，遮天蔽日。蝗群落到哪里，哪里的庄稼就被啃得荡然无存。

灾情越来越严重，受灾的地区也越来越大。地方官吏向朝廷告急的文书，像雪片一样传到京城。

宰相姚崇向玄宗上了一道奏章，认为蝗虫不过是一种害虫，处理得当，是可以治理的。只要各地官民齐心协力驱蝗，蝗虫完全可以扑灭。

唐玄宗很信任姚崇，立刻批准了姚崇的奏章。姚崇下了一道命令，要百姓一到夜里就在田头将火堆燃起。等飞蝗看到火光飞下来，就集中扑杀；同时在田边掘个大坑，边打边烧。

各地官民发动起来，用姚崇的办法灭蝗，效果很显著。仅汴州一个地方就扑灭了蝗虫14万担，灾情缓解了下来。

可是那时在长安朝廷里有一批官员，认为姚崇的灭蝗办法，过去没人做过，现在这样冒冒失失推行，只怕会闯出乱子来。

唐玄宗见反对的人多，也有点犹豫不定。他又找姚崇来问，姚崇镇定自若地回答说："做事只要合乎道理，不能讲老规矩。再说历史上大蝗灾的年头，都因为没有采取好的扑灭措施，造成严重灾害。现在，河南、河北积存的粮食不多，如果今年因为蝗灾而没收获，将来百姓没粮吃，流离失所，那样才危险呢。"

唐玄宗一听蝗灾不除，国家安全会受到威胁，就害怕起来，说："依你说，该怎么办才好？"

姚崇说："大臣们不赞成我的办法，陛下也有顾虑。我看这事陛下只管交给我来处理。万一出了乱子，我愿意受革职处分。"

◎ 姚崇像

由于姚崇不顾个人安危，只考虑国家的安全、百姓的生活，坚决灭蝗，各地的蝗灾终于平息下来。

开元盛世

唐玄宗励精图治，发展经济，提倡文教，使得天下大治，所以后世史学家称其为"开元之治"。

玄宗先起用姚崇、宋璟为相，其后又用张嘉贞、张说、李元纮、杜逻、韩休、张九龄为相。他们各有所长，并且尽忠职守，使得朝政充满朝气。而且玄宗在此时亦能虚怀纳谏，因此政治清明，政局稳定。

唐玄宗不仅慧眼识贤相，还对吏治进行了整治，提高官僚机构的办事效率。他采取了很多的有效措施。第一，精简机构，裁减多余官员，把武则天以来的许多无用的官员一律裁撤，不但提高了效率，也节省了政府支出。第二，确立严格的考核制度，加强对地方官吏的管理。

在每年的十月，派按察使到各地巡查民情，纠举违法官吏，严惩不贷。第三，重新将谏官和史官参加宰相会议的制度予以恢复。这本是唐太宗时期的一种制度，让谏官和史官参与讨论国家大事，监督朝政。到了武则天主政之后，提拔了许敬宗和李义府等人做宰相，有的事不敢再公开，因此也就将这种制度废除了。第四，重视县令的任免。唐玄宗认为郡县的官员是国家治理的最前沿，和百姓直接打交道，代表了国家形象。所以，玄宗经常亲自对县官出题考核他们，确切地了解这些县官是不是真正的称职。如果考试优秀，可以马上提拔，如果名不副实，也会马上遭到罢黜。唐玄宗知人善任，赏罚分明，办事干练果断，这是他能开创开元盛世的主要原因。

玄宗于这段时间甚为节俭，规定三品以下的大臣，以及内宫后妃以下者，不得佩戴金玉制作的饰物，并且遣散宫女，以节省开支。他又下令全国各地均不得开采珠玉及制造锦绣，一改武则天以来后宫的奢靡之风。

公元712年到公元725年，唐玄宗任命宇文融为全国的覆田劝农

开元通宝

从西汉武帝铸造五铢钱开始，五铢钱一直使用到唐初。唐武德四年（公元621年），朝廷宣布废除五铢，新铸开元通宝，从而结束了五铢钱700余年的流通史。开元通宝采用两钱制，即一两等于十钱，等于一百分，等于一千厘。1枚开元通宝重一钱，又叫一文，10枚为一两。中国的一两十钱制，即起源于此。唐钱以开元通宝为主，共铸行200多年。开元通宝为后世通宝、元宝之起源，其钱文、重量、行制均成为后世铸钱之楷模。唐武宗会昌五年（公元845年），扬州节度使李绅在钱背铸"昌"以记年号，各地纷纷加以仿效，在钱的背面铸上州郡的名称，这种钱币称做会昌开元通宝。开元通宝除铜钱外，还有金币和银币，但这两种币不用于流通，而是用于宫廷赏赐。

使，下设十道劝农使和劝农判官，分派到各地去检查隐瞒的土地和包庇的农户。然后把检查出来的土地一律没收，同时把这些土地分给农民耕种。对于隐瞒的农户也进行登记。这样下来，一年增加的客户钱就高达几百万之多。

通过这些有效的措施，唐玄宗使唐朝的经济又步入正轨，减轻了农民的负担，同时也增加了国家的财政收入，促进了国家经济的繁荣。

玄宗采纳张说之提议，实行募兵制，以取代日渐废弛的府兵制。在公元722年，他亲自挑选府兵及壮丁共12万人作为京师的宿卫，并称为"骑"。他还重视对边疆地区的管辖，封粟末的大祚荣为"渤海郡王"，设渤海都督府和黑水都督府，封南诏的皮罗阁为云南王，封回纥的骨力裴罗为"怀仁可汗"，巩固了多民族国家的统一。

鉴真东渡

唐朝的经济文化繁荣发达，吸引邻国日本派了许多遣唐使来学习唐朝文化。荣睿和普照两位僧人就是日本政府派到中国学习佛法的，同时他们还负有一个使命，那就是邀请精通戒律的中国高僧前往日本传授佛法。

公元742年秋天，高僧鉴真正在扬州大明寺讲授佛法，荣睿和普照遵照日本天皇的旨意，专程从长安赶到扬州，拜见鉴真，并恭恭敬敬地请他前往日本传法。

鉴真原姓淳于，是扬州江阳县（今江苏扬州）人，14岁时出家做了和尚，20岁起就在长安、洛阳游学，跟随多位有名的佛教大师学习。在名师的熏陶下，勤奋好学的鉴真很快学成，成为江淮地区有名的高僧。

唐玄宗开元元年（公元713年），鉴真在扬州大明寺宣讲戒律，听他讲经和由他授戒的弟子达四万多人，这时，他已是学识渊博、威望很高的佛学大师了。他还不断组织僧人抄写经书，多达33000多卷，他还设计建造过寺院80多所，日本来到大唐的留学僧也都仰慕他的佛学造诣。

他应日本僧人邀请，先后六次东渡，历尽千辛万苦，终于在公元754年到达日本。

在六次东渡日本中，鉴真等人遇到许多挫折。

第一次东渡前，将和鉴真同行的徒弟跟一个和尚开玩笑，结果那个和尚恼羞成怒，诬告鉴真一行造船是与海盗勾结。地方官员闻讯大惊，派人拘禁了所有僧众，首次东渡因此未能成行。

其后接连失败，第五次东渡最为悲壮。那一年鉴真已经60岁了，船队从扬州出发，刚过狼山（今江苏南通）附近，就遇到狂风巨浪，在一个小岛避风。一个月后再次起航，走到舟山群岛时，又遇大浪。第三次起航时，风浪更大，向南漂流了14天，靠吃生米、饮海水度日，最后抵达海南岛南部靠岸。返途经过端州时，日本弟子荣睿病故，鉴真哀恸悲切，加上长途跋涉，过度操劳，天气炎热，突发眼疾，导致双目失明。

鉴真最后一次东渡也并非一帆风顺。正当船队扬帆起航时，一只野鸡忽然落在一艘船的船头。鉴真认为江滩芦苇丛生，船队惊飞野鸡不足为怪，而日本遣唐使却认为不是吉兆，于是船队调头返回，第二天才重新起航，历尽艰险到达日本。

鉴真带了大量佛经和医书到日本。他在日本主持重要佛教仪式，系统讲授佛经，成为日本佛学界的一代宗师。他还指导日本医生鉴定药物，传播唐朝的建筑技术和雕塑艺术。同去的人，有懂艺术的，有懂医学的，他们也把自己的所学用于日本。鉴真根据中国唐代寺院建筑的样式，为日本精心设计了唐招提寺的方案。经过两年，唐招提寺建成了。这是日本著名的佛教建筑。鉴真留居日本十年，辛勤不懈地传播唐朝多方面的文化成就。

鉴真东渡促进了中日文化的交流与发展，佛教更为广泛地传播到东亚地区，对日本的宗教和文化事业发展产生了积极深远的影响，增进了中日两国人民的友谊。

僧一行测定子午线

一行是和尚，人们按风俗呼为僧一行。他俗姓张，名遂，魏州昌乐（今河南南乐）人。他的祖父张公谨，是唐太宗时凌烟阁二十四功臣之一。父亲张擅，仅是个县令。

他资性聪颖，从小刻苦好学，博览群书。他喜欢观察思考，尤其对于天象，有时一看就是一个晚上。至于天文、历法方面的书他更是大量阅读。日积月累，他在这方面有了很深的造诣。

有个道士叫尹崇，以博学驰名于学界与政坛，被推为前辈，家中藏有大量的珍贵书籍。一行来向尹崇求借被人认为极其深奥的扬雄《太玄经》，他借得此书后，没几日就来归还了。

尹崇很奇怪，问："此书意旨深奥，我读了多年，尚未弄懂其意。你想研究此书，为何如此快地来归还？"

一行答道："我已探得其意。"

说罢，拿出他所撰的《大衍玄图》及《义决》二书，交给尹崇。尹崇粗略地翻了下，惊奇不已，便和一行探讨起《太玄经》的奥旨。探讨的结果是尹崇对一行彻底佩服，并对人说："此人是颜回再世。"

经尹崇赞扬，一行出了名。

一行的大名传到了宰相武三思的耳中。武三思羡慕一行的学问，要和他结交。一行不想攀权贵、涉政界，便找了个地方藏匿了起来。后来觉得还是不保险，遂到嵩山削发为僧。

唐玄宗听说一行的大名后，派人把一行接到京城长安，并待之以高贵的礼遇。唐玄宗想试探一下一行的本事，就问他有什么长处。一行说他擅长记忆，可过目不忘。唐玄宗叫人拿来一书，当场进行测试。一行一会儿就读了一遍，便一字不差地背诵了出来。如此难得的本领，让唐玄宗顿生敬意。

一行被安置在宫廷内，唐玄宗时常前去探望，聆听他的安国抚人之道。一行以他渊博的学识、超凡的智慧，对这个开创了黄金时代的君主，给予了发自肺腑的真切指导。

此时，一行利用宫廷中的条件，继续他对历法、天文等学科的研究。在这方面首先让唐玄宗佩服的是他撰成了《天文志》。

僧一行还撰成了《开元大衍历经》，创造了"黄道游仪"，发明了《覆矩图》，在世界上第一次推算出了子午线（子午线即地球的经度线，测量子午线长度可以确知地球的大小）的长度。

开元十二年（公元724年），一行发起和组织了一次大地测量活动，测量地点达12处，以今河南省为中心，北起铁勒（今内蒙古以北），南达林邑（今越南中部），测量范围之大，前所未有。测量内容包括每个测量地点的北极高度，以及冬至、夏至、春分、秋分那天正午八尺之竿（表）的日影长度。

这次测量活动，以太史监南宫说等人在河南滑县、浚仪（今河南开封）、扶沟（今河南周口市）和上蔡（今河南驻马店市上蔡县）四处的测量最为重要。这四个地点的地理经度比较接近，大致是在同一经度上。南宫说等人除了测出四处的北极高度和日影长度外，还测出了这四个地点之间的距离。一行从南宫说等人的测量数据中，计算出南北两地相差351里80步（唐朝尺度，合现代长度129.22千米），北极高度相差一度，这个数据就是地球子午线一度的长。同现代测量子午线一度的长111.2千米相比，一行的数据虽然有较大的误差，但这是世界上第一次实测子午线长度的记录，有着十分宝贵的科学价值。

国外实测子午线长度，是公元814年阿拉伯天文学家进行的，比我国晚了90年。

"吴带当风"

吴道子（约公元685—758年），唐朝第一画家，阳翟（今河南禹县）人，又名道玄，后世尊称他为"画圣"、吴生，"画家四祖"之一，民间画工称他为"祖师""吴道真人"。

吴道子很小的时候就父母双亡，生活困难。由于唐朝的统治者崇尚佛教，所以在京城长安和东都洛阳建了很多寺院。人们把佛教中的故事绘在寺庙的墙壁上，来劝谕世人，因此画匠成了当时一种热门行业。

东都洛阳附近的阳翟，有许多专门从事雕塑绘画的民间画师。为生计所迫，年幼的吴道子拜这些民间的画师为师，帮他们打下手来糊口。吴道子天资聪颖，再加上他刻苦勤奋，很快便掌握了绘画和雕塑技艺。

吴道子在风景秀丽的四川住了三年，游遍了巴山蜀水。他到处写生，从壮丽的大自然中汲营养，开创了山水画的创作体例，20岁左右就名满天下了。

当时的洛阳聚集了很多画家，创作了大量的壁画，吴道子来到洛阳，虚心向他们求教。他还经常到各个寺院去观赏壁画。吴道子注意利用一切机会观摩，学习张僧繇、郑法士、展子虔、范长寿、郑法轮、杨契丹、张孝师等名家的作品。他博众家之长，加以融会贯通，他的绘画技艺迅速提高，最重要的是他的绘画形成了独特的风格，是中国山水画之祖师。他创造了笔间意远的山水"疏体"，使得山水成为独立的画种，从而结束了山水只作为人物画背景的附庸地位。所画人物衣褶飘举，线条遒劲，人称"莼菜条描"，具有天衣飞扬、满壁风动的效果，被誉为"吴带当风"。他在洛阳、长安等地的寺庙中创作了大量的杰出

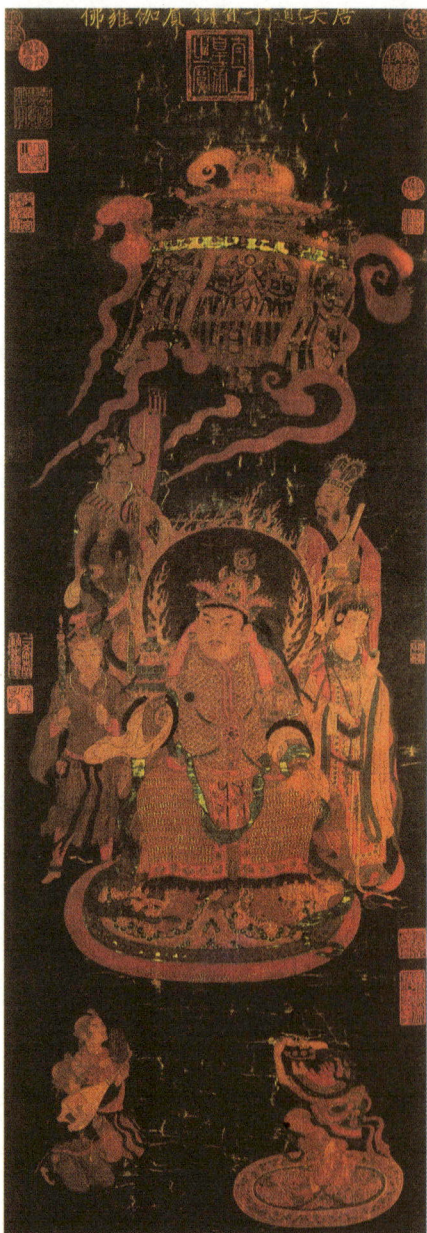

⊙宝积宾伽罗佛像　唐　吴道子

吴道子常曰："众皆密于盼际，我则离披其点面，众皆谨于象似，我则脱落其凡俗。"

的佛教壁画，受到了人们广泛的赞誉。

　　唐玄宗听说后，就将他召入宫中，授予"内教博士"、"宁王友"（友是陪伴亲王的轻闲高官）之职，专门教皇族子弟学画，并为后妃、功臣、大将画像。唐玄宗后来又令吴道子"非有诏不得画"，他成了一名备受恩宠的御用画师，这极大地束缚了他的艺术才华。但这根本不能遏制这位天才的创作热情。他利用一切可能的机会进行创作，不仅创作了大量的佛教壁画，而且还创作了很多卷轴画。

　　一天，唐玄宗突然思念四川的山川风光，就让吴道子入川将胜景描摹带回。几个月后，吴道子空手而归。唐玄宗不高兴了，吴道子说："四川的山水都在我的心中。"他仅用一天时间就把嘉陵江300里的壮丽景象画在了墙壁上，令唐玄宗赞叹不已。

　　开元年间，吴道子与以舞剑闻名天下的裴旻将军相遇。当时裴旻正为亡母治丧，以重金恳求吴道子为亡母作画以超度亡灵。

吴道子说："我不要将军的钱，只要观看将军舞剑。" 裴旻爽快地答应了。只见他脱下丧服，拔出宝剑，健步如飞，剑光如白虹、寒光闪闪。喝得半醉的吴道子看了非常兴奋，当即起身，拿起画笔，一气呵成，在墙壁上画下了栩栩如生的鬼神形象。据说这是吴道子最好的一幅画。

吴道子的代表作品，还有画在长安景公寺（一说景云寺）的《地狱变相图》。该画以地狱为背景，气氛阴惨恐怖，鬼神狰狞可怕，令人看后不寒而栗。据说当时许多小寺院，只要吴道子在寺中作画，很快就会香火旺盛。

安史之乱后，吴道子不愿意依附叛军，就逃到四川，最后病死在那里。

李林甫口蜜腹剑

唐玄宗执政20多年，见天下太平，便渐渐滋长了骄傲怠惰的情绪。他觉得，天下太平无事，宰相管政事，将帅守边防，自己何必那么为国事操心。于是，他就追求起奢侈享乐来了。

宰相张九龄看在眼里，急在心上，常常给唐玄宗提意见。唐玄宗本来对张九龄很尊重，但是到了后来，再也听不进张九龄的意见了。

有一个大臣叫李林甫，是一个不学无术、阿谀奉承之人。他想方设法讨好嫔妃，结交宦官，探听宫内动静，所以他总能讨得皇上的欢心。

唐玄宗想提升李林甫为宰相，跟张九龄商量。张九龄看出李林甫是个心术不正的人，就劝玄宗这种人不能用，否则会祸国殃民。李林甫听说后，把张九龄恨得咬牙切齿。

朔方（治所在今宁夏灵武）将领牛仙客，没读过书，但是很会理财。唐玄宗想提拔牛仙客，张九龄不赞同。李林甫在唐玄宗面前说："像牛仙客这样的人，是宰相的合适人选；张九龄是个书呆子，没有大局观念。"

有一次，唐玄宗又找张九龄商量任用牛仙客的事。张九龄还是不同意。唐玄宗生气地说："难道什么事都得由你做主吗！"

经过几件事，唐玄宗越来越讨厌张九龄，加上李林甫的挑拨，终于找了个借口撤了张九龄的职，让李林甫当了宰相。从此，朝中的官员们害怕李林甫的权势，大多采用明哲保身的态度，再也没有人敢讲真话了。

李林甫为了蒙蔽皇上，独揽大权，想方设法把唐玄宗和百官隔绝开来，不许大家在玄宗面前提意见。

有一个谏官不肯依附李林甫，上奏本向唐玄宗提建议。第二天他就接到命令，被降职去外地做县令了。

李林甫自知在朝廷中的名声不好。凡是大臣中能力比他强的，他就千方百计地把他们排挤出朝廷。他要排挤一个人，表面上不动声色，笑脸逢迎，却暗箭伤人。

"弄璋之喜"的故事

唐代李林甫通过手段一步步登上相位，实际并没有多少真才实学。可是他偏偏爱附庸风雅，引经据典，时常闹出笑话。《旧唐书·李林甫传》里记载了这样一个故事：太常寺少卿姜度是李林甫的舅子。有一年，姜度的妻子生了一个儿子，过满月的那一天，朝廷文武百官都派人去祝贺。李林甫也亲自写了一封贺帖派人送去。姜度收看后，立刻紧锁双眉，怔怔地站在原地。满门宾客见状，十分惊异。这时，一位亲友从姜度手里接过贺帖来看，只见上面写道："闻有弄獐之庆。"那亲友不禁哑然失笑。原来，过去把生男孩叫做"弄璋之喜"。璋，是美玉名。把生男孩叫作"弄璋之喜"，是希望男孩将来有玉一样的才能和品德。李林甫错把"璋"写成了"獐"，其结果是"失之毫厘，谬以千里"，因为"獐"是一种野兽，这就难怪让人掩口失笑了。

有一个官员叫严挺之，被李林甫排挤去外地做刺史。后来，唐玄宗想起这个人很有才能，想任用他，就叫李林甫把他找来。

退朝后，李林甫忙把严挺之的弟弟找来，说："你哥哥不是一直很想回京城吗，我有一个办法能让他如愿。"

严挺之的弟弟见李林甫对他哥哥很关心，很是感激，连忙请教。李林甫说："只要叫你哥哥上一道奏章，就说自己得了病，请求回京城来治病就行了。"

严挺之接到他弟弟的信，果然上了一道奏章，请求回京城看病。这时，李林甫就拿着奏章去见唐玄宗，说："实在太可惜了，严挺之现在已经得了重病，干不了大事了。"

唐玄宗惋惜地叹了口气，也就作罢了。

像严挺之这样上当受骗的还有很多。但是，不管李林甫装扮得多么巧妙，他的阴谋诡计总是被人们识破。人们就说李林甫这个人是"嘴上像蜜甜，肚里藏着剑"（成语"口蜜腹剑"就是这样来的）。

李林甫在宰相的职位上，一干就是19年，一个个有才能的正直的大臣全都遭到排挤，一批批阿谀奉承的小人都受到重用提拔。就在这个时期，唐朝的政治从兴旺走向衰败，"开元之治"的繁荣景象也消失了。

"诗仙"李白

唐玄宗暮年时，宠爱年轻美貌的杨贵妃，并把她的近亲都封了官。

唐玄宗和杨贵妃都精通音律，他们每天都在宫里饮酒作乐，时间一久，宫里的一些老歌词听腻了，便派人到宫外去找人来给他填写新词。就这样，贺知章推荐李白进了宫。

李白，字太白，自号青莲居士，又号谪仙人，祖籍陇西成纪（今

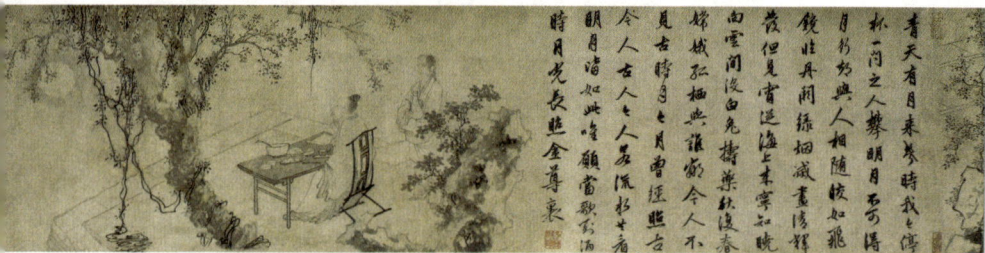

◉李白《把酒问月》诗意图　明　杜堇

此图依据李白诗意绘制而成，左为图，右为原诗。人物用白描法，笔法细劲秀逸，形象生动传神。杜堇，本姓陆，字惧男，号古狂、青霞亭长，江苏丹徒人，明成化、弘治年间的著名画家。山水取法南宋四家，用笔道劲；人物师李公麟，流畅疾利，追踪晋唐。

甘肃天水）。李白出生在西域碎叶城（位于今巴尔喀什湖以南），5岁时，他跟随父亲回到内地，在绵州昌隆县（今四川江油县）青莲乡定居下来。

李白的父亲对李白从小就进行严格的教育和培养，所以李白5岁时就能诵六甲（道家的一种书），10岁时就读遍了诸子百家的书，连佛经、道书他也拿来读。

20岁前后，李白游历了蜀中的名胜古迹，并作了《登锦城敬花楼》《白头吟》《登峨眉山》等名诗。雄伟壮丽的山川，开阔了李白的视野，养育了李白广阔的襟怀、豪迈的性格和对祖国无比热爱的思想感情。李白决心像历史上一些杰出人物那样，干一番轰轰烈烈的大事业。但他不愿像当时的读书人那样，走科举入仕的道路。

抱着这种目的，李白在家乡时就开始了"遍访诸侯"的活动。出蜀之后十余年中，李白游历了大半个中国。他的求仕活动未获得成效，他的诗歌却越来越成熟了，而社会的阅历和生活的磨难，更使他洞悉到世态的炎凉。在这期间，李白写下了许多不朽的诗篇，他自己也因此而名满天下。贺知章读了李白大约在十年前写的《蜀道难》后，赞叹道："这是一个从天上贬谪下来的仙人啊！"从此，"谪仙"这个称号不胫而走，李白也被人们称做"谪仙""诗仙"。

后来，在朝廷中任职的贺知章利用唐玄宗找人填写歌词的机会把李白如何有才学、如何想为国出力的情况奏明了唐玄宗。唐玄宗很爱才，对李白的诗也十分欣赏，当即决定召见李白。

公元742年，李白应召进宫。唐玄宗一见李白，顿时感到此人气概非凡，情不自禁地站了起来，叫内侍给他看座。深入交谈后，唐玄宗感到李白名不虚传。当下，唐玄宗任命李白在翰林院供职。李白见唐玄宗对自己很欣赏，心里自然高兴，便愉快地接受了任命。

李白非常喜欢饮酒，一有空闲就约集几个好朋友到野外饮酒作诗，当时人们把李白、崔宗等八个人称作"酒中八仙"。

◉ **太白醉酒图　清　改琦**

唐代大诗人杜甫于唐玄宗天宝五年（公元746年）初至长安，分咏当时八位著名酒徒的个人性情和艺术成就。其中有这样的诗句"李白斗酒诗百篇，长安市上酒家眠。天子呼来不上船，自称臣是酒中仙"，淋漓尽致地描绘了李白作为"诗仙"的狂傲和放逸不拘。此图是清代著名画家改琦为这一诗句所作的人物画，再现了李白的洒脱和轻狂。

李白行为放浪，又蔑视权贵，终为权贵所不容。李林甫、杨国忠、高力士、杨贵妃等常在唐玄宗的面前讲李白如何狂傲、如何不守礼节、如何轻慢大臣等的坏话。因此，唐玄宗曾经几次想提拔重用李白，都遭到这些人的极力反对，于是就把这件事搁置起来了。

时间一久，李白看出唐玄宗没有重用自己的意思，原来那满腔的热情便渐渐冷却了，于是就请求辞官回家。唐玄宗也顺水推舟，批准他回家的请求，临行前赐给李白一块金牌，凭着它，李白无论走到哪里都能得到当地官员的接待。

李白离开长安以后，重新开始了他自由的生活。他遍游了祖国大好山河，写下了许多脍炙人口的诗篇。

李白现存的诗有1000多首，其中很大一部分是他对祖国大好河

清平调三章

　　一天晚上，唐玄宗带着杨玉环乘月色观赏移植到沉香亭的四株名贵牡丹。他们在花香月色之中，摆下歌舞。李龟年正张罗着管弦班子准备唱的时候，唐玄宗说："赏名花，对妃子，此情此景怎能再唱旧词？"于是叫李龟年拿着金花笺赐给李白，让李白赶紧写词（也就是配合歌唱的七言律诗）。哪想到这时李白正和几个朋友喝醉躺在酒楼里呢。李龟年赶快叫人把李白架进兴庆宫，用冷水激醒他。半醉半醒的李白，写下了三首《清平调》：

　　云想衣裳花想容，春风拂槛露华浓。若非群玉山头见，曾向瑶台月下逢。

　　一枝秾艳露凝香，云雨巫山枉断肠。借问汉宫谁得似，可怜飞燕倚新妆。

　　名花倾国两相欢，长得君王带笑看。解释春风无限恨，沉香亭北倚阑干。

　　据说后来高力士听到贵妃吟唱此诗，便以诗中用了飞燕和襄王的典故进逸，说是有讥讽贵妃与唐玄宗之意，使他们顿生疑忌，最终把李白流放出京城。

山的歌颂。他还写了不少发自百姓生活、抨击黑暗政治的诗。不少作品，如《蜀道难》《静夜思》《早发白帝城》等，已成为千古传诵的佳作。

　　就在李白遍游祖国大好山河的同时，由于唐王朝的腐败，中原地区遭受了一场战火的洗劫。

安禄山叛乱

　　唐玄宗在位期间，为加强边境的防御，在重要的边境地区设立了十个军镇（也就是藩镇），这些军镇的长官叫节度使。节度使的权力很大，不仅带领军队，还兼管行政和财政。按照当时的惯例，节度使立了功，就有被调到朝廷当宰相的可能。

李林甫掌握朝政大权后，不但排挤打击朝廷的文官，还猜忌边境的节度使。他怕战功多、威望高且担任朔方等四个镇节度使的王忠嗣被唐玄宗调回京城当宰相，就派人向唐玄宗诬告王忠嗣想拥戴太子谋反，王忠嗣为此险些丢掉性命。

当时，边境将领中有一些胡族人。李林甫认为胡人文化低，不会威胁到自己的地位，就在唐玄宗面前竭力主张重用胡人。

在这些胡族的节度使中，唐玄宗、李林甫特别欣赏平卢（治所在今辽宁朝阳）节度使安禄山。

安禄山经常搜罗奇禽异兽、珍珠宝贝，送到宫廷讨好唐玄宗。他知道唐玄宗喜欢边境将领报战功，就采取许多卑劣的手段，诱骗平卢附近的少数民族首领和将士到军营来赴宴。在酒席上，用药酒灌醉他们，把兵士杀了，又割下他们首领的头，献给朝廷报功。

唐玄宗常常召安禄山到长安朝见。安禄山抓住这个机会，使出他

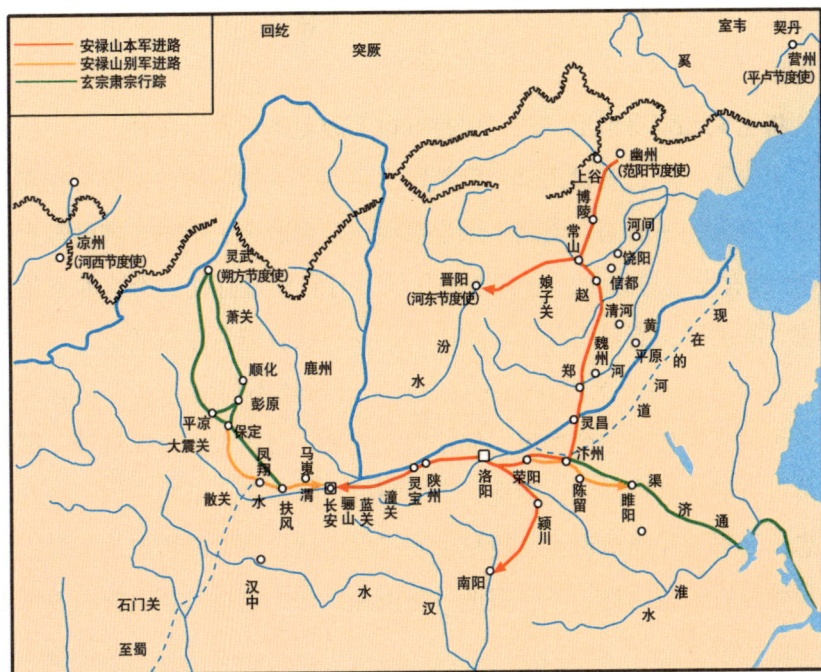

◎ 安史之乱示意图

053

的手段，逢迎拍马讨唐玄宗的喜欢。安禄山长得特别肥胖，又装出一副傻乎乎的样子。唐玄宗一见到他就高兴得不得了。

安禄山得到了唐玄宗和李林甫的信任，做了范阳、平卢两镇及河东（治所在今山西太原）节度使，控制了北方边境的大部分地区。他秘密扩充兵马，提拔了史思明、蔡希德等一批猛将，又任用汉族士人高尚、严庄帮他出谋划策，囤积粮草，磨砺武器。只等唐玄宗一死，他就准备造反。

没过多久，李林甫病死了，杨贵妃的同族哥哥杨国忠借着他的外戚地位，继任了宰相。杨国忠本来是个无赖，安禄山看不起他，他也看不惯安禄山，两个人越闹越僵。杨国忠好几次在唐玄宗面前说安禄山一定要谋反，但是唐玄宗正在宠信安禄山，根本不相信他的话。

公元755年十一月，安禄山作了周密准备以后，决定发动叛乱。这时，正巧有个官员从长安到范阳来。安禄山便假造了一份唐玄宗从长安发来的诏书，向将士们宣布说："接到皇上密令，要我立即带兵进京讨伐杨国忠。"

将士们都觉得事出突然，但是谁也不敢对圣旨表示怀疑。

第二天一早，安禄山就带领叛军出兵南下。15万步兵、骑兵在河北平原上进发，一时间，道路上烟尘滚滚，鼓声震天。中原一带已经有近100年没有发生过战争，老百姓好几代没有看到过打仗。沿路的官员逃的逃，降的降。安禄山叛军一路南下，几乎没有遭到什么抵抗。

范阳叛乱的消息传到长安。唐玄宗开始还不相信，认为是有人造谣，到后来警报一个个传来，他才慌了起来，召集大臣商议对策。满朝官员没经历过这样的大变乱，个个吓得目瞪口呆，不知所措。只有杨国忠反而得意洋洋地说："我早说安禄山要反，我没说错吧。不过，陛下尽管放心，他的将士不会跟他一起叛乱。十天之内，一定会有人把安禄山的头献上。"

唐玄宗听了这番话，心情才安稳下来。可是，谁知道叛军在短短的时间内便长驱直入，一直渡过黄河，占领了洛阳。

马嵬驿兵变

潼关形势险要，道路狭窄，是京城长安的门户。唐玄宗派大将哥舒翰带领重兵把守在那里。叛将崔乾祐在潼关外屯兵半年，没法攻打进去。

叛军攻不进潼关，但是关里的唐王朝内部却生起事端。哥舒翰主张在潼关坚守，等待时机；郭子仪、李光弼也从河北前线给唐玄宗上奏章，请求引兵攻打安禄山的老巢范阳，让潼关守军千万不要出关。但是，宰相杨国忠却反对这样做。他在唐玄宗面前说潼关外的叛军已经不堪一击，哥舒翰守在潼关按兵不动，歼灭叛军的时机会丧失掉。昏庸的唐玄宗听信杨国忠的话，接二连三派使者到潼关，逼哥舒翰带兵出潼关。

哥舒翰明知出关凶多吉少，但是又不敢违抗皇帝的圣旨，只好痛哭一场，带兵出关了。

关外的叛将崔乾祐早已作好准备，只等唐军出关。崔乾祐派精兵埋伏在灵宝（在今河南西部）西面的山谷里。哥舒翰的20万大军一出关，就中了埋伏，20万大军几乎被叛军打得全军覆没。哥舒翰也被俘虏了。

潼关失守后，关内已无险可守。从潼关到长安之间的一些地方官员和守兵，都纷纷弃城而逃。到了此时，唐玄宗才感到形势危急，他让杨国忠赶紧想办法。杨国忠召集文武百官商量，大家都失魂落魄，谁也想不出一个好主意来。杨国忠知道留在长安已经没有了生路，就劝玄宗逃到蜀地去。当天晚上，唐玄宗、杨国忠带着杨贵妃和一群皇子皇孙，在将军陈玄礼和禁卫军的护卫下，悄悄地逃出了长安。他们事先派了宦官到沿路各地，让官员准备接待。

谁知，派出的宦官早已经自顾逃命了。唐玄宗一伙人走了半天也没有人给他们送饭。

他们走走停停，第三天到了马嵬驿（在今陕西兴平县西，嵬音wéi）。随行的将士疲惫不堪，饥渴难忍。他们心里越想越气，好好的长安不住，弄得到处流亡，受尽辛苦。他们认为，这全都是受了奸相杨国忠的拖累，这笔账应该向杨国忠算。

这个时候，有20几个忍饥受饿的吐蕃使者拦住杨国忠的马，向杨国忠要粮。杨国忠正忙着应付，周围的兵士便嚷起来："杨国忠与胡人勾结谋反了！"于是便有士兵向杨国忠射箭。杨国忠想逃，但是被几个追上来的士兵砍了头。

兵士们杀了杨国忠，情绪更加激昂起来，把唐玄宗住的驿馆也包围了。唐玄宗听到外面的吵闹声，问是怎么回事，左右太监告诉他，兵士们已把杨国忠杀了。唐玄宗大惊失色，不得不扶着拐杖，走出驿门，

◉ **明皇幸蜀图　唐　李昭道**
此图描绘唐玄宗为避安史之乱而行于蜀中的情景，画中山石峻立，着唐装的人物艰难行于途中。

慰劳兵士，要将士们回营休息。

兵士们哪里肯听唐玄宗的话，依然吵吵嚷嚷。玄宗派高力士找到将军陈玄礼，问兵士们不肯散的原因。陈玄礼回答说："杨国忠谋反，贵妃也不能留下来了。"

唐玄宗为了保住自己的命，只好下了狠心，叫高力士把杨贵妃带出去，用带子勒死了。将士们听到杨贵妃已经被处死，总算出了一口恶气，撤回了军营。

唐玄宗经过这场兵变，像惊弓之鸟一样，急急忙忙逃到成都。太子李亨被当地官吏、百姓挽留下来主持朝政。李亨从马嵬驿一路收拾残余的兵士北上，在灵武（今宁夏灵武西南）即位，这就是唐肃宗。

张巡草人借箭

唐玄宗逃出长安不久，安禄山的叛军便攻进了长安。郭子仪、李光弼得到长安失守的消息，不得不放弃河北。李光弼退守太原，郭子仪回到灵武驻守。原来已经收复的河北郡县又重新被叛军占领。

叛军在进入潼关之前，安禄山派唐朝的将领令狐潮去攻打雍丘（今河南杞县）。令狐潮原来是雍丘县令，安禄山占领洛阳的时候，令狐潮就投降了他。雍丘附近有个真源县，县令张巡不愿投降，就招募了1000多个壮士，占领了雍丘。令狐潮带了四万叛军来进攻。张巡和雍丘将士坚守60多天，将士们穿戴着盔甲吃饭，负了伤也不下战场，打退了叛军300多次进攻，叛军死伤无数，终于迫使令狐潮不得不退兵。

不久，令狐潮又集合人马来攻城。

张巡组织兵士在城头上射乱箭把叛军逼回去。但是，日子久了，城里的箭射光了。为了这件事，张巡非常心急！

一天深夜，雍丘城头上一片漆黑，隐隐约约有成百上千个穿着黑衣服的兵士，沿着绳索往墙下爬。这一情况被令狐潮的兵士发现了，报告给了主将。

令狐潮断定是张巡派兵偷袭，就命令兵士向城头放箭。直到了天色发白，叛军才看清楚，原来城墙上挂的全是草人。

张巡的兵士们在雍丘城头上高高兴兴地拉起草人。那千把个草人上，密密麻麻插满了箭。兵士们查点了一下，竟有几十万支之多。这样一来，城里的箭就足够用了。

又过了几天，与前几天夜里一样，城墙上又出现了"草人"。令狐潮的兵士见了以为是张巡又来骗他们的箭了。于是，谁也不去理它。

这一次城上吊下来的并不是草人，而是张巡派出的500名勇士。这五百名勇士乘叛军没有防备，向令狐潮的大营发起突然袭击。令狐潮来不及组织士兵抵抗，几万叛军失去指挥，四处乱奔，一直逃到十几里外，才停了下来。

令狐潮连连中计，气得咬牙切齿，又增加了兵力攻城。他屯兵在雍丘北面，不断骚扰张巡的粮道。叛军有几万人之多，张巡的兵士不过1000人，但是张巡瞅准机会就出击，总是得胜而回。

过了一年，睢阳（今河南商丘，睢音suī）太守许远派人向张巡告急，说叛军大将尹子奇带领13万大军要来进攻睢阳。张巡接到告急文书，马上带兵去了睢阳。

⊙ 张巡像

叛军尹子奇带了13万人攻打睢阳，而张巡、徐远的兵力合起来才6000多人，双方兵力悬殊。

张巡经过几次智斗虽然杀了叛军几万人，但自己的兵力越来越少，只剩下1000多人，而且还断了粮，形势越来越紧急。张巡没法，只好派南霁云带了30名骑兵突出重围，到临淮（在今江苏盱眙西北）去借兵。

驻守临淮的大将贺兰进明害怕叛军，无论南霁云怎样哀求，他都不愿出兵救睢阳。气得南霁云咬掉自己的一根手指，悲愤离开。他从别处借了3000兵士回到睢阳。

为了保卫江淮，不让叛军南下，张巡带领士兵奋勇抵抗，但终因缺少粮草，寡不敌众全军覆灭。

河南节度使张镐得知睢阳危急，忙发兵到睢阳，打退尹子奇。这时睢阳已经落陷三天了。又过了七天，郭子仪带领唐军收复了洛阳。

金银器是指以金银为原材料，运用铸造工艺加工制成的各种器皿和饰物。唐代金银器以其精湛的制造工艺和丰富的文化内涵代表了中国古代金银器的最高水平。在中国古代金银器中，唐代金银器无论是在文献资料、考古出土实物，还是在研究成果方面，都是最为丰富的。唐代金银器的装饰图案取材广泛，花鸟虫鱼、珍禽异兽、历史人物无所不包。金银工匠们把这些图案施于不同的器物上，不但使器物显得精美华丽，同时也反映了人们对美好生活的追求。唐代金银器是唐朝社会经济繁荣、国势强大的反映，同时也是中外交流的重要历史见证。在中国历史上，唐代金银器曾随着中外文化、商贸的交流，源源不断地输往日本、朝鲜、中亚、西亚以及欧洲，是当时世界了解中国的一个窗口。

由于张巡他们的坚守，睢阳以南的江淮地区才没遭到叛军的破坏。

李泌归山

唐肃宗在灵武即位不久，身边的文武官员只有30人，这个临时建立的朝廷，什么事都没有秩序。一些武将也不太听指挥。肃宗想平定叛乱，非常需要有个能人来帮助他。

这时，他想起他当太子时的一个好朋友李泌（音mì），就派人从颍阳（今河南省境内，颍音yīng）把李泌接到灵武来。

李泌原是长安人，从小就很聪明，读了不少书。当时的宰相张九龄看到他写的诗文，对他十分器重，称赞他是个"神童"。肃宗当太子的时候，李泌已经长大了，他向玄宗上奏章，想给李泌一个官职。李泌推说自己年轻，不愿做官，玄宗就让他和太子交上了朋友。后来，他看到政局混乱，索性跑到颍阳隐居了起来。

这一回，唐肃宗来请他，他想到朝廷遭到困难，就到了灵武。唐肃宗看见李泌，高兴得像得到宝贝一样。那时候的临时朝廷，不太讲究礼节。唐肃宗跟李泌就像年轻时候一样，进进出出总在一起，大小事情，全都跟他商量。李泌出的主意，唐肃宗全都听从。

唐肃宗想封他当宰相，李泌坚辞不受。

后来肃宗只好任命李泌为元帅府行军长史（相当于军师）。

那时候，郭子仪也到了灵武。朝廷要指挥全国的战事，军务十分繁忙。四面八方送来的文书，从早到晚没有一刻的间歇。唐肃宗命令把收到的文书，一律要先送给李泌拆看，除非特别紧要的，才直接送给肃宗。宫门的钥匙，由太子李俶（音chù）和李泌两人掌管。李泌有时忙得连饭也顾不上吃，觉也不能睡安稳。

第二年春天，叛军发生内讧，安禄山的儿子安庆绪杀了安禄山，自己称帝。这本来是个消灭叛军的好机会，但是肃宗急于回长安，不听李泌的计划，让郭子仪的人马从河东回攻长安，结果打了败仗。后来，郭子仪向回纥（我国古代北方民族之一，纥音hé）借精兵，集中了15万人马，才把长安攻了下来。接着，又收复了洛阳。叛军头目安庆绪逃到了河北，不久，史思明也被迫投降。

唐军收复了长安和洛阳，唐肃宗便觉得心满意足起来，用骏马把李泌接到了长安。

一天晚上，唐肃宗请李泌喝酒，并且留他在宫里安睡。李泌趁机对肃宗说："我已经报答了陛下，请让我回家做个闲人吧！"

唐肃宗说："我和先生几年来患难与共，现在正想跟您一起享受安乐，怎么您倒要走了呢？"

无奈李泌一再请求，唐肃宗虽然不愿让李泌离开，最终也只好同意。

李泌到了衡山（在今湖南省），在山上造了个屋子，重新过起了隐居生活。

李光弼大败史思明

李光弼是契丹人，原籍营州柳城（今辽宁朝阳）。父亲李楷洛原本是契丹首领，武则天年间归顺唐朝，被封为左羽林大将军。李光弼从小擅长骑马射箭，为人严肃坚毅，沉着果断，具有雄才大略。早年担任左卫亲府左郎将，后来逐渐晋升为河西节度使王忠嗣的府兵马使，王忠嗣非常赏识他，对他十分优待。

安禄山发动叛乱后，大将军郭子仪知道李光弼是一位了不起的将才，就推荐他为河东节度副使，知节度使，兼云中太守。

李光弼执法严明，言行一致。唐肃宗即位后，李光弼奉命来到灵武，做了户部尚书。当时太原节度使王承业政务松弛，侍御史崔众掌握兵权，号令不行，唐王便命李光弼带兵5000至太原，接过了崔众的兵权。

公元757年，叛将史思明、蔡希德以十万大军围攻太原。当时留守的李光弼军队不足一万人，双方力量悬殊。将士们都主张加固城墙，全力坚守。李光弼认为这是消极防守，应该在防守中积极主动地出击。李光弼动员百姓拆掉房屋做擂石车，只要叛军靠近就发石攻打。史思明则命令部下建造飞楼，围上帐幕，筑土山接近城墙，李光弼便组织人力挖地道直到土山下，这样，土山便自然倒塌了，然后出其不意派精兵出击。史思明害怕了，留下蔡希德继续攻城，自己先逃走了。李光弼看出叛军力量削弱，军心动摇，便抓住这一时机，组织主力军奋勇出击，史思明军队迅速溃败。

公元760年，史思明杀了安禄山的儿子安庆绪，改范阳（今北京西南）为燕京，自称为大燕皇帝。不久，史思明整顿人马准备重新攻打洛阳。唐肃宗加封李光弼为太尉、中书令，命令他去攻打叛军。李光弼到了洛阳，当地官员听说叛军势力强大，都很害怕，主张退守潼关。李光弼权衡了一下，认为这个时候官兵决不能退，但可以转移到河阳（今河南孟县）。史思明率兵进入洛阳后，发现是一座空城，只得率军到河阳南面与唐军对峙。

◎李光弼像

史思明为了显耀自己兵强马壮，每天把一批批战马牵到河边洗澡。李光弼见状，想出一计。他命令将军中500多匹母马集中起来，把小马关在厩里，待史思明放马洗澡之时，把母马赶到城外。母马思念小马，便嘶叫起来，而史思明的马听到马群叫声，立即挣脱缰绳，浮水洄过河来。史思明一下子失去了上千匹好马，气得咬牙切齿，立即纠集几百条战船，前面用一条火船开路，准备把唐军浮桥烧掉。李光弼得到消息，命令士兵准备几百条粗长竹竿，用铁甲裹扎竿头。待叛军的船靠近后，唐军几百条竹竿一齐顶住火船，火船无法靠近，很快便烧沉了。唐军又在浮桥上发射擂石炮攻击叛军，叛军死伤无数，仓皇逃窜。

不久，李光弼打败了史思明。

李光弼多次扫平叛乱，战功卓著，后来被晋封为临淮郡王。后因受宦官牵制，在洛阳北邙山战败。宦官鱼朝恩和程元振屡次在皇帝面前进谗言，蓄意加害李光弼，李光弼也一度被撤了帅职。

郭子仪安宁天下

郭子仪从小喜武，研读兵书，年轻时以武举进入仕途，官至天德军使兼九原太守。郭子仪凭借杰出的军事才能立下了赫赫战功，为恢复唐朝中央政权，安定社会，稳定边境，交好少数民族，作出了重要的贡献。

安史之乱爆发后，唐肃宗任命郭子仪为朔方节度使，担负收复洛阳、长安两京，抗击安史叛军的重任。郭子仪先在恒阳城下大败史思明以及安禄山的援军，夺取了潼关；然后他又率领唐朝15万人马以及从回纥借来的5000名精锐骑兵，分三路直取长安。这时，安禄山被他的儿子安庆绪杀死，郭子仪趁叛军内乱，一举收复了被叛军占领一年零四个月的京师长安。随后又在新店击败安庆绪，收复洛阳。

收复洛阳之后，肃宗对郭子仪赞誉有加，称其为大唐的再造者，并封郭子仪为司徒、代国公。

公元758年九月，郭子仪等九个节度使又率兵进攻退守相州（今河南安阳）的安庆绪，安庆绪走投无路，向史思明求援。由于监军太监鱼朝恩不懂军事，贻误战机，唐军大败。肃宗听信鱼朝恩的谗言，把相州失败的责任推到郭子仪一个人的身上，免去他的官职，召他回京，命李光弼接替他的职务。

史思明听说郭子仪被解职，立即带领大军进犯洛阳，洛阳再次失守。河东一带的节度使驻军听说洛阳失守，都骚动起来。肃宗只得起用郭子仪，任命他为河北诸州的节度使行营及兴平等军副元帅，并封他为汾阳郡王，出镇绛州（山西新绛县）。肃宗临死时把河东的一切军政大权都交给了郭子仪。郭子仪一到任，就杀了40多个为首作乱的人，稳定了河东的局势。

史思明死后，他的儿子史朝义继续盘踞在洛阳。即位的代宗任命郭子仪为副帅，出兵讨伐史朝义。郭子仪认为单凭唐军的力量，难以消灭叛军，于是向回纥借来十万精兵，一举攻占了洛阳。史朝义逃往莫州。公元763年，众叛亲离的史朝义自杀，为祸八年的安史之乱终于被郭子仪平定了。

安史之乱平定后，郭子仪又多次平定节度使仆固怀恩等人的叛乱，并多次击退吐蕃军队的进犯，保证了关中和长安的安全。

郭子仪戎马一生，为唐朝立下了汗马功劳，累官至兵部尚书、太尉兼中书令，声望极高。德宗即位，尊为尚父，罢兵权。公元781年，郭子仪病逝。

杜甫写"诗史"

安史之乱的结束，对于饱受战乱之苦的百姓来说，真是一件大喜事。当时在樟州（今四川三台）过着流亡生活的诗人杜甫，得知消息，更是与妻儿老小一起欣喜若狂。

杜甫，字子美，出身于官僚地主家庭，祖父杜审言是武则天时的著名诗人。杜甫幼年就失去母亲，父亲外出做官，他被寄养在洛阳的姑母家中。杜甫自幼聪明过人，7岁便开始作诗，10多岁就同当时的文人名士交游，受到广泛的称赞，他们把他的文章和汉代著名文学家班固、扬雄相比拟。杜甫年轻时代正是我国历史上著名的开元盛世，也是他一生中最快意的时期。

公元735年，杜甫回洛阳应试，没有考中。两年后，他又北游齐、赵，与朋友一起呼鹰逐兽，饮酒赋诗，流连于

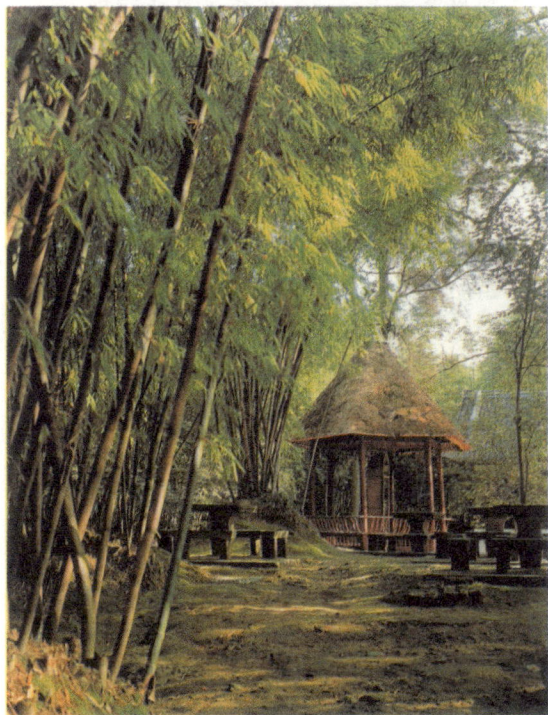
◉ 杜甫草堂
杜甫草堂是唐代大诗人杜甫在成都的故居。

山水之间，这一时期杜甫的诗具有浓厚的浪漫主义色彩。

公元744年，杜甫与李白在洛阳相见。李白比杜甫大12岁，杜甫很佩服李白的才华，两人畅游了河南、山东。共同的志趣和爱好使他们成为亲密的好友。

杜甫年轻时有远大的政治抱负，然而却屡试不中。寄居长安，经济来源已经不足以维持一家的生计。

杜甫寄居长安的十年，是唐朝由盛到衰急剧转变的时期，阶级矛盾、民族矛盾、统治阶层内部矛盾激化。杜甫作了著名的《兵车行》，控诉统治者的残暴，表现了对人民的深切同情：

车辚辚，马萧萧，行人弓箭各在腰。

耶娘妻子走相送，尘埃不见咸阳桥。

牵衣顿足拦道哭，哭声直上干云霄。

……

君不见，青海头，古来白骨无人收。

新鬼烦冤旧鬼哭，天阴雨湿声啾啾。

这首诗描绘了一幅妻离子散、白骨蔽野的凄惨景象，标志着杜甫的诗歌从浪漫主义向现实主义的重要转折。

安史之乱开始后，叛军很快攻占洛阳和都城长安。杜甫在逃亡途中不幸被叛军俘虏。国破家亡的战俘生活使杜甫写下了不少政治性很强的诗篇，《春望》就是他被俘期间写下的名篇：

国破山河在，城春草木深。

感时花溅泪，恨别鸟惊心。

烽火连三月，家书抵万金。

白头搔更短，浑欲不胜簪。

公元757年四月，杜甫做了八个月的俘虏后，终于逃出长安。那个时候，杜甫已经穷困得连一套像样的衣服也没有了。他穿着麻鞋，露着两肘朝见肃宗，被委任为左拾遗。后来由于杜甫上疏救宰相房琯得罪了肃宗，被外贬为华州（今陕西华县）司功参军。

一次，由洛阳回华州，一路上满目萧条，民不聊生，官府暴戾，欺压民众，杜甫感慨良久，写下了控诉官吏暴行、同情人民的"三吏"（《新安吏》《潼关吏》《石壕吏》）。从东部到潼关途中，杜甫看到战乱中新婚离异、老人应征，以及战乱造成劳动人民无家可归的凄惨情景，写下了"三别"（《新婚别》《垂老别》《无家别》）。"三吏""三别"，无论在思想性还是在艺术性上都达到了诗歌的高峰，在我国民间广为流传。

公元770年，杜甫因贫困和疾病，死在湘江的一条小船上。时年59岁。

杜甫死后，因家人无钱安葬，只好旅殡于岳阳。直到43年后，公元813年，他的孙子杜嗣业才把他的灵柩归葬在河南偃师。一代大诗人的

⊙杜甫诗意图　明　文伯仁

晚年后事，竟如此凄凉。

杜甫是我国古代诗歌的现实主义大师，一生作诗3000多首。他的诗是时代的镜子，真实反映了当时的社会状况，所以，人们把他的诗篇称为"诗史"。

"茶圣"陆羽

唐肃宗至德、乾元年间，我国第一部关于茶的专著——《茶经》问世了。《茶经》是中国茶文化发展到一定阶段的重要标志，是唐代茶业发展的需要和产物，是当时中国人民关于茶的经验的总结。作者是唐代学者陆羽。陆羽详细收集历代茶叶史料、记述亲身调查和实践的经验，在书中对唐代及唐代以前的茶叶历史、产地，茶的功效、栽培、采制、煎煮、饮用的知识技术都作了阐述。全书内容丰富，见解精到，是中国古代最完备的一部茶书，使茶叶生产从此有了比较完整的科学依据，对茶叶生产的发展起过一定积极的推动作用。

陆羽，字鸿渐，一名疾，字季疵。自号桑苎翁，又号竟陵子。生于唐玄宗开元年间，复州竟陵郡人（今湖北天门县）。陆羽是个弃儿，被笼盖寺和尚积公大师所收养。积公为唐代名僧，也是个饱学之士。陆羽自幼得其教诲，深明佛理。积公好茶，所以陆羽很小便得艺茶之术。不过晨钟暮鼓对一个孩子来说毕竟过于枯燥，况且陆羽自幼志不在佛，而有志于儒学研究，故在其十一二岁时终于逃离寺院。此后曾在一个戏班子学戏。陆羽口吃，但很有表演才能，经常扮演戏中丑角。陆羽还会写剧本，曾"作诙谐数千言"。

天宝五年（公元746年），李齐物任竟陵太守，在一次听戏时，发现陆羽非同一般，非常赏识，就帮助陆羽离开戏班，到竟陵城外火门山师从邹氏夫子读书，研习儒学。陆羽后经礼部员外郎崔国辅指点，学问

火药的发明

中国是最早发明火药的国家。隋末唐初的医药学家孙思邈在《孙真人丹经》中，记载了世界上最早的火药配方：硫黄、硝石和皂角，被称为硫黄伏火法。唐元和三年（公元808年），炼丹家清虚子所著的《铅汞甲庚至宝集成》中，记载了"伏火矾法"，用马兜铃代替了皂角。唐哀帝天元年（公元904年），郑攻打豫章（今江西南昌），命令兵士"发机飞火"，烧了龙沙门。这是中国首次将火器用于战争的记录。大约在13世纪，火药传到了阿拉伯、波斯等地，后又从阿拉伯传到了欧洲。

又大增一步。

天宝十四年（公元755年），二十四五岁的陆羽随着流亡的难民离开故乡，流落湖州（今浙江湖州市）。湖州较北方相对安宁。陆羽自幼随积公大师在寺院采茶、煮茶，对茶学早就产生了浓厚兴趣。湖州又是名茶产地，陆羽在这一带收集了不少有关茶的生产、制作的材料。这一时期他结识了著名诗僧皎然。皎然既是诗僧，又是茶僧，对茶有浓厚兴趣。陆羽又与诗人皇甫冉、皇甫曾兄弟过往甚密，皇甫兄弟同样对茶有特殊爱好。陆羽在茶乡生活，所交又多诗人，艺术的熏陶和江南明丽的山水，使陆羽自然地把茶与艺术融为一体，构成他后来《茶经》中幽深清丽的思想与格调。

自唐初以来，各地饮茶之风渐盛。但饮茶者并不一定都能体味饮茶的要旨与妙趣。于是，陆羽决心总结自己半生的饮茶实践和茶学知识，写出一部茶学专著。为潜心研究和写作，陆羽终于结束了多年的流浪生活，于上元初结庐于湖州之苕溪。经过一年多努力，终于写出了我国第一部茶学专著，也是中国第一部茶文化专著——《茶经》的初稿，时年陆羽28岁。

公元763年，持续八年的安史之乱终于平定，陆羽又对《茶经》作了一次修订。他还亲自设计了煮茶的风炉，把平定安史之乱的事铸在鼎上，标明"圣唐来胡明年造"，以表明茶人以天下之乐为乐的阔大胸怀。大历九年（公元774年），湖州刺史颜真卿修《韵海镜源》，陆羽参与其事，乘机搜集历代茶事，又补充《七之事》，从而完成《茶经》的全部著作任务，前后历时十几年。

"颜筋柳骨"

在中国民间说起学习书法，往往称道"颜筋柳骨"，当作学书者的楷模。"颜筋柳骨"，是分别指书法家颜真卿（公元709—784年）和柳公权（公元778—865年）的艺术特色。

颜真卿的书法，雄强浑厚，韧若筋带，世称"颜体"。俗话说："书如其人。"欲识颜书，得先知其人品。

天宝末年，平原太守颜真卿首举义师，屡挫安禄山叛军，最终，致使叛军既不敢南向江淮，又不敢急攻潼关。这一年，颜真卿在平原（今山东属县）写下了《东方朔画像赞碑》。碑书笔笔凝重，字字磐石，筋强骨硬，严正峻峭。书法家将其誓死御敌的浩然正气倾注到笔端，化做其艺术的风格了。

颜真卿74岁时，又奉旨去劝谕叛迹已昭然的藩镇李希烈部。明知是险途，他毅然前往。李希烈想尽办法，如威逼利诱、活埋、焚烧等都没能使颜真卿屈服。颜真卿最终被迫自杀。

颜真卿一生，刚正不阿，忠贞不渝，临死不屈。他为人的品格同其书法的风格一样，浑厚坚韧，正大方严。

颜书最明显的特色是"蚕头燕尾""横轻竖重"。

何谓"蚕头燕尾"？颜体横、竖笔的起端，下笔时均运用藏锋，而后顿转，故起端形若"蚕头"。它的每一捺笔末端，临终则着力顿挫，再起笔轻轻挑出捺锋，其状若"燕尾"。

何谓"横轻竖重"？即书写横笔时，用力较轻，笔画也略细，而书写竖笔时，贯注全力，笔画也较重。

前者给人以力透纸背的感觉，造成了笔力千钧的艺术效果。后者字字都给人以厚度感，具有浮雕美的艺术特色。

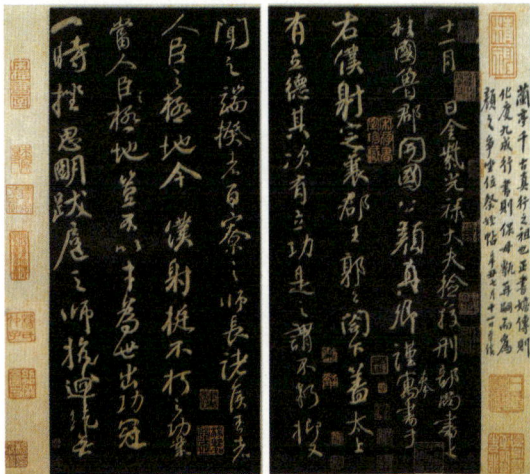

◉争座位帖　唐　颜真卿

颜书碑帖流传至今的有70多种，近年还有新的发现。颜体楷书的代表作有《千福寺多宝塔碑》《东方朔画像赞碑》《麻姑仙坛记》《颜帷贞家庙碑》等。行书名作有《祭侄季明文稿》《争座位帖》《刘中使帖》等。这些都是千余年来学书者争相临摹的范本。

另一位是柳公权，字诚悬，是唐代与颜真卿齐名的大书法家。故世人如同称"李杜""韩柳"一样，并称其为"颜柳"。

柳公权书法，初学王羲之，继学颜真卿，并兼采历代书家之长，熔为一炉，自成一体，即"柳体"。柳体间架严谨，风骨挺拔，故有"柳骨"之谓。柳书的代表作有《玄秘塔碑》和《神策军碑》等。

柳公权的为人品格，颇似其书风，字字严正，笔笔铮骨。

相传，唐穆宗在位，荒唐放纵，臣下少有敢谏者。有一次，穆宗问书法运笔如何才能恰到好处，柳公权借机回答说："用笔在心，心正则笔正。"穆宗听了气得脸色都变了。这就是世传的"柳学士笔谏"的佳话。

唐敬宗李湛，目光短浅，禀性猜疑，无甚作为，却喜颂扬。有一次，他和六位学士谈到西汉文帝崇尚节俭时，就举起袖子说："朕这件衣服已浆洗过三次了！"学士们纷纷称颂他节俭美德，而柳公权说：

温庭筠（约公元 801—866 年），唐代诗人、词人，本名岐，字飞卿，太原祁（今山西祁县）人，唐宰相温彦博后代。他长期混迹于歌楼妓馆，为当时士人所不齿。早年才思敏捷，每入试，押官韵作赋，凡八叉手而成，时号温八叉。他以词赋知名，韵格清拔，然屡试不第，终身困顿，晚年才任方城尉和国子监助教，世称"温方城""温助教"。他诗词兼善，诗歌与李商隐齐名，称"温李"，但其诗作藻饰过甚，实际是齐梁宫体诗风的延续，成就实不及李商隐。而他精通音律，熟悉词调，对词这种新的文学样式的发展起了很强的推动作用，只是题材狭窄，多写花前月下，闺思情怨，风格绮艳香软，被尊为"花间词派"鼻祖。代表作是《菩萨蛮》《望江南》《更漏子》。

"主宰天下的君主，应该进用贤良，斥退不肖，赏罚分明，能听得进各种不同意见。陛下穿件洗过的衣服，同治国安邦的大功大德相比，这只不过是件区区小事啊！"在场的大臣听了都吓得发抖，柳公权犯颜直陈，却毫不畏惧。

柳公权刚正不阿的品格与其风骨峻峭的书法相表里，均为时人所推崇。公卿王侯们常常以重金聘他书碑。谁家为先人立碑如得不到柳公权的手书，就会被人讥为不孝。外国人来中国贡纳、贸易，也往往另备一份重金，叫作"购柳书"钱。

永贞革新

永贞元年（公元805年）正月，唐德宗病死，太子李诵即位，这就是唐顺宗。他在东宫20年，比较关心朝政，从旁观者的角度对唐朝政治的黑暗有深切的认识。唐顺宗即位时已得了中风不语症，但还是立刻重用王叔文、王伾等人进行改革。顺宗任命王叔文为翰林学士，参与朝廷大政的决策。为了打击宦官势力，革除政治积弊，王叔文推行了一系列改革措施，史称"永贞革新"。

主要内容如下：

第一，罢宫市五坊使。

唐德宗以来，宦官经常借为皇宫采办物品为名，在街市上以买物为名，公开抢掠，称为宫市。早在顺宗做太子时，就想对德宗建议取消宫市，当时王叔文害怕德宗怀疑太子收买人心，而危及太子的地位，所以劝阻了顺宗。永贞年间，宫市制度被取消。充任五坊（雕坊、鹘坊、鹞坊、鹰坊、狗坊）小使臣的宦官，也常以捕贡奉鸟雀为名，对百姓进行讹诈。五坊使也被取消。这二项弊政被取消，因而人心大悦。

第二，取消进奉。

节度使通过进奉钱物，讨好皇帝，有的每月进贡一次，称为月进，有的每日进奉一次，称为日进，后来州刺史，甚至幕僚也都效仿，向皇帝进奉。德宗时，每年收到的进奉钱多则50万缗，少也不下30万缗，贪官们以进奉为名，向人民搜刮财富。王叔文通过唐顺宗下令，除规定的常贡外，不许别有进奉。

⊙仕女弈棋图 唐

第三，打击贪官。

罢去浙西观察使李锜的转运盐铁使之职。罢去唐朝皇族李实其京兆尹官职，贬为通州长史。

第四，打击宦官势力。

裁减宫中闲杂人员，停发内侍郭忠政等19人俸钱。这些都

王叔文

王叔文（公元753—806年），唐越州山阴人（今浙江绍兴人）。著名政治改革家。为人聪明机智，胸怀大志，有文武谋略。历任苏州司功。唐德宗时，担任太子李诵的侍读，以围棋侍奉太子，获太子信任。贞元二十一年（公元805年）正月，顺宗即位后，即授翰林学士又兼度支使、盐铁转运使。他提拔王伾、刘禹锡、柳宗元，起用宿将范希朝执掌禁军，开始了政治改革。改革失败后，被贬为渝州司户，元和元年（公元806年）被赐死。

是抑制宦官势力的措施。革新派还计划从宦官手中夺回禁军兵权。这是革新措施的关键，也是关系革新派与宦官势力生死存亡的步骤。革新派任用老将范希朝为京西神策诸军节度使，用韩泰为神策行营行军司马。宦官发现王叔文在夺取他们的兵权，就立刻通知神策军诸军不要把兵权交给范、韩二人，这个重要步骤未能实现。

第五，抑制藩镇。

剑南西川节度使韦皋，派刘辟到京都对王叔文进行威胁利诱，想完全领有剑南三川（剑南西川、东川及山南西道合称三川），以扩大割据地盘。王叔文拒绝了韦皋的要求，并要斩刘辟，刘辟狼狈逃走。此外，王叔文等还放出宫女300人、教坊女乐600人还家，与家人团聚。

从这些改革措施看，革新派对当时的弊政的认识是相当清楚的，在短短几个月的时间里，革除了一些弊政，受到了百姓的拥护。但同时，革新的主要矛头是对准当时最强大、最顽固的宦官势力和藩镇武装的，所以革新派面对的阻力很大。因为实力掌握在宦官和藩镇手中，而革新派则是一批文人，依靠的是重病在身的皇帝，而皇帝基本上又是在宦官们的控制之中。这些宦官以顺宗病重不能执政为由，由太子李纯监国。又过了一个月，太子正式即位，这就是唐宪宗。"永贞革新"不到一年就全盘失败，那些支持王叔文一起改革的官员也受到了牵连。

柳宗元与刘禹锡

唐宪宗时，王叔文倒台，原来支持王叔文改革的八个官员，都被当作王叔文的同党而全部降职，派到边远地方做司马（官名），历史上把他们和王叔文、王伾合起来称作"二王八司马"。

"八司马"当中，有两个是著名的文学家，就是柳宗元和刘禹锡。柳宗元以写散文闻名，刘禹锡以写诗著称，他们俩是要好的朋友。这一次，柳宗元被贬到永州（今湖南零陵），刘禹锡被贬到朗州（今湖南常德）。永州和朗州都在南边，离长安很远，那时候还是边远落后的地区。

他们在各自的属地一住就是十年。在那里，除了办公，他们常常游览山水，写写诗文。在他们的诗文中，常常抒发自己的政治抱负，也反映了一些人民的疾苦。

柳宗元被贬永州期间，写了许多诗文，表达他对生活的热爱，寄托忧国忧民的情怀，抨击愚昧落后的思想和社会现象。其中有讽刺社会黑暗和劝诫世人的《黔之驴》等寓言，有讴歌劳动人民和揭露暴政的《捕蛇者说》等传记，有对当地山水自然景物描绘精细优美的游记《永州八记》，有反映农民疾苦的《田家》等诗篇，还写下了一些批判"天命""君权神授"迷信思想的哲学论文。有一首诗是我们熟悉的，其实也是他为人的象征：

江雪

千山鸟飞绝，万径人踪灭。

孤舟蓑笠翁，独钓寒江雪。

据专家考证，刘禹锡被贬为朗州司马期间写了著名的《汉寿城春望》。

公元815年，俩人奉召回长安。

不久，刘禹锡又因诗句"玄都观里桃千树，尽是刘郎去后栽"触怒新贵被贬到播州（今贵州遵义市）做刺史。刺史比司马高一级，表面上是提升，其实是贬官。因为播州比朗州更远更偏僻，那时候还是荒蛮之地。

刘禹锡有个老母亲，已经80多岁了，需要人照顾，如果跟着刘禹锡一起到播州，上了年纪的老人很难受得了这个苦。这使刘禹锡感到为难。

而这时，柳宗元却怎么也受不了官场里那种阿谀奉承的坏风气，被贬到柳州做刺史。

柳宗元得知刘禹锡的困难情形，决心帮助好朋友。他连夜写了一道奏章，请求把派给他柳州的官职跟刘禹锡对调，自己到播州去。

柳宗元待朋友一片真心，许多人大受感动。后来，大臣裴度也替刘禹锡在唐宪宗面前说情，宪宗总算同意把刘禹锡改派为连州（今广东连县）刺史。

在连州，刘禹锡创作了大量的《竹枝词》，名句很多，广为传诵。公元824年夏，他写了著名的《西塞山怀古》。以后，刘禹锡又被调动了好几个地方。14年后，裴度当了宰相，他才被调回长安。

刘禹锡一生著作较多。例如：《元和十年自朗州至京戏赠看花诸君子》《再游玄都观绝句》《百舌吟》《聚蚊谣》《飞鸢操》《华佗论》等诗文，《西塞山怀古》《乌衣巷》《石头城》《蜀先主庙》等都是名篇。

柳宗元到了柳州，登上城楼，眺望奇妙秀丽的山山水水，怀念遭贬的同僚、感慨国难民艰，心情沉重，写下了千古传诵的诗篇《登柳州城楼寄漳、汀、封、连四州》。柳宗元还在柳州做了许多好事，被当地人民所赞扬。

公元819年，柳宗元在柳州病逝。

"诗杰"白居易

唐宪宗即位以后，对政治进行了一些改革。尽管他任用了一些像李绛那样正直的大臣当宰相，但他仍旧宠信宦官。他想讨伐藩镇，就用一个宦官头子做统帅。这件事引起一些大臣的反对。反对得最激烈的是左拾遗白居易。

白居易是唐代著名诗人，祖籍山西太原，后迁居下邽（今陕西渭南东北，邽音guī）。他擅长作诗的名气，很早就传开了。白居易自小聪明，五六岁就开始学写诗。大概在他十五六岁那年，他父亲白季庚在徐州做官，让他到京城长安去见世面，结交名人。

到了长安，白居易带了自己的诗稿，到诗界前辈顾况家去请教。顾况为人很高傲，他读到白居易的新诗作《赋得古原草送别》"离离原上草，一岁一枯荣。野火烧不尽，春风吹又生"后，大为赞赏。

打这次见面以后，顾况十分欣赏白居易的诗才，逢人就夸说白家的孩子怎么了不起。一传十，十传百，白居易也就在长安出了名。不到几年，他考取了进士。唐宪宗听说他的名气，马上提拔他做翰林学士，后来又派他担任左拾遗。

白居易可不是那种争名求利、向上级阿谀奉承的官僚。他一面不断地创作新的诗歌，揭露当时社会上的一些不良现象；一面在宪宗面前多次直谏，特别是反对让宦官掌握兵权。

这一回，白居易谏阻宪宗封宦官做统帅，惹得宪宗很气恼。李绛说："白居易敢在陛下面前直谏，不怕杀头，正说明他对国家的忠心。如果办他的罪，只怕以后没人敢说真话了。"

唐宪宗勉强接受李绛的意见，暂时没有把白居易撤职。但是，没过几天，还是撤掉了他左拾遗的职务，改派别的官职。

◎白居易《长恨歌》诗意图　清　袁江

　　白居易写了许多诗，其中有不少是反映现实的，像《秦中吟》和《新乐府》。在这些诗篇中，有的揭露了宦官仗势欺压百姓的罪恶，有的讽刺官僚们穷奢极侈的豪华生活，有的反映了劳动人民的痛苦遭遇。他的诗歌通俗易懂，受到当时广大人民的欢迎，街头巷尾，到处都传诵着白居易的诗篇。

　　正因为他的诗反映现实，触犯了掌权的宦官和大官僚，也招来了一些人的咒骂和忌恨。有些人想诬陷白居易，只是一时找不到借口。

　　过了几年，白居易在太子的东宫里做大夫。有一次，宰相武元衡被人派刺客暗杀了。这次暗杀有复杂的政治背景，朝廷的官僚谁也不想开口。按朝廷规矩，白居易现在的职务没有资格干预朝廷。可白居易不管这些，愤而上书，要求捉拿凶手。宦官和官僚抓住这个机会，说白居易不是谏官，不该对朝廷大事乱主张，狠狠地告了他一状。

经过一番鼓动，唐宪宗下令把白居易贬为江州（今江西九江）刺史。还没到任，又被降为江州司马。在江州期间，他写下了著名的叙事长诗《琵琶行》。诗中说：我闻琵琶已叹息，又闻此语重唧唧。同是天涯沦落人，相逢何必曾相识。

后来白居易又几次回到京城，做过几任朝廷大官。但是当时的朝政十分混乱，像白居易这样正直的人只能把全部精力倾注到诗歌创作中去。他的一生一共写了2800多首诗，800多篇散文，流传最广的是《长恨歌》。这些作品成为我国文学宝库里的一份十分珍贵的遗产。

李雪夜入蔡州

安史之乱使唐王朝由盛转衰，朝廷权威下降，地方藩镇势力强大，父死子继，不服从中央委派，控制财、政、军权，形成割据。代宗朝、德宗朝都实行削藩以加强中央集权，但成效甚微。唐宪宗即位时，长安毗邻的淮西镇已割据50余年，严重威胁朝廷，宪宗决定发兵征讨。

公元814年闰八月，淮西节度使吴少阳死，其子吴元济自领军务，并发兵四处侵掠。对淮西早有戒心的唐宪宗，于十月派严绶去征讨，但被吴元济打败。宪宗又派韩弘征讨。但韩弘有私心，消极应战，以致损兵折将，让淮西军气焰更加嚣张。正当宪宗为淮西战事毫无进展而犯愁之际，身为太子詹事（官名，即给事、执事）的李愬挺身而出。宪宗让宰相裴度领军，李愬为先锋，进军淮西。

公元817年一月，李愬任唐、随、邓三州节度使后，他着手制定奇袭吴元济老巢蔡州（今河南汝南县）的战略方案。他到唐州（今河南泌阳）抚恤伤卒，并假装自己很懦弱以使淮西军松懈、轻敌。在与叛军的几次交锋中，他对被俘的敌方兵将，都以礼相待，不加侮辱，让他们感恩而死心塌地地归顺，并详尽地把淮西的战备情况告诉李愬，使李愬知己知彼。

李愬先后俘虏了敌方勇将丁士良、吴秀琳、李宪等人，对他们以礼相待，使他们衷心地归顺了自己。

不久李愬设计抓住了吴元济军中骨干李祐，此人精于谋略又勇武善战，之前屡败唐军，令唐军损失惨重。李愬不但没杀他，还建议宪宗重用他。李愬当即任他为"六院兵子使"，让他配刀出入大本营。李祐为李愬对己信赖有加而感激涕零，随即献计"雪夜袭蔡州"。

公元817年十月十日，大雪纷飞，寒风凛冽，这天下午，李愬突然号令三军紧急集合，以李祐、李忠义为先锋，率3000人马东进，自己率主力跟进，唐州刺史田进诚引3000人殿后。部队向东急行60里，袭占沿途要点，抵达汝南张柴村后，李愬令丁士良领500人留守以断诸道桥梁，又遣兵500警戒朗山。唐军在李愬率领下于次日凌晨抵达了蔡州城下。

守城的淮西兵毫无防备。李祐、李忠义首当其冲，率兵在城墙上掘坎儿而上，杀掉熟睡的门卒，只留更夫继续打更，城中像什么事也没发生一样平静如常，官兵神不知鬼不觉地已进到内城。

鸡鸣时分，风雪稍停，李愬军已占据吴元济的外衙，这时敌人才发现情况异常，忙报告于吴元济。吴元济此时还未睡醒，听到报告，不以为然，说："慌什么？这是俘虏抢东西罢了，等天亮时把他们全杀了就是了。"稍后又有士兵来报：城已失守。吴元济仍不在意，说这一定是驻洄曲（今河南沙河与澧河会流处下游一带）的士兵索取寒衣来了。直到听到李愬军中的号令之声，才大惊，忙组织军队登城抵抗，但此时唐兵已全部攻入城。无奈之下，吴元济出城投降，李愬把他解送长安。

李愬夜袭蔡州，沉重打击了安史之乱以来的藩镇势力，使唐朝削藩举措取得空前胜利，国家又暂时得到统一。

韩愈直谏

裴度、李愬平定了淮西叛乱后，唐宪宗觉得脸上光彩，决定立一个记功碑，来纪念这一次胜利功绩。裴度手下有个行军司马韩愈，擅长写文章，又跟随裴度到过淮西，了解淮西的情况。唐宪宗就命令韩愈起草《平淮西碑》。

韩愈是唐朝杰出的文学家，河南河阳（今河南孟县西）人。他认为自从魏晋南北朝以来，社会风气混乱，连文风也衰落了。许多文人写文章，喜欢堆砌辞藻，缺乏真情实感。他决心改革这种文风，写了不少散文，在当时产生了很大的影响。他的主张和写作实践实际上是一种改革，但是也继承了一些先秦传统的古代散文技法，所以被称为"古文运动"。后来，人们把他和柳宗元两人称为"古文运动"的创导人。

韩愈不但文章写得好，还是个直言敢谏的大臣。在他写完《平淮西碑》之后，便做出了一个得罪朝廷的举动。

原来唐宪宗到了晚年，迷信起佛教来。他听说凤翔的法门寺里有一座叫护国真身塔的宝塔，塔里供奉着一根骨头，据说是释迦牟尼佛祖留下来的一节指骨，每30年才能开放一次，让人礼拜瞻仰。人们瞻仰之

◎韩愈书法

后，便能够求得风调雨顺，富贵平安。

佛骨崇拜本来就是违背释迦牟尼"四大皆空"的祖训的，但许多寺院为了迎合僧众的迷信需要，就人为制造一些假佛骨（影骨）或假舍利（舍利是火化时修行者体内结石遇高温后的结晶体，假舍利则大多为水晶制品）。唐宪宗对此深信不疑，特地派了30人的队伍，到法门寺把佛骨隆重地迎接到长安。他先把佛骨放置在皇宫里供奉，而后送到寺里，让大家瞻仰。下面的一班王公大臣，也千方百计想得到瞻仰佛骨的机会。

韩愈向来不信佛，对这样铺张浪费地迎接佛骨，很不满意，便给唐宪宗上了一道奏章，劝谏宪宗不要干这种劳民伤财的迷信事。他说，佛法的事，中国古代没有记载，只是在汉明帝以来，才从西域传进来。历史上凡是信佛的王朝，寿命没有长的，可见佛是不可信的。

唐宪宗接到这个奏章，龙颜大怒，立刻把宰相裴度叫了来，说韩愈诽谤朝廷，一定要处死他不可。

裴度连忙替韩愈求情，唐宪宗才慢慢消了气，说："韩愈说我信佛过了头，我还可宽恕他；他竟说信佛的皇帝，寿命都不长，这不是在咒我吗？就凭这一点，我决不能饶了他。"

后来，有很多人替韩愈求情，唐宪宗没杀韩愈，把他降职到潮州去当刺史。到了潮州，韩愈把当地官员找来，问老百姓有什么疾苦。

有人说："这儿出产少，老百姓日子过得很苦；还有城东恶溪（今广东韩江）里有条鳄鱼，经常上岸来伤害牲畜，百姓真被它害苦了。"

韩愈说："既是这样，我们就得想法把它除掉。"

话虽那样说，可韩愈是个文人，一不会动刀，二不会射箭，怎能除掉鳄鱼呢？后来，他写了一篇《祭鳄鱼文》，专门派人到江边去读这篇祭文，又叫人杀了一头猪一头羊，把它丢到江里去喂鳄鱼。在那篇祭文里，他限令鳄鱼在七天之内迁到大海里去，否则就用强弓毒箭，把鳄鱼全部射杀。

韩愈不信佛，怎么会信鳄鱼有灵呢？这当然只是他安定人心的一种手法罢了。

事有凑巧，据说打那以后，大池里的鳄鱼真的没有再出现过。当地的百姓认为朝廷派来的大官给鳄鱼下的驱逐令见了效，都安心生产了。

韩愈在外地做了一年官，才又回到长安，负责国子监（朝廷设立的最高教育机构）的工作。就在这一年（公元820年），唐宪宗被宦官所杀。他的儿子李恒即位，这就是唐穆宗。

甘露之变

从唐穆宗以后，唐朝的皇帝都是由宦官拥立的。这样一来，宦官的权力就更大了，连皇帝的命运都掌握在他们的手里，还有谁敢跟他们作对呢？

宝历二年（公元826年）十二月，宦官刘克明等人杀死唐敬宗后，准备拥立绛王李悟为皇帝，以执掌大权。宦官头子王守澄得知后，马上拥立唐敬宗的另一儿子江王李涵（后改名李昂）为帝，并率禁军杀死了刘克明。李昂即位，是为唐文宗。王守澄自恃拥立有功，在宫内朝中更加飞扬跋扈，不可一世。

但饱读诗书的唐文宗不甘心做宦官的傀儡，一心想为被宦官杀死的父皇报仇。一次，唐文宗生了急病，正好王守澄手下有个精通医道的官员叫郑注，王守澄就派他给唐文宗治病。唐文宗服了他的药，病很快就好了。唐文宗非常高兴，召见郑注，把他提拔为御史大夫。

郑注有个朋友叫李训，是个不得志的小官员，听说郑注受到皇帝的重用，就带了礼物求见郑注，希望能得到他的提拔。郑注正好想找个帮手，就把李训推荐给文宗。李训很快得到了唐文宗的信任，后来竟当上了宰相。

李训、郑注两人取得唐文宗的信任后，唐文宗把自己想杀掉宦官的心事告诉他们。他们就帮唐文宗出谋划策，想方设法削弱王守澄的权力。唐文宗封和王守澄有仇的宦官仇士良为左神策中尉，统领一部分禁卫军，分散了王守澄的权力。

接着，又撤了王守澄的兵权。最后，赐给王守澄一杯毒酒，让他自尽了。可是，杀死了王守澄，仇士良的势力却越来越大。于是唐文宗和李训、郑注又开始对付仇士良。李训秘密联络了禁卫军将军韩约，决定杀死仇士良。

公元835年的一天，唐文宗像往常一样上朝，韩约上前启奏，说禁卫大厅后院的一棵石榴树上昨天夜里降了甘露。在古代，天降甘露被认为是祥和的兆头。李训带领百官向文宗祝贺，还请文宗亲自去观赏甘露。

◎ 三彩宦官俑　唐

文宗让李训带一些官员先去观看，李训回来说，恐怕不是真的甘露。文宗又要仇士良带宦官去观看。

仇士良等人来到禁卫军大厅，却发现韩约神色紧张，满头大汗，心中很疑惑。恰在此时，忽然刮来一阵风，掀起了大厅帷幕的一角，仇士良惊讶地发现幕布后站满了全副武装的士兵。仇士良等宦官感到大事不妙，慌忙逃出去。

李训见仇士良跑了回来，发觉计划泄露，就大呼侍卫保护皇上。500名侍卫一起上殿，杀死了很多宦官。仇士良等人挟持皇帝，把他塞进轿内，就向后宫跑。李训拉住轿子不肯松手，这时几个宦官跑过来抡起拳头将李训打倒在地。宦官们挟持皇帝逃入宣政殿，把大门关得死死的，外面的兵将根本冲不进来，宦官都大呼万岁，外面的文武百官和侍

卫们都傻了眼。

李训见计划失败，只好换了衣服逃走。仇士良立即派兵出宫，大肆屠杀一些参加预谋的官员。李训在逃跑的路上被杀，郑注带兵从凤翔赶往长安，听到计划失败的消息，想退回凤翔，结果被监军的宦官杀死。

唐文宗和李训、郑注策划的诛杀宦官的计谋彻底失败，史称"甘露之变"。

"甘露之变"后，朝廷里的大臣几乎被宦官杀光，受株连的达1000多人。宦官更加飞扬跋扈，欺凌皇帝，蔑视朝官。不久，唐文宗郁郁而死。直到公元902年，朱温将宦官全部杀死，才结束了宦官专权的局面。

朋党之争

宦官专权时期，朝廷官员中凡是有反对宦官的，大都受到打击排挤。一些依附宦官的朝官，又分成两个不同的派别。两派官员互相攻击，争吵不休，这样闹了40年，历史上把这场政治争斗叫作"朋党之争"。

这场争吵开始于唐宪宗在位之时。有一年，长安举行考试，选拔能够直言敢谏之人。在参加考试的人中，有两个下级官员，一个叫李宗闵，另一个叫牛僧孺。两个人在考卷里都批评了朝政。考官看了卷子后，认为这两个人都符合选拔的条件，就把他们推荐给唐宪宗。

宰相李吉甫知道了这件事。李吉甫是个士族出身的官员，他本来就对科举出身的官员有想法，现在李、牛二人居然对朝政大加指责，揭他的短处，更加令他生气。于是他对唐宪宗说，这两人被推荐，完全是因为和考官有私人交情。唐宪宗相信了，就把几个考官降了职，李宗闵和牛僧孺也没有得到提拔。两派由此结冤。

李吉甫死后，他的儿子李德裕凭借他父亲的地位，做了翰林学士。那时候，李宗闵也在朝做官。李德裕对李宗闵批评他父亲这件事，仍旧记恨在心。

唐穆宗即位后，又举行了进士考试。有两个大臣要求主考官钱徽照顾与他们有关系的人。但钱徽没卖他们人情。正好李宗闵有个亲戚应考，结果被选中了。这些大臣就向唐穆宗告发钱徽徇私舞弊。唐穆宗问翰林学士，李德裕便谎称有这样的事。唐穆宗于是降了钱徽的职，李宗闵也受到牵连，被贬谪到外地去做官。

李宗闵认为李德裕存心排挤他，恨透了李德裕，而牛僧孺也非常同情李宗闵。从此，李、牛二人就跟一些科举出身的官员结成一派，李德裕与士族出身的官员拉帮结派，双方明争暗斗得很厉害。

◎ 黄釉加彩绘贴金文官俑

唐文宗即位之后，李宗闵利用宦官的门路，当上了宰相。李宗闵向文宗推荐牛僧孺，把牛僧孺也提为宰相。这两人一掌权，就合力对付李德裕，把李德裕调出京城，派往西川（治所在今四川成都）做节度使。

唐文宗本人因为受到宦官控制，没有主见。一会儿重用李德裕，一会儿重用牛僧孺。一派掌了权，另一派就没好日子过。两派势力就像走

马灯似的轮流转换，把朝政搞得十分混乱。

牛、李两派为了争权夺利，都向宦官讨好。李德裕做淮南节度使的时候，监军的宦官杨钦义被召回京城，人们传说杨钦义回去必定掌权。临走时，李德裕就办酒席请杨钦义，还给他送上一份厚礼。杨钦义回去以后，就在唐武宗面前竭力推荐李德裕。

到了唐武宗即位后，李德裕终于当了宰相。他竭力排斥牛僧孺、李宗闵，把他们都贬谪到南方去。

公元846年，唐武宗病死，宦官们立武宗的叔父李忱即位，就是唐宣宗。唐宣宗对武宗时期的大臣全都排斥，即位的第二天，就把李德裕贬了官。后来，李德裕被贬为崖州（治所在今海南琼山东南）司户，后死于任上。

朋党之争闹了40年，终于结束了，但是混乱的唐王朝已经闹得更加衰败了。

黄巢起义

唐朝末年，经过藩镇混战、宦官专权和朝廷官员中的朋党之争，朝政混乱不堪。尽管唐宣宗是一个比较精明的皇帝，但也不能改变这种局面。唐宣宗死后，先后接替皇位的唐懿宗李漼、僖宗李儇（音xuān）。他们只知寻欢作乐，追求奢侈糜烂的生活，腐朽到了极点。朝廷政治黑暗，民间赋税繁重，贵族、官僚和地主加紧剥削农民，加上接连不断的天灾，农民断了生路，到处逃亡，最终爆发了浙东地区裘甫领导的农民起义。公元868年，又爆发了庞勋领导的桂林守军起义。

公元874年，濮州（治所在今河南范县）人王仙芝，带领几千农民在长垣（在今河南新乡东）起义。王仙芝自称"天补平均大将军"，发

◎ 黄巢与王仙芝起义示意图

出文告，揭露朝廷造成贫富不等的罪恶。这个号召很快得到贫苦农民的响应。不久，冤句（今山东菏泽，句音qú）地方的盐贩黄巢也起兵响应。

后来，黄巢和王仙芝两支起义队伍会合了，继而转战山东、河南一带，声势越来越大。

后来，黄巢决定跟王仙芝分两路进军。王仙芝向西，黄巢向东。不久，王仙芝率领的起义军在黄梅（在今湖北）打了败仗，他本人也被唐军杀死了。王仙芝失败后，剩余的起义军重新与黄巢的队伍会合，大家推举黄巢为黄王，又称"冲天大将军"。

黄巢起义军准备攻打洛阳。但唐僖宗急忙调兵遣将，增援洛阳。黄巢见唐军兵力强大，就决定攻打唐军兵力薄弱的地区，于是带兵南下。后来，一直打到广州。

起义军在广州休整后不久，岭南地区发生了瘟疫。黄巢决定挥师北上。

唐长安城

唐长安城，兴建于隋朝（时人称大兴城），唐朝易名为长安城，为隋唐两朝的国都，是中国历史上规模最为宏伟壮观的都城，一度也是世界上规模最大的城市。为体现统一天下、长治久安的愿望，城池在规划过程中包揽天时、地利与人和的思想观念。"法天象地"，帝王为尊，百僚拱侍。为容纳更多的人口，城池建设得超前大，面积达84平方千米，是汉长安城的2.4倍，明清北京城的1.4倍，是同时期的拜占庭王国都城的7倍，是公元800年所建的巴格达城的6.2倍，为当时世界大城之一。长安城由外郭城、宫城和皇城三部分组成，城内百业兴旺，最多时人口接近300万人。唐王朝建立后，对长安城进行了多方的补葺与修整，使城市布局更趋合理化。

公元880年，黄巢统率60万大军开进潼关，声势浩大。

起义军攻下了潼关，唐王朝惊恐万状，唐僖宗和宦官头子田令孜带着妃子，向成都出逃，来不及逃走的唐朝官员全部出城投降。

过了几天，黄巢在长安大明宫称帝，国号叫大齐。经过七年的斗争，起义军终于取得了胜利。

但是，黄巢领导的起义军长期流动作战，攻占过的地方，都没留兵防守。他一走，这些地方又被唐军占去了。几十万起义军占领长安以后，四周还是唐军的势力。没过多久，唐王朝便调集各路兵马，把长安围住。长安城里的粮食供应发生了严重困难。

黄巢派出大将朱温在同州（今陕西大荔）驻守。在起义军最困难的时候，朱温竟做了可耻的叛徒，投降了唐朝。

唐王朝又调来了沙陀（古代西北少数民族）贵族、雁门节度使李克用，率领四万骑兵向长安进攻。起义军迎战，大败而回，最后只好撤出长安。

黄巢带领起义军撤退到河南时，又遭到朱温、李克用的围攻。公元

884年，黄巢攻打陈州（今河南淮阳）失利，官军紧紧追赶。最后，黄巢在泰山狼虎谷兵败自杀。

朱温篡唐

黄巢起义失败以后，唐僖宗回到长安。这时候，唐王朝的中央政权已经名存实亡。各地藩镇在镇压起义过程中，扩大势力，争夺地盘，成为大大小小的割据力量。其中最强大的是河东节度使李克用和宣武（治所在今河南开封）节度使朱温。

朱温（公元852年—912年），唐朝宋州砀山（今安徽砀山）人，因排行第三，乳名朱三。朱温从小死去父亲，跟着母亲给人家当用人。他力气很大，却不肯好好劳动，整日游手好闲，经常在乡里惹事生非，乡亲们都很讨厌他。黄巢起义后，他参加了起义军。朱温作战勇敢，屡立战功，被升为队长。

公元880年，黄巢起义军攻陷长安，黄巢称帝后，朱温被任命为东南行营先锋使，驻守在东渭桥（今陕西西安东北）。后来朱温几次战胜唐军，成了大齐政权的功臣。可是在起义军危急关头，朱温为了私利，却带兵叛变，投靠了唐朝。

唐僖宗在得知朱温投降的消息后，高兴得手舞足蹈，立即给朱温高官厚禄并赐名"朱全忠"。然而，就是这个朱全忠，像原来没有忠于黄巢、忠于大齐一样，也没有忠于唐朝，反而成了唐朝最终灭亡的掘墓人。

朱温投降唐朝廷后，和各路唐军一起围攻长安。黄巢被迫退出长安在虎狼谷被杀后，其部将秦宗权率领余部继续进行斗争。朱温追击黄巢军，一直打到汴州（今河南开封）。此后，朱温便以汴州为根据地，不断扩大自己的势力。

后来起义军进攻汴州，朱温向李克用求援，李克用击退了起义军。朱温设宴招待，李克用年轻气盛，傲气十足，又对朱温出言不逊。朱温怀恨在心，当夜派兵把驿馆团团围住，四处放火，乱箭齐发。李克用靠亲兵拼命死战，才突围逃走，但他的几百名亲兵全部被杀。从此，李克用跟朱温结下不共戴天之仇。但朱温的势力越来越大，李克用屡战屡败，只好退到河东地区（今山西一带）。

◉朱温像

唐僖宗病死后，他的弟弟唐昭宗李晔即位。唐昭宗痛恨宦官，想依靠朝臣来反对宦官，就联络朱温，作为外援。

宦官探听到这些情况，抢先发动宫廷政变，把唐昭宗软禁起来，另立新皇帝。

朱温想自己做皇帝，见机会来了，马上带兵前往。

宦官非常害怕，连忙劫持唐昭宗到凤翔（今陕西宝鸡、岐山一带），投靠凤翔节度使李茂贞，对抗朱温。

朱温把凤翔城团团围住，断绝凤翔的一切外援。最后城里的粮食吃光了，又碰到大雪天，兵士和百姓饿死、冻死的很多。李茂贞被围在孤城里，走投无路，只好投降。

朱温攻下凤翔后，把唐昭宗带回长安，被唐昭宗封为梁王。从此唐朝大权就从宦官手里，转到朱温手里。朱温掌握大权后，把宦官全部杀光，并挟持唐昭宗迁都洛阳。唐昭宗到了洛阳，想秘召各地藩镇来救他，结果被朱温发现，把他杀死。朱温另立了一个13岁的小孩子做傀儡皇帝，就是唐哀宗。

这时的唐朝只剩下一批大臣了。朱温的谋士李振，因为当初没考上进士，所以痛恨朝臣。他对朱温说："这批人平时自命清高，自称'清流'，应该把他们全都扔到浊流（指黄河）里去。"朱温听了他的话，把这些大臣全部杀死，扔到了黄河里。

公元907年，朱温废唐哀宗，自立为帝，改国号为梁，史称后梁，定都开封，他就是梁太祖，统治了将近300年的唐朝就宣告结束了。

海龙王钱镠

朱温刚一即位，镇海（治所在今浙江杭州）节度使钱镠第一个派人到汴京祝贺，表示愿意臣服于梁。朱温很高兴，立即把他封为吴越王。

钱镠原来家境贫寒，早年做过盐贩，后来给浙西镇将董昌当部将。黄巢起义军攻打浙东的时候，钱镠保住临安（今浙江杭州），立了功，唐王朝封他为都指挥使。不久，又提拔为节度使。

钱镠当上节度使以后，摆起阔绰来。在临安盖起豪华的住宅，出门的时候，坐车骑马，都有兵士护送。他的父亲对他这样的做法，很不满意。每次听到钱镠要出门，就有意避开。

钱镠得知父亲回避他，心里不安。有一次，他不用车马，不带随从，步行到他父亲的家里，问老人为什么要回避他。

老人说："我家世世代代都是靠打渔种庄稼过活的，没有出过有财有势的人。现在你挣到这个地位，周围都是敌对势力，还要跟人家争城夺池。我怕我们钱家今后要遭难了。"

钱镠听了，表示一定要记住父亲的嘱咐。打那以后，他小心翼翼，只求保住这块割据地区。当时，吴越是个小国，北方的吴国比吴越强大，吴越国常常受他们的威胁。由于钱镠长期在混乱动荡的环境里生活，养成了一种保持警惕的习惯。他给自己做了个"警枕"，就是用一段滚圆的木头做枕头，倦了就斜靠着它休息；如果睡熟了，头从枕上滑下，人也就惊醒过来了。

他除了自己保持警惕外，还严格要求他的将士。每天夜里，都有兵士在他住所周围值更巡逻。有一天晚上，值更的兵士坐在墙脚边打瞌睡，隔墙飞来几颗铜弹子，正好掉在兵士身边，惊醒了兵士。兵士们后来才知道这些铜弹子是钱镠打过来的，就不敢在值更的时候打盹了。

又有一天夜里，钱镠穿了便服，打北门进城。城门已经关闭了。钱镠在城外高喊开门，管门的小吏不理他。钱镠说："我是大王派出去办事的，现在急着要回城。"小吏说："夜深了，别说是大王派的人，就是大王亲自来，也不能开。"

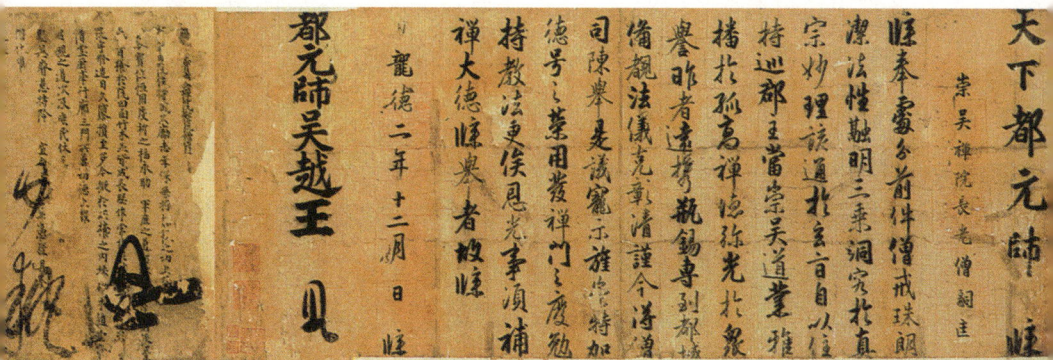

◎钱镠文状　五代

钱镠在城外绕了半个圈子，打南门进了城。第二天，他把管北门的小吏找来，称赞他办事认真，并且给他一笔赏金。

钱镠就是靠小心翼翼地做事才保持住他在吴越的统治地位的。吴越国虽然不大，但是因为长期没有遭到战争的侵扰，经济渐渐繁荣起来。

后来，钱镠征发民工修筑钱塘江的石堤和沿江的水闸，这样就有效地防止了海水倒灌；又叫人把江里的大礁石凿平，方便船只来往。民间因他在兴修水利方面的贡献，给他起了个"海龙王"的外号。

契丹建国

朱温建立梁朝的时候，北方的契丹族开始强大起来，它的首领耶律阿保机（耶律是姓）统一了契丹的各部，建立政权。

契丹是我国北方一个古老的民族，北魏时始见于史书记载。"契丹"是镔铁的意思，表示坚固。

契丹人原是鲜卑族宇文部的一支。公元344年，鲜卑慕容部建立的前燕攻破宇文部，契丹就从鲜卑族中分裂出来，游牧于潢河（今西拉木伦河）与土河（今内蒙古老哈河）一带。契丹在南北朝时，分为八部，各部由经过选举产生的"大人"（酋长）统领。唐朝初年，契丹八部开始联合组成了统一的大贺氏部落联盟，由八部"大人"推举一人做联盟首领，称为可汗。当时北方草原的突厥势力强大，契丹就辗转臣服于唐朝和突厥之间。唐太宗击败突厥后，契丹酋长窟哥率族人归顺唐朝。唐朝在契丹地区设置了松漠都督府，授窟哥松漠都督之职，并赐姓李。唐玄宗时期，大贺氏部落联盟瓦解，契丹又建立了遥辇氏部落联盟，依附后突厥汗国。公元745年，后突厥汗国为回纥所灭，契丹又被回纥汗国所统治，后趁回纥内乱之机重新归附唐朝。

唐朝末年，由于中原混战，北方许多汉人纷纷逃到契丹地区躲避战乱。汉族的先进生产技术大大加快了契丹的经济发展。契丹八部中的迭剌部离中原最近，所以发展最快，势力远远超过了其他七部。迭剌部的酋长一直由耶律氏家族世袭担任，到了阿保机的祖父耶律匀德实担任酋长时，迭剌部的牧业和农业都非常发达，社会的发展也很快，开始由部落向国家过渡。

耶律阿保机出生时，契丹的贵族阶层正在为争夺联盟首领之位而互相残杀，阿保机的祖父耶律匀德实被杀，父亲和叔叔伯伯们也逃走，阿保机在奶奶的保护下长大成人。

阿保机长大后，身材魁梧，胸怀大志，武艺高强，率领侍卫亲军屡立战功。公元907年，八部大人罢免了软弱的遥辇氏的可汗，改选阿保机为可汗。阿保机为了巩固自己的地位，除了重用本族人之外，还重用妻子述律氏家族的人，获得了更多的支持。阿保机知道契丹族落后，所以非常重视汉族人才。阿保机任命韩延徽为谋士。后来阿保机率兵四处掠夺，满足了贵族们掠夺财富的欲望，再次当选可汗。

契丹可汗实行的是家族世选制，在可汗位转入耶律家族后，可汗就都要由家族的成年人担任，阿保机不让位，引起了他的兄弟们的强烈

契丹文字

辽建立后，出于统治的需要，而参照汉字创制成的一种民族文字，有大字、小字两种。契丹大字为辽太祖耶律阿保机从侄耶律鲁不谷和耶律突吕不参照汉字偏旁部首，于神册五年（公元920年）创制而成，字形近似汉字的方块字，有3000余字。契丹小字由辽太祖弟耶律迭剌参照回鹘文的造字法创制而成。小字属于拼音方式，每个字由1～7个原字组成。这两种文字在辽朝并用，但汉字亦通用。辽灭亡后，契丹大、小字曾继续沿用，直至金明昌二年（1191年），章宗下诏罢契丹字，才废止使用。现存契丹文字，主要见于碑刻、墨书题字、墓志，以及铜镜、印章、货币等。

不满。他们先后发动了三次反对阿保机的叛乱。阿保机亲率侍卫亲军镇压，平息了叛乱。其他七部大人联合起来，要求阿保机退让可汗之位，重新选举。阿保机拿不定主意，就问汉族谋士韩延徽怎么办。韩延徽说："汉人的君王可不轮流选举！"阿保机于是下定决心，铲除反对势力。他设计将他们全部杀死。从此后，再也没有人和阿保机争夺可汗之位了。

公元916年，在除掉内外的反对势力后，阿保机称皇帝，国号契丹，年号神册，定都临潢府（今内蒙古巴林左旗），阿保机就是辽太祖。契丹强盛时的地域东至大海，西逾金山（今阿尔泰山），北到胪朐河（今克鲁伦河），南达白沟（今河北中部的拒马河）。

李存勖统一北方

当时，在北方还有两个较大的割据势力。一个是幽州的刘仁恭，另一个是河东的晋王李克用。李克用的长子，名叫李存勖（公元885—926年），小名亚子。他自幼喜欢骑马射箭，武艺高强，为李克用所宠爱。11岁时，李存勖随父作战，获胜后随父亲到长安向朝廷报功，进见唐昭宗。唐昭宗见了他，对李克用说："此子可亚其父。"（意思是说他可以超过他的父亲，使父亲成为亚军，因而得名"亚子"。）

唐朝后期，李克用因兵少地小常常被控制河南的朱温打败，非常悲观。李存勖劝父亲不要灰心丧气，要积蓄力量，等待时机，重新振作起来。

幽州的刘仁恭父子在李克用扶持下才占据了幽州地区，后来却忘恩负义，李克用向他征兵时竟不发一兵一卒。一次，刘仁恭遭到朱温军队围攻，厚着脸皮向李克用求援。李克用恨他毫无信用，不肯发兵。李存勖分析了形势，劝父亲出兵救援刘仁恭，阻止了朱温势力的发展。

开平二年（公元908年）正月，李克用病死。临死前，李克用给了李存勖三支箭，对他说："后梁是我们的仇人。燕王（刘仁恭）是靠我的支持才占领幽州的，契丹耶律阿保机曾是我的结拜兄弟，但他们都背叛我投奔了朱温。这是我一生的三大恨事！现在给你三支箭，替我报仇。"李存勖含泪接过，供奉在太庙里。每次外出打仗，都背上这三支箭，凯旋之后再放回太庙。李克用死后，李存勖袭晋王位。刚办完丧事，他就杀死了企图夺位的叔父李克宁，巩固了自己的地位。

⊙唐代铠甲

朱温派兵十万进攻河东要地潞州（今山西长治），潞州守将李嗣昭紧闭城门，固守不出。梁军久攻不下，便在潞州城下筑长城，内防突围，外拒唐军援兵，双方相持一年有余。李克用死后，梁军认为李克用新丧、李存勖新立，所以放松了戒备。但李存勖亲率大军从太原出发，经过六天的急行军抵达潞州城外的三垂冈，而梁军毫无察觉。

第二天早晨，天降大雾，李存勖指挥大军奇袭梁军大营。梁军还在睡梦中，仓促中来不及应战，结果被李军杀得大败，丢盔弃甲，狼狈逃窜，马匹器械损失无数。这次奇袭重挫了梁军的锐气。朱温听到这个消息后，惊讶得张大了嘴，半天才说出一句话来："生儿子就应当生李亚子这样的！李克用虽死犹生，我的儿子们与他相比，简直就是些猪狗之类无用的东西！"

割据河北的两个后梁将领王镕和王处直由于不满朱温的猜疑与滥

杀，投靠了李存勖。朱温为了巩固河北，发兵征讨，王镕和王处直急忙向李存勖求救。李存勖率军来援，与梁军对峙于柏乡（今河北柏乡西南）。李存勖数次挑战，但梁军坚守不出。后李存勖采用周德威建议，向后撤军，退到高邑（今河北高邑）。梁将王景仁中计，率军追击。李存勖率骑兵两面夹击，梁军大败，精锐全部被歼。这一仗，后梁军在河北的地盘几乎全部丧失，李存勖与后梁朱温对峙黄河两岸。

接着，李存勖攻破幽州（今河北北部及辽宁一带），将刘仁恭父子活捉回太原。九年后，他又击败契丹，将耶律阿保机赶回北方。

公元912年，朱温被他的儿子朱友珪所杀，另一个儿子朱友贞又杀朱友珪。李存勖趁后梁内乱，不断进攻后梁，终于在公元923年攻灭后梁，同年在魏州（河北大名县西）称帝，不久迁都洛阳，国号唐，年号"同光"，史称后唐，李存勖就是后唐庄宗。

儿皇帝石敬瑭

公元926年，后唐庄宗李存勖在兵变中被杀，其养子李亶即位，就是唐明宗。唐明宗即位后杀酷吏孔谦，褒廉吏，罢宫人、伶官，废内库，注意民间疾苦。但因文盲君临朝廷，无驭驾能力。又兼用人不明，姑息藩镇，权臣安重诲跋扈，次子李从荣骄纵，以致变乱迭起，最终饮恨而死。唐明宗死后，他的儿子李从厚做了后唐皇帝，是为唐闵帝。不久，闵帝为李亶的养子李从珂派人所杀。李从珂做了后唐皇帝，这就是唐末帝。

唐明宗在位时，唐末帝便与他的姐夫、河东节度使石敬瑭不和，等到唐末帝登基后，两人终于闹到公开决裂的地步。

李从珂派了几万人马进攻石敬瑭所在的晋阳。石敬瑭眼看要抵挡不住了，这时，有个叫桑维翰的谋士给他出了个主意，让他向契丹人求救兵。

那时候，耶律阿保机已经死了，他的儿子耶律德光做了契丹国主。桑维翰帮石敬瑭起草了一封求救信，对耶律德光表示愿意，并拜契丹国主做父亲，并且答应在打退唐军之后，将雁门关以北的燕云十六州（又称幽云十六州，指幽州、云州等16个州，都在今河北、山西两省北部）土地献给契丹。

◉石敬瑭像

耶律德光正打算向南扩张土地，接到石敬瑭的信，满心欢喜，立刻出5万精锐骑兵援救晋阳。这样，内外出兵夹击，把唐军打得大败。

后来，耶律德光来到晋阳，石敬瑭亲自出城迎接，卑躬屈膝地把比他小10岁的耶律德光称做父亲。

经过一番观察，耶律德光觉得石敬瑭的确是死心塌地投靠他，便正式宣布石敬瑭为"大晋皇帝"。石敬瑭称帝后，立刻把燕云十六州送给了契丹，还答应每年献帛30万匹。

石敬瑭在契丹的支持下，带兵南下攻打洛阳，接连打了几个胜仗。唐末帝走投无路，在宫里烧起一把火，带着一家老少投火自杀了。

石敬瑭攻下洛阳，灭了后唐，在汴京正式做了中原的皇帝，国号叫晋，这就是后晋高祖。石敬瑭对契丹国主耶律德光感恩戴德，每次向契丹上奏章，都把耶律德光称做"父皇帝"，自己称"儿皇帝"。朝廷上下都觉得丢脸，只有石敬瑭满不在乎。

石敬瑭做了七年的儿皇帝，生病死了。他的侄儿石重贵即位，这就是晋出帝。晋出帝向契丹国主上奏章的时候，自称孙儿，不称臣。耶律德光借机说晋出帝对他不敬，带兵进犯。

契丹两次进犯中原，都被晋朝军民打败了。但是后来，由于汉奸的出卖，契丹兵攻进了汴京，俘虏了晋出帝，把他押送到契丹。后晋便灭亡了。

公元947年，耶律德光进了汴京，自称大辽皇帝（这一年契丹改国号为辽）。

后来，中原的百姓受不了辽兵的残酷压迫，纷纷起义，反抗辽兵。东方的起义军声势浩大，攻占了三个州。

取律德光害怕了，被迫退出中原。在撤退途中，他病死在河北滦县的杀胡林。但是，被石敬瑭出卖的燕云十六州仍在契丹贵族的控制之中，这些地方后来成为他们进攻中原的基地。

周世宗斥冯道

辽兵被迫退出中原时，后晋大将刘知远在太原称帝。随后，率领大军南下。刘知远的军队纪律严明，受到中原百姓的欢迎。刘知远很快收复了洛阳、汴京等地。同年六月，刘知远在汴京建都，改国号为汉。这就是后汉高祖。

刘知远只做了十个月皇帝就得病死了。他的儿子后汉隐帝刘承祐即位以后，嫌手下将领权力太大，秘密派人到邺都（今河北监漳县西，河南安阳市北）去杀大将郭威，导致郭威起兵反叛。公元950年，郭威推翻了后汉，并于第二年在汴京即位，国号周，就是后周太祖。

周太祖出身贫苦，很能体谅民间疾苦，同时他也有些文化，注意重用人才，改革政治。在他的治理下，五代时期的混乱局面开始好转。

后周建国的时候，刘知远的弟弟刘崇占据太原，不服后周统治，成为一个割据政权，历史上称为北汉（十国之一）。刘崇见自己的力量无法抵御后周，便投靠了辽朝，拜辽主为"叔皇帝"，自称"侄皇帝"，多次依靠辽兵进犯周朝，但都以失败告终。

公元954年，周太祖死了。他没有儿子，生前把柴皇后的侄儿柴荣收做自己的儿子。柴荣从小聪明能干，练得一身武艺。周太祖死后，柴荣继承皇位，这就是周世宗。

北汉国主刘崇听说周太祖病死，认为周朝局势不稳，进攻后周的机会到了，就勾结辽国出兵。他集中了三万人马，又请求

◉ 会客图　五代　佚名

此图描绘五代时期文官的日常会客场面，人物神采毕现，各具情态，笔墨浑厚饱满，线条流畅挺劲，用色秀雅平和，诚为五代佳制。

辽主派出一万骑兵，向潞州（治所在今山西长治）进攻。

周世宗听说北汉进兵，决定亲自出征。大臣纷纷反对，后来看周世宗态度挺坚决，也不好说什么了。这时，有一个老臣站出来反对，他就是太师冯道。

冯道从后唐明宗那时候起，就当了宰相。后来，换了四个朝代，他都能随机应变，一些新王朝的皇帝，也乐得利用他。所以，他一直位居宰相、太师、太傅等职。

周世宗对冯道说："过去唐太宗都是自己带兵最终平定了天下。"

冯道说："陛下与唐太宗相比，谁更英明呢？"

周世宗看出冯道瞧不起他，激动地说："我们有强大的军队，要消灭刘崇，还不是像大山压鸡蛋一样容易。"

冯道说："陛下能像一座山吗？"

周世宗听罢一甩袖子，怒气冲冲地离开了朝堂。后来，由于有其他大臣的支持，周世宗把亲征的事决定了下来。

周世宗率领大军到了高平（在今山西省），与北汉兵相遇，双方摆

开了阵势。

刘崇指挥北汉军猛攻周军，情况十分危急，周世宗见状亲自上阵，指挥他的两名将领赵匡胤（音 yìn）和张永德各带领 2000 亲兵冲进敌阵。周军兵士看到周世宗沉着应战，也奋勇冲杀。最后，北汉兵抵挡不住，大败而逃。

高平一战，大大提高了周世宗的声望。过了两年，他又亲自征讨南唐（十国之一），攻下了长江以北 14 个州。接着，他又下令北伐，带领水陆两路进军，收复北方大片失地。

正当周世宗要实现统一全国的愿望的时候，却得了重病，只得撤兵回开封。公元 959 年，他在开封去世，年仅 39 岁。他死后，由年仅 7 岁的儿子柴宗训接替皇位，就是周恭帝。

陈桥驿兵变

周恭帝即位的时候，年纪太小，由宰相范质、王溥辅政。后周的政局不稳，京城里人心浮动，谣言纷纷，说赵匡胤快要夺取皇位了。

赵匡胤本来是周世宗手下得力大将，跟随周世宗南征北战，立下不少战功。周世宗在世的时候，十分信任赵匡胤，派他做禁军统帅，官名叫殿前都点检。禁军是后周一支最精锐的部队。

世宗一死，军权落在赵匡胤手里。赵匡胤和他的弟弟赵匡义、幕僚赵普等人看到周世宗壮年夭折，周恭帝又年幼无知，就秘密策划夺取皇位。

公元960年春节，正月初一，后周朝廷正在举行朝见大礼时，忽然接到边境送来的紧急战报，说北汉国主和辽朝联合，出兵攻打后周边境。

大臣们很吃惊，后周宰相范质、王溥来不及辨别情报的真伪，急忙命赵匡胤带兵北上应战。

赵匡胤接到出兵命令，立刻调兵遣将，过了两天，就带了大军从汴京出发。跟随他的还有赵匡义和赵普。

当天晚上，大军到了离开京城20里的陈桥驿，赵匡胤命令将士就地扎营休息。兵士们倒头就呼呼睡着了，一些将领却聚集在一起，悄悄议论。有人说："现在皇上年纪那么小，我们拼死拼活去打仗，将来有谁知道我们的功劳，倒不如现在就拥护赵点检做皇帝！"大伙听了，都赞成这个意见，就推一名官员把这个意见先告诉赵匡义和赵普。

那个官员到赵匡义那里，还没有把话说完，一些将领已经闯了进来，亮出明晃晃的刀，嚷着说："我们已经商量定了，非请点检即位不可。"

赵匡义和赵普听了，暗暗高兴，一面叮嘱大家一定要安定军心，不要造成混乱；一面赶快派人告诉留守在京城的大将石守信、王审琦。

第二天一

◉ **陈桥兵变遗址**
此遗址位于今河南省新乡市封丘县陈桥镇，为宋太祖黄袍加身处。

早，这消息已传遍了军营。大家闹哄哄地拥到赵匡胤住的驿馆，一直等到天色发白。

赵匡胤隔夜喝了点酒，睡得挺熟，一觉醒来，只听得外面一片嘈杂的人声，接着，就有人打开房门，高声地叫嚷，说："请点检做皇帝！"

赵匡胤赶快起床，还没来得及说话，几个人把早已准备好的一件黄袍，七手八脚地披在赵匡胤身上。大伙跪倒在地上磕了几个头，高呼"万岁"。接着，又推又拉，把赵匡胤扶上马，请他一起回京城。

赵匡胤骑在马上，假意推让了一番，然后说："你们既然立我做天子，我的命令，你们都能听从吗？"

将士们齐声回答说："自然听陛下命令。"

赵匡胤就发布命令：到了京城以后，要保护好周朝太后和幼主，不许侵犯朝廷大臣，不准抢掠国家仓库。执行命令的将来有重赏，否则就要严办。

赵匡胤本来就是禁军统帅，再加上有将领们拥护，谁敢不听号令！将士们排好队伍开往京城。一路上军容整齐，秋毫无犯。

到了汴京，又有石守信、王审琦等人做内应，没费多大劲儿就拿下了京城。

将领们把范质、王溥找来。赵匡胤见了他们，装出为难的模样说："世宗待我恩义深重。现在我被将士逼成这个样子，你们说怎么办？"

范质等不知该怎么回答。有个将领声色俱厉地叫了起来："我们没有主人。今天大家一定要请点检当天子！"

赵匡胤故意喝道："还不退下。"

范质、王溥吓得赶快下拜。

周恭帝让了位。赵匡胤即位做了皇帝，国号叫宋，定都东京（今河南开封），历史上称为北宋。赵匡胤就是宋太祖。经过50多年混战的五代时期，宣告结束。

杯酒释兵权

宋太祖即位后不久，就有两个节度使起兵反叛。宋太祖亲自出征平定了叛乱。

经过这件事之后，宋太祖心里总感到不安稳。有一次，他单独找来赵普，对他说："自从唐朝末年以来，接连更换了五个朝代，战争从来没有停止过，不知道有多少老百姓死于非命，这到底是怎么回事呢？"

赵普说："道理很简单，国家混乱，病症就出在藩镇权力太大。假如把兵权集中到朝廷，天下就会太平无事了。"

宋太祖想想，觉得赵普说得非常有道理。

几天后，宋太祖在宫里设宴，请石守信、王审琦等几位老将聊天喝酒。

宋太祖趁酒酣耳热之际，命令身边的太监退出。他拿起一杯酒，请大家喝干之后说："我要不是有你们帮助，也不会有今天这个样子，但是你们哪儿知道，做皇帝也有很多闹心事，还不如做个节度使自在。不瞒你们说，这一年来，我就没有睡过一夜安稳觉。"

石守信等人听了很吃惊，连忙问这是什么原因。

宋太祖说："这不是明摆着吗？皇帝这个位子，谁不眼红呀？"

石守信等人听宋太祖这么一说，都惊慌失措，跪在地上说："陛下为什么这样说呢？现在天下已经太平无事了，谁还敢对陛下不忠呢？"

宋太祖摆摆手说："你们几位我是信得过的，只怕你们的部下当中，有人贪图富贵，往你们身上披黄袍，你们想不干，恐怕也不行吧？"

石守信等听宋太祖这么说，顿时感到大祸临头，连连磕头，流着泪说："我们都是粗心人，想得不周到，请陛下给我们指引一条出路。"

宋太祖说："我替你们着想，你们不如把兵权交给朝廷，去地方做个闲官，置些田产房屋，给子孙留点家业，平平安安地度个晚年。我和你们结为亲家，没有猜疑，上下相安，这样不是很好吗？"

石守信等人这才恍然大悟，原来是要他们交出兵权，赶快向宋太祖叩头谢恩。

第二天，石守信等大臣一上朝，每人都递上一份奏章，说自己年老多病，请求辞职。宋太祖马上准许，收回他们的兵权，赏给每人一大笔财物，打发他们到各地去做节度使。历史上把这件事称为"杯酒释兵权"（"释"就是解除的意思）。

后来，宋太祖又收回了地方将领的兵权，建立了新的军事制度，从地方军队挑选出精兵，组编成禁军，由皇帝直接指挥，各地行政长官也由朝廷委派。这些措施出台实行后，新建立的北宋王朝稳定了下来。

李后主亡国

宋太祖稳定了内部，雄心勃勃，准备出兵统一全国。当时，五代时期的"十国"，留下来的北方有北汉，南方还有南唐、吴越、后蜀、南汉、南平等。要统一全国，该先从哪里下手呢？先打北汉，还是先打南方呢？最后，宋太祖和赵普经过商议，他们决定了先南后北的计划。

接着，宋太祖约摸花了十年时间，先后出兵消灭了南平、后蜀、南汉。这样，南方的割据政权只留下南唐和吴越两国。

南唐是"十国"中最大的一个割据政权，那里土地肥沃，没有像中原那样遭到战争的破坏，所以经济繁荣，国力富裕。但是，南唐的国主是个十分昏庸无能的人，后来弄得国力渐渐衰弱下来。

最后的一个国主李煜（音yù），历史上称南唐后主，是一个著名的词人，对诗词、音乐、书画，十分精通，可就是不懂得处理国事。北宋建国后，李煜每年向北宋进贡大量金银财宝，想维持他的地位。

◎南唐文会图 北宋 佚名

这幅图描绘了南唐后主李煜和三位文士在庭院聚会的情形。院前有荷塘，院后有芭蕉，左右有丛竹老树，环境清幽，富有自然的意趣。李煜振笔疾书，其他三人静静围观，奴婢则直立以待。李煜的艺术才能是多方面的，他的书法崇尚瘦硬，骨力遒劲，人称"铁钩锁""金错刀""撮襟书"。

后来，他看到宋太祖接连消灭了周围三个小国，才着慌起来，赶快派使者给宋太祖送去一封信，表示愿意取消南唐国号，自己改称"江南国主"。但是这一点小小的让步，怎么能改变宋太祖统一中国的决心呢。

公元974年九月，宋太祖派大将曹彬、潘美带领十万大军分水陆两路攻打南唐。宋军搭好浮桥，跨过长江。南唐的守将败的败，投降的投降。十万宋军很快就打到金陵（今江苏南京）城边。

那时候，李后主还正在宫里跟一批和尚道士诵经讲道，宋军到了城外，他还蒙在鼓里呢。有一天，他到城头上巡视，发现城外到处飘扬着宋军旗帜，这才大吃一惊，回宫以后，派大臣徐铉（音xuàn）到东京去求和。

徐铉见了宋太祖说："李煜待陛下，就像儿子待父亲一样孝顺，为什么还要讨伐他？"

宋太祖反问说："那么你倒说说，父亲和儿子能分成两家吗？"

徐铉没话说，回到金陵向李后主回报。过了一个月，宋军围城越来越紧，李后主又派徐铉到东京去，恳求退兵。宋太祖手按利剑，大怒道："你不要多说了。李煜并没有什么罪。但是现在天下一家，我的床边，怎么能让别人睡着打呼噜呢！"

徐铉吓得不敢再讲，只好回去复命。李后主求和不成，连忙调动驻守上江的15万大军来救。兵到皖口（今安徽安庆西南，皖水入江口），受到宋军夹攻。南唐军想放火烧宋军，不料突然刮起北风，大火反烧了自己。南唐军全军覆没。

宋军很快攻进金陵。李后主投降，做了亡国奴。

李后主被押到东京，宋太祖对他还比较优待。但是李后主从一个尽情享乐的国君变成一个亡国的俘虏，心里十分辛酸，每天流着眼泪过日子。他本来是写词的能手，在这段时期里，写了一些感情忧伤的词。"问君能有几多愁，恰似一江春水向东流"就是他这段时期词作中的名句。

赵普受贿

从宋太祖取得政权开始，到平定南方，赵普是主要的谋士，立了不少大功。宋太祖拜赵普为宰相，事无大小，都跟赵普商量。

赵普出身小吏，比起一般文臣来，他的学问差得多。他当上宰相以后，宋太祖劝他读点书。赵普每次回家，就关起房门，从书箱里取书，认真诵读。第二天上朝处理政事，总是十分敏捷。后来，家里人发现，他的书箱里藏的不过是一部《论语》。于是人们就流传一种说法，说赵普是靠"半部《论语》治天下"的。

宋太祖信任赵普，赵普也敢于在宋太祖面前坚持自己的意见。有一次，赵普向宋太祖推荐一个人做官。接连两天，宋太祖没有同意。第三天赵普上朝的时候，又送上奏章，坚持要求宋太祖同意他的推荐，这下可触怒了宋太祖。宋太祖把奏章撕成两半，扔在地上。

赵普趴在地上，不慌不忙地把扯碎的奏章拾起来，放在袖子里。退朝回家以后，赵普把扯碎的奏章粘接起来，过了几天，又带着它上朝交给宋太祖，宋太祖见赵普态度这样坚决，只好接受了他的意见。

再有一次，赵普要提拔一名官员，宋太祖不批准。赵普就像前次一

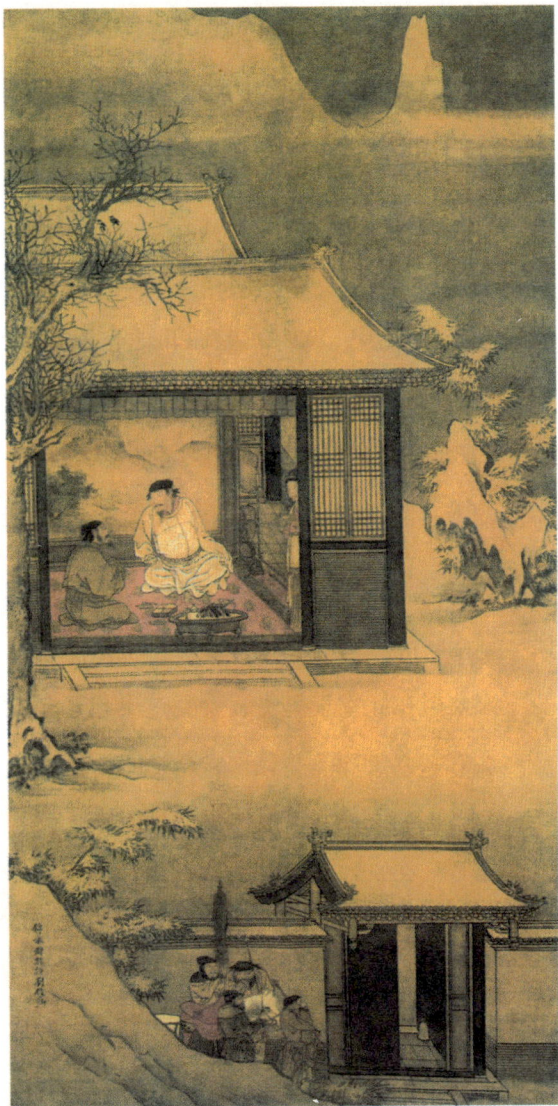

◎雪夜访普图 明 刘俊
此图描绘的是宋太祖雪夜私访宰相赵普商议统一大计的故事。

样坚持自己的意见。宋太祖说："我就是不准，你能怎么样？"

赵普说："提拔人才，都是为国家着想，陛下怎能凭个人的好恶专断！"

宋太祖听了，气得脸色变白，一甩袖就往内宫走。赵普紧紧跟在后面。宋太祖进了内宫，赵普站在宫门外不走。

宫门前的卫士见宰相站在门口不走，只好向宋太祖回报。这时候宋太祖气已经平了，就叫太监通知他，说皇上已经同意他的请求，叫他回家。

赵普做了十年宰相，权力很大。日子久了，就有人想走他的门路，不时有人给他送礼物来。

宋太祖经常到赵普家里去，事先也不派人通知。有一次，吴越王钱俶（音chù）派个使者送信给赵普，还捎带了十坛"海产"。赵普把十坛"海产"放在堂前，还没来得及拆信，正好宋太祖到了。

宋太祖在厅堂里坐下，看到这十只坛，就问赵普是什么东西。赵普

禁军

禁军有专指与泛指之分。泛指是指历代皇帝的亲兵，即侍卫宫中及扈从的军队。专指是指北宋正规军。北宋称正规军为禁军或禁兵，从各地招募，或从厢军、乡兵中选拔，由中央政府直接掌握，分隶三衙。除防守京师外，并分番调戍各地，使将不得专其兵。每发一兵，均需枢密院颁发兵符。编制单位有军、指挥、都。士兵出自雇佣，且沿五代定制，文面刺字，社会地位低于一般人民。北宋中叶，单禁兵就已增至80余万人。王安石变法时裁减兵额，置将分领，军队战斗力有所提高。北宋末年，政治腐败，军队缺额极多，京师三衙所统实际仅存3万人。北宋亡，禁兵主力溃散。南宋时，各屯驻大军取代禁兵，成为正规军，而各地尚存的禁兵，则成为专供杂役、不从事战斗的部队。

回答说："是吴越送来的海产。"

宋太祖笑着说："既然是吴越送来的海产，一定不错，把它打开来看看吧！"

赵普吩咐仆人，打开坛盖，在场的人一看都傻了眼。原来坛里放的不是什么海产，竟是一块块金子。

宋太祖向来怕官员接受贿赂，滥用权力，看到这情况。心里窝了一肚子火，脸色也就沉了下来。

赵普满头大汗，惶恐地向宋太祖请罪，说："臣没有看信，实在不知道里面是什么东西，请陛下恕罪。"

宋太祖冷冷地说："你就收下吧！他们以为国家大事都由你们书生决定的呢。"

打这以后，宋太祖对赵普就有点猜疑起来，不久，又有官员告发赵普违反禁令，贩运木料。原来，当时朝廷禁止私运秦、陇（今陕西、甘肃一带）大木。赵普曾经到那里运木料为自己造住宅。他的部下趁机冒用赵普名义，私运一批大木到东京贩卖。这件事牵连到赵普。宋太祖大怒，要治赵普的罪，尽管其他大臣为他说情，宋太祖还是撤了赵普的宰相职位。

杨无敌

宋太祖灭了南方五国，接着，就出兵攻打北汉都城太原。北汉请辽朝出兵援助，宋军吃了败仗。不久，宋太祖也得病死去，他的弟弟赵匡义继承皇位，这就是宋太宗。

宋太宗决心完成统一北方的事业。公元979年，他率领四路大军围攻太原。辽军又来援助，宋太宗派兵截断援兵要道。太原城在宋军重重包围之中，外无援兵，内无粮草。北汉国主刘继元投降。刘继元手下有一名老将杨业，也归附了宋朝。因为他武艺高强，英勇善战，宋太宗十分器重他，任命他做大将。

后来，宋太宗派杨业担任代州（今山西代县）刺史，扼守代州北面的雁门关。

公元980年，辽朝派了十万大军攻打雁门关。那时候，杨业手下只有几千人马，兵力相差很大。杨业利用智慧杀伤大批辽兵，还杀死了一名辽朝贵族，活捉了一员辽将。

雁门关大捷后，杨业威名远扬。辽兵一看到"杨"字旗号，就吓得不敢交锋。人们给杨业起了个外号，叫做"杨无敌"。

过了几年，辽景宗耶律贤病死，即位的辽圣宗耶律隆绪才12岁，由他的母亲萧太后执政。宋太宗认为辽朝政局变动，正好趁这个机会收复燕云十六州失地。

公元986年，宋太宗派出曹彬、田重进、潘美率领三路大军北伐，并且派杨业做潘美的副将。

三路大军分路进攻，旗开得胜。潘美、杨业的一路人马出了雁门关，很快就收复了四个州。但是曹彬率领的主力因为孤军深入，后来被辽军杀得大败。宋太宗赶快命各路宋军撤退。

潘美、杨业接到命令，就领兵掩护四个州的百姓撤退到狼牙村（今山西大同浑源县）。那时候，辽军已经占领寰州（今山西朔县东，寰音huán），兵势很猛。杨业建议派兵佯攻，吸引住辽军主力，并且派精兵埋伏在退路的要道，掩护军民撤退。但监军王侁（音shēn）反对杨业的意见，并嘲笑杨业胆小怕死。杨业知道此次迎战必败无疑，但他无可奈何，只好带领手下人马出发了。

出发前，杨业指着前面的陈家峪（今山西朔县南）对潘美说："希望你们在这个谷口两侧，埋伏好步兵和弓弩手。我兵败之后，退到这里，你们带兵接应，两面夹击，也许有转败为胜的希望。"

杨业出兵没有多远，果然遭到辽军的伏击。当杨业把辽军引向陈家峪谷口时，连宋军的影子都没有。潘美带领的主力到哪儿去了呢？原来杨业走了以后，潘美也曾经把人马带到陈家峪。等了一天，听不到杨业的消息，王侁认为一定是辽兵退了。他怕让杨业抢了头功，催促潘美把伏兵撤去，离开了陈家峪；等到他们听到杨业兵败，又往另外一条小道逃跑了。

没人接应，杨业只好带领部下跟辽兵奋勇搏斗。最终，寡不敌众，杨业兵败被俘。在辽营里，杨业誓死不降，绝食三天三夜，牺牲了。

杨业战死的消息传到

◉ **杨门女将图**
"杨家将"精忠报国的故事流芳百世，巾帼不让须眉的"杨门女将"更成了千古传奇。

东京，朝廷上下都为他哀痛叹息。宋太宗感到非常难过，把潘美降职处分，王侁革职查办。

杨业死后，他的后代继承他父亲的事业，儿子杨延昭、孙子杨文广在保卫宋朝边境的战争中都立了功。他们一家的英勇事迹受到人们的传诵和赞美，民间流传的杨家将故事，就是根据他们的事迹发展起来的。

王小波起义

宋太宗征讨辽朝，以惨败告终，不仅这样，还丧失了像杨业这样的勇将，再也没有跟辽朝作战的勇气了。加上国内局势也很不稳定，特别是川蜀地区连续爆发农民起义，弄得宋王朝手忙脚乱，穷于应付。

川蜀地区在五代时期，先后建立过前蜀、后蜀两个政权，长期远离战火，因此，后蜀时期，国库十分丰实。宋太祖灭蜀后，纵容将士在成都抢掠，把后蜀积累的财富运到东京，激起了百姓的怨恨。到了宋太宗的时候，又在那里设立衙门，垄断了蜀地出产的茶叶、丝帛买卖。一些地主、大商人趁机投机倒把，贱买贵卖。蜀地百姓的日子一天比一天艰难。

青城县（今四川灌县西南）有个农民叫王小波，和他妻子的弟弟李顺，都是以贩卖茶叶谋生的。官府禁止民间买卖茶叶后，王小波被断了活路，决心起义。消息传开后，各地贫民纷纷前来参加王小波的起义军。十天的工夫，就聚集了几万人。

王小波有了人马，先打下了青城。接着，又乘胜攻打彭山（今四川彭山）。在彭山百姓的响应下，起义军很快攻下了县城，杀了大贪官齐元振，把他平日从百姓那里搜刮得来的钱财，分给贫苦的百姓们。

王小波随后便带兵北上，向江原（今四川崇庆东南）进军。驻守江原的宋将张玘发兵抵抗，双方在江原城外展开一场大战。

王小波的起义军个个英勇顽强，张玘眼看支持不住了，就放起冷箭来。王小波没防备，前额中了冷箭。王小波不顾鲜血从脸上往下流，继续战斗，终于打败宋军，把张玘杀了。

起义军进占了江原后，王小波因伤势太重死去。

王小波死后，起义将士推举李顺做首领，继续带领大家打击官军。

交子

交子是世界上最早流行的纸币，它于北宋初年在四川成都开始流行。成都在北宋时期是一个商业繁荣、商品交易发达的地区，然而最初使用的交换货币是铁钱。这种铁质的钱不仅重，而且价值很低。这就促使一些商人在交易中发明了一种制楮（纸，音 chǔ）的卷。他们在楮卷上暗藏标记，隐蔽密码，并以此代替铁钱，从而大大方便了商人们的商品交易。当时这种楮卷被称为"交子"，它的性质与现在的存款凭据相近。"交子"的出现，便利了商业往来，弥补了现钱的不足，是中国货币史上的一件大事。此外，"交子"作为中国乃至世界上发行最早的纸币，在印刷史、版画史上也占有重要的地位，对研究中国古代纸币印刷技术有着重要的意义。

在李顺的指挥下，起义军不断壮大，连续攻下许多城池，不断取得胜利，最后攻取了蜀地的中心成都。成都的文武官员见势不妙，早就逃跑了。

公元994年正月，李顺在军民的拥戴下，建立了大蜀政权。李顺做了大蜀王，一面整顿人马，一面继续派兵攻占各州县。从北面剑阁到东面的巫峡，到处都是起义军的势力。

消息传到东京，宋太宗非常惊慌，赶快召集宰相商量对策。随后派宦官王继恩为剑南西川治安使，前往镇压。王继恩兵分两路，派人从东面将巫峡的起义军堵住，自己率领大军向剑门进兵。

王继恩通过了剑门后，集合蜀地宋军，进攻成都。那时候，驻守成都的起义军还有十几万人，但是在敌人重兵包围之下，起义军渐渐抵挡不住，成都城终于被攻破，李顺也在战斗中牺牲了。

寇准抗辽

宋太宗死后，他的儿子赵恒即位，这就是宋真宗。这时候，宋朝的边境上出了事。1004年，东北方的辽国，出动了20万军队来打宋朝。

告急的消息不断地传到已经当了宰相的寇准那里，一个晚上竟来了五次。寇准不慌不忙，只说声"知道了"，照样喝酒下棋。宋真宗慌忙把寇准叫来，问："大兵压境，怎么办？"

寇准说："这好办，只要五天时间就够了。"没等真宗再发问，寇准接着说："现在只有陛下亲自出征，才能长我军士气，灭敌人威风，我们就一定能打败强敌！"站在旁边的一些大臣听后都慌了，怕寇准也让自己上前线，都想赶快走开。

宋真宗也是个胆小鬼，听了寇准的话，脸都吓白了，就想回皇宫躲起来。寇准郑重地说："您这一走，国家的事没人决断，不是坏了大事了吗？请您三思！"在寇准的坚持下，宋真宗才平静下来，商量起亲征的事。

过了几天，辽军的前锋已经打到了澶州（今河南濮阳西南，澶音chán），离东京只有几百里地了，情况万分紧急。同平章事王钦若趁机劝真宗迁都避敌，寇准据理力争，真宗才答应亲征。

宋真宗和寇准带领人马离开东京往北，来到韦城（今河南滑县）时，听说辽国兵马十分凶猛，宋真宗又害怕了。有的大臣趁机再向他提出到南方去的事。

宋真宗派人把寇准找来，问他："有人劝我到南方去避风险，你看怎么样？"寇准心中生气，可还是耐心地说："您千万别听那些懦弱无知的人的话。前方的将士日夜盼您呢！他们知道您亲征，就会勇气百倍，您要是先走了，军心就会动摇，就要打败仗。敌人在后面紧紧追赶，就是想逃到南方也是不可能的了！"宋真宗听了，还是下不了决心，皱着眉头，一声不吭，停了一会儿，他让寇准出去。

寇准刚出来就遇到将军高琼，连忙对他说："将军这次打算如何为国出力呢？"

高琼说："我是一个武人，愿意为国战死！""好，你跟我来！"

寇准带着高琼又来到宋真宗面前，说："我对您说的，您要是不信，就再问高琼好了！"接着，他又把反对迁都和主张亲征的事说了一遍。

高琼听了，连声对宋真宗说："寇准说得非常对，您应该听他的。只要您到澶州去，将士们就会拼死杀敌，一定会打败辽军！"

寇准激动地接过话，说："陛下，机不可失，眼下正是打败辽军的好机会，您应该立即出征！"宋真宗让寇准说得没话可说，抬头看了看站在旁边的卫官王应昌。王应昌紧紧握住挂在腰上的宝剑，说："陛下亲征，一定成功，假如停止前进，敌人会更加猖狂！"寇准和两员武将抗敌的坚定态度感染了宋真宗，他这才下了决心去澶州亲征。

宋真宗亲征的消息传到前线，宋军将士士气大振。当辽军攻打澶州城的时候，宋军拼死抵抗，一个宋军守将眼疾手快，一箭射死了辽军统帅萧达兰。辽军见不能取胜，只好答应和宋朝讲和。宋真宗也不愿再打仗，就派使者跟辽军谈判。

寇准坚决反对议和，主张乘胜收复燕云十六州。一些主和派就说寇准想利用军队，夺取权势。没法，寇准只好同意议和。

宋朝派曹利用去谈判，经过一番讨价还价，最后商量好：宋朝每年送给辽国白银十万两，绢20万匹。辽军退走了。就这样，宋朝虽胜犹败。因为澶州也叫澶渊，历史上把这次和约叫作"澶渊之盟"。

李元昊反宋建西夏

宋真宗一味地妥协求和，这种做法虽然应付了辽朝，但西北边境的党项族（古代少数民族之一）贵族却趁机侵扰宋朝边境，提出无理要求。宋真宗疲于应付，只好妥协退让，封党项族首领李继迁为夏州刺史、定难军节度使。1004年，李继迁死后，又封他的儿子李德明为西平王，每年送去大批银绢，以示安抚。

李德明的儿子李元昊（音hào）是个雄心勃勃的人。他精通汉文和佛学，多次打败吐蕃、回纥等部落，势力范围不断扩大。他劝说父亲不要再向宋朝称臣。

李德明不肯接受他的意见。直到李德明死后，李元昊继承了西平王的爵位，才按照自己的主张，设置官职，整顿军队，准备脱离宋朝的控制，自立门户。

1038年，李元昊自称皇帝，国号大夏，建都兴庆（今宁夏回族自治区银川市）。因为它在宋朝的西北，历史上叫作西夏。

李元昊称帝以后，上表要求宋朝承认。那时候，宋真宗已经死去，在位的是他的儿子宋仁宗。宋朝君臣讨论的结果，认为这是李元昊反宋的表示，就下令削去李元昊西平王爵位，断绝贸易往来，还在边境关卡上张榜悬赏捉拿李元昊。李元昊被激怒了，就决定大举进攻。

一年后，西夏军向延州（今陕西延安）进攻。宋朝守将范雍不敢出战。李元昊派人诈降，范雍放松警戒，结果宋军吃了一个大败仗，损失了不少人马。宋仁宗十分生气，把范雍革了职，另派大臣韩琦和范仲淹到陕西指挥抗击西夏。

范仲淹到了延州，改革边境上的军事制度。他把延州16000人马分为六路，由六名将领率领，日夜操练，宋军的战斗力显著提高。西夏将

《虎钤经》

《虎钤经》为中国宋代著名兵书。北宋吴郡（今江苏吴县）人许洞历4年于景德元年（1004年）撰成，凡20卷，210篇，共论210个问题。许洞曾任雄武军推官、均州参军等职。该书现存明嘉靖刊本及清《四库全书》等刊刻本。《虎钤经》以上言人谋，中言地利，下言天时为主旨，兼及风角占候、人马医护等内容。许洞认为，天、地、人三者的关系应是"先以人，次以地，次以天"（《虎钤经》，明刊本，下同），重视人（主要是将帅）在战争中的作用。要求将帅应"观彼动静"而灵活用兵，做到"以虚合变应敌"。尽管天时有吉凶，地形有险易，战势有利害，如能吉中见凶、凶中见吉，易中见险、险中见易，利中见害、害中见利，就能用兵尽其变。此外，还汇集了不少阵法，并创造了诸如飞鹘、长虹等阵。但书中天人感应等荒诞迷信之谈，则不可取。

士看到宋军防守严密，不敢进犯延州。

1041年2月，李元昊亲自率军，向渭州（今甘肃平凉）进犯，韩琦集中所有人马布防，还选了18000名勇士，由任福率领出击。

任福带了几千骑兵迎击西夏兵，两军相遇，双方打了一阵，西夏兵丢下战马、骆驼就逃。任福派人侦察，听说前面只有少量的敌兵，就在后面紧紧追赶。

任福带着宋军向西进兵，到了六盘山下，连西夏兵的影子都没看见。只见路边有一些泥盒，封得很严实，泥盒里还有跳动的声音。兵士报告任福，任福不假思索就让人打开盒子。100多只带哨的鸽子顿时飞了出来，在宋军的头上飞翔盘旋。

原来，西夏兵采取了诱敌战术。在六盘山下，李元昊带了十万精兵，早已布置好埋伏，只等那鸽子飞起，四面的西夏兵就一齐杀出，将宋军紧紧围在中央。宋军奋力突围。从早晨一直打到中午，大批的西夏兵不断从两边杀出。宋兵边打边退，伤亡不断增加。最后，任福身中数箭，战死在阵地上。

这一仗，宋军死伤惨重，李元昊获得大胜。宋仁宗听到战败的消息，非常气愤，韩琦和范仲淹两人都被贬官降了职。

从这以后，宋夏多次交兵，宋军连连损兵折将，宋仁宗不得不重新起用韩琦、范仲淹指挥边境的防守。两人同心协力，爱抚士卒，军纪严明，西夏才不敢再进犯。

狄青假面战敌军

韩琦、范仲淹刚到陕西的时候，有人向他们推荐，当地军官中有个狄青，英勇善战，有大将的才干。

狄青本是京城禁军里的一个普通兵士。他从小练得一身武艺，骑马射箭，样样精通，加上胆壮力大，后来被选拔做了小军官。

西夏的元昊称帝以后，宋仁宗派禁军到边境去防守，狄青被派到陕西保安（今陕西志丹）。

不久，西夏兵进攻保安。保安的宋军多次被西夏兵打败，兵士们一听说打仗都有点害怕。守将卢守勤为了这件事正在发愁。狄青主动要求让他担任先锋，抗击西夏军。

卢守勤见狄青愿意当先锋，自然高兴，就拨给他一支人马，跟前来进犯的西夏军交战。

狄青每逢上阵，先换一身打扮。他把发髻打散，披头散发，脸上罩着一个铜面具，只露出两只炯炯的眼睛。他手拿一支长枪，带头冲进敌阵，东挑西杀。西夏兵士自从进犯宋境以来，没有碰到过这样厉害的对手。他们看到狄青这副打扮，已经胆寒了。经狄青和宋军猛冲一阵后，西夏军阵脚大乱，纷纷败退。狄青带领宋军冲杀过去，打了一个大胜仗。

捷报传到朝廷，宋仁宗十分高兴，把卢守勤提升了官职，狄青提升四级。宋仁宗还想把狄青召回京城，亲自接见。后来因为西夏兵又进犯渭州（今甘肃陇西东南），调狄青去抵抗，不得不取消了召见的打算，叫人给狄青画了肖像，送到朝廷去。

以后几年里，西夏兵不断在边境各地进犯，弄得地方不得安宁。狄青前后参加了25次大小战斗，受了八次箭伤，从没有打过一次败仗。西夏兵士一听到狄青的名字，就吓得不敢跟他交锋。

韩琦和范仲淹听说狄青的事，立刻召见狄青，向他问了一些问题，觉得他确是一个人才，只是读书不多，缺少见识。范仲淹劝他说："你现在是个将官了，要多读点书才行。做将官的如果不能博古通今，只靠个人的勇敢是不够的。"接着，他还介绍狄青读一些书。

狄青见范仲淹这样热情地鼓励他，十分感激。以后，他利用打仗的空隙刻苦读书。过了几年，他把秦汉以来名将的兵法著作都读得很熟。他的军事学识更丰富了。又因为立了战功，不断得到提升，名声也更大了。后来，宋仁宗把他调回京城，担任马军副都指挥使。

狄青出身士兵。宋代为了防止兵士逃跑，在兵士的脸上刺上字，再涂上墨做记号，皮肤上留下青黑色的字迹，称做面涅。狄青当过小兵，脸上也有面涅。

宋仁宗召见狄青，看到他脸上的字认为当大将脸上留着黑字，很不体面，就叫狄青回家以后，敷上药，把黑字除掉。

狄青不同意这样做。他说："陛下不嫌我出身低微，按照战功提拔我，我很感激。至于这些黑字，我宁愿留着，让兵士们见了，知道该怎样上进！"

宋仁宗听了，很赞赏狄青的见识，更加器重他。

后来，因为狄青多次立功，被提拔为掌握全国军事的枢密使。一个小兵出身的人当上枢密使，这是宋朝历史上从来没有过的事。有些大臣嫌狄青出身低，劝仁宗不该把狄青提到这么高的职位，但是宋仁宗这时候正在重用将才，没有听这些意见。

范仲淹推行新政

范仲淹在边境整顿军纪的同时，还注意减轻边境百姓的负担，使北宋的防守力量明显得到加强。西夏和北宋打了几年仗，没得到什么好处。到了1044年，西夏国主李元昊愿意称臣求和，北宋的边境这才暂时安定下来。

范仲淹不但是个军事家，而且还是政治家、文学家。他是苏州吴县（今江苏苏州）人，他从小就死了父亲，因为家里贫穷，母亲不得不带着他改嫁了人家。范仲淹在十分艰苦的环境中成长。他在一座庙里居住、读书，穷得连三餐饭都吃不上，每天只得熬点薄粥充饥，但是他仍旧苦学不辍。有时候，读书到深更半夜，实在倦得睁不开眼，就用冷水泼自己，去除倦意，继续攻读。这样苦读了五六年，终于成为一个学识渊博的人。

范仲淹最初在朝廷当谏官，因为看到宰相吕夷简滥用职权，谋求私利，就向仁宗大胆揭发。这件事触犯了吕夷简，吕夷简怀恨在心，诬陷范仲淹结交朋党，挑拨君臣关系。宋仁宗听信了吕夷简的话，贬谪范仲淹去了南方。直到西夏战争发生以后，才把他调到陕西去防守边境。

范仲淹在宋夏战争中屡立战功，宋仁宗觉得他确实是个难得的人才，就把范仲淹从陕西调回京城，任命他为副宰相。

范仲淹回到京城后，宋仁宗马上召见了他，要他提出治国的方案。范仲淹知道朝廷弊病太多，不可能一下子都改掉，准备一步一步来。但是，禁不住宋仁宗一再催促，就提出了十条改革措施。它的主要内容是：一、明确规定官吏提拔或降职的办法；二、严格阻止凭借特权、关系取得官职；三、改革科举制度；四、慎重选择官员；五、重视生产；六、加强武备；七、减轻劳役；等等。

正在改革兴头上的宋仁宗，看了范仲淹的方案，立刻批准在全国推行。历史上把这次改革称为"庆历新政"（"庆历"是宋仁宗的年号）。

范仲淹的新政刚一推行，就捅了马蜂窝。一些皇亲国戚、权贵大臣、贪官污吏，见自己的利益受到威胁，纷纷闹了起来，散布谣言，

⊙ 岳阳楼

攻击新政。那些原来就对范仲淹不满的大臣，天天在宋仁宗面前说坏话，又说范仲淹与一些人结党营私，滥用职权。

宋仁宗动摇起来。新政只推行了一年多，范仲淹就被降职，调到外地做官去了。范仲淹刚走，宋仁宗就下令废止新政。

范仲淹因改革政治一事，受了很大打击，但是他并不因为个人的遭遇感到懊恼。一年之后，他的一位在岳州（治所在今湖南岳阳）做官的老朋友滕子京，重新修建当地的名胜岳阳楼，请范仲淹写篇纪念文章。范仲淹挥笔写下了《岳阳楼记》。在这篇著名的文章里，范仲淹提到：一个有远大政治抱负的人，他的思想感情应该是"先天下之忧而忧，后天下之乐而乐"（意思是"担忧在天下人之前，享乐在天下人之后"）。这两句名言一直被后人传诵，而岳阳楼也因范仲淹的文章而名扬四海。

你一定要知道的
中华上下五千年

石开航 编

（全4卷）

4

中国华侨出版社

·北京·

专制与危机

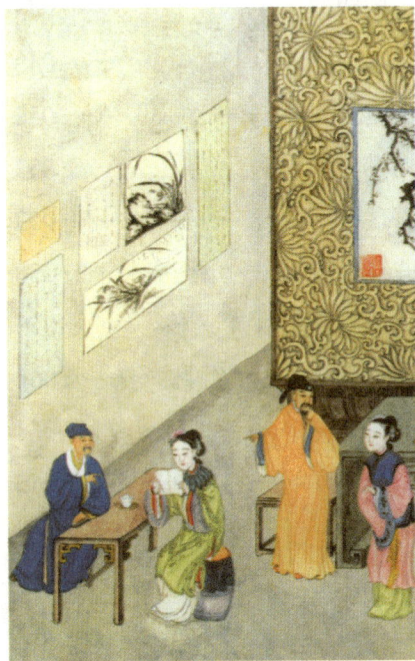

专 制 与 危 机

元世祖重用读书人

忽必烈原来对中原文化并不熟悉，但他在当亲王时，就留意招揽各方面的人才，特别是汉族读书人中有才干的人。许衡便是这许多人中的一个。

许衡是元代的著名学者，他在汉、蒙文化的融合交流方面，起过不小的作用。早在元太宗时，元太宗在窝阔台曾下令考试儒术，许衡参加了考试，并且考中了，由此他开始出名。忽必烈当亲王时，特地派了使者去请他，并任命他为京兆提学。许衡到任后，大力兴办学校，讲授程朱理学。由于他名气大，来求学的人很多。忽必烈即位后，曾任命他为集贤大学士兼国子祭酒。

许衡当了集贤大学士兼国子祭酒后，正式设立了国子学（封建时代的最高学府），学生都是从忽必烈手下的蒙、汉大臣的子弟中挑选出来的。许衡以朱熹的《小学》等为教材，向他们讲授程朱理学等儒家文化，课余还教他们学习儒家的礼仪和技艺，使他们了解了中原文化和儒家的治国方法，为元朝廷培养了不少人才。他的学生中后来成为宰相、大臣的有近十人，成为各部和地方长官的又有数十人。

忽必烈手下还有一位叫刘秉忠的，是忽必烈最信任，也是最早任用的汉人谋士。刘秉忠十七岁时就担任了邢台节度使府令史，22岁时到山中隐居，学全真道，后来又在天宁寺出家当和尚。

1242年，禅宗高僧海云应忽必烈的召请，去讲佛法，他带了刘秉忠一同来到忽必烈的王府。在交谈中，忽必烈发现刘秉忠知识很渊博，天文地理、工程水利、诸子百家，他没有不知道的；对天下大事也了如指掌。因此海云禅师返回南方时，忽必烈把刘秉忠留在王府当书记。刘秉忠一直追随忽必烈，经常参加重要政治问题的决策。这对忽必烈的决

策，起着重要作用，因
此人们都尊敬地称刘秉
忠为"聪书记"。

忽必烈即位后，刘
秉忠按忽必烈的命令制
定各项制度。他糅合蒙
古的制度和中原的传统
制度，制定了元朝的新
制度，在建立中书省、
使用"中统"这一年
号、选用官员等方面，
他都起了很大作用。他

⊙元世祖忽必烈像

还和许衡等人策划立国规模，议定了官员的任命、俸禄等制度；又参照
唐代的《开元礼》，主持制定了元朝的朝廷礼仪。

成吉思汗建国以后，一直用"大蒙古国"这一国号。忽必烈即位
后，政治中心转到了中原。1271年，在刘秉忠的建议下，取《易经》中
"大哉乾元"的意思，将国号命为"大元"。早在1264年，燕京被定为

行中书省

元朝统一中国后，疆域辽阔，为对国家实施有效治理，实行行省制度。
元世祖忽必烈在中央设中书省，统辖大都附近河北、山东、山西、内蒙古等
地，其余各地除西藏归宣政院统辖外，均置行中书省，简称行省或省，作为
地方最高行政机构。行省掌管境内的钱粮、兵甲、屯种、漕运及其他军国重事，
统领路、府、州、县。中国疆域轮廓大致形成。元代行省制度的确立，是中
国行政制度的一大变革。明灭元后，改行省为承宣布政使司，但习惯上仍称
行省，一般简称省。省作为地方一级行政区的名称，一直沿用到现代。

中都，但因旧城被破坏得较厉害，1266年，忽必烈命刘秉忠主持建造新都城。刘秉忠将旧城东北的空地定为新城的城址，按中原都城的传统制度和规格作了全面规划，建起了一座新都城。1272年，按他的建议，中都改为大都，成为元朝的统治中心。

此外刘秉忠还向忽必烈引荐了不少有才干的汉族知识分子。如张文谦、姚枢等，以及著名科学家郭守敬，都是他推荐给忽必烈的。在这些人的辅佐下，忽必烈巩固了他在中原的统治。从1279年灭南宋后，元朝再次统一了中国，结束了唐代末年开始的分裂局面，并且奠定了包括以后明、清二朝在内的长期统一的基础。

郭守敬编订《授时历》

郭守敬出生在河北邢台的一个学者家庭里，他的祖父郭荣学识渊博，对数学和水利都有深入的研究。祖父常常带着小孙子东看看西摸摸，教他数学，教他技术。郭守敬认真读书，刻苦钻研，进步很快。十五六岁时，他曾经看到一幅从石刻上拓印的莲花漏图（古代一种计时器），没用多少时间，他就弄清了它的制造方法和原理。

忽必烈统一全国以后，下令要修改历法，郭守敬和王恂受命主持这项工作。由于原有的天文观测仪器已经陈旧不堪，难以精确地观测天象，郭守敬便决定把创制天文仪器的工作放在首位。他说："历法的根本在于测验，而测验是否精确，首先要有精密的仪器。"于是，他自己开始动手创制和改造天文仪器。在三年之中，郭守敬制成了简仪、圭表、仰仪等十多种天文仪器。

首先，郭守敬大胆地改革了圭表。圭表是我国古代发明的一种测量日影的工具，根据日影变化以决定春分、秋分、夏至和冬至等二十四节气。

其次，郭守敬又创制了简仪。简仪是一种用来测量日月星座位置的天文仪器，它是郭守敬对西汉落下闳发明的浑仪改造而来的。郭守敬大刀阔斧地把浑仪几个妨碍视线的活动圆环去掉，又拆除原来作为固定支架的圆环，改用柱子托住，这样既简单，又实用，故称简

仪。简仪制成于1276年，比欧洲发明同样类型的仪器要早三百多年。

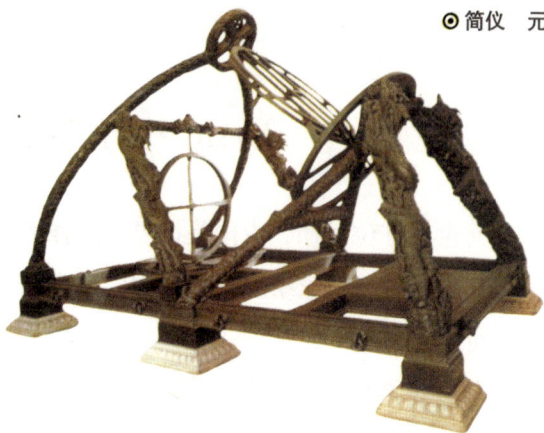

　　为了编好新历法，他还主持了大规模的天文观测活动，在全国建立了27个观测点。其中最南端的观测点在南海（今西沙群岛），最北端的观测点在北海（今西伯利亚）。公元1280年，新历法初步编成，被定名为《授时历》。《授时历》以365.2425天为一年，与地球绕太阳一周的实际时间相比，仅仅差了26秒。《授时历》同我们现在使用的公历周期相同，但比现行公历要早302年。

　　郭守敬不仅是一个天文学家，还是一个水利专家，他在水利方面所作的最大贡献是开凿了从大都到通州的"通惠河"。

　　有一年，成宗皇帝召郭守敬到上都，商议开凿铁幡竿河渠的事。郭守敬认为这个地方降雨量大，年年有山水暴发，要开凿河渠，非得有六七十步宽不可。但是，执管的官员嫌水利工程费用太大，不接受郭守敬的建议，在施工的时候，将郭守敬提出的宽度缩减了三分之一。结果，第二年大雨一来，山水凶猛下泻，淹没了许多人、畜、房子，差一点把皇帝的行宫也冲毁。成宗皇帝后悔莫及地说："郭太史（郭守敬）真是神人，当初实在不该不听他的话呀！"

　　郭守敬一生坚持不懈地从事于科学实践，直到86岁高龄还在进行着研究。

马可·波罗来华

元世祖在位时期，中国是世界上最强大最富庶的国家，西方各国的使者、商人、旅行家纷纷慕名来中国或观光，或行商，其中最有名的要数马可·波罗。

马可·波罗的父亲尼古拉·波罗和叔父玛飞·波罗是威尼斯的商人，兄弟俩常常到国外去做生意。

有一次，忽必烈的使者在中亚细亚的一座城市布哈拉经过，见到这两个欧洲商人，感到很新奇，便邀请他们一起来到上都（今内蒙古自治区多伦县西北）。忽必烈听说来了两个欧洲客人，十分高兴，把他们召进行宫，问这问那，特别热情。

忽必烈从他们那儿听说了一些欧洲的情况，要他们回欧洲给罗马教皇捎个消息，请教皇派人来传教。两人就告别了忽必烈，离开了中国。他们在路上走了三年多，才回到威尼斯。那时候，尼古拉·波罗的妻子已经死去，留下了已经15岁的孩子马可·波罗。

马可·波罗听父亲和叔父说起中国的繁荣景象，羡慕得不得了，央求父亲带他一块儿去中国。尼古拉·波罗觉得把孩子一个人留在家里不放心，就决定带着他。

尼古拉兄弟拜见了教皇，随后带着马可·波罗到中国来。路上又花了三年多时间，在1275年到了中国。那时候，忽必烈已经即位称帝，听说尼古拉兄弟来了，便派人到很远的地方迎接，一直把他们接到上都。

尼古拉兄弟带着马可·波罗进宫拜见元

◉ 马可·波罗像

世祖。元世祖一看尼古拉身边站着一位少年，诧异地问这是谁，尼古拉回答说："这是我的孩子，也是陛下的仆人。"

元世祖看着英俊的马可·波罗，连声说："你来得太好了。"当天晚上，元世祖特地在皇宫里举行宴会，欢迎他们。后来，又把他们留在朝廷里办事。

马可·波罗聪明伶俐，很快学会了蒙古语和汉语。元世祖见他进步这样快，十分赏识他。没过多久，就派他到云南去办事。马可·波罗出门后，每到一处，都留心观察风土人情。回到大都，就详细向元世祖汇报，元世祖高兴地夸奖马可·波罗能干。

马可·波罗在中国整整住了17年，被元世祖派到许多地方视察，还经常出使到国外。

时间一长，三个欧洲人开始思念起家乡来，多次向元世祖请求回国。但是元世祖宠爱着马可·波罗，舍不得让他们回去。到了后来，元世祖见他们思乡心切，只好答应。

马可·波罗回国后，向人们讲述了东方和中国的情况。有一个名叫鲁思梯谦的作家，把马可·波罗讲述的事记录下来，编成一本叫作《马可·波罗行记》（一名《东方见闻录》）的书。在这本游记里，马可·波罗把中国的著名城市都作了详细的介绍，称颂中国的富庶和文明。这本书一出版，便激起了欧洲人对中国文明的向往。

从那以后，中国和欧洲人、阿拉伯人之间的来往更加密切。阿拉伯的天文学、数学、医学知识开始传到中国来；中国古代的三大发明——指南针、印刷术、火药，也传到了欧洲（中国的另一个大发明造纸术，传到欧洲要更早一些）。

赵孟頫与黄公望

1286年，朝廷官员程钜夫奉元世祖之命，到江南寻访优良人才。他开列了一张有20多人的名单，其中名列第一的是赵孟頫（fǔ）。

赵孟頫，字子昂，号松雪道人，湖州人。他是宋太祖赵匡胤的第十一世孙，是元代书画的巨匠，对当时和后代的影响都很大。

赵孟頫的书法师法王羲之父子，楷、行、草、隶、篆各体都擅长，字体秀美遒丽，被称为赵体。他的字在当时就很有名，甚至有印度的僧侣不远万里来到中国，就为了求他的书法带回国去珍藏。

在绘画方面，赵孟頫既能画笔法工整细致的工笔画，也能画笔法放纵、表达意境的写意画，而且山水、人物、鞍马、花木竹石都擅长。他将工笔与写意的风格和谐统一起来，开创了元代绘画深厚含蓄的画风。

赵孟頫对绘画的最大贡献，是他在唐代王维以诗入画的基础上，提出了"书画同法，以书入画"的观点。他认为书法和绘画的原理、法则相同，因此书法的技巧也可以运用到绘画中去。比如书法中的飞白法，是一种枯笔露白的技法，如果用来画石头，可以增加石头的质感。又如用书法中大篆的笔法画枯树，可以更好地表现树的遒劲和苍老；用楷书的笔法画竹，画出来的竹可以避免琐碎的感觉。他的这些理论，对中国画，特别是文人画的发展，产生了深刻的影响。

⊙ 富春山居图

《富春山居图》为长卷，高33厘米，长达636.9厘米。画卷描绘富春江一带初秋的景色。画面上山峰起伏，林岗蜿蜒连绵，江水如镜，境界开阔辽远。几十座山峰，一峰一种形状；几百棵树，一树一个姿态，变化无穷。

　　除了书画，赵孟頫的诗文也很出色，元仁宗曾把他比作唐代的李白、宋代的苏轼。赵孟頫的妻子管道升、儿子赵雍的书画也很好，元仁宗曾把他们的书法作品用玉轴装帧起来，打上御印，藏在秘书监，并说："要使后世知道我朝有一家夫妻父子都善书法，也是一大奇事。"

　　赵孟頫还有较强的管理才能。1292年，赵孟頫任同知济南路总管府事时，以"兴学"为主要工作，并作出了可观的政绩。30年后，这地方出了不少优秀人才，闻名天下。

　　继开一代画风的赵孟頫之后，出现了黄公望、吴镇、倪瓒、王蒙等四人，是杰出的文人画家，号称"元四家"。在四人中，黄公望对后世的影响更大。

　　黄公望，本名陆坚，平江常熟（今属江苏）人。永嘉（今浙江温州）有个叫黄乐的人，很喜欢陆坚，便收他做义子，改名公望，字子久。意思是：黄公望子太久了。

　　黄公望善于画山水，他的山水画是向大自然学来的。黄公望在家乡时，每天带一壶酒坐在湖边，看云霞的变化，研究湖水的波纹。有时，他一整天在丛林乱石中行走，或坐在竹林里，别人也不知道他在干什么。有时他走到大河的汇合处，观察急流巨浪，即使下大雨他也不去躲避。每次外出，黄公望的皮袋中总放着画笔，看见好的风景、奇特的树木，就马上画下来。

黄公望的山水画中，最出名的是他晚年所作的长卷《富春山居图》。作画时，他已78岁高龄，正在富春山隐居。他画了三四年，才完成了这幅代表他最高成就的作品。后人把它誉为"画中之兰亭"，认为它的价值能与王羲之的《兰亭序》相提并论。

关汉卿和《窦娥冤》

元朝初期，元世祖采取了许多促进生产发展的措施，使社会经济出现了繁荣的景象。元世祖死后，他的孙子铁穆耳即位，即元成宗。元成宗在位期间，官吏、贵族贪赃枉法的情况日益严重，冤案频出，民不聊生。正是在这样的社会背景下，诞生了一个伟大的杂剧作家关汉卿。

关汉卿是一个刚直不阿、不向权贵屈服的人。在元代那个黑暗的社会里，像关汉卿这样具有正义感的汉族中下层读书人，根本受不到重用。关汉卿也就索性不服务于统治阶级，成为一位"不屑仕进"的有骨气的知识分子。

关汉卿钟爱戏曲艺术，把毕生的精力都用在了这一事业上。随着年龄的增长和许多严酷现实的磨炼，关汉卿对当时的黑暗社会有了清醒而深刻的认识。他把自己所看到或听到的民间悲惨遭遇，编写成杂剧，猛烈地抨击了官府的黑暗统治和社会不公平现象。

尤其值得称道的是关汉卿晚年的代表作品《窦娥冤》。

《窦娥冤》的全名是《感天动地窦娥冤》，主要情节说的是：

当时楚州（今江苏淮安一带）有一个贫苦的女子，名叫窦娥。她3岁就失去了母亲。7岁时，她父亲窦天章为还清借债和筹集进京赶考的盘缠，欠了蔡婆婆几十两银子，便将女儿窦娥卖给蔡家做童养媳。窦娥

成年后，与丈夫结婚不久，丈夫就生病死了，婆媳俩相依为命。

一天，蔡婆婆出外索债，赛卢医谋财害命，将蔡婆婆骗到郊外，想将她勒死。碰巧被恶棍张驴儿父子看到。张驴儿父子乘机要挟蔡婆婆，要她们婆媳俩嫁给他们父子，否则就勒死她。蔡婆婆无奈，只好答应。

窦娥秉性刚强，坚决拒绝，还痛骂了张驴儿一顿。

张驴儿怀恨在心，企图用毒药害死蔡婆婆，以便强娶窦娥，不料，却把自己贪嘴的父亲给毒死了。张驴儿嫁祸于窦娥，告到了楚州衙门。

楚州的知府是一个见钱眼开的官吏，背地里被张驴儿买通，就在公堂上百般拷打窦娥，逼窦娥招供。窦娥虽受尽了折磨，痛得死去活来，却始终不肯承认。

这个贪官把蔡婆婆也抓来，当着窦娥的面严刑拷打。窦娥担心婆婆年老体弱，受不了酷刑，只好含冤招了供。

满含冤屈的窦娥，临刑前发下三桩誓愿：第一桩，若是我窦娥委实冤枉，刀过处头落，一腔热血休半点儿沾在地下，都飞在白练上。第二桩，如今是三伏天道，若我窦娥委实冤枉，身死之后，天降三尺瑞雪，遮掩窦娥尸首。第三桩，我窦娥死得委实冤枉，从今以后，这楚州亢旱三年。

结果行刑后，血飞白练、六月落雪当场应验，此后楚州也真的三年没下一滴雨。后来，窦娥的父亲窦天章在京城做了大官，窦娥的冤案得到了昭雪，杀人凶手张驴儿被判处死罪，贪官知府也得到了惩处。

窦娥不向黑暗势力低头，坚贞不屈的顽强斗志，代表了当时人民

杂剧

　　杂剧是历代歌舞艺术、讲唱技艺长期发展而成的新的戏曲形式。始于两宋，盛于元朝。它是在宋杂剧、金院本和诸宫调的基础上逐步形成的。杂剧把歌曲、宾白、舞蹈结合在一起，成为一种综合艺术。元杂剧共 600 多种，现存 200 多种，杂剧作家 200 人左右。前期著名作家有关汉卿、王实甫、白朴、马致远、康进之、高文秀等，活动中心在大都，主要作品有关汉卿的《窦娥冤》、王实甫的《西厢记》、马致远的《汉宫秋》、白朴的《墙头马上》等。后期作家有郑光祖、乔吉、宫天挺、秦简夫等，活动中心在杭州，主要作品有郑光祖的《倩女离魂》等。关汉卿、马致远、郑光祖、白朴被誉为"元曲四大家"。

的精神面貌，反映了在封建统治下，无数含冤受苦的百姓伸冤报仇的强烈愿望。

　　关汉卿的杂剧创作丰富了中国古代文学的宝库。他的杂剧以思想性和艺术性的完美统一，得到了国内外广大人民的喜爱和推崇。

"曲状元"马致远

　　杂剧是元代文学的代表，属于元曲的一种。元曲包括戏曲和散曲两类，戏曲包括杂剧和南戏两大系统，散曲则分小令和套数两种体裁。小令源于唐末五代，是一种有固定格律（曲牌）和音乐（曲调）的诗歌。通常一支曲子为一首，相当于一首单调的词。如果把曲牌不同但曲调相同的几支小曲连缀起来，就成了套数，也称散套。散曲的曲调来源很广，有的来自民间的小调，有的来自北方或西域少数民族的曲调。它是在继承了宋词的传统上，吸收了民间和少数民族乐曲的成分而形成的新文体。

"枯藤老树昏鸦，小桥流水人家，古道西风瘦马。夕阳西下，断肠人在天涯。"短短五句，寥寥28个字，为我们描绘了一幅感人的游子秋行图。这首题为《秋思》的元曲小令，就是由被誉为"曲状元"的元代散曲家马致远创作的。

马致远，号东篱，早年在大都生活了近20年。他曾在江苏扬州担任管理税收的省务官。但因为是汉人，他无法施展自己的才干，感到非常苦闷。

在50岁的时候，马致远决定离开官府，退隐乡间，去寻找他心目中的自由世界。用他的话说，就是"利名竭，是非绝"，"东篱本是风月主，晚节园林趣"。

马致远一生共写了120多首散曲，都收在《东篱乐府》一书中。他的散曲的主要内容有三个方面：一是叹世，二是咏景，三是恋情。总体来说，一方面表现了进取心很强的传统文人形象，另一方面又表现了超脱放荡的隐士形象，显示了他在不如意的生活实际中形成的相互矛盾的人生态度。

马致远还是享有盛名的戏曲家，一生共写了15部杂剧，保留下来的主要有7部：《破幽梦孤雁汉宫秋》、《吕洞宾三醉岳阳楼》、《江州司马青衫泪》、《西华山陈抟高卧》、《马丹阳三度任风子》及《半夜雷轰荐福碑》；另一部《邯郸道省悟黄粱梦》，他仅写了其中的第一折。据说他还写过一部南戏《苏武持节北海牧羊记》。他写的杂剧贯串着对现实的批判精神，表现了对现实社会的不满；剧作的文辞豪放有力，声调和谐优美。

《汉宫秋》是马致远最负盛名的代表作，写的是王昭君出塞和亲的故事。《汉宫秋》对后代的戏剧、文学创作都产生了很大影响。

曲在元代兴起，有它必然的社会原因。元代的不少君主虽然也重视学习汉文化，把不少汉族知识分子引进朝廷为官，但广大的汉族知识分子还是生活在社会底层。虽然没有颁布过专门的法令，但在一些规定中，元朝的统治者把全国居民分成了蒙古、色目（西域各族和西夏人）、汉人（淮河以北原金朝境内的汉族、女真、契丹等人）、南人（江浙、江西、湖广等地原南宋的臣民）四等；而"九儒十丐"，知识分子的地位更等而下之，仅比乞丐高一点点。这使广大读书人十分灰心失望，他们除了寄情绘画，推动了文人画的发展外，就是致力于文学创作，发展了元曲这种文学体裁。而元代官吏的贪污腐败，人民生活的困苦，也为元曲家们提供了丰富的创作素材。

情深意浓《西厢记》

"元曲四大家"都擅长写爱情剧，除了关汉卿，马致远的《汉宫秋》、郑光祖的《倩女离魂》、白朴的《墙头马上》，都是著名的爱情剧。但被后人称为"天下夺魁"的爱情剧，却是王实甫写的《西厢记》。

王实甫与关汉卿大约是同时代的人。他经常去官妓们居住的教坊、行院或演戏的勾栏，熟悉官妓们的生活，因此擅长写"儿女风情"一类的戏。有人评论他的作品"如花间美人，铺叙委婉，深得骚人之趣，极有佳句"（意思是：王实甫写的杂剧，文字美，叙述精致、细腻，就像诗人写的诗一样，有许多极美的句子）。

王实甫创作的杂剧，今天知道的有14种，但留存下来的只有《西厢记》《丽春堂》《破窑记》。也有人怀疑《破窑记》并不是王实甫写的。

《西厢记》的主要内容是这样的：

相国府小姐崔莺莺是个性格娴静、容貌美丽的姑娘。她不仅会裁缝绣花，而且会写诗词。她从小就被父母许配给"花花公子"郑恒，这使她十分苦恼。崔相国死后，崔莺莺随同母亲送父亲的棺柩回乡。在途中她们暂住河中府普救寺时，碰巧遇到了去京城应考的洛阳秀才张君瑞。两人用互送诗歌和听琴等方式表达爱慕之情。就在这时，河桥镇的守军头领孙飞虎欺负崔家母女俩没依靠，带领军队包围了普救寺，想要逼迫老夫人答应把崔莺莺嫁给他。危急关头，老夫人说："谁要是能够让孙飞虎退兵，就把崔莺莺许配给谁。"张君瑞挺身而出，先用智慧让孙飞虎后退，又给他的好朋友白马将军写了一封求救信。就这样，张君瑞为老夫人和崔莺莺解了围。

但是事后，老夫人翻悔了，想赖婚。在丫鬟红娘的热心帮助下，他们两人冲破了老夫人的阻拦，私下结合。到了这个地步，要面子的老夫人只能承认他们的婚姻，但是她要张君瑞立刻到京城赶考，考取功名后才能成亲。之后张君瑞果然考中了状元，这对有情人终于喜结良缘。

王实甫的《西厢记》，故事取材于唐朝元稹的传奇（一种情节奇特神异的小说）《会真记》。在北宋，《会真记》成为民间说唱、说书的题材。到南宋，《会真记》已经在中原和江南到处流传。金朝的说唱家董解元把它改写成《西厢记诸宫调》，王实甫又把《西厢记诸宫调》改写成杂剧，改写了曲文，增加了对白，删除了一些不合理的情节。

当时的杂剧一般只有4折，而王实甫写的《西厢记》有21折；一般的杂剧是一个主角从头唱到底，而《西厢记》要两三个角色分别唱。《西厢记》的结构严密、规模宏大是没有哪出戏可以跟它相比的，剧中塑造了老夫人、莺莺、红娘、张生等个性鲜明的人物：老夫人是封建礼教的象征，莺莺是反封建礼教的叛逆形象，在红娘身上则体现了古代劳动人民的善良、高尚和斗争智慧。

虽然元稹的《会真记》、董解元的《西厢记诸宫调》和王实甫的《西厢记》故事基本相同，但是在王实甫的笔下，反封建的倾向更鲜明了，"愿普天下有情的都成了眷属"的主题更明确了。王实甫是用自己的整个心灵创作《西厢记》的，"愿普天下有情的都成了眷属"的主题，是王实甫发自内心的愿望，也是数百年来青年男女的美好憧憬。

《西厢记》在当时一经演出，马上受到社会的承认和欢迎。许多文人对它大加赞赏，称它文字美，诗句美，意境美。

皇位纷争

元朝从中期开始，出现了激烈的皇位之争。而皇位之争的主要原因是蒙古的"忽里台选汗"制度。"忽里台"指的是蒙古宗室诸王大会，具有推举蒙古大汗、决定战争的权力。蒙古的历代大汗，包括忽必烈都是由忽里台大会推举当上大汗的。

元世祖忽必烈早年立真金为太子，但是真金早死。忽必烈又把象征皇储身份的印玺"皇太子宝"赐予真金的儿子，正在漠北掌管北方防务的铁穆耳。

1294年忽必烈病死，铁穆尔从漠北赶到元上都（今内蒙古锡林郭勒盟正蓝旗）。按照蒙古的惯例，忽里台大会要在元上都召开。在大会上，一部分王公贵族和朝廷重臣伯颜、玉昔帖木儿主张拥立铁穆尔为大汗，而另一部分王公贵族和大臣则主张拥立铁穆尔的哥哥、晋王甘麻剌为大汗。伯颜凭着自己立下灭宋的大功，声色俱厉，强烈要求诸王服从忽必烈的遗命。玉昔帖木儿则亲自劝说甘麻剌，让他放弃争夺汗位。经过他们的软硬兼施和威逼利诱，忽里台大会终于决定推举铁穆尔为大汗，铁穆尔就是元成宗。

元成宗立独子德寿为皇太子，但德寿不久病死。1307年，元成宗病死，死前没有预定谁是皇位继承人。皇后卜鲁罕和中书左丞相阿忽台主张拥立元成宗的堂弟阿难答，而中书右丞相哈喇哈孙主张从元成宗的两个侄子海山和爱育黎拔力八达中选一个为帝，并派人去召他们回京。

爱育黎拔力八达急忙与老师儒生李孟商议。李孟立即和他赶往大都，与哈喇哈孙商议。抵达大都后，爱育黎拔力八达和哈喇哈孙联合起来，发动宫廷政变，杀死阿难答，囚禁阿忽台。爱育黎拔力八达本来想自己即位，但远在漠北的哥哥海山手握重兵，只好自称监国，派使者迎接海山。几个月后海山来到上都，召开忽里台大会。会上蒙古诸王一致推举海山为皇帝，就是元武宗。为报答弟弟夺取皇位的功劳，海山立爱育黎拔力八达为皇太子（元朝的皇储不论什么身份一律称皇太子，没有皇太弟、皇太孙之称），与他约定兄终弟及。

几年后，元武宗病死，爱育黎拔力八达即位，就是元仁宗。本来海山和爱育

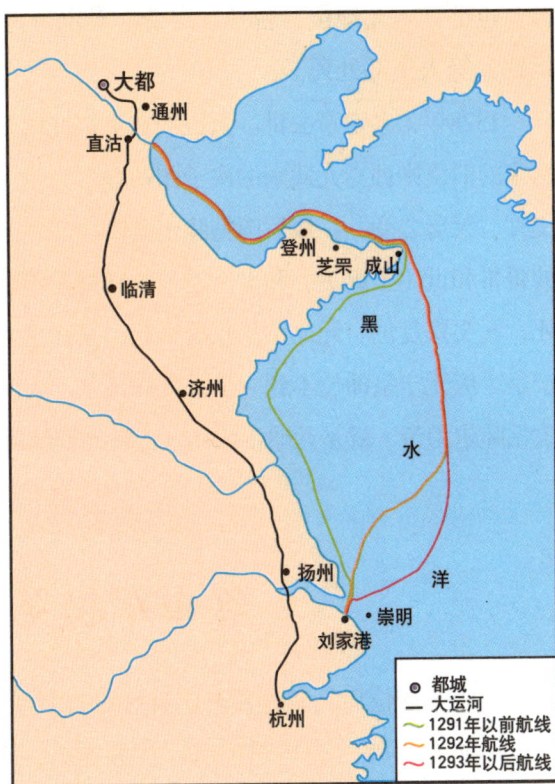

⊙ 元代漕运示意图

黎拔力八达约好，要爱育黎拔力八达立海山的长子和世（王束）为皇太子。但元仁宗却改立自己的儿子硕德八剌为皇太子，封和世（王束）为周王，并让他去云南居住。和世（王束）走到陕西时，联合元武宗的旧臣发动兵变，东渡黄河，史称"关陕之变"。元仁宗迅速调集兵力围剿，叛乱失败，和世（王束）逃到察合台汗国。

元仁宗死后，硕德八剌即位，就是元英宗。权臣铁木迭儿死后，元英宗趁机对他的余党进行清算。铁木迭儿的余党铁失等人惶惶不可终日。他们勾结觊觎皇位的甘麻剌之子也孙铁木儿，阴谋发动政变，企图另立新君来摆脱困境。1323年，元英宗从元上都返回元大都，途中在南坡驻营。铁失等人率军闯入行帐，杀死元英宗，史称"南坡之变"。随

后，也孙铁木儿即位，就是泰定帝。泰定帝为了掩盖自己的篡位阴谋，将铁失等人全部处死。

1328年，泰定帝去世。大臣们在上都拥立皇太子阿剌吉八登基，而元武宗的旧臣则拥立元武宗的次子图帖睦尔为帝，遂爆发了大规模的内战，史称"天历之变"。最后图帖睦尔获胜，就是元文宗。他把皇位让给自己的哥哥和世（王束），和世（王束）就是元明宗。不久，和世（王束）暴死，元文宗复位。元文宗的儿子早死，只好立元明宗的次子为帝，就是元宁宗。但元宁宗即位不到一个月就病死了，大臣们只好立元明宗的长子妥欢帖睦尔为帝，就是元顺帝。元顺帝是元朝最后一个皇帝。

红巾军起义

元顺帝即位后，荒淫残暴，百姓没有了活路，纷纷起来造反。

河北农民韩山童与刘福通、杜遵道等，聚集了不少受苦受难的百姓，烧香拜佛，后来慢慢发展成了白莲会（一种秘密宗教组织）。韩山童对他们说："佛祖见天下大乱，将要派弥陀佛下凡，拯救百姓。"

正巧这时黄河在白茅堤决口，两岸百姓遭受了严重的水灾。元王朝征发了全国近20万民工到黄陵冈开挖黄河故道，疏通河水。

韩山童决定利用这个机会起事。他先派几百个会徒去做挑河民工，在工地上传播一支民谣："石人一只眼，挑动黄河天下反。"

民工们不懂这首歌谣是什么意思，但当他们开河开到黄陵冈，忽然挖出一座只有一只眼的石人时，都惊呼起来，奔走相告，都说是天意，该反了！该反了！

不用说，这个石人是韩山童事先派人偷偷地埋在那里的。

1351年5月的一天，韩山童、刘福通等人秘密聚集在一起，杀了一匹白马，一头黑牛，祭告天地，准备起义。大家都推举韩山童做领袖，号称"明王"，并约定日子，在颍州颍上（今安徽阜阳颍上县）起义，起义军用红巾裹头作为标记。然而正在歃血立誓的时候，有人走漏了消息。韩山童被官府捉去杀害了。

刘福通等人逃出包围，把约定起义的农民召集起来，攻占了颍州等地。在黄陵冈开河的民工得到消息，也杀死了河官，纷纷投奔刘福通。起义兵士头上裹着红巾，百姓就把他们称作"红军"，历史上称作"红巾军"。不到10天的工夫，红巾军已经发展到十多万人。

刘福通的红巾军陆续攻下了一些城池。江淮一带的农民早就受到白莲会的影响，听到刘福通起义，纷纷响应，像蕲水（今湖北浠水，蕲音qí）的徐寿辉、濠州（今安徽凤阳）的郭子兴，都打起红巾军的旗号起义。也有不打红巾军旗号的，像江苏北部的张士诚。

1354年，元顺帝派丞相脱脱集中诸王和各省人马，动用了西域、西番的兵力，号称百万，围攻占领高邮的张士诚起义军。起义军正处在危急存亡之时，元王朝突然发生内乱，脱脱被撤掉官爵。元军失去了统帅，不战自乱，全军崩溃。

第二年2月，刘福通把韩山童的儿子韩林儿接到亳州（今安徽亳县）正式称帝，国号宋，称韩林儿为小明王。

韩林儿、刘福通在亳州建立政权以后，分兵三路，出师北伐。其中毛贵的东路军一直打到元大都城下。刘福通亲自率领大军攻占了汴梁（今河南开封），然后把小明王韩林儿接来，定汴梁为都城。

元王朝不甘心失败，纠集地主武装加紧镇压红巾军，致使三路北伐军先后失利，汴梁重新落在元军手里。元王朝又用高官厚禄招降了张士诚。刘福通带着小明王逃到安丰（今安徽寿县）后，受到张士诚的袭击，1363年，刘福通战死。红巾军经过12年的战斗，最终失败。

和尚当元帅

在刘福通带领红巾军征战的同时，据守在濠州的郭子兴领导的红巾军，也在日益壮大。濠州虽处在元军的包围中，但义军将士们英勇不屈，众志成城，使元军无计可施。

一天，在凛冽的寒风中，匆匆赶来了一位衣衫褴褛的年轻和尚，说要投奔红巾军。城卫怀疑他是元军的奸细，一面将他捆在拴马桩上，一面派人去通报元帅郭子兴。郭元帅闻讯赶到城门，只见绳索紧缚的和尚，相貌奇伟，气度非凡，心里不禁暗暗称绝，马上命令兵士松了绑，把和尚带回元帅府。此人便是后来的大明开国皇帝朱元璋。

朱元璋祖籍江苏沛县，本名朱重八。当时布衣百姓一般都不取正式名字，只用行辈或父母年龄合计数作为称呼。

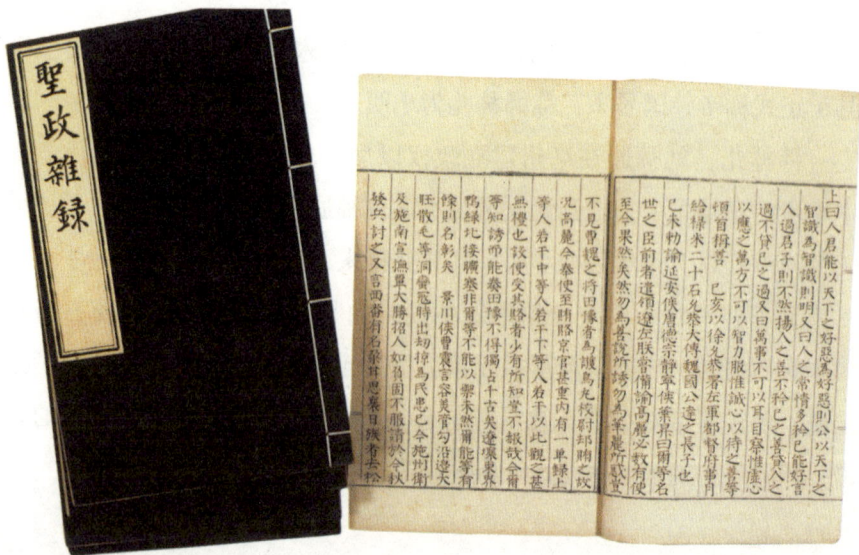

◉《圣政杂录》书影

这是一部记述明太祖朱元璋事迹的史书。

荆刘拜杀

指元末明初流行的四部传奇作品:《荆钗记》《白兔记》《拜月亭》《杀狗记》,合称为"四大传奇"。王骥德《曲律》曾云:"古戏如'荆、刘、拜、杀'等,传之凡二三百年,至今不衰。"王国维的《宋元戏曲史》也指出:"元之南戏,以'荆刘拜杀'并称,得《琵琶》而五。"《荆钗记》,柯丹丘所作,描写了书生王十朋和钱玉莲夫妇历经种种波折终于团圆的故事。《白兔记》,则描述了刘知远发迹,其妻李三娘则身受家庭磨难,最后因其子猎兔而一家团圆的故事。曲词朴素真切,李三娘的曲词尤其凄苦动人。《拜月亭》相传为元人施惠作,根据关汉卿的同名杂剧改编,主要人物有蒋士隆、王瑞兰、王镇、王夫人、蒋瑞莲等,将复杂的历史事变背景和人物遭际结合起来,故事情节复杂跌宕。《杀狗记》,则是一出家庭伦理剧,重申了"亲睦为本""孝友为先""妻贤夫祸少"等伦理信条,但艺术上较为粗糙。

朱元璋小时候一有空就跑到皇觉寺去玩耍,这寺内的长老见他聪明伶俐,讨人喜欢,便抽空教他识文认字。朱元璋天赋过人,过目不忘,天长日久,便也粗晓些古今文字了。

朱元璋17岁那年,淮北发生旱灾、蝗灾和瘟疫,他的父母、长兄在不到半个月的时间里相继死去,乡里人烟稀少,非常凄凉。朱元璋走投无路,只好剃发进了皇觉寺,当了一个小行童,整天扫地上香,敲钟击鼓,还经常受到那些老和尚的训斥。为了混口饭吃,朱元璋只好忍气吞声。

后来,灾情越来越严重,靠收租米度日的皇觉寺再也维持不下去了。住持只好把寺里的和尚一个个打发出去云游化斋,自谋生路。进寺刚刚50天的朱元璋也只得背上小包袱,一手拿木鱼,一手托瓦钵,穿城越村,加入了云游僧人的队伍。

云游中,朱元璋目睹了混乱不堪的世事,对当时的社会有了深刻的认识，人生经验也大大丰富，他决定广泛交游，等待出人头地的时机。三年后，他回到了皇觉寺。不久，接到了已在郭子兴部队当了军官的穷伙伴汤和的来信，邀他前去投军。于是他连夜奔往濠州城。

朱元璋加入郭子兴的起义军后，打仗非常勇敢，无论遇到什么样的强敌，他总是奋不顾身，冲在前面。加上他又识得一些文字，就格外受到郭子兴的器重，打仗时，总让朱元璋伴随左右。没多久，他就成为军中的重要将领。郭氏夫妇看到朱元璋人才出众，对郭子兴的事业很有帮助，就把21岁的养女嫁给了朱元璋。

1355年3月，郭子兴死去，朱元璋取得了这支起义军的领导权。他率领着这支部队，采纳老儒朱升"高筑墙，广积粮，缓称王"（积极扩充兵力，加固城防，发展生产，储备粮食，不图虚名，暂不称王）的建议，转战南北。

鄱阳湖大战

当朱元璋向南方发展势力的时候，遇到了一个强敌名叫陈友谅。陈友谅占据江西、湖南和湖北一带，地广兵多，自立为王，国号叫汉。1360年，他率领强大的水军，从采石沿江东下，进攻应天府（今江苏南京），想一下子吞并朱元璋占领的地盘。

朱元璋赶忙召集部下商量对策。大家七嘴八舌，议论纷纷，只有新来的谋士刘基待在一旁，一声不吭。

朱元璋犹豫不决，散会后，把刘基单独留下来，问他有什么主意。刘基说："敌人远道而来，孤军深入，军队疲劳，我们用计引他出来，还怕不能取胜？您只要多用财物赏赐将士，再用一点伏兵，抓住汉军的弱点痛击，就可以打败陈友谅了。"

朱元璋听了刘基的话，非常高兴。

朱元璋有个部将康茂才，跟陈友谅是老相识。朱元璋把康茂才找来，和他定下了引陈友谅上钩的计策。

康茂才回到家里，按照朱元璋的吩咐写了封诈降信，说应天城内空虚，要汉军尽快分三路来攻，康茂才做内应，一举可破金陵。写好信连夜叫老仆去采石求见陈友谅。陈友谅见了这封信，并不怀疑，问老仆说："到时康公在什么地方等候？"

老仆回答说："我家主公说驻守在江东桥，迎候大王。"

陈友谅连忙又问："江东桥是什么样子？"

老仆说："是座木桥。"

陈友谅在老仆走后，立刻下令全体水军出发，由他亲自带领，直驶江东桥。没想到到了约定地点，竟没见木桥，只有石桥。

霎间，战鼓齐鸣，朱元璋安排在岸上的伏兵一起杀出，水港里的水军也加入战斗。

陈友谅遭到突然袭击，几万大军一下子溃败下来，被杀死的和落水淹死的不计其数。

此后，朱元璋的声势越来越大。陈友谅不甘心，三年之后，他造了大批战船，带领60万大军，向洪都（今江西南昌）进攻。

朱元璋亲自带领20万大军援救洪都，陈友谅这才撤去包围，把水军全部撤到鄱阳湖。朱元璋把鄱阳湖出口封锁起来，决定跟陈友谅在湖里决战。

陈友谅的水军有大批战船，又高又大；朱元璋的水军，却尽是一些小船，实力比陈友谅差得多。双方打了三天的仗，朱军失败了。

朱元璋采纳了部将的建议，采用火攻。他命令用七条小船，装载着火药，每条船尾带着一条轻快的小船。傍晚时分，空中刮起了东北风，朱元璋派了一支敢死队驾驶这七条小船，乘风点火，直冲陈友谅大船。风急火烈，一下子就把汉军大船全部烧了起来。陈友谅在突围的时候，被朱军的乱箭射死。

第二年，朱元璋又消灭了张士诚的割据势力。接着，朱元璋任命徐达为征虏大将军，常遇春为副将军，率领25万大军北伐。两个月后，徐达的军队占领了山东。

1368年正月，朱元璋在应天即位称帝，国号叫明，他就是明太祖。

这一年8月，明军攻下大都，元顺帝逃往上都。统治中国98年的元王朝终于被推翻了。

⊙ 常遇春像
在鄱阳湖之战中，常遇春功勋卓著。

神机军师刘伯温

明太祖在统一战争中，依靠了一批英勇善战的将领争城夺地，又吸收了一些谋士，帮他出谋划策。在这些谋士中，刘基是最著名的一个。

刘基又叫刘伯温，本来是元朝的官员，因为对元朝的政治腐败不满意，常常写点文章，讽刺时事，后来，被解职回到他的家乡青田（在今浙江）。朱元璋的军队打到浙东的时候，把刘基请了出来，当他的谋士。在打败陈友谅、张士诚的战争中，刘基出了不少良策。由于他足智多谋，得到明太祖的信任。明太祖把他比作西汉初年的张良。

刘基不但谋略好，而且精通天文。在古代，人们往往把天文现象跟人间的吉凶扯在一起。刘基对天下形势观察仔细，考虑问题周到，他的预见往往比较准确。但是大家都认为这跟他精通天文有关。民间传说把刘伯温看作一个"未卜先知"的人物。

朱元璋当吴王的时候，江南发生了一场旱灾。刘基掌管天文，朱元璋问他为什么发生大旱，怎样才能求上天下雨。刘基说，天一直不下雨是因为牢狱里关押着冤枉的人。

朱元璋连忙派刘基去清查应天监狱里的案件。刘基一查，果然有不少冤案。他向朱元璋奏明后，平反了冤案，把错抓的人放了。事也凑巧，冤假错案刚一平反，天就下起了雨，江南的旱情也解除了。

求雨和平反本来是毫不相干的两码事，刘基也不可能有求雨的法术。不过他懂得天文，可能观测到气象要发生变化，就借这个机会劝谏朱元璋平反冤案。刘基趁朱元璋高兴的时候，又劝他制定法律，依法办事，防止错杀无辜的人。

朱元璋即位以后，叫刘基做御史中丞，负责司法工作。刘基严格执法。有一次，丞相李善长的一个亲信犯了法。李善长是明王朝开国功臣，又是明太祖的同乡，势力很大。但是刘基不顾李善长的阻挠，奏明明太祖，把那个亲信杀了。这件事当然招来了李善长的怨恨。

正巧这一年，京城又逢大旱，明太祖十分着急。刘基乘机跟明太祖说："战争中的死亡将士，他们的妻子需要抚恤；一些在筑城中死亡的工匠，尸骨还暴露在田野上，没人收埋。把这些事办了，说不定能下雨。"

明太祖一心求雨，很快批准了刘基的要求，抚恤了将士妻子，掩埋了工匠的尸骨。刘基虽然办了一件好事，但是靠这种办法劝谏，毕竟靠不住。这一次，他的预测不准，过了十天，还是烈日当空，一滴雨也没下。

朱元璋称帝前,令人修订法律。1374年制成《大明律》。洪武七年(1374年),明政府颁行《大明律》。《大明律》是以《唐律》为蓝本,共12篇606条,克服了元朝法例条律冗繁的弊病。经过1397年的进一步修订,《大明律》成为中国封建社会较为完备的法典。与前代相比,在量刑上大抵罪轻者更为减轻,罪重者更为加重。前者主要是指地主阶级内部的诉讼,后者主要指对谋反、大逆等阶级镇压的严厉措施。不准"奸党""交结近侍官员""上言大臣德政"等,反映了明朝初年以来朱元璋防止臣下揽权、交结党援的集权思想。

这可使明太祖生了气,再加上李善长在旁边说坏话,叫刘基不能不害怕。这时候,刘基的妻子在家乡得病死去,他便请个假回老家了。

其实,对社会、历史了解透彻的刘基,早就看透了朱元璋,这是一个可以共患难,却难以同欢乐的帝王,因此,尽量与他拉开距离。到朱元璋当皇帝的第三年,刘基就请求告病回家,但没得到朱元璋的允许。这一次,刘基趁奔丧之机,再也不出来了。

刘基走后不久,朱元璋开始大杀功臣。他亲手封的那些公侯们,差不多被他杀个精光,只有刘基等少数几个人逃过这一厄运。这再次证明了刘基在政治上的远见。

明太祖滥杀功臣

明太祖即位后,总不放心那些帮助他开国的功臣。他设立一个叫作"锦衣卫"的特务机构,专门监视大臣的活动,谁被发现有什么嫌疑,就有被打进牢狱甚至杀头的危险。

锦衣卫的"诏狱",有不经法司而进行刑讯、判罪和行刑的权力。锦衣卫官员经常利用特权任意逮人，草菅人命，造成了人人自危的恐怖气氛。锦衣卫与政府各部门没有隶属关系，所以明朝历代帝王都将其作为爪牙，用来监视臣民。

1380年，有人告发丞相胡惟庸叛国谋反，明太祖立刻把胡惟庸满门抄斩，还下令查他的同党。这一追查，竟株连文武官员15000多人。明太祖发了狠心，把那些有胡党嫌疑的人全杀了。

⊙ 锦衣卫木印

学士宋濂，在明朝开国初期受过明太祖重用，后来又当过太子的老师。宋濂为人谨慎小心，但是明太祖对他也不放心。有一次，宋濂在家里请了几个朋友喝酒，第二天上朝，明太祖问他昨天喝酒的事，宋濂一一照实回答。明太祖笑着说："你没欺骗我。"原来，宋濂家那天请客的时候，明太祖早已偷偷派锦衣卫监视了。后来明太祖称赞宋濂说："宋濂跟随我19年，从没说过一句谎言，也没说过别人一句坏话，真是个贤人啊！"宋濂68岁时告老还乡，明太祖还送他一块锦缎，说："留着它，32年后，做件百岁衣吧！"

胡惟庸案件发生后，宋濂的孙子宋慎被揭发是胡党，于是宋濂也受到株连。明太祖派锦衣卫把宋濂从金华老家抓到京城，要处死他。

明太祖的妻子马皇后听说她敬重的宋先生将被处死，难过极了。她一再劝明太祖，说："老百姓家为孩子请个老师，尚且恭恭敬敬，何况是皇帝家的老师呢。再说，宋先生在乡下居住，他怎么会知道孙子的事呢？饶他一条老命吧！"

马皇后和太祖是患难夫妻，明太祖平时对她也较尊重，听她这么一说，也有点感动，终于赦免宋濂死罪，但还是没有完全放过这个70多岁的老人，下旨将他充军到四川茂州（今四川茂县）。宋濂禁不起这折腾，没到茂州就死了。

过了10年，又有人告发李善长明知胡惟庸谋反不检举揭发，犯了大逆不道的罪。李善长是第一号开国功臣，又是明太祖的亲家，明太祖大封功臣的时候，曾经赐给李善长两道免死铁券。可是明太祖一翻脸，把已经76岁的李善长和他的全家70几口全部处死。接着，再一次追查胡党，又处死了15000多人。

事情并没到此结束。

过了三年，锦衣卫又告发大将蓝玉谋反。明太祖杀了蓝玉，追查同谋，又杀了文武官员15000多人。

这两件大案下来，几乎把朝廷功臣杀个精光，明太祖的专制和残暴在历史上也就出了名。

为了巩固皇帝的权威，明太祖索性废除了宰相这一职位，将宰相的权力分散到吏、礼、户、兵、刑、工六部，由六部尚书（六部长官）直接向皇帝负责。又将掌管军队的大都督府分为左军、右军、中军、前军、后军五个都督府，分散兵权。皇帝的权力，达到空前的集中。

朱棣夺帝位

明太祖杀了一些权位很高的大臣，把他的24个儿子分封到各地为王，认为这样可以巩固他建立的明王朝的统治。却不料，自己的儿子和自己的孙子为了争夺皇位，引起了一场大乱。

明太祖60多岁的时候，太子朱标死了，朱标的儿子朱允炆被立为皇太孙。各地的藩王大都是朱允炆的叔父，眼看皇位的继承权落到侄儿的手里，心里都不服气。特别是明太祖的第四个儿子——燕王朱棣，他多次立过战功，对朱允炆更瞧不起了。

朱允炆的东宫里，有个官员叫黄子澄，是朱允炆的伴读老师。

有一次，黄子澄见朱允炆一个人坐在东角门口，心事重重，便问皇太孙为什么发愁。朱允炆说："现在几个叔父手里都有兵权，将来如何管得了他们。"

黄子澄跟朱允炆讲了汉景帝削平藩王的事例，暗示将来可以运用皇帝权威，削弱他们的兵权。朱允炆听后，心总算放宽了一点。

1398年，明太祖死了，皇太孙朱允炆继承皇位，这就是明惠帝，历史上又叫建文帝（建文是

⊙ 明成祖像

年号）。当时京城里就听到谣传，说几位藩王正在互相串通，准备谋反。建文帝听了这个消息害怕起来，忙让黄子澄想办法。黄子澄说："请陛下放心，照当初我在东角门对陛下说的办就是了。"

黄子澄找大臣齐泰商量。齐泰认为诸王之中，燕王朱棣兵力最强，野心最大，应该首先把燕王的权力削除掉。黄子澄不赞成这个做法，他认为燕王已有准备，先从他下手，容易引发突变。于是，两人商量好先向燕王周围的藩王下手。

建文帝便依计而行。

燕王早就暗中练兵，准备谋反。为了麻痹建文帝，他假装得了精神病，成天胡言乱语，还抢人家的东西吃。齐泰、黄子澄不相信燕王有病，他们一面派人到北平把燕王的家属抓起来，一面又秘密命令北平都指挥使张信去逮捕燕王，还约定燕王府的一些官员做内应。不料张信反而向燕王告了密。

燕王是个精明人，知道建文帝毕竟是法定的皇帝，公开反叛，对

自己不利，就找个起兵的理由，说要帮助建文帝除掉奸臣黄子澄、齐泰。历史上把这场内战叫作"靖难之变"（靖难是平定内乱的意思）。

这场战乱，差不多打了三年，互有胜败。1402年，战争出现了转折。燕军在淮北遇到朝廷派出的南军的抵抗，战斗进行得十分激烈。有些燕军将领主张暂时撤兵，燕王却坚持打到底。不久，燕军截断南军运粮的通道，发起突然袭击，南军一下子垮了。燕军势如破竹，进兵到应天城下。建文帝见形势危急，忙派人向燕王求和，愿意割地，请求退兵，但遭到拒绝。

过了几天，守卫京城的大将李景隆打开城门投降。燕王带兵进城，只见皇宫火光冲天。据说，那火是建文帝自己放的，建文帝与他的后妃都跳进火中烧死了。也有人说，建文帝在混乱之中换了衣服逃出京城了。总之，不见了他的踪影。

随后，燕王朱棣即了位，这就是明成祖。

解缙修《永乐大典》

明成祖是通过军事手段夺取皇位的。战争中，他杀了不少拥护建文帝，但是非常有名望的读书人，如方孝孺等。为了消除臣民们，特别是读书人不服气的心理，他开始笼络人心，并炫耀他的文治武功，他决心请一批读书人来编一部有特色的大书，并将这个任务交给解缙来办。

解缙是江西古水人，从小聪明，读了很多书，思想敏锐。他十九岁时考中进士，在翰林院做庶吉士（相当于研究生），读书进修。明太祖很喜欢他，常留解缙在身边陪伴读书，有时还亲自给解缙捧砚台。

⊙永乐大典书影

解缙说话很直率。有一次，明太祖要解缙谈谈心里话，要他知无不言。解缙也无所顾忌，竟在一天内写出上万字的意见书，对明太祖在文化、教育、刑罚、用人、任官等方面的不当措施，提出严肃批评。明太祖竟被他的才华所倾倒，没有怪罪他。

在陪明太祖读书时，解缙发现明太祖喜欢读一些杂书，就对明太祖说：这些书，有的内容荒诞，有的杂乱无章，没什么价值，不值得多花时间细看。还说他想找一批志同道合的、优秀的儒家学者，一起编纂一部新的内容丰富的类书。明太祖很欣赏他的志向，但明朝建国才没多长时间，事务繁多，还没精力操办此事。

另外，有些大臣忌妒解缙的才华，常常在明太祖面前说解缙的坏话。明太祖也觉得他还年轻，不够稳重，就让解缙的父亲带解缙先回家读书，增加学问和修养，等以后再重用他。因此，解缙回到家乡，编书的愿望暂时没实现。

明成祖做了皇帝后，解缙做侍读学士。1403年，明成祖下令开始修书，解缙做了主编。

明成祖交代编书的宗旨是：天下古今的知识太多，编成的书既要内容丰富，包罗万象，不怕浩繁，又要作分类，按韵编排，便于查找，好像从口袋中拿东西一样方便。

明成祖的要求比较高，时间也很急。解缙召集了147个读书人，分头编纂，1404年底就将书编成功，名为《文献大成》，呈献给皇上。但明成祖对这部书很不满意，认为收集范围不广，记载内容过于简略。

1405年农历正月，明成祖指示解缙重修《文献大成》。这次，明成祖加派大臣姚广孝和郑赐、刘季篪等人监修，还增设了正、副总裁。先后选派官员及全国各地的饱学老儒两三千人参加纂修。

1408年，重修的《文献大成》终于完成。光目录就有60卷，正文有22877卷，共约3.7亿字，装订成11095册。明成祖看着这样一部空前的大书，得意扬扬，亲自写了篇序言，又将书名改为《永乐大典》。

《永乐大典》收集了8000多种古代文化典籍，不少是整本整本地抄进《大典》中，其中很多还是民间早已看不到的珍贵图书，如明代以前中国大量的哲学、历史、地理、语言、文学、艺术、宗教、科学技术等方面的资料，都因此书得到保存。可惜的是，当时此书没有刊刻出版，除正本外，仅仅抄写了一部副本。明朝时期就有一部下落不明，另一部到清朝还保存在"皇史宬"（皇家档案库）中，竟在八国联军侵略中国时，被侵略军一把火烧毁了。至今只剩下零星的几百册，散落在世界各地。

因为解缙性格刚直，后来得罪了明成祖，先后被贬官、逮捕。1415年，他被锦衣卫埋进厚厚的积雪中残酷冻死。

明成祖迁都北京

在朱棣攻入南京时，皇宫奉天殿被建文帝放火烧毁。朱棣即位后重建了奉天殿，并住在里面。没过多久，明成祖总觉得父亲朱元璋和侄子朱允炆的鬼魂以及众多被他杀死的建文帝的大臣的冤魂似乎一直萦绕在大殿里，让他寝食难安，经常做噩梦。

这时，明成祖想起朱元璋晚年就有迁都北平（今北京）的想法，所以开始考虑迁都。明成祖长期生活在北平，对那里感情很深，视其为"龙兴之地"。另外，迁都北平还有抵御北元的考虑。因为退守到关外的元朝残余势力，仍以元为国号，史称北元，他们一直都想打回北京，复辟元朝，所以经常派兵骚扰明朝的北部边疆。

但是，当明成祖说出要迁都的想法后，立即遭到了很多大臣的反对。因为这些大臣的家大多在南方，不愿意迁都。朱棣很生气，杀死了言辞最激烈的大臣萧仪。这么一来，反对迁都的大臣都不敢再反对了。

明成祖刚刚夺取皇位，担心人心不稳，而且迁都是一件关乎国家兴亡的大事，必须审慎行事。所以明成祖没有立即迁都，而是采取了逐步逐项解决迁都问题的方式，分阶段、有步骤地进行。

首先，提高北京的地位。1403年，明成祖将北平改称为北京，暂称"行在"（皇帝外出时的行宫）。同时将北平府改称顺天府，在北京设置了留守行后军都督府、北京行部、北京国子监等机构。

其次，提高北京的经济地位。北京虽然地理位置重要，而且曾是元朝的大都，但北方的经济却远不及江南。因此明成祖下令在北京附近进行大规模的移民屯田，5年之内减免赋税。他下令把退伍士兵、难民以及释放囚徒组织起来，安置在北京周边地区去种田。他还免费提供耕

◉《皇都积胜图》（局部）
《皇都积胜图》绘于明朝中、晚期，重现了北京城的繁华面貌，包括正阳门、棋盘街、大明门、承天门、皇宫等范围。图中所见是承天门内外的商业活动，摆摊的小贩成行成市，热闹非凡。

牛、农具和种子等。同时又把大批工匠迁往北京，并将江南的富户迁到北京。这就使北京形成了繁荣的工商业。明成祖还下令疏通运河，将江南的粮食运往北京。

经过多年的苦心经营，北京逐渐发达繁华起来，初步具备了大都市的规模。

1417年，明成祖派人到四川、湖广、江西、浙江、山西等地采购木材石料。次年征调23万工匠、100万民工和大量士兵开始大规模营建北京城。明北京城是在元大都的基础上，参考首都南京城池、宫殿规制而建造的，分宫城（紫禁城）、皇城、内城和外城三部分。宫城是皇帝和后妃们居住的地方，城墙高约10米，四隅建有角楼，外绕护城河。皇城在宫城的外面，周长6里，城墙高约8米，内外砖砌，外围护城河，有六门。内城（又称京城或大城）在皇城的外面，周长45里，城墙高约12米，有九个城门。皇城里有太庙、社稷坛和中央官署衙门。内城和外城是居民区和商业区。北京城周长45里，中轴线南起永定门，往北经过正阳门、紫禁城、景山、钟楼、鼓楼，全长大约7.8千米。城中主要干道多是南北走向，小巷多东西向。永乐十八年（1420年），北京城建设工程

内阁

内阁是明朝废止丞相后设立的中央官署。洪武十五年（1382年），为解决废除丞相后政务繁忙之弊，明太祖朱元璋定置华盖殿、谨身殿、武英殿、文渊阁、东阁大学士，备皇帝顾问，时称"殿阁大学士"，为内阁前身。殿阁大学士品阶较低，且不能参与政务，仅是皇帝的秘书班子。明成祖时，正式启用内阁名号，并准许阁臣参与机务，参加讨论国家机密，但不置僚属，不得专制百官。从明仁宗开始，阁臣权力渐重。明中叶以后，阁臣又取得"票拟"大权，已经影响皇帝决策了。内阁则成为事实上的全国行政中枢机构，虽无宰相之名，实有宰相之权。

完工。北京不仅是中国历史上城市建筑的典范，而且也是当时世界上最雄伟壮丽的城市。永乐十九年（1421年）正月，明成祖正式迁都北京。

明成祖迁都北京后，改北京为京师，改北京"行在六部"为六部。南京降为陪都，称"留都"或"南都"，但仍然保留六部和"南教坊司"，称为南京六部。

郑和下西洋

明成祖夺得皇位后，还有一件事总使他心里不安稳，那就是皇宫大火扑灭之后，没有找到建文帝的尸体。为了把这件事查个水落石出，他派出心腹大臣，去各地秘访建文帝的下落，但是这件事不好公开宣布，就借口说是求神问仙。

后来，明成祖又想，建文帝会不会跑到海外去呢？那时候，我国的航海事业已经发展起来。于是，他决定派一支队伍，出使国外。一来可以与西洋各国往来贸易、弘扬国威，二来顺便探听一下建文帝的下落。他决定让他的心腹宦官郑和带领这支队伍。

郑和，本姓马，小名叫三保，出生在云南的一个回族家庭里。他的祖父、父亲都朝觐过伊斯兰教主要圣地麦加。郑和小时候就从父亲那里听说过外国的一些情况。后来，他进宫当了太监。明成祖见他聪明能干，很信任他，还给他起了郑和这个名字。

1405年6月，明成祖正式派郑和为使者，带一支船队出使"西洋"。那时候，人们叫的"西洋"，指的是我国南海以西的海和沿海各地。郑和带的船队，一共有27800多人，除了兵士和水手外，还有技术人员、翻译、医生等。他们驾驶62艘大船，从苏州刘家河（今江苏太仓浏河）出发，经过福建沿海，浩浩荡荡，扬帆南下。

郑和第一次出海，到了占城（在今越南南方）、爪哇、旧港（在

◉ 郑和七下西洋路线图

今印度尼西亚苏门答腊岛东南岸）、苏门答腊、满剌加、古里、锡兰等
国家。他每到一个国家，先把明成祖的信递交国王，并且把带去的礼物
送给他们。许多国家见郑和带了那么大的船队，而且态度友好，都热情
地接待他。

郑和这一次出使，一直到1407年9月才回来。西洋各国国王见郑和
回国，也都派了使者带着礼物跟着他一起回访。各国的使者见了明成
祖，送上大批珍贵的礼物。明成祖见郑和把出使的任务完成得很出色，
高兴得合不拢嘴。

后来，明成祖觉得没有必要再去寻找建文帝了，但是出使海外的
事，既能提高中国的威望，又能促进与各国的贸易往来，有很多好处。
所以从那以后，明成祖一次又一次派郑和带领船队下西洋。从1405年到
1433年的将近30年里，郑和出海七次，先后一共到过印度洋沿岸30多个
国家和地区，最远到达东非海岸。

郑和第六次出使回国的同一年，明成祖得病死了。他的儿子明仁
宗朱高炽即位后，不到一年也死了，其子朱瞻基即位，即明宣宗。当郑

和第七次出使回来后，大臣们认为郑和出使花费太大，便把出外航行的事业停了下来。

郑和的七次航行，表现了我国古代人民的求知精神和坚韧不拔的毅力，也展示了中国当时高度发展的航海技术和造船水平。郑和的远航，促进了我国和亚非许多国家的经济文化交流和友好往来，在人类文明史上留下了不可磨灭的足迹。直到现在，许多亚非国家还保留着郑和的遗迹，如爪哇的"三宝垄"、泰国的"三宝庙"、印度古里的纪念碑。

土木之变

明成祖从他侄儿手里夺得皇位，怕大臣们不服他的管制，便特别信任身边的宦官。这样一来，宦官的权力就渐渐大了起来。到了明成祖的孙子明宣宗的时候，连皇帝批阅奏章，也交给宦官代笔，宦官的权力更大了。

有一年，皇宫要招收一批太监。蔚州（今河北蔚县，蔚音yù）地方的一个二流子，名叫王振，年轻的时候读过一点书，几次参加科举考试都落第，便在县里当了教官。后来进了宫当了太监。宫里识字的太监不多，王振粗通文字，明宣宗派他教太子朱祁镇读书。朱祁镇年幼贪玩，王振就想出各种各样的法子让他玩得高兴。

明宣宗一死，刚满9岁的太子朱祁镇继承皇位，这就是明英宗。王振当上了司礼监，帮助明英宗批阅奏章。明英宗年少好玩，根本不问国事，王振趁机掌握了朝廷军政大权。朝廷大员谁敢顶撞王振，不是被撤职，就是被充军发配。一些王公贵戚都讨王振的好，称呼他"翁父"。王振的权力可以说是顶了天了。

这时，我国北方的蒙古族瓦剌部已经强大起来。1449年，瓦剌首领也先派2000名使者到北京进贡马匹，却谎称有3000人，要求赏金。王

二十四衙门

二十四衙门是明代宫廷内负责皇帝及其家族私人生活的宦官机构。明朝宦官设置始于明初。洪武三十年（1397年）设有十二监二司七局。各监设太监、少监、监丞等。成祖迁都北京后，正式形成二十四衙门，包括十二监四司八局。十二监为司礼监、内官监、御用监、司设监、御马监、神宫监、尚膳监、尚宝监、印绶监、直殿监、尚衣监、都知监。四司为惜薪司、钟鼓司、宝钞司、混堂司。八局为兵仗局、银作局、浣衣局、巾帽局、针工局、内织染局、酒醋面局、司苑局。二十四衙门各设掌印太监统领本衙之事。二十四衙门中，以司礼监最为显要，其在明代历史上因为可以代替皇帝誊写"朱批"而出尽风头。

振发现也先谎报人数，而且还将进贡的马匹减少了，于是就削减了赏金。也先又为他的儿子向明朝求婚，也被王振拒绝。这样一来，也先被激怒了，他率领瓦剌骑兵进攻大同。守大同的明将出兵抵抗，被瓦剌军打得溃不成军。

边境的官员向朝廷告急，明英宗召集大臣商量对策。大同离王振家乡蔚州不远，王振在蔚州有大批田产，他怕家产受损失，竭力主张英宗带兵亲征。兵部尚书（兵部尚书和侍郎是军事部门的正副长官）邝埜（音kuàng yě，埜同野）和侍郎于谦认为朝廷准备不够充分，不能亲征。明英宗是个没主见的人，王振怎么说，他就怎么听，不管大臣劝谏，就冒冒失失决定亲征。

明英宗叫他弟弟郕（音chéng）王朱祁钰（音yù）和于谦留守北京，自己跟王振、邝埜等官员100多人，带领50万大军从北京出发，浩浩荡荡向大同开去。

这次出兵，本来就没好好准备，军队纪律涣散。一路上又遇到大风暴雨，没有走几天，粮食就接济不上了，兵士们又饿又冷，还没有碰上瓦剌兵，就已经叫苦连天。到了大同附近，兵士们看到郊外的田野里，到处都横着明军兵士的尸体，更加人心惶惶。有个大臣发现士气低落，劝英宗退兵，被王振臭骂一顿，还罚跪了一天。

过了几天，明军的前锋在大同城边被瓦剌军打得全军覆没，各路明军也纷纷溃退下来。明军退到土木堡（在今河北怀来东）时，太阳刚刚下山，有人劝英宗趁天没黑，再赶一阵，进了怀来城（今河北怀来）再休息，即使瓦剌军来了，也可以坚守。可是王振却想着落在后面装运他家财产的几千辆车子，硬要大军在土木堡停下来。土木堡名称叫作堡，其实没有什么城堡可守。不久，明军就遭到了瓦剌军兵的伏击。明军毫无斗志，丢盔弃甲，狂奔乱逃。瓦剌军紧紧追赶，被杀和被乱兵踩死的明军，不计其数，邝埜在混乱中被杀死，祸国殃民的奸贼王振也被禁军将领樊忠一铁锤砸死。明英宗做了俘虏。历史上把这次事件称做"土木之变"。

经过这一场战斗，不仅50万明军损失了一多半，明王朝大伤元气，而且北京也受到瓦剌军的威胁。

北京保卫战

英宗帝被俘的消息传到北京后，满朝文武大臣乱作一团，没有一个人能拿出好主意。翰林侍讲官徐主张走为上策，向南撤退。此时，朝中你一言，我一语，吵吵嚷嚷，毫无结果。正在关键时刻，兵部侍郎于谦挺身而出，他说："京都是国家的根本，如果朝廷一撤出，大势就完了，大家难道忘了南宋的教训吗？"

于谦的主张得到许多大臣的赞同。皇太后和朱祁钰眼看在这关键时刻，能站出一位力挽狂澜的忠臣，当然满心欢喜，立即委以于谦兵部尚书的重任，让他负责指挥军民守城。

这个时候，由于朝中观点不同，事实上已分成主战和主和两派，加上英宗不能回朝主政，长此下去不是办法。于谦等人为了拯救国家存亡，向皇太后提出请求，立王朱祁钰为皇帝。太后再三考虑后，表示赞成。九月，朱祁钰即位，号代宗皇帝，改年号为景泰，尊英宗为"太上皇"。

景泰元年九月，代宗即位不久，瓦剌军进逼宣府城下。于谦面对敌我兵力悬殊的态势，一面抓防卫，一面抓备战，大力征募新兵，调运粮草，赶制兵器，不到一个月，就征集了20万人马，做好一切迎敌的准备。

十月，也先挟持着被俘的皇帝朱祁镇攻破紫荆关，兵逼北京城。于谦主张先打掉也先的嚣张气焰，鼓舞士气。他调集了22万军队，做好迎战准备，并作了周密布置：都督王通、副都御史杨善率部守城，其余将士分别驻扎在九个城门外，列阵待敌。

明军副总兵高礼首先在彰义门外告捷，歼敌数百，夺回民众千人。狡猾的也先，眼看明军有于谦等将领指挥，硬攻不能取胜，便变换手法，以送还朱祁镇为名，准备诱杀于谦等人，但被于谦识破了。

也先见此计不成，便采取强攻。于谦不再正面与敌人拼杀，他派

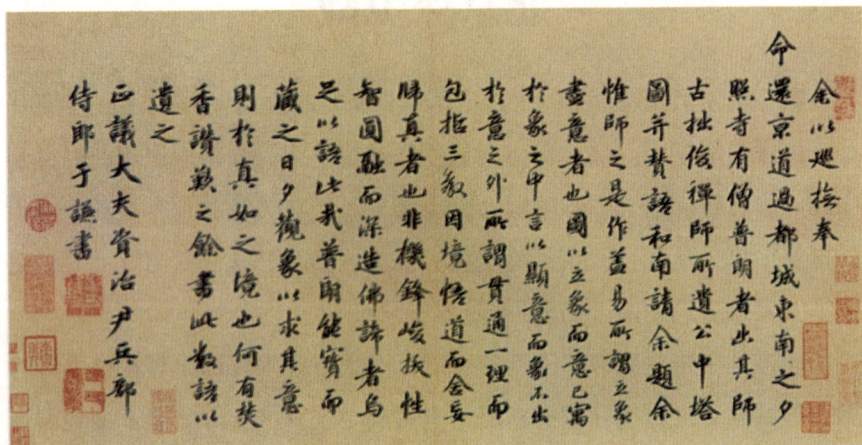

◉ 于谦《题公中塔图赞》

骑兵佯攻，把敌军引入伏击圈内，便用埋伏好的火炮轰击，瓦剌军伤亡惨重，也先的弟弟勃罗也在炮火中丧生。

瓦剌军围攻京都，屡遭挫败，进攻居庸关又遭守将罗通的抵抗。也先怕归路被明军切断，忙带着朱祁镇向良乡（北京房山县东）后撤。明军乘胜追击，大获全胜。也先带着残兵败将逃回塞外。

夺门之变

北京之战，瓦剌军受到重挫，引起内部不和。也先见留着朱祁镇也没有多大作用，就想与明朝讲和，放他回去，但明代宗却和南宋的宋高宗一样，怕哥哥回来抢了自己的皇位，所以对这件事毫不热心。无论孙太后和英宗的钱皇后怎么说，大臣怎么讲，他一概不听。如果把他逼急了，他就恶狠狠地说："我本来就不想当皇帝，是当时你们硬让我当的！"众人拿他没办法。最后，还是于谦劝他把明英宗接回来。明代宗最信任的人就是于谦，无论于谦说什么，他都答应，这次也不例外，不过也是老大不情愿。

右都御史杨善出使瓦剌议和，代宗所给敕书只有议和的内容，压根不提接明英宗回来，也不给金银玉帛等礼物。杨善无可奈何，只好变卖了自己的家产，再凭他的三寸不烂之舌，把明英宗接了回来。明英宗终于结束了他一年的囚徒生活，回到了北京。

在迎接明英宗的仪式上，明代宗又和大臣产生了分歧。明代宗主张仪式从简，大臣们不同意。后来还是明英宗写信表示愿意从简才算了事。兄弟两人在紫禁城东门见面后，互跪行礼，仿照唐朝安史之乱后唐玄宗、唐肃宗禅让之礼，也举行了禅让。随后，明英宗被送入南宫（今北京南池子缎库胡同，是皇子们读书的地方）。明英宗表示想见一见母后和妻儿，但明代宗不同意。从此明英宗开始了长达7年的软禁生活。7

年间，明英宗从未踏出南宫半步。名为太上皇，实为囚徒。明代宗派心腹大臣保守南宫，名为保护，实为监视。

本来明代宗即位之初，立明英宗的长子朱见深为太子。但后来他开始谋划废掉太子，改立自己的独子朱见济为太子。明代宗派太监贿赂大臣，并不断给他们加官晋爵。于是大臣们纷纷上表，要求换太子。明代宗非常高兴，就改立朱见济为太子，将朱见深改封为沂王。不久朱见济病死，但明代宗也不肯立朱见深为太子。明代宗本来身体就不好，再加上丧子之痛，健康每况愈下。

一些明英宗时期的旧臣、失意的官员和太监，如石亨、王骥、徐有贞、曹吉祥等见此情景，为了升官发财，阴谋拥立明英宗复位。他们先后与孙太后和明英宗取得了联系，得到了他们的支持，明英宗许诺，一旦复位，重赏功臣。

这时传来了瓦剌又骚扰边境的战报，于是石亨以保护京城安全为名，调集1000名士兵进入内城，向南宫进发，准备救出明英宗。这时突然乌云密布，伸手不见五指，众人非常害怕，以为遭到了天谴。徐有贞大声劝大家不要害怕，认为事已至此，没有退路了。众人只好继续前进，顺利地进入了皇城，直奔南宫。石亨威胁看守打开宫门，将明英宗扶上轿子，向皇宫进发。这时乌云突然散去，月明星稀，众人以为是天意，顿时大振，抬着明英宗直奔皇宫。来到东华门时，侍卫问："什么人？"明英宗大声说："我是太上皇，快开门！"侍卫大吃一惊，不敢不开门。

众人簇拥着明英宗来到皇帝举行朝会的奉先殿，将明英宗扶上了龙椅。这时已是天色微亮，大臣们在午门外准备朝见。徐有贞命亲兵敲响景阳钟，大臣们走入奉先殿。当看到龙椅上坐着的是明英宗时，大臣们顿时惊呆了。这时徐有贞大喊："太上皇复位了，你们还不下拜？"大臣们只好下跪，山呼万岁，英宗就这样又重新取得了皇位。史称"夺门之变"或"南宫复辟"。

明代宗被明英宗废为郕王，不久，病死在西宫。明英宗把他葬在了北京西山，而不是埋葬明朝历代皇帝的北京昌平的十三陵，而且他的庙号是代宗，意思就是代替哥哥做了一回皇帝。

明英宗复位后，改年号为天顺，对那些在复位中帮他的功臣大加封赏。石亨被封为晋国公，徐有贞升为兵部尚书，曹吉祥升为司礼监太监。他们还为自己的子侄和亲信邀功请赏，一时间受封的人达3000多人！于谦等忠臣被杀害或排挤。明朝的政治日益腐败，国势逐渐衰落。

荒唐天王明武宗

1464年，明英宗病逝，其长子朱见深即位，就是明宪宗。明宪宗即位初期，励精图治，后期崇尚方士，宠爱万妃，朝政混乱。1487年，明宪宗驾崩，太子朱佑樘即位，为明孝宗。明孝宗只有一个儿子，叫朱厚照，自幼就被视为掌上明珠，娇生惯养，两岁被立为皇太子。

朱厚照小的时候非常聪明好学，老师教他的东西很快就能学会。但他身边的以刘瑾为首的8个太监，整天给他一些新奇的玩具，组织各种各样的演出和体育活动。渐渐地，朱厚照荒废了学业。

明孝宗死后，15岁的朱厚照即位，就是明武宗，年号正德。当上皇帝的朱厚照，不仅没有收敛自己的玩乐行为，反而更加离谱了。他下令在宫中建造了许多店铺，让太监、宫女们扮成老板、百姓，自己扮成富商，前去购买商品，还煞有介事地讨价还价，从中取乐。

大臣们看到这种情况，非常着急。他们联合起来，不顾性命地上书要求处死明武宗身边的8个太监。明武宗刚即位不久，还没有见过这阵势，顿时没了主意，只好按大臣们的要求办。这时狡猾的刘瑾在明武宗面前痛哭流涕，求他原谅，明武宗立刻心软了。

第二天上朝，明武宗罢免了领头上书的两位大臣。这样一来，大臣们谁也不敢再提罢免8个太监的事了。刘瑾的权力越来越大，人称"立皇帝"

◎明武宗朱厚照像

（站着的皇帝）。其他的几个太监仗着皇帝的势力，在宫外飞扬跋扈，老百姓把他们称为"八虎"。刘瑾等人给明武宗建了一座"豹房"，让他在里面胡作非为。后来刘瑾被大臣杨一清设计处死。

明武宗结婚很早，但一直没有子女，这成了他的一大遗憾。为了弥补遗憾，从正德四年（1509年）开始，明武宗大收义子，一生共收了100多人为义子。他还在卫士江彬的蛊惑下，亲自操练兵马。

后来明武宗在宫里玩腻了，就离开北京，开始巡游天下。从正德十二年（1517年）开始，明武宗先后到过昌平、密云、居庸关、阳和（今山西高阳县）、大同、太原、淮安、南京等地。在北部边境，明武宗封自己为"总督军务威武大将军总兵官"和"镇国公"，改名为朱寿，希望能亲自上阵领兵打仗。

正德十二年（1517年）十月，蒙古小王子率军侵扰明朝，将总兵王勋包围在应州（今山西北部）。明武宗闻讯后非常高兴，亲自率军前往救援，同小王子大战一场。战斗十分激烈，双方杀得难分难解。双方大小百余战，在此期间明武宗与士兵同吃同住，极大地鼓舞了明军士气。最后，明军获胜，史称"应州大捷"，但明武宗居然加封自己为太师。这次大捷以后，蒙古很长时间内不敢侵扰明朝。应州大捷成为明武宗一生中最光彩的时刻。

◉官吏常服　明

明代官吏常服，多戴纱帽、幞头，身穿盘领窄袖大袍。所谓"盘领"，即一种加有圆形沿口的高领。这种袍服是明代男子的主要服式，不仅臣宦可用，士庶也可穿着，只是颜色有所区别。平民百姓所穿的盘领衣必须避开玄色、紫色、绿色、柳黄、姜黄及明黄等颜色。

明武宗的胡作非为，让远在南昌的宁王朱宸濠觉得有机可乘，于是起兵谋反，企图夺取皇位。明武宗决定以御驾亲征为名，南下游玩。走到半路，明武宗获悉宁王已经被王守仁俘虏，叛乱平定。为了继续南下，他秘而不宣，派人让王守仁释放宁王，好让自己亲自抓住宁王。这个荒唐的提议当然被王守仁拒绝了。

明武宗到达南京后，行收俘礼，然后下令班师回朝。途中在淮安清江浦捕鱼时，明武宗因船翻落水，被救后受了风寒再加上惊吓，得了一场大病。正德十六年（1521年），武宗病死于"豹房"，结束了他酗酒好色、游玩无度的荒唐一生，时年31岁。

王阳明创立"心学"

明武宗死后，朱厚熜（音cōng）即位，这就是明世宗。明世宗因念王守仁平定宁藩之乱特封其为新建伯。明朝文官封爵屈指可数，无军功不得封爵，王守仁是明朝开国以来第二位因军功封爵的文官。

王守仁，字阳明，不仅是个懂军事的人，更是明代著名的大思想家。

王守仁于1472年生于浙江余姚，从小就是一个很不本分的人。他虽然好学，但所读之书并不只限于科举制度规定的四书五经，其他杂七杂八的书，他也喜欢看，而且思想还比较怪癖，让教他的老师们时常感到莫名其妙。比如他作过一首打油诗："山近月远觉月小，便道此山大于月。若人有眼大如天，还见山高月更阔。"这首诗叫《蔽月山房》，是王守仁第一首流传千古的诗作。此诗看似言辞幼稚，很有打油诗的神韵，但其中却奥妙无穷。山和月到底哪个更大，这个12岁的少年用他独特的思考观察方式，给出了一个似是而非的答案。

15岁那年，王守仁就为自己找到了人生目标——当圣人。这个目标对于15岁的少年来说，不仅遥不可及，还略显荒唐。那个时代，被称为圣人的，除了孔子、孟子外，还有一位就是宋代的朱熹。王守仁想当圣人，朱熹的书就不能不读。他开始阅读朱熹的著作，开始对他的学说进行详细研究。

在朱熹的思想当中，有一个观点是最为著名的，那就是"格物致知"。所谓"格物致知"，就是穷究事物道理，致使知性通达至极。"格，至也。物，犹事也。穷推至事物之理，欲其极处无不到也。"他父亲官署院子里有一丛竹子，王守仁曾照着朱熹的话，搬了椅子静静地坐在竹子面前，苦苦思考竹子的道理。可是，一连三天，没有想出一丝道理来，反而生了场大病。王守仁从此对朱熹的学说起了怀疑。

后来王守仁做了官，因不满刘瑾等人在朝中飞扬跋扈，上疏皇帝。结果，他被贬到当时交通非常不便的贵州龙场（今贵州修文）做驿丞（负责接待过往人员的小官）。刘瑾并不甘心，又派杀手追到钱塘刺杀王守仁。王守仁假装投江自杀，从舟山逃到福建武夷山中，隐藏了下来。

第三年，王守仁与随从三人才辗转到达贵州龙场。这里群山环绕，山高林密，瘴气严重，毒虫出没。他们无处安身，只能自搭草棚居住。不久，随从也病倒了，王守仁亲自烧饭煎药，照料随从。后来，在当地群众的帮助下，他们盖了好多间房屋。王守仁就在这里办起了龙冈书院，收徒讲学。

在龙场这既安静又困难的环境里，王守仁结合历年来的遭遇，日夜反省。自问："圣人处在这样的环境中，该采取什么原则呢？"一天半夜里，他忽然有了领悟，竟然欢呼跳跃起来。

他所悟到的道理是：宇宙万物就是我的心，我的心就是宇宙万物。真理本来就在人的心中，人心中本来就有真理，只是被不正确的杂念遮掩罢了。做学问，最主要的是纠正心中不正的念头，恢复求真向善的本性。一旦明白自己心中本来存在正确的念头（良知），就达到真理的境界，就成为圣人了。这就叫"心学"，叫"致良知"（恢复良知），叫"知行合一"（体验良知与恢复良知的统一）。

"心学"是一种主观唯心主义的学说，但是他反对盲从，提倡独立思考，不以前人说过的话为唯一的真理的标准，强调充分发挥个人的主观能动性，还是很有积极意义的。

王守仁的"心学"对当时和后世的哲学、思想、文化、艺术产生过很重要的影响。明代后期许多杰出的思想家、艺术家如汤显祖、李贽等都是王守仁"心学"的信服者。

秀美江南多学士

明代的江南，特别是苏州，风景秀美，商业发达，文学艺术也很繁荣，先后出了许多杰出的文学家、艺术家，其中最有名的是明孝宗、武宗时期的"江南四才子"——唐寅、文征明、祝允明、徐祯卿。

唐寅与徐祯卿是吴县（今江苏苏州）人，文征明与祝允明是长洲（都属今江苏苏州）人。他们有共同的特点，都反对官场的腐败风气，不愿受程朱理学的拘束，都提倡独立思考，个性解放，要求作品充分抒发创作者的思想、灵性和情操。他们比较接近民众，民间流传了不少关于他们的动人故事。

唐寅，字伯虎。他从小才华横溢，文章曲折起伏而流畅，性格又放荡不羁。公元1476年他参加会试，受到主考官程敏政的欣赏，却因此遭到作弊的诬告，被关进监狱。后来这桩冤案澄清，他人被放出，却被贬为小吏。诬告他的竟是他的同乡、同学、朋友。唐寅愤恨官场的倾轧，人情的淡泊，便辞职回家，天天与朋友饮酒作诗画画，非常快乐。他又学司马迁，游遍了江南各省的名山大河，饱览自然风光。明朝亲王朱宸濠出重金聘请他到王府做幕僚，他装疯拒绝了。后来朱宸濠造反，被王守仁镇压。

唐寅的诗，常常流露对炎凉世态的感慨，对科举、权势、名利的反抗。

他的画，画境天然幽美，布满了花、草、山、岭、河流、鹧鸪、烟竹、鲤鱼，充满诗情。

唐寅还自号"江南第一风流才子"，民间流传着"唐伯虎点秋香"的浪漫故事，虽然未必真实，确也反映了他的作风与性格。

文征明小时并不聪明，但他学习非常刻苦。他到学宫读书时，学官管理很严格，要求学生天色刚开亮就要进学宫，到点灯的时候才放学。但许多学生在学宫里并不认真学习，偷着躲着喝酒闲聊，消磨光阴；文征明却独自一人默默地临帖《千字文》，一天至少临帖十本。因此，他的书法突飞猛进。除了与唐寅、祝允明等人研习书画诗文外，他还跟老一辈的书画名家吴宽、沈周等人学习。他的诗、文、书、画都有很高水平，特别有名的是画，尤其山水画得最好，形成独特的"吴门画派"。

但文征明考了27年科举，都没有考中进士。50多岁，才经人推荐，以岁贡生（推荐生）的身份，做了翰林院待诏（为皇帝服务的文官）。然而，一些同僚看不起他，于是他愤而辞官，回到家乡以卖字画为生。

四人中，最狂放的要数祝允明，因为他一只手多长了个手指，便自号"枝

◉ **王蜀宫妓图　明　唐寅　绢本**

此图取材于五代前蜀后主王衍的宫廷生活，描绘宫中四位宫妓的形象。图中人物均盛装打扮，在设色上妍丽明洁，富于变幻和节奏感，如画面正中一正一背两女子，一着淡黄衣衫，一穿花青大褂，色彩对比强烈，产生了醒目的艺术效果。同时，作者采用"三白"法，即以白粉烘染人物额、鼻、颊，突出了宫妓们弱不禁风的情态。全图线条如春蚕吐丝，精秀细劲，流转自然，是唐寅仕女画的代表作之一。

山""枝指生"。他5岁就能写直径一尺大的字，9岁能作诗。他读书很多，才思敏捷，书法草书尤其出名。他最厌恶的是假卫道士，爱发表一些惊世骇俗的议论，如说"汤武不是圣人""孟子不是贤人""庄子只差孔子一等"，表现出敢于摆脱儒家思想束缚的精神。

徐祯卿是个聪明绝顶的人，他家中没有一部藏书，凭记忆和理解，却对各种知识无所不通，被称为"吴中诗人之冠"，可惜33岁就死了。

此后，浙江绍兴也出了个杰出的诗人、戏曲家兼书画家徐渭，但徐文长的名字更为人们熟悉。他写的戏曲论著、杂剧，都有超越常人的见解和打破常规的地方，他擅长画大写意的山水、花鸟画。他的画水墨淋漓，以思想和艺术手法的解放见称。

壬寅宫变

藩王朱厚熜在还没有成为明世宗之前，于荆楚（其藩地）的府邸内，就喜欢炼丹修仙，将大半儿心思都花在了钻研如何成仙上。称帝后，其物质财富达到了顶点，更是一心追求长生不死。他广征道士方士之流，在宫廷中搞起了斋醮，且不断扩大规模，耗费巨资。嘉靖帝（"嘉靖"为年号）个性很强，认定的事大多难以改易，他不仅本人信道，当上皇帝以后，还要全体臣僚都要尊道，尊道者升官发财，敢于进言劝谏者轻则削职为民、枷禁狱中，重则当场受杖刑处死。

一些善于阿谀奉承的官员就乘机以歪门邪道讨好他，窃据了朝廷的要职。更有一些装神弄鬼的道士，也成了天子的座上宾，势压满朝文武。

虽然崇信道教，可内心却并不"清心寡欲"的嘉靖帝听信方士胡言，认为童女的经血可用来炼制所谓的可致长生不老的仙丹，而且为保持宫女的洁净，宫女们不得进食，只能吃桑葚、饮露水。许多被征召的宫女都不堪忍受，暗地里一起商议杀死嘉靖帝。

这天，以杨金英为首的宫女们趁嘉靖皇帝熟睡之时，潜入他的寝室，众人按住嘉靖皇帝，先用布蒙住他的脸，然后将绳子套在他的脖子上，眼看就要大功告成，但由于宫女们过于紧张，竟将绳子系成了死扣，怎么也收不紧，嘉靖帝只是被勒得昏厥了过去，并没有死。

这时被一个婢女发现，跑出去报告皇后，皇后马上领人来救驾，嘉靖皇帝大难不死。即刻，杨金英等涉案宫女全部被捕，几天后被凌迟处死。因这一年是农历壬寅年，所以被后世史学家称为"壬寅宫变"。

经过这一场劫难，嘉靖帝非但没有反思自己的所作所为，反说是神灵的佑护为他清灾免祸，还专门去为斋醮所盖的朝天宫里烧了7天的高香。"壬寅宫变"以后，嘉靖帝便搬离了自己那个"不吉利"的处所，住进了皇城西苑的永寿宫，20多年后，直到驾崩前的一个月才又重回乾清宫。

"壬寅宫变"之后，嘉靖帝更加笃信道教，竟然有20多年不上朝理事，朝政先后由当权的内阁大学士把持。这时，在明史中鼎鼎大名的权奸严嵩粉墨登场了，他是这20多年来专权时间最长的一个。

杨继盛冒死劾严嵩

明世宗刚即位的时候，在政治上采取了一些改良措施。但是到了后来，他迷信上了道教，在宫内设坛求仙，渐渐对朝政也不大关心了。大学士严嵩（音sōng），因为善于起草祭神的文书，迎合世宗的道教信仰，逐步取得了内阁首辅（相当于宰相）的地位。

严嵩擅长揣摩皇帝的心思，见风使舵。他当上首辅后，和他儿子严世蕃一起，结党营私，贪赃枉法，无恶不作。

这时候，北面鞑靼部（蒙古族的一支）统一了蒙古各部，逐渐强大起来，成为明朝很大的威胁。严嵩不但不加强战备，反而贪污军饷，鞑靼首领俺答好几次打进内地，明军都没有力量抵抗。

1550年，俺答的骑兵越过长城，一直打到北京城郊。明世宗派严嵩的同党仇鸾率军保卫京城，可严嵩命仇鸾不要主动出击。结果，鞑靼兵在北京附近烧杀抢掠够了就带着战利品在明军面前扬长而去。

过了一年，仇鸾又勾结俺答，准备议和。这件事引起了一些正直大臣的愤慨，特别是兵部员外郎杨继盛，更是义愤填膺。

杨继盛，保定容城人。他7岁的时候，就失去了母亲。父亲见他有志气，就让他一面放牛，一面读书，果然进步很快。后来他参加科举考试，中了进士，在京城里受到不少大臣的赏识。

杨继盛为人正直，看不下严嵩、仇鸾一伙丧权辱国的行为，就向明世宗上奏章，反对议和，希望朝廷发愤图强，训练士兵，抵抗鞑靼。明世宗看了奏章，也觉得有道理，但是禁不起仇鸾一伙撺掇，反而把杨继盛打入大牢，最后贬到边远的地方做典史。

杨继盛被贬谪后不久，明朝和鞑靼便议和了，但是没多长时间，俺答就破坏和议，进攻明朝边境。仇鸾密谋暴露，吓得发病死了。到了这时，明世宗才想到杨继盛的意见是对的，便把他调回京城。

严嵩还想拉拢杨继盛，哪知道杨继盛对严嵩深恶痛绝，他回到京城刚一个月，就给明世宗上奏章弹劾严嵩，揭发严嵩十大罪状，条条都有真凭实据。

这道奏章击中严嵩的要害，严嵩气急败坏，在明世宗面前反咬一口，诬陷杨继盛。明世宗大怒，把杨继盛关进大牢。后来严嵩撺掇明世宗把杨继盛杀害了。

◉ 杨继盛像

严嵩掌权期间，作恶多端，引起正直大臣们的强烈不满。御史邹应龙经过周密考虑，决定先从弹劾严世蕃下手。严世蕃依仗他父亲权势，干尽坏事。明世宗看了邹应龙弹劾严世蕃的奏章后，果然下令把严世蕃办罪，充军到雷州，并勒令严嵩退休。

严世蕃和他的同党还没到雷州，就偷偷溜回老家，收容了一批江洋大盗，还勾结倭寇，准备逃到日本去。这件事又被另一个御史林润揭发。

明世宗看了这份奏章，也大为震惊，立即下令把严世蕃和他的同党处死，把严嵩革职为民。明朝最大的奸臣到此便彻底倒台了。

海瑞罢官

严嵩掌权时，不仅他的自家亲戚，就连他手下的同党，也都是依仗权势作威作福之辈。上至朝廷大臣，下至地方官吏，谁敢不让着他们几分！

可是浙江淳安县的小小县官，却能够秉公办事，对严嵩的同党也不讲情面。他的名字叫海瑞。

海瑞是广东琼山人。他从小失去父亲，靠母亲抚养长大，生活十分贫苦。他20多岁中了举人后，被调到浙江淳安做知县。海瑞到了淳安，认真审理过去留下来的积案，不管什么疑难案件，到了海瑞手里，都一件件调查得水落石出，从不冤枉一个好人。当地百姓都称他是"海青天"。

有一次，京里派御史鄢懋卿到江南视察。鄢懋卿是严嵩的干儿子，敲诈勒索的手段很阴险。他表面上发出告文，叫地方官不要送礼，不要铺张浪费，实际上却暗示要吃山珍海味，要收受好处。

海瑞听说鄢懋卿要到淳安来，就给鄢懋卿送了一封信，信里说："我们接到通知，要我们招待从简。可是据我们得知，您每到一个地方都是花天酒地，大摆筵席。这实在叫我们不好办！要按通知办事，怕怠慢了您；要是像别的地方一样大肆铺张，又怕违背您的意思。请问该怎么办才好？"

鄢懋卿看到这封揭他老底的信，气得

◉ **青花云鹤八仙图葫芦瓶　明**
世宗尊崇道教，迷恋丹术，用以盛装仙丹的葫芦瓶风行一时。此件葫芦瓶四面绘有八仙图，正是嘉靖皇帝祈求长生的写照。

咬牙切齿。但是他早听说海瑞是个铁面无私的硬汉，只好绕过淳安，到别处去了。从此，鄢懋卿对海瑞怀恨在心。后来，他在明世宗面前狠狠告了海瑞一状，海瑞被撤了淳安知县的职务。

严嵩倒台后，鄢懋卿也被充军到外地，海瑞恢复了官职，后来又被调到京城做官。

那时候，明世宗已经有20多年没有上朝了，他整天跟一些道士们鬼混，一些朝臣谁也不敢说话。

海瑞虽然官职不大，却大胆写了一道奏章向明世宗劝谏。他把明王朝的昏庸腐败现象痛痛快快地揭露出来。

他知道，奏章呈上去，就会有杀身之祸。但他决心已下，就事先遣散了家人，安排好后事，诀别了妻子，才将他的奏章呈进宫去。

明世宗捺着性子读完了他的奏章。可是他越看越气。那上面写道：

"陛下即位之初确做过些好事，可是后来却沉溺在神仙和仙药中，追求长生不老。可是尧、舜、禹、汤、文、武这些古圣贤，还有秦、汉那些自称有仙术的方士，至今还有在的吗？陛下叫人到处采购炼丹的药材，又大兴土木，修建道宫，耗尽了民脂民膏，弄得民穷财尽……"

明世宗气得七窍生烟，准备派人抓海瑞。宦官黄锦说："听说这个人不怕死，做官清廉。他自知触犯陛下，活不成了，已经买好棺材，安排好后事，不会逃跑的。"

明世宗又反复阅读奏章，觉得海瑞的话多少有些道理，但他好几个月没作批复。

后来，明世宗还是下旨将海瑞抓了起来。不过，两个月后，明世宗就死了。他的儿子明穆宗即位，才将海瑞放出监狱，恢复了官职。

1569年，海瑞出任江南巡抚。他强迫那些豪强大户将强占的土地退出来，分给穷人，而且先拿当朝首辅徐阶家开刀。他还领导疏浚了苏州的吴淞江、常熟的白茆河。

海瑞的施政措施，获得民众拥护，却遭到官僚地主的反对。由于不断遭到排挤，海瑞被迫辞官回到家乡。1583年，他才被起用为南京吏部右侍郎，这时他已72岁。但他仍勤勉地操劳着，直到死在任上。

他一生没有置过田产。死时，家中只有十多两俸银。还是同僚凑钱为他办的丧事。

戚继光抗倭

明世宗在位期间，有一伙日本的海盗经常到我国东南沿海一带骚扰。他们和中国的土豪、奸商勾结起来，到处抢掠财物，杀害百姓，闹得沿海一带不得安宁。历史上把这类海盗叫作"倭寇"。

后来，朝廷派熟悉沿海防务的老将俞大猷（音yóu）去平乱。俞大猷一到浙江，就打了几个胜仗。可是不久，浙江总督张经被严嵩的同党赵文华陷害，俞大猷也被牵连坐了牢。沿海的防务没人指挥，倭寇又猖獗起来。朝廷把山东的将领戚继光调到浙江后，这个局面才得到扭转。

戚继光，字元敬，山东蓬莱人。他到了浙江，先检阅那儿的军队，发现那里的兵士纪律松散，缺乏训练，临阵畏缩，根本不能打仗。于是提出创立兵营、选兵、练兵等具体办法。

戚继光是个精通兵法的将领，他懂得士兵不经过严格的训练是不能上阵的。他在上级官员的支持下，到义乌招募了4000名年轻力壮的农民和壮士。接着，他根据南方地区的特点，研究阵法，效法岳家军，对招募的士兵进行严格训练。仅仅几个月，就训练出一支战斗力极强的劲旅"戚家军"。

1561年4月，倭寇聚集了10000多人，驾数百艘战船，又一次大举侵扰浙东的台州和温州，骚扰了大片地区，声势震动了整个东南。戚家军迅速出击，先在龙山和雁门岭打败倭寇，接着驰援台州，在台州外上峰岭设伏。戚家军士兵每人执松枝一束，隐蔽住身体，使倭寇以为是丛林，等倭寇过去一半，立刻发起进攻。士兵一跃而起，居高临下，猛烈冲锋，全歼了这股倭寇。台州的战斗历时一个多月，共斩杀倭寇1400多人，烧死、

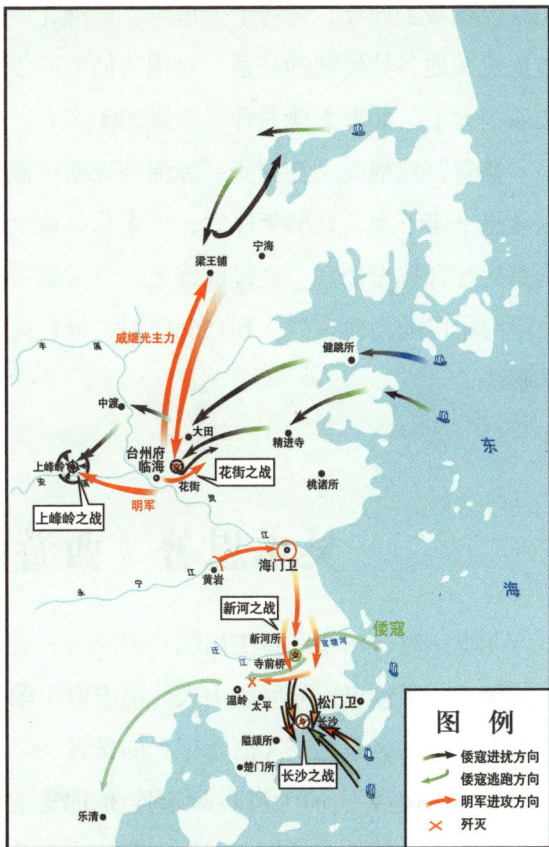

⊙台州大捷示意图

溺死4000多人。戚继光因功升为都指挥使。

　　这时，福建沿海倭患严重，福建巡抚向朝廷一再告急。戚继光奉命到福建抗倭，仅仅三个月，就荡平了横屿（今福建宁德东北20里）、牛田（今福建省福清市龙田镇）、林墩（今福建莆田东20里）三个倭寇巢穴。戚继光升任都督同知、总兵官，镇守福建全省及浙江金华、温州二府。

　　不久，倭寇又聚集了20000多人，陆续在福德泉州、漳州、兴化等地登陆。戚家军分成数支，和倭寇展开激战，在一个月内就打了12次胜仗，杀死倭寇3000多人。1563年11月，20000多倭寇围攻仙游。仙游军

民昼夜在城上死守，情势十分危急。戚继光调各路明军，切断仙游倭寇与福建其他各处倭寇的联系，对围攻仙游的倭寇发起总攻，一举把这批倭寇消灭了。仙游大捷共歼灭倭寇2000多人。

接着，戚继光又在同安、漳浦两地指挥戚家军大败倭寇，使福建境内倭患平定下来。1565年以后，广东总兵俞大猷官复原职，戚继光任职副总兵配合抗击倭寇。经过戚继光、俞大猷等抗倭将领的共同努力，以及沿海军民的浴血奋战，到1566年时，横行几十年的倭患，终于得到基本解决。

吴承恩著《西游记》

明世宗时，出了一位杰出的小说家——吴承恩。吴承恩（约1500—1582年），字汝忠，号射阳山人，淮安府山阳县（今江苏省淮安市楚州区）人，四大名著之一《西游记》的作者。

吴承恩出身于一个小商人家庭。他的父亲吴锐乐观豁达，奉行知足常乐的哲学。他给儿子取名承恩，字汝忠，希望他将来能够做大官，上承皇恩，下泽黎民，做一个流芳百世的忠臣。

吴承恩小时候确实没有辜负父亲的希望。他天资聪慧，勤奋好学，一般的文章都能过目成诵。他两三岁时就能够读诗，6岁时入私塾读书。有了老师的专门教导，吴承恩学业进步得很快。少年时，他就因才学而名冠乡里。但随着年龄的增长，吴承恩的兴趣发生了转移。他越来越觉得"四书五经"过于枯燥乏味，稗官野史却蛮有情趣。

他特别喜欢捕捉新鲜事物，更喜欢读神仙鬼怪、狐妖猴精之类的书籍，而且在读书时还做了许多笔记和摘录。吴承恩最钟爱的小说野史是《百怪录》和《酉阳杂俎》。书中五光十色的神话世界，使他潜移默化地养成了搜奇猎怪的嗜好，这为他日后创作《西游记》奠定了基础。

《西游记》

吴承恩创作的长篇神魔小说《西游记》是以唐代高僧玄奘赴印度取经的故事为蓝本，综合《大唐西域记》《大唐慈恩寺三藏法师传》等作品的相关内容，经过整理、加工最终完成的。小说借唐僧师徒在取经路上经历的艰难险阻，折射出人间现实社会的种种罪恶，同时创造出孙悟空、猪八戒等不朽的艺术形象。全书结构严谨，繁而不乱，语言生动活泼，富于生活气息，借助神话人物的言行，抒发了作者对现实的不满和改变现实的愿望。

少年时的吴承恩常常连续几天都沉浸在离奇的神话故事情节中。吴承恩步入青年时，他对神话故事的兴趣有增无减，并且养成了狂放不羁、轻世傲物的个性。对此，他的父亲十分恼火，多次劝说儿子重新步入"正道"，却无济于事。商人的社会地位本来就低，又加之父亲的生意每况愈下和这位大才子的"不务正业"，吴家逐渐招来连绵不绝的嘲笑。以前被人交口称赞的日子一去不复返了，吴承恩的父亲感到希望越来越渺茫。

吴承恩20岁时，在父亲的张罗下，与同乡的一位叶姓姑娘结婚，两人婚后的感情非常好。也许是由于妻子的劝诫和勉励的缘故，他重新拾起了"四书五经"。几年之后，吴承恩在府学岁考和科考中取得了科举生员的资格。时隔不久，他去南京参加乡试，竟名落孙山。

他这次落第，对父亲的精神影响很大。翌年春天，他的父亲吴锐怀着巨大的遗憾去世了。在家人的鼓励下，在此后3年，吴承恩专心致志地在八股文上下了一番苦功。然而，在1534年秋的考试中他仍然没有考中。吴承恩羞恨交加，并于这年冬天病倒了。生病期间，他有时感到万念俱灰，真想一死了之。但是，看着床前的妻子、母亲和未成年的孩子，他又恢复了生活的勇气。

父亲的去世，两次科举考试的失利，对吴承恩的打击太沉重了。在他看来，不能考取举人，不仅无法改善生活状况，而且愧对父母，有负先人。可是，他又不认为没能考取功名是因为自己没本事，而是命运不济。生活上的困顿给他带来的巨大压力并不小于科考的失利。父亲过世了，他却没有养家糊口的能力。因此，全家人的生活只能依靠他每月从学府里领回的6斗米。

⊙《西游记》图册　清

《西游记》问世后，各种表现唐僧师徒取经故事的艺术题材相继涌现，该图册的文字说明由清代康熙时期的四大书法家之一——陈奕禧书写，图文并茂，使故事情节得到更好的体现和延伸。上图描绘了孙悟空脱困五行山，拜唐僧为师的情景。

科场上的失意、生活上的困顿，使吴承恩对封建科举制度和黑暗社会现实有了更为深刻的认识。品尝了人生酸甜苦辣的吴承恩，开始更加清醒、深沉地思考社会人生的问题，并且向不合理的社会抗争。他越来越倾向于用志怪小说来表达内心的不满。在与残酷的现实生活作斗争的过程中，吴承恩怀着满腔热情，蘸着自己的血泪，写下了不朽的《西游记》。

李时珍著《本草纲目》

明世宗在位期间，贪图享乐，但又担心有死掉的那一天，享乐的日子就此结束。于是，他便挖空心思想得到长生不老的药剂。他下令让各地官吏推荐名医。正在楚王府里做医生的李时珍，便被推荐到朝廷做太医。

李时珍，字东璧，湖北蕲州（今湖北蕲春县，蕲音qí）人，世代行医。他的祖父是悬壶济世的郎中，留下不少民间秘方（含偏方单方），他的父亲李言闻，对医学也很有研究。

李时珍自幼聪慧，读了不少《四书》《五经》之类的文章，14岁时中秀才。在17岁后，参加武昌府试，屡试不中。父亲还是要他继续努力，但他早已无心求取功名了。从此，李时珍跟随父亲左右抄写药方或上山采草药。

1545年，蕲州一带洪水泛滥成灾，灾后瘟疫流行，人民贫困，无钱求医。李时珍有志学医，又体恤民众疾苦，借此机遇临床实践，治好了许多病人。由于勤奋钻研，37岁的李时珍已成为荆楚一带的名医，"千里求药于门"者，络绎不绝。

有一次，楚王的儿子得了一种抽风的病，久治不愈。楚王慕名派

⊙ 黑漆描金龙药柜　明
盛药用具，黑漆地儿，正面及两侧饰描金双龙纹，背面及柜里饰描金花蝶纹。其双开门内有八方旋转式药屉80个，每屉盛药一种；两侧各有长屉10个，每屉分3格放药。每个药屉上用金泥为药鉴，墨书药名，全柜能放药140种，柜下有大屉3个，以供放置取药工具及方剂之用。柜子的背后有金泥书写的"大明万历年制"款，为官款御药房所用。

人请李时珍为他儿子诊病。李时珍看了病人的脸色，又把了把脉，问了几句，确诊这孩子的病是由肠胃引起的。他开了调理肠胃的药方，楚王的儿子吃过药后，病就全好了。楚王非常高兴，挽留他在府中任私人医生，李时珍同意了。他知道楚王一向与郝、顾两个富绅交往密切，而这两家藏书很多，借此机会可以弄到《神农百草经》《征类本草》等历代药典研究，既可以丰富自己的医学知识，又可以为今后撰著《本草纲目》打下基础。

不久，明世宗下令让全国名医集中太医院，楚王为了讨好明世宗，就把李时珍推荐到北京太医院去。李时珍也借此机会，更好地与名医切磋交流医术，同时，阅读了许多民间看不到的善本医学经籍。在此期间，他几次提议编撰《本草纲目》一书，但都被拒绝。李时珍也看不惯明世宗为求长生不老药而在宫里让方士做道场、炼金丹，弄得到处乌烟瘴气，只在太医院待了一年，就告病归乡了。

回乡后，他边行医，边查阅前贤著述、药典、典故、传奇等。此外他踏遍青山，尝尽百草，足迹遍及河南、河北、江西、安徽、江苏等省，又攀登了天柱峰、茅山、武当山，采集标本，求教于药农、果农，亦冒险品尝了仙果（榔梅），熟食鼓子花（旋花）。

李时珍花了将近30年的时间，写成了著名的医药著作《本草纲目》一书。在这本书里，一共记录了1892种药，收集了10000多个药方，详尽地讲述了各种药材的产地、形态、栽培、采集等，还说明了炮制方法，分析性能和功用，为发展祖国的医药科学作出了伟大的贡献。这是一本不可多得的医药经典。

《本草纲目》出版以后，一直流传到全世界，已经被翻译成日文、德文、英文、法文、俄文、拉丁文等许多种文字，在世界医药界中占有重要的地位。

至于那个迷信炼丹、一心想长生不老的明世宗，不但没有能长生不老，却因为误服了有毒的"金丹"，丢了性命。

十二平均律

明代朱载堉创制的平均律是中国乃至世界音乐科学的重大成就。十二平均律被西方誉为"中国的第五大发明"。

朱载堉（1536—1611年），字伯勤，号山阳酒狂仙客，又号狂生，谥端清，史称"端清世子"。

朱载堉出身明王朝皇族，是明太祖朱元璋的九世孙。其父朱厚烷为郑恭王。朱载堉小时悟性就很高，在他父亲及老师何瑭的熏陶下，十分喜爱音乐，并广泛学习了诗文、音律和数学等。11岁的时候，朱载堉被立为世子。

明嘉靖二十九年（1550年），因皇族之间的权力纷争，其父朱厚烷被诬陷削爵，禁锢于安徽凤阳。朱载堉愤然离开王宫，在附近山上筑了一间简陋土屋，独居10多年，潜心从事学术方面的研究。嘉靖三十九年（1560年），朱载堉写出了我国第一部研究古代乐器的著作《瑟谱》。

隆庆元年（1567年），其父平反昭雪，恢复爵位，朱载堉也恢复了世子身份，但他没有去追求享乐的生活，仍然一心一意地研究学术。万历九年（1581年），朱载堉46岁时，完成了十二平均律的理论计算，登上了乐律学的最高峰。

万历十九年（1591年），其父病逝，朱载堉承袭爵位。为了专心学术，他7次上疏，请求让位。在第6次上疏后，朱载堉毅然离开王宫，搬到城东北的九峰山，开始过隐居生活，被老百姓称为"布衣王爷"。70岁的时候，朱载堉完成了凝聚了他毕生心血的科学巨著《乐律全书》。

万历三十九年（1611年），朱载堉积劳成疾，长眠在九峰山下，享年76岁。

朱载堉一生著述丰富，共30多部，涉及领域很广，包括乐律、

◉ 明画《入跸图》
此画描绘的是明代一个骑马鼓吹乐队正在表演的场景。

数学、物理、天文历法、计量、音乐和舞蹈等学科。

朱载堉在科学领域内的贡献是多方面的。在天文历法方面，他写了历学著作《律历融通》，编著了《律法新说》等。他还精确计算出了回归年长度值，精确度几乎与现在国际通用值相同。专家利用高科技测量手段对朱载堉关于1554年和1581年这两年的计算结果进行验证发现：朱载计算的1554年的长度值与我们今天计算的仅差17秒，1581年差21秒。在物理学方面他发明了累黍定尺法，精确地计算出北京的地理位置与地磁偏角。在算学方面，他首次运用珠算进行开方，研究出了数列等式，解决了不同进位制的小数换算。

朱载堉最杰出的成就还是发明了十二平均律。

律学，也称音律学或乐律学，是研究发声体发音高低比率的规律和法则的一门学问，属于声学的一个分支。

十二平均律的优点是能够旋宫转调，特别是在琴键乐器中，可以根据需要任意使用所有的键，因此被广泛应用于世界各国的键盘乐器之上，包括钢琴；朱载堉也因为这个发明被誉为"钢琴理论的鼻祖"。十二平均律被西方普遍认为是"标准调音""标准的西方音律"。

朱载堉发明十二平均律之后，大胆地进行了音乐实践，他精心制作出了世界上第一架定音乐器——弦准，制作了36支铜制律管。在乐器制造的过程中，他把音乐和舞蹈分成了两个学科，首次提出"舞学"一词，并为舞学制定了大纲，奠定了理论基础。

朱载堉用他的聪明才智和持之以恒的努力，在广泛的科学领域里取得了多项世界第一：第一个创立了十二平均律；第一个制造出定音乐器；第一个用珠算进行开方；第一个创立"舞学"。难怪英国的皇家科学顾问李约瑟博士称朱载堉是"东方文艺复兴式的圣人"。

张居正改革

明世宗死后，他的儿子朱载垕（音hòu）即位，这就是明穆宗。

明穆宗在位期间，大学士张居正才华出众，得到穆宗的信任。1572年，穆宗死去，太子朱翊钧继承皇位，这就是明神宗。张居正等三个大臣奉穆宗遗命辅政。

明神宗即位后，张居正成了首辅。他根据穆宗的嘱托，像老师教学生一样，辅导年仅10岁的明神宗。他自编了一本图文并茂的历史故事书，叫作《帝鉴图说》，每天讲给神宗听。

神宗把张居正当作严师看待，既尊敬，又惧怕。再加上太后和宦官冯保支持张居正，朝中大事几乎全部由他做主了。

⊙ 张居正为皇帝编著的《帝鉴图说》

那个时候，沿海的倭寇已经肃清了，但北方的鞑靼族还不时侵扰内地，对明王朝构成威胁。张居正把抗倭名将戚继光调到北方去镇守蓟州（在今河北北部），戚继光从山海关到居庸关的长城上修筑了3000多座堡垒，以防鞑靼的进攻。戚家军多次打败鞑靼的进攻。鞑靼首领俺答见使用武力不行，便表示愿意和好，要求通商。张居正奏明朝廷，封俺答为顺义王。一面和鞑靼通商往来，一面在边境练兵屯田，加强防备。以后的二三十年中，明朝和鞑靼之间就没有发生战争，北方各族人民的生活也安定下来。

当初，由于朝政腐败，大量土地被皇亲国戚、豪强地主兼并，农民贫困，而国家的税收却收不上来。针对这种情况，张居正下令清查土地，结果查出了一批被皇亲国戚、豪强地主隐瞒的多达147万多顷土地。

丈量土地后，张居正又把当时名目繁多的赋税和劳役合并起来，折合成银两来征收，称为"一条鞭法"。经过这种税收改革，一些官吏就不能营私舞弊了，国家的收入也增加了。

张居正还大胆起用治水专家潘季驯治理黄河、淮河，疏通水道，堵塞缺口，减轻了黄河、淮河下游的水患，使运输和农业生产都受到益处。

经过张居正的改革，国库里的粮仓和银两可以支用10年，国力大大增强。

但是这些改革触犯了一些豪门贵族的利益，他们对张居正恨之入骨。

在张居正执政的第五年，他的父亲去世，按照封建的礼法，他必须离职守孝三年。但是因为改革的需要，张居正经过明神宗批准，没有回家奔丧。于是他遭到那些怀恨他的官员以及一些读书人的攻击。直到明神宗直接干预，事情才平息下来。

由于张居正的权力太集中了，明神宗长大后，却反而闲得没事干。这时候，就有一批亲近的太监在内宫用各种办法给他取乐。

后来，由张居正做主，把那些引诱明神宗胡闹的太监全部赶出宫去，太后还让张居正代明神宗起草了罪己诏（皇帝责备自己的诏书）。这件事发生后，明神宗对张居正从惧怕发展到怀恨了。

1582年，张居正病死，明神宗亲自执政。那些对张居正不满的大臣纷纷攻击张居正执政时专横跋扈。第二年，明神宗把张居正的官爵全部撤掉，还派人查抄了张居正的家。张居正的改革措施也遭到极大的破坏，刚刚有一点转机的明朝政治又昏暗下去了。

汤显祖连做"四梦"

张居正当权的时候，有个叫汤显祖的读书人来到京城赶考，张居正的手下来威胁他说："你考试时不要写得太好，不要超过我们张公子（张居正的儿子张嗣修）的水平，否则，对你没好处。"汤显祖一口拒绝。

汤显祖是江西临川人，他的祖父和父亲都是有学问的人。他在5岁时就能作对子，12岁就会作诗。伯父酷爱戏曲，还从事过戏曲演出，因此汤显祖从小也对戏曲产生了兴趣。

汤显祖不愿讨好张居正，结果科考落榜了。张居正死后第二年，汤显祖考中了进士。当朝宰相申时行和张四维想拉拢汤显祖做门生，他又拒绝了。

汤显祖在南京做官期间，正碰上闹灾荒。他目睹民间的惨状，冒着生命危险上书《论辅臣科臣疏》，揭露赈灾官员的贪贿之行，朝政的腐败，词意严峻，震动朝野，他因此被贬为广东徐闻县典史。

几年后，汤显祖被调到浙江遂昌县担任知县。在遂昌五年，他为当地人做了许多好事，如让囚犯回家过年、组织农民发展生产、兴利除害、建立学校、等等。他深得人民的爱戴，遂昌人尊称他为"汤公"。

万历二十六年（1598年），汤显祖遭排挤辞官回乡，开始了他做戏曲梦的历程。

汤显祖在临川香楠峰下建造了"玉茗堂"。这个玉茗堂成了他后半生进行戏曲文学创作和演出活动的中心。他的代表作《牡丹亭》（又名《还魂记》）完成后，就是在这里首次公开演出的。

《牡丹亭》是中国文学史上一部著名的戏剧作品，讲的是江西南安郡太守杜宝的女儿杜丽娘，梦见少年书生柳梦梅。从此她天天相思，不幸得了场大病死了，葬在浙江临安（今杭州）。三年后，柳梦梅去考试路过临安，拾得杜丽娘的自画像，于是和她的鬼魂相会，并掘墓开棺，使杜丽娘起死回生，两人结为夫妇。可是，杜宝却竭力反对。后来柳梦梅中了状元，杜宝才在皇帝做主的情况下，最终认了这门亲事。

汤显祖成功地塑造了杜丽娘这个封建时代大胆追求幸福的少女形象，传达了在封建专制主义重压下，广大青年要求个性解放、争取爱情自由和婚姻自主的呼声。

除了《牡丹亭》，汤显祖还写了《邯郸记》、《南柯记》和《紫钗记》，这四部戏被人合称为"玉茗堂四梦"，也称"临川四梦"。

《南柯记》大致剧情为：书生淳于棼在梦中来到了大槐安国，被召为

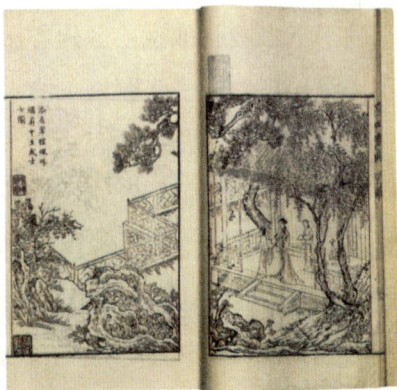

◉《牡丹亭》插图

《牡丹亭》自其问世之日起就轰动了文坛，时人评价说："汤义仍《牡丹亭梦》一出，家传户诵，几令《西厢》减价。"

驸马，和瑶芳公主成婚。淳于棼后来当了南柯（意为南面的一棵大树，也就是梦中的"南柯郡"）太守，很有政绩。不久外族侵扰，公主受惊，不幸死亡，淳于棼被遣回乡，于是大梦方醒。淳于棼从此皈依佛道。

《邯郸记》写一个叫卢生的人在梦中娶了有财有势的妻子崔氏，中了状元，为朝廷建立了功勋。奸臣宇文融虽然不断地算计、陷害他，但奸臣最终被杀。卢生做了20年宰相，享尽了荣华富贵。后来睡醒，才知道是一场黄粱美梦。

《紫箫记》（后改为《紫钗记》），反映的是一个叫霍小玉的女子与李益的爱情故事。

"玉茗堂四梦"在当时及后世都产生了很大的影响，汤显祖因此在中国文学史上占有很高的地位。

汤显祖写完"玉茗堂四梦"后，便把主要精力放在舞台艺术的创造上。他亲自参加江西地方戏曲宜黄戏的导演工作，组织宜黄剧团到各地演出，宜黄戏演员最多时发展到1000多人。

明末三案

明朝末年，宦官专权，党争不断，发生了"梃击、红丸、移宫"三大著名的案件，后世合称为"三案"。

明神宗朱翊钧有两个儿子。长子朱常洛为王恭妃所生，次子朱常洵为郑贵妃所生。朱翊钧宠爱郑贵妃，想立朱常洵为太子。但明朝立太子的原则是"有嫡立嫡，无嫡立长"的嫡长子继承制。嫡子必须是皇后所生，现在皇后无子，当然应该立长子为太子。因此，大臣们一致主张立朱常洛为太子，明神宗和大臣相持不下。明神宗一怒之下，开始对国家大事采取不闻不问的态度，不上早朝，不批奏折，不任命官员。他爱财如命，派宦官搜刮民脂民膏，每天喝得烂醉如泥，醉生梦死。就这样，明神宗与大臣们僵持了15年，历史上称之为"争国本"。

最后，明神宗无可奈何，只好立长子朱常洛为太子，封朱常洵为福王。按照惯例，藩王要到自己的封地去，但朱常洵却一直滞留北京。他贼心不死，仍然觊觎太子之位。后来相继发生的"梃击""红丸""移宫"三案，就是"争国本"的继续。

万历四十三年（1615年）五月，一名疯疯癫癫的男子手持木棒，突然出现在太子朱常洛居住的慈庆宫前，打倒守门太监，闯入宫中，直奔太子寝殿，太监们拼死将他捉住，送交皇城保卫部门。后经审问得知，这个疯汉子名叫张差，家住蓟州井儿峪，是郑贵妃手下的太监庞保、刘成将他引到慈庆宫门前的，告诉他"打死小爷（指朱常洛），有吃有穿"。

事情传开后，很多大臣都怀疑是郑贵妃和他的哥哥郑国泰阴谋策划此事，目的是想让张差伤害太子，好让福王朱常洵当上太子。

事情闹到了这个地步，明神宗只好召见大臣，拉着太子朱常洛的手对他们说道："太子很孝顺，我很喜欢他。你们散布流言，离间我们父子关系！"他回头对朱常洛说道："你有什么话要对他们说？"太子朱常洛对大臣们说道："张差是个疯子，应该赶快把他处死。我和父亲的关系很好，外面的议论实在是不应该。"大臣们一听，都无话可说了。"梃击"案也就不了了之。

明神宗死后，太子朱常洛即位，就是明光宗。郑贵妃害怕遭到报复，连忙想法讨好朱常洛。朱常洛特别宠爱李选侍，郑贵妃就拉拢李选侍。她提出立李选侍为皇后，李选侍则以封她为皇太后作为报答。郑贵妃又挑选了8个美女送给明光宗。明光宗沉湎女色，身体很快就垮了下来。他吃了宦官崔文升的泻药，一天要拉三四十次，人很快就奄奄一息了。鸿胪寺丞李可灼自称有仙丹，是一种红色的丸子，明光宗急忙叫太监召李可灼进宫。明光宗吃了一颗，病情有了缓解，下午又吃了一颗。可到了第二天早晨就死了。明光宗只做了一个月的皇帝。大臣们非常愤怒，指责郑贵妃的心腹崔文升和李可灼是导致明光宗暴死的元凶。最后两人都被处死，但"红丸"案也没有进一步追查。

乾清宫是皇后居住的正宫。明光宗朱常洛病重时就住在乾清宫，李选侍也住在那里。朱常洛临终前，召见大臣，封李选侍为贵妃，李选侍唆使明光宗的长子朱由校向明光宗请求封她为皇后，但明光宗没有答应。大臣们对李选侍的做法非常不满。

明光宗死后，李选侍把朱由校带在身边，仍住在乾清宫不走。大臣们要求见太子，李选侍让太监们挡在门前不让见。兵部右给事中杨涟厉声斥责道："你们这些奴才想造反吗？"太监们这才让开。李选侍把朱由校藏在自己房里，还是不让出来。东宫伴读王安哄李选侍说："太子出去一下就回来。"大臣们把朱由校带到宫门口，李选侍又反悔了，叫太监把朱由校带回来。太监们拉住朱由校的衣服不放，杨涟上前将太监斥退才把太子带走，准备第二天登基。

大臣们对李选侍的做法非常愤怒，纷纷上书，强烈要求她搬出乾清宫。李选侍仗着是自己把朱由校从小带大的，想让朱由校压制大臣，继续住在乾清宫。

第二天，大臣们一致要求朱由校下诏，令李选侍搬出乾清宫。李选侍无可奈何，只得搬到宫女养老的哕鸾宫居住，"移宫"案到此才宣告结束。

在明末三案中，东林党人的主张和立场符合公论，但却被后来的齐、楚、浙三党翻案，借三案大肆攻击东林党人，太监魏忠贤也对东林党人进行了疯狂的打击。不停的党争和内斗将明朝推向了灭亡的边缘。

李贽离经叛道

明朝后期，社会上流行一个信奉者很多的学派。参加这个学派的活动的，除了一些读书人外，还有许多农民、船工、矿工、商人。这个学派叫泰州学派，是从王守仁的"心学"发展而来的。

李贽就是其中一员。他字卓吾，福建泉州人。从小就性格叛逆，对孔子瞧不起农民的议论，公然提出批评，蔑视权威。

他26岁中举后做过县学的教谕、南京与北京国子监的博士、南京刑部员外郎、云南姚安府知府。他生活清贫。有一年，遇到灾荒，他留在京郊的三个女儿，竟然饿死了两个。他对继续做官不感兴趣，1581年，在云南，离任满还有两个月，他递了辞呈，带着家眷，来到湖北黄安县。

这里有他一位好朋友，叫耿定理。他在耿家住下，读书，研究学问，还帮助教育耿家的孩子。他让孩子们随意读书游戏，充分发挥儿童天真活泼、自由奔放的天性。他因此与耿定理的大哥，做了大官的耿定向发生矛盾。耿定向虽然也属于泰州学派中人，聚徒讲学，与李贽交过朋友，但涉及其个人及家族利益时，却站在传统礼法思想一边，责怪李贽带坏了耿家的孩子。李贽斥责他是"假道学"。

耿定理去世后，李贽就搬到与黄安相邻的麻城县乡下幽深的龙湖边。朋友帮助他造了几间房屋，他取名芝佛院。在那里，他继续读书讲学，与耿定向论战，写了好多有战斗精神的书信、论文。

李贽还做了一些在当时人们眼里属于惊世骇俗的事，如招收女弟子，穿儒家服装，剃光头，又不吃斋念佛。于是耿定向就到处造谣，说李贽在那里嫖妓女，引诱良家女子，伤风败俗。唆使官府驱逐李贽。

1600年，反对李贽的一伙人，闯到龙湖，彻底捣毁了芝佛院。这时李贽已经74岁。这以后，他只好到处流浪，依靠朋友帮助生活。但是，他从没有放弃读书、写作、讲学，以及与传统、守旧思想的战斗。

第二年春天，李贽应邀来到河北通州（今北京通州区），住在朋友马经纶的家里，准备在这里完成他对《易学》的研究。通州离京城很近，他的到来，吓得朝廷里的卫道士，纷纷向皇帝上疏，说他扰乱社会，扰乱圣道，毒害民众，要求赶快逮捕和驱逐李贽。皇帝立即下旨，派锦衣卫到通州捉人。

锦衣卫抓捕了正在生病的李贽。

朝廷打算把李贽驱逐出京，送回福建。可是，当狱卒给他剃发时，他抢过剃刀，飞快地在自己喉咙上割了个大口子。狱卒奋力抢过剃刀，并给他包扎，他才没有当即死去。但过了两天，连病带伤的李贽终于与世长辞了。

李贽写过许多著作，最重要的有《藏书》《焚书》《续焚书》。书名的意思是他的书或者该收藏起来，或者该烧掉，不应该给人读，实际是为抗议迫害他的人而说的激愤的反话。

李贽著名的言论还有：圣人与凡人是一样的，没有什么了不起。每个人都是圣人，都可以做佛祖。孔子是个酒徒，讲究吃，讲究穿，想做官。孔子的话不是真理的标准，真理的标准在每个人自己心里。他说，男女只有性别的差别，没有是非的差别，男女是平等的，卓文君的私奔，是追求自己的幸福，值得赞扬。

李贽的这些思想，具有反传统、反封建的进步意义。但在当时，确实是离经叛道，引起了激烈的争论，连当时一些进步的思想家，也不能完全接受。

努尔哈赤建后金

当明王朝政治越来越腐败的时候，在我国东北地区的女真族的一支——建州女真不断扩大势力，渐渐强大起来，它的首领是爱新觉罗·努尔哈赤。

努尔哈赤出生在建州女真的贵族家庭里。祖父觉昌安和父亲塔克世都被明朝封为建州左卫的官员，努尔哈赤从小就学习骑马射箭，练得一身好武艺。他还学会了说汉语，读过《水浒传》《三国演义》等名著，从中学会了许多作战的谋略。

努尔哈赤25岁那年，建州女真部有个图伦城的城主尼堪外兰，引来明军攻打古勒寨（今辽宁新宾县古楼）城主阿台。阿台的妻子是觉昌安的孙女，当时觉昌安和塔克世都在阿台那里，他们是去看望孙女的。混战中，他们都被杀死了。

努尔哈赤回到家里，痛哭了一场，葬了他的祖父、父亲，但是想到自己的力量太弱，不敢得罪明军，就把怨恨全集中在尼堪外兰身上。他找出了他父亲留下的13副盔甲，分发给他手下的勇士，向图伦城进攻。

尼堪外兰根本不是努尔哈赤的对手，狼狈逃走。努尔哈赤攻克了图伦城后，趁机又征服了建州女真的一些部落。

努尔哈赤灭了尼堪外兰，声名远扬。过了几年，他统一了建州女真。这样一来，引起了女真族其他部落的恐慌。当时女真族有三部，除了建州女真之外，还有海西女真和"野人"女真。海西女真中数叶

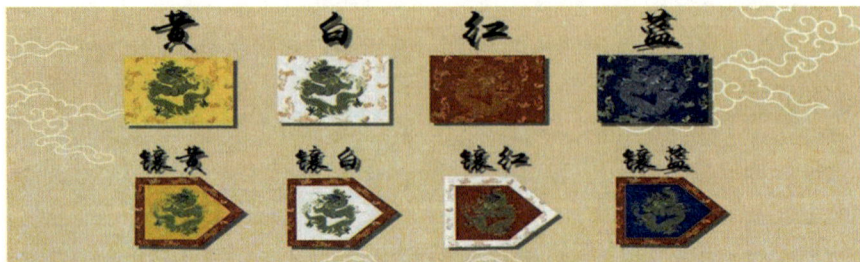

⊙ 八旗大纛

八旗大纛（dào）是八旗军队的八面军旗。1601年努尔哈赤创建黄、白、红、蓝四旗军队，每旗军队各以本旗色布绣一云龙为本旗徽。1615 年，增建镶四旗，旗帜均镶边。

满语本无文字。1599 年努尔哈赤命官员采用表音的蒙古字母拼写满语。其字母数目和形体与蒙古文字母大致相同，俗称无圈点满文或老满文。1632 年清太宗皇太极令达海加以改进。达海利用在字母旁加圈加点、改变某些字母的形体、增加新字母等方法，表达原来不能区分的语音，规范了词形，并改进了拼写方法，创制了专门拼写外来音的字母，俗称有圈点满文或新满文，沿用至今。

赫部实力最强。公元1593年，叶赫部联合了女真、蒙古九个部落，合兵三万，分三路向努尔哈赤进攻。

努尔哈赤听到九部联军来攻，便在敌军来路上埋伏了精兵；在路旁山岭边，安放了滚木石块。九部联军一到古勒山下，努尔哈赤就派出一百骑兵挑战。叶赫部一个头目冲过来，马被木桩绊倒，建州兵上去把他杀了，另一头目当时被吓昏过去。这一幕让九部联军惊慌失措，全军大乱。建州兵一阵滚木礌石之后，冲杀下来，联军四散逃窜。努尔哈赤乘胜追击，打败了叶赫部。又过了几年，努尔哈赤统一了女真族各部。

努尔哈赤统一了女真后，把女真人编为八个旗，建立八旗制度。旗既是一个行政单位，又是军事组织。他还创制了女真族自己的文字——"老满文"。为了麻痹明朝，努尔哈赤继续向明朝朝贡称臣，明朝廷认为努尔哈赤态度恭顺，便封他为"龙虎将军"。

在努尔哈赤的治理下，女真族国家的雏形具备了。公元1616年，努尔哈赤认为时机成熟，就在八旗贵族拥护下，在赫图阿拉（今辽宁新宾附近）即位称汗，国号大金，形成与明朝分庭抗礼的局面。历史上为了跟过去的金朝区别把它称为"后金"。

萨尔浒之役

努尔哈赤建立后金后，用了两年的时间整顿内部，发展生产，扩大兵力。1618年，努尔哈赤宣布跟明朝有"七大恨"。第一条就是明朝无故杀死了他的祖父和父亲。为了报仇雪恨，他正式向明朝宣战。

努尔哈赤亲率两万人马攻打抚顺。他先写信给抚顺明军守将李永芳，劝他投降。李永芳见后金军来势凶猛，无法抵抗，就投降了。明朝的辽东巡抚派兵救援抚顺，也被后金军在半路上打垮了。

明神宗得知消息后，派杨镐为辽东经略，讨伐后金。杨镐急忙调兵遣将，聚集了十万人马。1619年，杨镐分兵四路，由四个总兵官率领，进攻赫图阿拉（今辽宁省新宾县）。杨镐坐镇沈阳，指挥全局。

努尔哈赤非常善于打仗，他早已侦察到明军进攻的日期、路线。努尔哈赤得知山海关总兵杜松率领的中路左翼是明军主力，他们正从抚顺出发，打了过来，就决定先对付杜松。

杜松是一员老将，长期镇守辽东，身经百战，非常勇敢，但也有些刚愎自用，又想抢头功。所以，他不管气候恶劣，以及友军的配合，急急忙忙冒雪行军，孤军深入。他先攻占了萨尔浒（今辽宁抚顺东）山口；接着，把一半兵力留在萨尔浒扎营，自己带了另一部精兵攻打后金的界藩城（今辽宁省新宾县西北）。

在这样凶险的地方，还要分散兵力，这让努尔哈赤心里暗暗高兴。他集中八旗的兵力，一口气打下萨尔浒明军大营，把杜松后路截断了。接着，努尔哈赤又急行军援救界藩。正在进攻界藩的明军，听到后路被抄，军心动摇。驻守在界藩的后金军居高临下从山上往下攻，把杜松军杀得七零八落，杜松中箭身亡。一路人马先覆灭了。

北路的马林从开原（今辽宁开原）出兵，刚刚到离萨尔浒还有40

里的地方，就听到杜松兵败，竟不敢前去救援，就地筑营固守。努尔哈赤率领的八旗兵便从界藩马不停蹄地攻来，马林的大营被冲得七零八落。马林也败下阵来，没命地逃奔，才回到开原。第二路明军又被打散了。

坐镇沈阳的杨镐，接到两路人马覆灭的消息，连忙派快马传令另外两路明军立刻停止进军。

中路右翼的辽东总兵李如柏胆小谨慎，行动也特别迟缓，他一接到杨镐的命令，急忙撤退。明兵听到后边嘈杂的声音，以为是追兵，就争先恐后地逃跑，自相践踏，死伤也不少。

剩下的是南路军刘铤。杨镐发出停止进军命令的时候，刘铤军已经深入到后金军阵地，各路明军失败的情况，他一点也不知道。努尔哈赤派出一支穿着明军衣甲的后金兵打着明军旗帜，装扮成杜军前来接应。刘铤毫不怀疑，带着人马进入了后金军的包围圈。后金军里应外合，四面夹击，明军阵势大乱。刘铤虽然勇敢，但毕竟寡不敌众，战死在乱军中。

这场战争从开始到结束，只有5天的时间，杨镐率领的十万明军损失过半，文武将官死了300多人，士兵阵亡45800多人。这就是历史上著名的以少胜多的"萨尔浒之战"。

萨尔浒之战后，明朝元气大伤。两年后，努尔哈赤又率领八旗大军，接连攻占了辽东重要据点沈阳和辽阳。1625年3月，努尔哈赤把后金都城迁到沈阳，把沈阳称为盛京。从那以后，后金就对明朝的统治构成了威胁。

徐光启研究西学

面对后金的威胁，翰林院官员徐光启一连上了三道奏章，认为要挽救国家危局，只有精选人才，训练新兵，才有希望。明神宗听说徐光启精通军事，就批准他到通州训练士兵。

徐光启是上海人。在他出生前，上海沿海一带遭倭寇骚扰十分严重。徐光启小时候，常常听长辈们谈起当地人民英勇反抗倭寇侵略的事，心里滋长起爱国的激情。

徐光启长大后，因为参加科举考试，路过南京，听说那儿来了个欧洲传教士利玛窦（音dòu），经常讲些西方的科学知识，许多读书人都喜欢跟利玛窦结交。徐光启经过别人介绍，认识了利玛窦。他听利玛窦讲的科学道理，都是自己过去在古书上没有读到过的。打那时起，他对西方科学产生了浓厚的兴趣。

利玛窦在中国也传播科学知识，这主要是为了方便传教。

那时候，明朝是不让教士到北京传教的。利玛窦认为要扩大传教，必须要得到中国皇帝的支持。后来，利玛窦来到了北京，向明神宗进献了一些东西，其中有一件自鸣钟深得明神宗喜爱，明神宗就召见了他，还赐给他财物，同意他住在北京。

有了皇帝的支持，利玛窦跟朝廷官员们接触就很方便了。

1604年，徐光启到翰林院做官后，就专门拜利玛窦为师，向他学

◉ **明崇祯刻本《崇祯历书》**
徐光启晚年专心规划，督率编译并亲加校改而成。

习天文、数学、测量、武器制造等各方面的科学知识。

一次，利玛窦跟徐光启谈起一本西方数学名著叫《几何原本》，是古希腊数学家欧几里得写的。徐光启听得津津有味，觉得是本好书。于是，两人商定，共同把此书翻译成中文，介绍给中国的读者。

从此，徐光启每天从翰林院下班，就赶到利玛窦那儿，跟利玛窦合作翻译《几何原本》。由利玛窦讲述，徐光启笔译。那时候，还没有人译过国外数学著作，要把原作译得准确，可不是件简单事。徐光启花了一年多时间，逐字逐句地反复推敲，再三修改，终于把前六卷《几何原本》翻译完成。

除了《几何原本》之外，徐光启还跟利玛窦和另一个西方传教士熊三拔合作，翻译过测量、水利方面的科学著作。后来，他又在研究我国古代历法的基础上，吸收了当时欧洲在天文方面的最新科学知识，对天文历法的研究，达到了很高的水平。

这一回，徐光启提出练兵的主张，得到明神宗的批准，他满怀希望，想尽快练好新兵，加强国防。哪料到朝廷各个部门腐败透了，练兵衙门成立了一个月，没有兵源，没有饷银。他不断地到兵部要人要钱，好容易要到一点军饷和几千新兵，却多是老弱残兵，能上阵的不多。他大失所望，只好辞职回家。

1620年，明神宗死去，但不到一个月，他的儿子明光宗朱常洛也

《农政全书》

它是一部集中国古代农业科学技术之大成的著作。明代徐光启撰。全书共60卷，60万字。成书于1633年以前，于1639年刊行。它是一部农业百科全书，辑录古代与当时农业文献229种，加以评注，以介绍中国古代有关农业生产的理论和科学方法，同时介绍了欧洲的水利技术。是中国农学史上最早传播西方近代科学知识的书籍，至今仍有参考价值。

接着病死，明神宗的孙子朱由校即位，这就是明熹宗。徐光启又回到京城，他看到后金的威胁越来越严重，就竭力主张要多造西洋大炮。为了这件事，跟兵部尚书发生矛盾，徐光启被排挤出朝廷。

徐光启回到上海，已经是60多岁的老人了。他本来就对研究农业科学很有兴趣，回到家乡后，就在自己的田地上，亲自参加劳动，做一些试验。后来，他把他平日的研究成果，写成了一部著作，叫作《农政全书》。在这本书里，对我国的农具、土壤、水利、施肥、选种、嫁接等农业技术，都有详细的记载，真可以称得上是我国古代的一部农业百科全书呢！

权奸魏忠贤

魏忠贤（1568—1627年），北直隶肃宁（今河北肃宁）人，出身贫寒。早年是远近闻名的市井无赖，吃喝嫖赌，无恶不作。曾娶妻冯氏，并生一女。一次魏忠贤和一群赌徒赌博，输了很多钱后被赌徒们一顿痛打，差点丢了小命。魏忠贤是个非常要面子的人，觉得没脸在家乡待下去了，心一横，决定去宫里当太监。

魏忠贤自行阉割，改名李进忠，抛下妻女，来到京城，通过关系，来到宫里当起了太监。李进忠巴结太监魏朝，取得了他的信任，魏朝便把他推荐给大太监王安。王安让他去做后宫王才人的办膳太监。王才人是明神宗的儿子朱常洛的妃子，皇长孙朱由校的生母。李进忠虽然是无赖，但他办事勤快又听话。年幼的朱由校贪玩不喜欢读书，很喜欢目不识丁却有一身武艺的李进忠，李进忠则千方百计地讨朱由校的欢心。

1620年明熹宗即位后，李进忠也飞黄腾达起来，成为宫中最有权势的太监——司礼监秉笔太监（替皇帝起草诏书）。后来他又掌握了明朝最大的特务机关——东厂。

李进忠把自己的名字又改为魏忠贤，勾结朱由校的乳母客氏。两人狗仗人势，狼狈为奸，飞扬跋扈，大肆打压异己。

明熹宗朱由校从不认真处理政务，每天只知道做木工活。他每天拿着斧和锯，砍木头，锯板子，盖好了房子又拆，拆了又盖，成天忙得不可开交，有时候还把做好的家具让太监拿到宫外去卖。大臣们见这位小皇帝不务正业，免不了要出来干预，搞得这位小皇帝心烦意乱。魏忠贤瞅准了这是一个机会，便投其所好，给明熹宗找了许多活干，还专门趁他专心做木匠活的时候，上前让他披阅奏折。明熹宗非常不耐烦，就让魏忠贤决定。就这样大权落到了魏忠贤手中，被无耻之徒谄媚为"九千岁"。

魏忠贤在皇帝面前这么受宠，一些趋炎附势的小人，许多文臣武将、地方官员都纷纷投靠了魏忠贤，认他当干爹，比如"五虎""五彪""十孩儿""四十孙"等。各地官吏纷纷为他设立生祠。祠堂是人死后才修的，而魏忠贤还活着就有了祠堂受人供奉。生祠里立着一座魏忠贤的塑像，烟雾缭绕，官吏们都行礼叩拜。当然，这个"干爹"也不亏待他的干儿子们，于是"五虎""五彪"等人都当上了朝廷和地方的高级官员，形成了以魏忠贤为首的一个"阉党"，完全把持了朝政。

魏忠贤担心天下有人反对他，就派出许多东厂的特务到全国各地刺探消息，如果有谁说了对他不敬的话，干了反对他的事，就立刻逮捕关在东厂里严刑拷打，甚至处死。东厂俨然就是一个人间地狱。

魏忠贤的胡作非为引起了东林党（一批正直、敢说敢做，在东林书院学习的人士）官员的强烈不满，他们纷纷联合起来弹劾魏忠贤。魏忠贤大肆报复，大规模迫害镇压东林党人，诬陷东林党的左光斗、杨涟、周起元、周顺昌、缪昌期等人贪污受贿，大肆搜捕东林党人，东林党几乎被阉党势力消灭。

东林党议

东林党是晚明时期以江南士大夫为主的政治集团。

明神宗中期以后，吏治腐败，贪污受贿成风。朝廷的大臣们鉴于张居正的教训，为了保住官位，对国家大事、人民疾苦漠不关心，反而拉帮结派，打击异己，互相争权夺利。

顾宪成，字叔时，别号泾阳，南直隶无锡县（今江苏无锡）人，万历八年（1580年）进士，后任吏部郎中。他为人正直，关心朝政，刚直不阿，却被明神宗革职。回乡后，在常州知府欧阳东凤和无锡知县林宰的帮助下，修复了家乡的宋朝学者杨时创建的东林书院。顾宪成和因遭权贵而被罢官的友人高攀龙、钱一本、叶茂才、薛敷教、安希范、刘元珍及他的弟弟顾允成等人，在书院中讲学，人称"东林八君"。他们的讲学每年一大会，每月一小会，四书、五经、通鉴、性理陈说无所不谈。同时他们又议论朝政，评点人物，参与政治，反对空谈，他们的言论被称为"清议"。东林书院逐渐成为对在朝官员的声誉、行动有重大影响的政治舆论中心，使其声名大振。当时一些士大夫、退休的官僚、朝廷的部分官员也遥相呼应，形成一股强大的政治势力，被他们的政敌称为东林党。

东林党的主要政敌是齐、楚、浙三党。齐、楚、浙三党分别以山东莱芜人亓诗教、湖北黄冈人官应震、浙江慈溪人姚宗文为省，另外还有以南直隶（今江苏）昆山人顾天峻和宣城人汤宾尹为首的昆党和宣党。他们大部分是按籍贯组合。他们以浙党为核心，追随权臣，勾结宦官，攻击东林党人。而东林党人的籍贯分布得比较广泛，甚至包括政敌省份的人。东林党人从出身名门望族，到一般的地主官僚都有，他们主要是一群政治主张相同、忧时救世、代表中下层人民利益的全国性政治力量。

东林党议深入明朝后期的政治斗争，涉及了很多事件、人物，主要有京察、封疆和三案之争。在当时明朝与后金的战争中，党议的双方在明朝的战略战术、将领选拔等方面也展开了激烈的政争。

东林党人认为吏治是关系到国计民生和社会安定的大事，他们要求皇帝亲政，内阁首辅和大臣作出表率，但没有得到重视。于是他们便利用一年一度的京察作为反对政敌的机会。

首先，东林党人要控制负责京察的职位，比如吏部尚书、都察院都御史、吏部考功司郎中、河南道监察御史等。查看官员是否受到处罚和处罚是否得当是双方在京察斗争中的主要内容。东林党人严于律己、刚直不阿，与依附皇帝权贵的齐、楚、浙等党进行了激烈的斗争，双方互有胜负。

明神宗去世后，由于东林党曾支持太子朱常洛，以及萨尔浒之战明

◉ 东林党的根据地——东林书院旧迹

军大败，再加上齐、楚、浙党内讧，使得东林党人执掌朝政，他们罢免了一些贪官污吏，吏治大为好转，赢得了社会各阶层的支持，增强了自身的政治实力。在三案中，东林党人据理力争，维护了正常的封建统治秩序，扩大了自己的势力。

但随着后来魏忠贤的专权和齐、楚、浙等党的投靠，形成了权势熏天的"阉党"。他们疯狂地向东林党人进攻。面对巨大的威胁，东林党人没有坐以待毙，而是奋起反击。东林党人杨涟上书弹劾魏忠贤，一时群臣响应。但由于魏忠贤控制着明熹宗，结果东林党人杨涟、左光斗、高攀龙等人先后被罢免，不久魏忠贤又大肆搜捕东林党人，很多人惨死狱中。东林书院也被拆毁。

左光斗入狱

明熹宗刚即位的时候，一些支持东林党的大臣掌握了朝政大权，其中要数杨涟和左光斗最有名望。

有一次，朝廷派左光斗到京城附近视察，并负责那里的科举考试。

一天，左光斗在官署里喝了几盅酒，见外面下起大雪，忽然起了游兴，便带着几个随从，骑着马到郊外去踏雪。他们走到一座环境幽静的古寺，左光斗决定到里面去休息一下。

他们进了古寺，看见左边走廊边的小房间里，有个书生正伏在桌上打瞌睡，桌上还放着几卷文稿。左光斗拿起桌上的文稿细细看了起来。那文稿不但字迹清秀，而且文辞精彩，左光斗看了禁不住暗暗赞赏。他打发随从到和尚那里去打听一下，才知道那书生名叫史可法，是新到京城来应考的。左光斗暗暗地记住了这个名字。

考试那天，堂上的小吏高唱着考生的名字。当小吏唱到史可法的名字时，坐在厅堂上的左光斗注意看那个捧着试卷上来的考生，果真是那天在寺里见到的书生。左光斗接过试卷后，当场把史可法评为第一名。

从那以后，左光斗和史可法便建立了亲密的师生关系。

当时，明熹宗非常宠信宦官魏忠贤，让魏忠贤掌握特务机构东厂。杨涟对魏忠贤一伙的胡作非为气愤不过，上了一份奏章，揭发魏忠贤二十四条罪状，左光斗也大力支持他。这一来可捅了娄子。1625年，魏忠贤和他的阉党勾结起来攻击杨涟、左光斗是东林党，罗织罪名，把他们打进大牢。

左光斗入狱以后，史可法不顾自己的危险，拿了50两银子去向狱卒苦苦哀求，只求见老师一面。狱卒终于被史可法感动了，他让史可法换上一件破烂的短衣，装成捡粪人的样子，混进了牢监。

史可法找到关押左光斗的房间，只见坐在角落里的左光斗，遍体鳞伤，脸已经被打得认不清楚，左腿腐烂得露出骨头来。史可法见了，一阵心酸，抱住左光斗的腿，跪在地上，不断地抽泣。

左光斗被伤痛折磨得睁不开眼睛，但是他从哭泣声里听出了是史可法。他举起手，用尽力气拨开眼皮，用愤怒的眼光看着史可法，骂道："蠢材！这是什么地方，你来干什么！国家的事糟到这个地步。我已经完了，你还不顾死活地来这里，万一被他们发现，将来的事由谁干？"

史可法不敢说话，只好忍住悲痛，从牢里出来了。

过了几天，左光斗和杨涟等被魏忠贤杀害。史可法又买通了狱卒，把左光斗的尸体埋葬了。

袁崇焕宁远大捷

当魏忠贤的阉党把明朝朝政闹得乌烟瘴气的时候，后金大汗努尔哈赤正不断在辽东进攻明军。萨尔浒大战之后，明王朝派老将熊廷弼出关指挥辽东军事。熊廷弼是个很有指挥才能的将领，可是担任广宁（今辽宁北镇）巡抚的王化贞却怕熊廷弼影响他的地位，百般阻挠熊廷弼的指挥。1622年，努尔哈赤向广宁进攻，王化贞带头出逃。熊廷弼面对混乱的局事，只好保护一些百姓退到山海关内。

广宁失守后，明王朝不问事由，便把熊廷弼和王化贞一起打进大牢，并先后被处死。

明熹宗着急了，召集大臣讨论形式。大臣们议论纷纷，但谁也拿不出个好主意。

这时，详细研究了关内外形势的主事（官名）袁崇焕向兵部尚书孙承宗说："只要给我人马军饷，我就可以守住辽东，保卫京师。"

明熹宗给了他20万两饷银，要他负责督率关外的明军。

袁崇焕到了关外，经过一番实地考察，在宁远筑起三丈二尺高、二丈宽的城墙，装备了各种火器、火炮，还储备粮食，训练士兵，救济难民。蓟辽督师孙承宗还派了几支人马分别驻守在宁远（今辽宁省兴城市）附近的锦州、松山等地方，与宁远互相支援。

袁崇焕号令严明，受到军民的爱戴。商人、百姓渐渐集中到宁远城来。宁远又变得热闹起来。关外的敌我形势，因此有了很大的改观。

正当孙承宗、袁崇焕守卫辽东有了进展之时，却遭到大太监魏忠贤的猜忌。

魏忠贤先是排挤孙承宗离了职，又派了他的同党高第指挥辽东军事。高第是个庸碌无能之辈，他一到山海关，就召集将领开会，说后金军太厉害，关外防守不了，让各路明军全部撤进山海关内。

袁崇焕坚决反对弃城逃跑。高第见说不服袁崇焕，只好答应袁崇焕带领一部分明军在宁远留守，但却要关外其他地区的明军，限期撤退到关内。

努尔哈赤看到战机又来了。1626年，他亲自率领13万人马，渡过辽河，直扑宁远城。

◉ **宁远城遗址**
1626年，努尔哈赤亲率13万大军，号称20万，围攻明关外要塞宁远城（今辽宁省兴城市），遇到明将袁崇焕抗击，久攻不下，背发痈疽（毒疮）而死。

　　袁崇焕做好了必死的准备。安置好老百姓，布置好阵营，全力迎敌。

　　努尔哈赤带领的后金军到了宁远城下，冒着明军的箭石、炮火，猛烈攻城。明军虽然英勇抵抗，但是后金兵倒下一批，又上来一批，情况十分危急，袁崇焕下令动用早就准备好的大炮，向后金军轰击。炮声响处，只见一团火焰，后金兵士被炸得血肉横飞，纷纷后撤。

　　第二天，努尔哈赤亲自督战，集中优势兵力攻城。袁崇焕登上城楼望台，沉着应战。等到后金军冲到逼近城墙的地方，他便命令炮手瞄准敌人密集的地方发炮。这样一来，后金军伤亡就更大了。正在后面督战的努尔哈赤也受了重伤，不得不下令全军撤退。

袁崇焕见敌人退兵，就乘胜追杀，一直追了30里，才得胜回城。

努尔哈赤受了重伤，回到沈阳后，伤势越来越重，没过几天，就咽了气。他的第八个儿子皇太极接替了他，做了后金大汗。

皇太极反间明朝君臣

努尔哈赤死后的第二年，皇太极亲率人马向明军发起攻击。后金军分兵三路南下，先包围了锦州城。袁崇焕自己镇守宁远，派部将带领四千骑兵援救锦州。但援兵还未出发，皇太极的大军就杀向宁远。袁崇焕亲自到城头上督战，用大炮猛轰后金军；城外的明军援军也配合战斗内外夹击，把后金军打跑了。

皇太极又回过头去攻打锦州，但是锦州的明军守得很严密，攻不下来，只好退兵。

袁崇焕打了胜仗，可是魏忠贤阉党却冒领军功，享受赏赐，还责怪袁崇焕没有发兵救锦州。袁崇焕被迫辞了职。

1627年，明熹宗死去，他的弟弟朱由检即位，这就是明思宗，也叫崇祯帝（崇祯是年号）。

崇祯帝早就知道魏忠贤作恶多端，他一即位，就宣布了魏忠贤的罪状，把魏忠贤充军发配到凤阳。魏忠贤在充军的路上自杀了。

崇祯帝又把袁崇焕召回朝廷，提拔他为兵部尚书，负责指挥整个河北、辽东的军事。

袁崇焕重新回到宁远，选拔将才，整顿队伍，加强训练和火器粮食的储备，鼓励士气。准备迎接后金军的再次进攻。

皇太极打了败仗，当然不肯善罢甘休，他决定改变进兵路线。1629年10月，皇太极率领几十万后金军，从龙井关、大安口（今河北遵化

◉ **调兵信牌**

木质，长20.3 厘米，宽31.2 厘米，厚2.6 厘米。为皇太极统一东北各部时使用的调兵信牌，牌中间汉字为"宽温仁圣皇帝信牌"。

北）绕到河北，直扑明朝京城北京。

袁崇焕得到情报，急忙带着明军赶了两天两夜到了北京，没顾上休息，就和后金军展开激烈的战斗。

后金军退走后，崇祯帝亲自召见袁崇焕，慰劳了一番。但是一些魏忠贤的余党却到处散布谣言，说这次后金兵绕道进京，是由袁崇焕引进来的。

多疑的崇祯帝，听了谣言，不由得对袁崇焕起了疑心。正在这时，有一个被金兵俘虏去的太监从金营逃了回来，向崇祯帝报告，说袁崇焕和皇太极订下了密约，要出卖北京。

原来，这是皇太极有意安排的。明朝的两个太监被后金军俘虏去后，被关在金营里。有天晚上，一个姓杨的太监半夜醒来，听见两个看守他们的金兵在外面轻声地谈话。说今天金军退兵是因为明军袁将军想议和，已经和皇太极密约好了……

姓杨的太监偷听了这些话，趁看守他的金兵不注意，偷偷地逃了出来，赶快跑回皇宫，向崇祯帝报告。崇祯帝听了也信以为真。

崇祯帝命令袁崇焕马上进宫。袁崇焕接到命令，也不知道发生了什么事，匆忙赶到宫里，随即就被禁卫军拿下。崇祯帝气呼呼地说："袁崇焕，你为什么要擅自杀死大将毛文龙？为什么你和敌寇这么巧一前一后到了北京，为什么你的援兵还迟迟不来？"不由分辩，就将袁崇焕关进了大狱。

崇祯帝听不进任何为袁崇焕申冤的话，一些魏忠贤余党又趁机诬陷。到了第二年，崇祯帝终于下令把袁崇焕杀害了。

皇太极用反间计除了对手袁崇焕，退兵回到盛京。打那以后，后金越来越强大。到了1635年，皇太极把女真改称满洲。又过了一年，皇太极在盛京称帝，改国号叫清。这就是清太宗。

徐霞客游神州

当明王朝闹得乌烟瘴气的时候，江阴一带有个青年，不满朝政腐败，不愿应科举考试、谋求仕途，却立志游历祖国的名山大川，探索自然的奥秘。他就是我国历史上杰出的地理学家——徐霞客。

徐霞客原名叫徐弘祖，别号霞客。他从小爱读历史、地理一类书籍、图册。他18岁那年，父亲去世，母亲主持家务，他想到名山大川去游历考察一番，但想到母亲没人照顾，便没敢提这件事。但是，他的心事还是被母亲觉察到了。母亲非常支持儿子的志向，就跟他说："男儿志在四方，哪能为了我留在家里，做篱笆下的小鸡、马圈里的小马呢！"

徐霞客20岁那年，他戴着母亲亲手为他缝制的远游冠，首次离家出游。他先后游历了太湖、洞庭湖、天台山、雁荡山、泰山、武夷山和北方的五台山、恒山等名山。每次游历回家，他就跟亲友谈起各地的奇风异俗和游历中的惊险情景，他母亲总是听得津津有味。

后来，母亲死了，徐霞客就把他全部精力放在游历考察的事业上。

⊙深水桥　明

位于今江苏省江阴市南阳岐村，相传徐霞客每次出游都乘船经过此桥。

徐霞客50岁那年，开始了一次路程漫长的游行。他花了整整4年的时间，游历了湖南、广西、贵州、云南四省，一直到我国边境腾冲。

人迹罕至的深山古洞，常常有豺狼虎豹的出没，有神仙鬼怪的传说，但都阻止不了徐霞客考察的脚步。

有一次，他在湖南听说茶陵麻叶洞里有神龙和妖怪，没有法术的人，都不敢进洞。徐霞客不信神怪，他出高价雇当地人当向导，进洞考察。正要进洞的时候，向导问他是什么人，徐霞客告诉他自己是个普通的读书人。向导听后吓得直往后退，说："我以为您是什么法师，才敢跟您一起进洞，原来您是个读书人，我才不冒这个险呢。"说完逃走了。

徐霞客只得与仆人举起火把进了山洞。在洞中他们看到奇形怪状的

《徐霞客游记》成书经过

明崇祯十三年（1640年），徐霞客在云南得病，双足不能行走，由当地知府用轿子送返江苏江阴，去世前托其外甥季梦良整理原稿。季梦良又转托友人王忠纫进行整理，不久王忠纫赴任福州，将原稿交还徐霞客长子徐屺。崇祯十四年三月，宜兴曹骏甫到马镇吊祭，顺便把原稿借去誊录，成为《游记》原稿的第一个抄本。原稿逾年奉还，徐屺把原稿仍交季梦良整理。季氏于崇祯十五年十二月录完一遍，"因地分集，录成一编"，并作一序。清军进攻江阴时，《游记》手稿大部分被焚于兵火，季梦良、徐李寄收集残存的抄本以及"宜兴曹骏甫稿本"再编辑成《徐霞客游记》，清初吴江人潘耒为《徐霞客游记》作序。1980年褚绍唐、吴应寿又对此书进行整理、校点。

石头，焕发出异样的色彩，晶莹欲滴，直到火把快燃尽他们才出来。围在洞口的百姓看他们安全出洞，都十分惊奇，说："我们等了这么久，以为你们被妖精吃了呢。"

徐霞客在西南漫游的时候，除了随身带一个仆人外，还有一个名叫静闻的和尚和他们做伴。有一次，他们在湘江乘船的时候，遇到了强盗，行李财物被抢劫一空，静闻和尚也受了伤，在半路上死去。到最后，连他随身的仆人也离开他逃走了。但是这些挫折丝毫没有动摇他探索自然奥秘的决心。

徐霞客在旅途中，每天晚上休息之前，都把当天见到的听到的详细记录下来。1641年，徐霞客去世后，留下了大量日记，这实际上是他的地理考察记录。经过他的实地考察，纠正了一些过去地理书上记载的错误，发现了过去没人记载过的地理现象。

后来，人们把他的日记编成一本《徐霞客游记》。这部书不但是我国古代地理学上的宝贵文献，还称得上是一部优秀的文学著作。

闯王李自成

崇祯帝即位的第二年，1629年，陕西闹了一场严重的饥荒，老百姓没粮吃，连草根、树皮也吃。在这种情况下，一些地方官吏还照样催租逼税。于是，陕西各地爆发了农民起义。

这年冬天，明王朝从甘肃调了一支军队开赴北京。这支军队走到金县（今陕西榆林）时，兵士们要求发饷，带队的军官不加安抚，反而殴打领头人。有个叫李自成的年轻兵士引头，把将官和县官杀了，分了县府的库银。

李自成是陕西米脂人，出生在一个农民家庭里，少年时就喜欢骑马射箭，练得一身好武艺。这一次，李自成在金县杀了朝廷命官，带着几十个兵士一起投奔王左佳领导的农民军。不久，王左佳禁不住高官厚禄的诱惑，投降了朝廷，李自成不得不另找队伍。后来，他打听到高迎祥领导的一支起义队伍，势力最大，自称"闯王"，就去投奔了高迎祥。高迎祥见李自成带兵来投奔，十分高兴，立刻叫他担任一个队的将官，大家把他叫作"闯将"。

为了对付官军围剿，高迎祥把十三家起义军的大小头领约到荥阳开会，商量对敌办法。李自成认为起义军应该分成几路，分头出击，打破敌人的围剿。大家听了，都觉得李自成说得有道理。经过商量后，十三家起义军分成了六路。有的拖住敌军，有的流动作战。高迎祥、李自成和另一支由张献忠领导的起义军向东打出了伏击圈。

崇祯帝和地方大臣都把高迎祥的队伍看作眼中钉，千方百计地要消灭他们。有一次，高迎祥带兵向西安进攻。陕西巡抚孙传庭在盩厔（今陕西周至）的山谷里埋下了伏兵，高迎祥没有防备，被捕牺牲。李自成

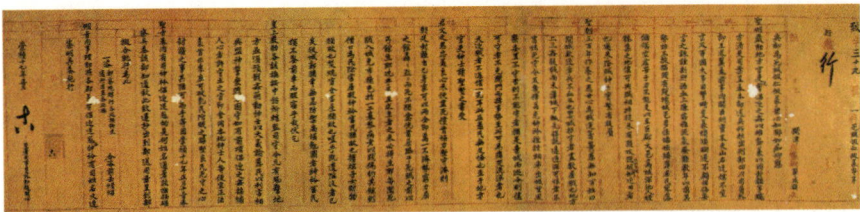

⊙ 兵部报告李自成活动情况行稿　明

这是崇祯十七年（1644年）明朝兵部向各地下属机构发布的行稿。在行稿中，明政府不得不承认李自成的军队受到农民"如醉如痴"的欢迎，许多地方官员也"开城款迎"。行稿要求各地主迅速报告"倡迎逆贼"的官员的情况。1644年春，李自成在西安称帝，建立大顺政权，准备率领军队向北京进攻，行稿就是在这种形势下发布的。两个月后，李自成率领军队攻取北京，明朝灭亡。

带领余部杀了出来。

　　大伙认为闯将李自成是高迎祥最信任的将领，加上他有勇有谋，就拥戴他做了闯王。从那以后，李闯王的名声就在远近传开了。

　　李闯王的威名越高，越使明王朝害怕和仇恨。崇祯帝命令总督洪承畴、巡抚孙传庭专门围剿李自成，李自成的处境一天比一天困难起来。在这个困难的时刻，另两支起义军的首领张献忠、罗汝才都接受了明朝的招降，李自成手下的将领也有叛变的，这使李自成处于极其危险的境地。

　　1638年，李自成从甘肃转移到陕西，准备打出潼关去。洪承畴、孙传庭事先探听到起义军的动向，便在潼关附近设下埋伏。李自成中了明军的计。起义军经过几天几夜的搏斗，几万名战士在战斗中阵亡，队伍被打散了。李自成和他的部将刘宗敏等17个人冲出重重包围，排除了千难万险，才到了陕西东南的商洛山区，潜伏起来。

　　明军占领了潼关，派出大批侦骑，搜捕李自成，搜了几个月，毫无信息。后来听人说，李自成在战斗中受了重伤，已经死去，明军才放松了搜捕。

　　李自成在商洛山养精蓄锐，等待时机。这时，河南正发生严重的灾荒，前来投奔的人很多，其中有一支以李岩（又名李信）为首的队伍。

李岩是个读书人，他帮助李自成整顿部队，严肃军纪，提出"均田免赋"的口号，这使得李自成的队伍不断壮大，而且也深得人民的支持。起义军在杀死福王朱常洵之后，又在河南接连打了几个大胜仗。1643年，李自成攻破潼关，打死明朝督

◎明崇祯山海关镇炮

师、兵部尚书孙传庭，没多久就占领了西安。1644年，李自成在西安正式建立了政权，国号大顺。不久，便亲率百万起义将士，进攻北京。大军势如破竹，到了这年3月，就在北京城下会师。城外驻守的明军最精锐的三大营全部投降。

起义军猛攻北京城。第二天晚上，崇祯帝登上煤山（在皇宫的后面，今北京景山）上往四周一望，只见火光映天，知道形势危急，便跑回宫里，拼命敲钟，想召集官员们来保护他。等了好久，连个人影儿都没有。这时候，他才知道末日到来，遂又回到煤山，在寿皇亭边一棵槐树下上吊自杀。统治中国277年的明王朝，宣告灭亡。

吴三桂开关迎敌

李自成的起义军打进北京城后，一面出榜安民，叫大家安居乐业，一面严惩明王朝的皇亲国戚、贪官污吏。李自成派刘宗敏和李过，勒令那些权贵交出平时从百姓身上搜刮来的赃款，充当起义军的军饷，

拒绝交付的处重刑。少数民愤大的皇亲国戚被起义军抓起来杀头。有个大官僚吴襄，也被刘宗敏抄了家产，并且逮捕起来追赃，还强占了吴家的歌姬陈圆圆。士兵们也私藏抢到的金银财宝，没有了以前那股旺盛的斗志，军心涣散，纪律松弛。有人劝李自成，但没引起他的重视。

有人告诉李自成说，吴襄的儿子吴三桂是明朝的山海关总兵，手下还有几十万大军。如果把吴三桂招降了，岂不是解除了大顺政权一个威胁。

李自成觉得这个主意很不错，就叫吴襄给他儿子写信劝降。

吴三桂出于保护家属的考虑，准备先归顺大顺政权再说。但当他快到北京时，遇到一些从北京逃出来的人。吴三桂找来一问，听说他父亲吴襄被抓，家产被抄，他最宠爱的歌姬陈圆圆也被起义军抓走，恨得咬牙切齿，怒气冲天，立刻下令退回山海关。又想到李自成不会善罢甘休，如单独作战，就会受到大顺军与清军的夹击，死无葬身之地，不如投降清军。就立即写信给关外的清军，请求救援。

清朝辅政的亲王多尔衮接到吴三桂的求救信，觉得机会来到，立刻回信同意。接着，他亲自带着十几万清兵，日夜不停地向山海关进兵。

李自成得知吴三桂拒绝投降，还勾结清兵，决定亲自带6万大军，号称20万，去围剿吴三桂。

吴三桂亲自迎接多尔衮入关，大摆酒宴，杀了白马乌牛，祭拜天地，订立了同盟。

大顺军与吴三桂的叛军相遇了。6万起义军，依山靠海，摆开浩浩荡荡的一字阵，一眼望不到边。老奸巨猾的多尔衮从城头望见起义军阵容坚强，料想不容易对付，就让吴三桂打先锋，叫清军埋伏起来，自己和几名清将远远躲在后面的山头观战。

◎陈圆圆像

吴三桂的军队冲杀出来，与大顺军混战在一起，杀声震天。正在双方激烈战斗的时候，不料海边一阵狂风，飞沙走石，天昏地暗。多尔衮看准时机，命令埋伏在阵后的几万清兵冲杀出去。大顺军毫无防备，被冲乱阵势。直到风定下来，天色转晴，才看清楚对手是留着辫子的清兵。

大顺军已经没有了秩序，清兵和吴三桂的军队加紧冲杀，大顺军大败而逃。

李自成撤回北京，元气大伤，士兵和将领的斗志都没有了。他决定退出北京，回到陕西老家再说。临行前，他在皇宫大殿里举行了即位典礼，接受官员的朝见。

多尔衮在吴三桂的照顾下，带领清兵进了北京。1644年10月，多尔衮把顺治帝从沈阳接到北京，把北京作为清朝国都，开始了清王朝在中国的统治。

第二年，清军追击农民军到西安，大顺军抵挡不住，被打散。李自成继续撤退到湖北，牺牲在通山县九宫山下。李自成的起义，终于失败。

张献忠在四川称帝，国号大西，继续抗击清军。到1647年，大西国在清军的进攻下失败，张献忠中箭死去。大西国也灭亡了。

史可法血战扬州

崇祯帝自杀的消息传到明朝陪都南京，南京的大臣们惊慌失措。他们立福王朱常洵的儿子朱由崧做了皇帝，这就是弘光帝，历史上把这个南京政权叫作南明。

弘光帝朱由崧是个迷恋酒色、荒唐透顶的人，凤阳总督马士英等人利用弘光帝的昏庸，操纵了南明政权。

南明政权的兵部尚书史可法，本来不赞成让朱由崧做皇帝，为了避免引起内乱，才勉强同意，并主动要求到前线去统率军队。

那时候，长江北岸有四支明军，叫作四镇。四镇的将领骄横跋扈，割据一方，互相攻杀，纵容士兵残害百姓。史可法到了扬州，亲自去找那些将领，苦口婆心地劝导他们，终于使这些将领服从他的号令，他把他们安排在扬州周围驻守，自己坐镇扬州指挥。由于史可法在南方将士中威信高，大家称呼他为史督师。

不久，多铎带领清军大举南下，史可法指挥四镇将领抵抗，打了几次胜仗。可是，就在这关键时刻，南明政权内部却起了内讧：驻守武昌的明军将领左良玉不满马士英的专横跋扈，起兵进攻南京。马士英急忙将江北四镇军队撤回，对付左良玉，还以弘光帝名义要史可法带兵保卫南京。

史可法明知道在清军压境的情况下，不该离开，但是为了平息内争，不得不带兵回南京。刚过长江，便得知左良玉兵败的消息，他急忙撤回江北。此时清兵已经逼近扬州。

◎**史可法祠**
陈圆史可法祠，位于今江苏扬州。

史可法紧急下令要各镇将领来增援扬州。但是过了几天，竟没有一个发兵来救。史可法只有依靠扬州军民，孤军奋战了。多铎带领清军到了扬州城下，先派人到城里劝史可法投降，一连派了5个人，都遭到拒绝。多铎恼羞成怒，下令把扬州城紧紧围困起来。

扬州万分危急，城里一些胆小的将领害怕了。第二天，就有一个总兵和一个监军借助夜色带着本部人马，出城向清军投降。这一来，城里的守卫力量就更薄弱了。史可法召集全城官员，勉励他们同心协力，抵抗清兵，并且分派了守城的任务。将士们见史可法坚定沉着，都很感动，表示一定要和督师一起，誓死抵抗。

多铎命令清兵不间断地轮番攻城。扬州军民奋勇作战，打退了清军一次又一次的进攻。形势越来越紧急。多铎恨得咬牙切齿，命令清兵用大炮攻城，而且把炮口对准了史可法亲自防守的西门。炮弹一颗颗地在西门口落下来，城终于被轰开了缺口。

清军潮水般冲进城来。史可法眼看城已经守不住了，拔出佩刀就要自杀，却被随从的将领夺了下来。部将们连拉带劝地把史可法保护出了小东门。这时候，有一批清兵冲过来，看见史可法身着明朝官员的装束，就吆喝着问他是谁。史可法怕连累别人，就高声说："我就是史督师，你们快杀我吧！"

1645年4月，扬州城陷落。多铎因为攻城的清军遭到很大伤亡，心里恼恨，不仅杀了史可法，还灭绝人性地下令屠杀扬州百姓，大屠杀延续了10天。历史上把这件惨案称为"扬州十日"。

扬州失守几天后，清军攻破了南京。南明政权的官员降的降，逃的逃，弘光政权也被消灭了。

夏完淳怒斥洪承畴

弘光政权瓦解后，东南沿海一带还活跃着一支抗清力量。1645年6月，明朝官员黄道周、郑芝龙在福州立唐王朱聿键（聿音yù）即位，把他称为隆武帝。另一部分官员张国维、张煌言在绍兴拥戴鲁王朱以海监国。这样，就有两个南明政权同时出现。

为了对付抗清力量，清朝廷派了在松山战役中投降清朝的洪承畴总督军事，到江南去招抚明军。

这时候，松江（在今上海市）有一批读书人也在酝酿抗清事宜，领头的是夏允彝（音yí）和陈子龙。夏允彝有个年仅15岁的儿子叫夏完淳（音chún），又是陈子龙的学生。夏完淳自小就读了很多书，才华出众，在他父亲、老师的影响下，也参加了抗清斗争。

靠几个读书人去抗击清军是不行的。夏允彝有个学生吴志葵，在吴淞做总兵，手下还有一些兵士。他们去说服吴志葵一起抗清，吴志葵同意了，但不久就被清军打败。

清军围攻松江的时候，夏允彝父子和陈子龙冲出清兵包围，到乡下隐蔽起来。清兵到处搜捕他们，还想引诱夏允彝出来自首。夏允彝不愿落在清兵手里，便投河自杀了。他留下遗嘱，让夏完淳继承他的抗清遗志。

父亲的牺牲使夏完淳悲痛万分，更激起了他对清朝的仇恨。

过了一年，陈子龙秘密策动清朝的松江提督吴胜兆反清，这次兵变又失败了，吴胜兆被杀害，陈子龙也被捕自杀。

后来，夏完淳因为叛徒告密，也被捕了，清军派重兵把他押到南京。

夏完淳在监狱里被关押了80天。他给亲友写了许多可歌可泣的诗篇和书信，死亡的威胁并没有吓到他，他感到伤心的是没有实现保卫民族、恢复中原的壮志。

对夏完淳的审讯开始了，主持审讯的正是招抚江南的洪承畴。洪承畴得知夏完淳是江南出名的"神童"，就想用软化的手段使夏完淳归服。

洪承畴露出一副温和的神态说："我看你小小年纪，未必会起兵造反，一定是受人指使。只要你肯归顺大清，我保你做官。"

夏完淳装作不知道上面坐的是洪承畴，厉声说："我听说我朝有个洪亨九（洪承畴的字）先生，是豪杰，当年松山一战，他以身殉国，震惊中外。我钦佩他的忠烈，我年纪虽然小，但是杀身报国，怎么能落在他的后面。"

◉夏允彝、夏完淳父子像

这番话把洪承畴说得哭笑不得，满头是汗。旁边的兵士真的以为夏完淳不认识洪承畴，提醒说："别胡说，上面坐的就是洪大人。"

夏完淳"呸"了一声说："天下人谁不知道洪先生为国牺牲这件事。崇祯帝曾经亲自设祭，满朝官员都为他痛哭哀悼。你们这些叛徒，怎敢冒充先烈，污辱忠魂！"说完，他指着洪承畴骂个不停。洪承畴被骂得面无血色，不敢再审问下去，慌忙叫兵士把夏完淳拉出去。

1647年9月，这位年仅17岁的少年英雄在南京西市被害。他的朋友把他的尸体运回松江，葬在他父亲的墓旁。

忠臣孤子黄宗羲

黄宗羲出生在浙江余姚县通德乡黄竹浦（今浙江余姚市的明伟乡）。他的父亲黄尊素是万历年间的进士，他期望儿子同自己一样考科举入仕途，因此对他要求很严格。黄宗羲从小聪明好学，不负父望，14岁就在家乡通过考试，补为浙江仁和县（今属杭州市）博士弟子。同年，黄尊素奉调入京，担任山东监察御史，黄宗羲随父进京读书。

当时，朝政把持在以宦官魏忠贤为首的一伙奸佞小人手中，他们疯狂地迫害正直的官员。黄尊素旗帜鲜明地站在东林党一边，主张剪除阉宦，澄清吏治。1626年2月，阉党罗织罪名逮捕了黄尊素等官员并将他们害死。

黄尊素被害的凶信很快传到余姚，黄宗羲全家悲愤万分。黄宗羲痛定思痛，决心效法越王勾践，立志向阉党报仇。

1628年正月，黄宗羲写好了为父亲申冤的奏疏，身藏铁锥，赴京为父鸣冤。当他到达北京时，崇祯帝已镇压了阉党集团，但阉党余孽尚存。黄宗羲上书皇帝，请求诛杀参与陷害其父的许显纯、崔应元等人。同年5月，刑部会审许显纯等人。结果，刑部宣判了许、崔两人死刑。黄宗羲当庭痛打崔应元，拔下其胡须祭祀先父亡灵。然后，他还亲手打死了直接杀害父亲的牢头叶咨、颜文仲。

审判结束后，黄宗羲等死难诸家子弟在诏狱中门祭祀忠魂，哭声传入宫廷。崇祯帝叹息说："忠臣孤子，让我顿生恻隐之心！"

黄宗羲入京申冤，传遍了朝野，也轰动了京城。浙江黄孝子名震天下。

《明夷待访录》

　　《明夷待访录》成书于 1663 年。全书由《原君》《原法》等 21 篇论文组成。《原君》批判了君主"以我之大私为天下之大公"，实乃"为天下之大害"。该文指出，臣子的责任在于"为天下，非为君也；为万民，非为一姓也"。《原法》批评封建国家的法律是"一家之法，而非天下之法"。黄宗羲在文中主张君主开明立宪制，扩大社会对当政者的监督权利，具有近代民主政治的思想。这些政治主张对近代有一定的思想启蒙作用。

　　1628 年秋，黄宗羲护送父亲的灵柩回乡办理丧事。之后，他来到郡城绍兴，跟随名儒刘宗周继续学习经史。此后两年的时间里，黄宗羲四处游历，奔走于南京、苏州、杭州、绍兴、宁波等地，结识了江南的许多名士。1630 年，黄宗羲在南京参加了科举考试，结果落第。此后，他重温父亲"学者不可不通史事"的遗训，更加发愤研读历史著作。两年之内，他读了大量历史著作。黄宗羲还广泛阅读了诸子百家的著作，以及天文、音乐、地理、数学、历法、佛教、道教等方面的书籍。随着知识和阅历的增加，他越来越感到科举禁锢人的头脑，于是开始思考变革的问题。

　　黄宗羲在钻研学问的同时，还积极参与声讨阉党余孽阮大铖之流的政治斗争。阮大铖在崇祯初年被列入"逆案"，避祸于安徽怀宁老家，但他贼心不死，图谋复出。明朝灭亡前夕，他暗中招纳亡命之徒，收买人士，大有死灰复燃之势。1638 年，黄宗羲带头签名，发布了著名的《留都防乱公揭》，大胆揭露了阮大铖"勾结阉党，残害忠良"的险恶用心，一举将他逐出南京。这期间，黄宗羲结识了梅朗中、方以智等人。

　　1642 年，黄宗羲与周延祚同赴北京应考，未能及第。有人想推荐黄宗羲为中书舍人，他都拒绝了。黄宗羲看到京城形势紧张，就收拾行李回家乡了。清军南下之时，黄宗羲召集家乡勇士数百人组成"世忠营"，坚持反清战斗达数年之久。失败后，他返回乡里，清廷屡次征诏，都被他拒绝了。

1663年4月，黄宗羲到浯溪（今湖南省永州市祁阳县境中北部）设馆讲学。其间，他结识了吴之振、吴自牧父子，并与他们共同选编《宋诗抄》。同时，他遍读吴氏藏书，收集了大量资料。他认真总结明亡的历史教训，撰成《明夷待访录》《明儒学案》等，为后人留下了许多对经世治国有益的著作。

博古通今王夫之

王夫之出生于明朝末年一个没落的地主阶层知识分子家庭。1644年，王夫之25岁时，清军南下占领湖南，他在湖南衡山揭竿而起，抗击清军。失败后，王夫之投奔南明永历政权，因弹劾权奸，反遭迫害，后经农民军领袖营救，才得以辗转逃回湖南。为躲避清朝政府的缉拿，他隐姓埋名，逃亡于湘南各地，饱尝颠沛流离之苦。

当军事抗争毫无意义之时，王夫之转入文化思想领域，去从事另一种形式的斗争。他把自己的亡国之思和对时局政治的思考寄托于学术领域，勤恳著述40年，内容涉及哲学、政治、经济、历史、文学、教育、军事、伦理、自然科学等诸方面，建立了超越前人、博大精深的思想体系。他深入研究《周易》，探讨改革社会的方法，先后撰成《周易稗疏》和《周易考异》两部著作，为终生精研《易》理打下了坚实的基础。他还撰写了堪称民族宣言的政论著作《黄书》。

王夫之对中国朴素唯物主义认识论的发展有着独到的贡献。他继承和发扬了古代朴素唯物主义的优良传统，吸取当时新兴"质测之学"的成果，以"六经责我开生面，七尺从天乞活埋"的创新和求实精神，对社会现实进行了高度的哲学概括，在前人成果的基础上把唯物主义发展到时代条件所允许的高度。他从哲学上和政治危害上全面清算了宋明理学唯心主义，以科学方法剖析了宋明理学的理论根源，并以其在批判中建立的"别开生面"的朴素唯物辩证法体系，为统治中国思想界数百年的宋明理学乃至整个古典哲学作了总结和终结。

王夫之还以唯物主义一元论为依据，从探究人的本质出发，研究人类社会的起源、发展、规律及动力等一系列重要问题，从而建立起其独特的历史观。他在考察社会历史发展过程及其规律的基础上，提出理势合一论。他把历史发展的现实过程称做"势"，认为历史发展过程就是一种客观必然趋势，而发展趋势中所包含的不可改变、不可抗拒的必然性，他称之为"理"。

王夫之一生著述甚丰，除了《读四书大全说》《四书训义》《尚书引义》《时记章句》等哲学论著外，还撰成《春秋家说》《春秋世论》《续春秋左氏传博议》等早期史论，反映了17世纪我国学术变迁的新动向；并以《诗广传》一书另辟学术门径，试图跳出中世纪诗学的狭隘眼界。

62岁以后，王夫之在衡阳石船山麓筑草堂定居，他不顾年迈体衰，贫病交加，撰写了《周易内传》《周易内传发例》《庄子通》《庄子解》《相宗洛索》《张子正蒙注》《宋论》《读通鉴论》《俟解》《搔首问》《噩梦》《四书笺解》《楚辞通释》《诗话》《夕堂永日绪论》诸书，可谓著作宏富。

清康熙三十一年（1692年），王夫之逝世于石船山下的草堂内，时年74岁。他的墓碑上写着"明朝遗民王夫之之墓"。

郑成功收复台湾

隆武帝朱聿键在福州建立政权后，他手下的大臣黄道周一心想帮助隆武帝出师北伐，抗清复明。但是掌握兵权的郑芝龙贪图富贵，抛弃了隆武帝，向清朝投降，隆武政权也就瓦解了。

郑芝龙有个儿子叫郑成功（福建南安人）。郑芝龙投降清朝的时候，郑成功苦苦劝阻不成，气愤之下，就单独跑到南澳岛，招募了几千人马，坚决抗清。

清王朝知道郑成功是个将才，就几次派人诱降，但都遭到他的拒绝。在他的努力下，队伍渐渐强大起来，在厦门建立了一支水师。他跟抗清将领张煌言联合起来，乘海船率领17万水军，开进长江，向南京进攻，一直打到南京城下。清军见硬拼不行，就用假投降的手段欺骗他。郑成功中了清军的计，损失惨重，只好退回厦门。

清军乘势向福建扫荡。郑成功面临兵力、财力的困难，转而准备收复台湾，将那里建成抗清的基地。

台湾自古以来就是我国的领土。明朝末年，欧洲的荷兰人趁明王朝腐败无能，霸占了台湾，在宝岛上建了两座城堡，私自在台湾收税，镇压居民的反抗。

郑成功少年时期曾经跟随他父亲到过台湾，亲眼看到台湾人民遭受的苦难。这一回，他决心赶走侵略军，就下令让他的将士修造船只，积蓄粮草，准备渡海。

正巧这时，有一个在荷兰军队里当过翻译的何廷斌，赶到厦门见郑成功说，台湾人民受侵略军欺侮压迫，早就想反抗了，只要大军一到，一定能够把荷兰人赶走。何廷斌还送给郑成功一张台湾地图，把荷兰军事布防都告诉了郑成功。郑成功有了这个可靠的情报，信心就更足了。

1661年3月，郑成功亲率25000名将士，乘坐几百艘战船，浩浩荡荡从金门出发，克服了狂风恶浪的袭击，到达鹿耳门港外。

荷兰侵略军听说郑军攻打台湾，十分惊慌。他们把队伍集中在台湾（在今台湾东平地区）和赤嵌（在今台南地区）两座城堡里，还在港口沉了好多破船，想阻挡郑成功的船队登岸。

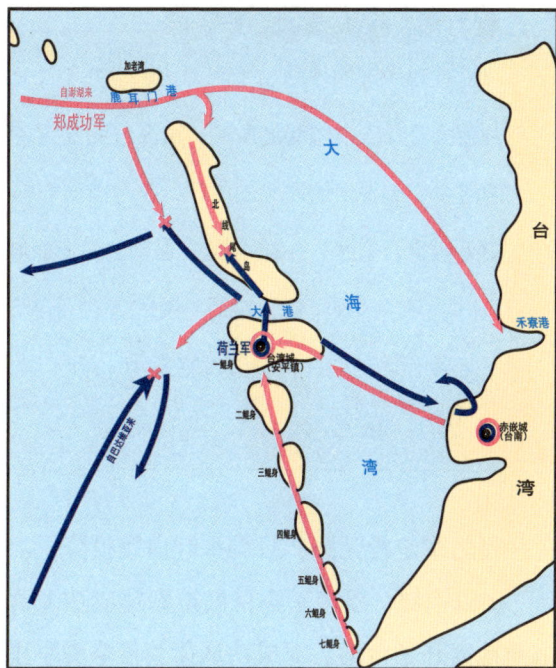

⊙郑成功收复台湾示意图

何廷斌为郑成功领航，利用海水涨潮的机会，从一条平时不能行驶大船的窄道驶进了鹿耳门，登上台湾岛。

荷兰侵略军调动一艘最大的军舰"赫克托"号，气势汹汹地开了过来，阻止郑军的船只继续登岸。郑成功沉着镇定，指挥他的60艘战船把"赫克托"号围住，随即一声令下，60艘战船一齐开炮，把"赫克托"号击沉了。还有三艘荷兰船见势不妙，吓得掉头就跑。

随后，郑成功派兵猛攻赤嵌。赤嵌的敌军拼死顽抗，一时攻不下来。有个当地人为郑军出主意说，赤嵌城的水都是从城外高地流下来的，只要把水源切断，敌人就会不战自乱。郑成功采用这个办法，没出三天，赤嵌的荷兰人就乖乖地投降了。

盘踞台湾城的侵略军企图顽抗，等待援兵。郑成功采取长期围困的办法逼他们投降。在围困8个月之后，郑成功下令向台湾城发起猛攻。

荷兰侵略军走投无路，只得举起白旗投降了。

1662年初，侵略军头目被迫到郑成功大营，在投降书上签了字，灰溜溜地离开了台湾。郑成功从荷兰侵略者手里收复了我国的宝岛台湾，成为我国历史上了不起的民族英雄。

李定国坚持抗清

隆武、鲁王两个南明政权先后灭亡后，驻守在两广的明朝官员瞿式耜（音 sì）等在肇庆拥立桂王朱由榔即位，年号永历，这就是永历帝。

1649年，瞿式耜在桂林城被清兵攻陷后就义。在桂王政权面临覆灭之时，李定国领导的大西农民军，担负起抗清的重任。

李定国本是张献忠手下四名勇将之一，又是他的义子，排行老二（老大是孙可望）。张献忠牺牲后，孙可望、李定国率领剩下的五六万起义军，南下贵州、云南。他们派人告知永历帝，愿意和他们联合抗清。永历帝见形势危急，只好依靠大西军，封孙

◉《吴三桂擒桂王由榔论》书影

可望为秦王。

孙可望是个有野心的人，他把永历帝控制在手里，在贵阳作威作福，根本不想抗清的事；李定国却一心抗清，他在云南用了一年的时间，训练了一支3万人的精锐部队，还找了一批驯象的人，组成一支象队。在做好了充分的准备之后，李定国便向清军发起了攻击。

他们从云南、贵州一直打到湖南，连战连胜，收复了几座重镇，接着，又兵分三路进攻桂林。

李定国攻进桂林，一面派兵继续肃清残敌，一面安抚百姓，把逃到山里的南明官员接回城里。

有一天，李定国摆了酒宴，请来南明官员。他对官员们说："现在的局势，就像南宋末年一样。大家不是敬佩文天祥、陆秀夫、张世杰诸公吗？他们的精忠浩气，固然是名垂青史，但是我们尽忠国家，毕竟不希望有那样的结局啊。"大家听了，都深深佩服李定国的豪迈气概。

永历帝得到捷报，封李定国为西宁王。接着李定国又带兵攻下永州、衡阳、长沙，逼近岳州。清朝廷得知消息，大为震惊，连忙派亲王尼堪带领10万清军反攻长沙。

李定国得到消息，知道敌人来势很猛，就主动撤出长沙，却在退到衡阳的途中设下伏兵。尼堪率兵追击时，中了明军的埋伏，当场被砍死了。

李定国的胜利，引起秦王孙可望的妒忌，孙可望假意邀请李定国来商量国事，想借机暗害李定国；李定国看出了他的诡计，只好带兵离开湖南，回到云南。

孙可望野心勃勃，想逼迫永历帝让位。他知道要达到目的，首先要除掉李定国，就亲自率领14万兵马进攻云南。哪里想到，他手下的将士们恨透了他的分裂活动，在双方交战的时候，纷纷倒戈，孙军一下就瓦解了。孙可望走投无路，就逃到长沙，投降了清军。

南明政权经过孙可望叛乱，力量削弱了。1658年，清兵由降将吴三桂、洪承畴等率领，分三路向云南、贵州进攻。李定国分三路阻击，都失败了，不得已，退回昆明。永历帝和他的几个亲信官员惊慌失措，逃往缅甸去了。

永历帝逃往缅甸后，李定国继续在云南边境上征集人马，打击清军。他接连13次派人去接永历帝回国，永历帝都不敢回来。

1661年12月，吴三桂亲自带领10万清兵开进缅甸，逼迫缅甸交出了永历帝，并将其处死。这样，南明政权才彻底灭亡。

李定国艰苦抗清十多年，没有实现他的愿望，终于忧愤而死。临死的时候，他对他的儿子和部将说："宁可死在荒野，也不能投降啊！"

《桃花扇》

与洪昇的《长生殿》并称为清代戏曲"双璧"的《桃花扇》，直接以南明政权的覆灭为背景，具有鲜明的时代感。作者孔尚任（1648—1718年）字聘之，山东曲阜人，孔子64代孙。康熙二十二年，康熙亲自到曲阜祭孔，孔尚任被选为御前讲经人员，撰写典籍讲义，在康熙面前讲《大学》，康熙破格将他由监生提升为国子监博士。康熙二十四年初，孔尚任进京，正式走上仕途，后迁至户部员外郎，因故罢官。

关于《桃花扇》的创作，据孔尚任自己说，隐居石门时就已开始创作，经十余年苦心经营，三易其稿始成。

剧本的宗旨，作者说是"借离合之情，写兴亡之感"（《桃花扇·先声》），同时要通过说明"三百年之基业，隳于何人，败于何

《长生殿》

《长生殿》是清初剧作家洪昇所作的剧本，取材自唐代诗人白居易的长诗《长恨歌》、陈鸿的传奇《长恨歌传》和元代剧作家白朴的剧作《梧桐雨》，讲的是唐玄宗和贵妃杨玉环之间的爱情故事，但他在原来题材上发挥，演绎出两个重要的主题：一是极大地增加了当时的社会和政治方面的内容；二是改造和充实了爱情故事。清代初期，有许多人在作品中影射和探索明代灭亡的教训，吴伟业的《秣陵春》和孔尚任的《桃花扇》就是这样的作品，《长生殿》也是一样。它重点描写了唐朝天宝年间皇帝昏庸、政治腐败给国家带来的巨大灾难，导致王朝几乎覆灭的历史；剧本虽然谴责了唐玄宗的穷奢极多，但同时又表现了对唐玄宗和杨玉环之间的爱情的同情，间接表达了对明朝统治的同情，还寄托了对美好爱情的理想。

事，消于何年，歇于何地"，为后人提供历史借鉴，"惩创人心，为末世之一救"（《桃花扇小引》）。

剧中以复社名士侯方域与秦淮名妓李香君的爱情故事为主线，利用真人真事和大量文献资料，形象而深刻地揭示了明末腐朽、动乱的社会现实，谴责了南明王朝昏王当政，官吏争权夺利，置国家危亡于不顾的腐朽政治，总结了历史教训，抒发了兴亡之感。

在《凡例》中，孔尚任曾提出剧情要有"起伏转折"，又要"独辟境界"，出人意料而不落陈套，还要做到"脉络连贯"，紧凑而不可"东拽西牵"。这些重要的戏剧理论观点，在《桃花扇》中得到较好的实现。

全剧40出，以桃花扇这一具有象征意义的道具串联侯、李悲欢离合的爱情线索，又以这一线索串联南明政权各派各系以及社会中各色人物的活动与矛盾斗争，纷繁错综、起伏转折而有条不紊、不枝不蔓。

明末复社名士侯方域与秦淮名妓李香君相恋，侯方域题诗宫扇赠予香君。阉党阮大铖趁机请人代送妆奁及酒席之资以拉拢侯方域，但被香君严词拒绝。阮大铖怀恨在心，设法迫害，侯方域被逼投奔扬州督师史可法。阮大铖为巴结淮阳督抚田仰，向马士英献计买香君赠予田仰为妾。香君不从，以头撞桌，昏厥于地，血溅宫扇。杨文骢信手提笔就斑斑血痕勾勒出几枝桃花，此即"桃花扇"。香君乃托人携桃花扇致方域，以明心迹。后来清军南下，陷南京，方域与香君同避难于霞山，两人在白云庵相遇，取出桃花扇叙旧，共约出家。

在《桃花扇》里，作者有意避免对"情"作单独的描写，男女主人公的悲欢离合，始终卷入在南明政治的旋涡和南明政权从初建到覆亡的过程中。

在戏剧结构上，孔尚任以巨大的艺术才能和独创性，通过象征男女主人公爱情命运的一把扇子，把一部包含了南明兴亡史的戏剧情节贯串在一起。从赠扇定情始，侯方域与李香君的爱情就被置于明末的政治旋涡之中。侯、李被迫分离后，结构上展开了由他们联系着的两条线索：侯方域四处奔波这条线索，写南明草创及四镇内讧等重大事件和矛盾；李香君备受欺凌这条线索，写弘光帝和马、阮之流倒行逆施、宴游偷安。

这两条线索交互映衬，"争斗则朝宗分其忧，宴游则香君罹其苦。一生一旦，为全本纲领，而南朝之治乱系焉"。最后，作者摆脱了传统戏曲大团圆的俗

◉ 彩绘本《桃花扇》插图　清

套，以侯、李入道的爱情悲剧来衬托国破家亡的严酷现实。

《桃花扇》在许多方面均富有艺术创造性，从人物形象的塑造来说，女主角李香君给人的印象颇为深刻。作品中把李香君放在政治斗争的旋涡中来刻画，反映了一定的时代特点，她的聪慧、勇毅的个性，显得颇有光彩。《寄扇》一出，香君坚不下楼，在对政治派别的选择和对情人的忠贞中，包含了对美满人生的憧憬。

在《桃花扇》中，作者较多地注意到人物类型的多样化和人物性

格的多面性。如阮大铖本是著名戏曲家，剧中既写了他的阴险奸猾，也写了他富于才情的一面。再如杨文骢，他能诗善画，风流自赏，政治上没有原则，却颇有人情味，在侯、李遭到马、阮严重迫害时，出力帮助他们。象征李香君高洁品格的扇上桃花，就是他在香君洒下的血痕上点染而成的。由于他的存在，剧情显得分外活跃灵动。

《桃花扇》的悲剧性的结局，有力地打破了古代戏剧习见的大团圆程式，给读者或观众留下了更大的思考余地。

总之，《桃花扇》是古典历史剧的典范，它和《长生殿》一起，标志了我国戏剧文学的最高水平。

康熙平"三藩"

南明最后一个政权灭亡的同年，顺治帝病死，他的儿子玄烨（音 yè）即位，这就是清圣祖，历史上称为康熙帝。

康熙帝即位时，年仅8岁。顺治帝遗诏，由四个满族大臣帮助他处理国事，叫作辅政大臣。四个辅政大臣中，掌握兵权的叫鳌拜，他欺负康熙帝年幼，独断专行。甚至到康熙年满14岁亲自执政以后，他还把持朝政，敢在朝堂上诬陷辅政大臣苏克萨哈，逼迫康熙帝违心地将苏克萨哈处死。

从那以后，康熙帝决心除掉鳌拜。他派人物色一批健壮有力的十几岁的贵族子弟担任侍卫。康熙帝把他们留在身边，天天练摔跤，暗地里却给他们作了布置。

鳌拜进宫时，常常看到这些少年吵吵嚷嚷地在御花园里摔跤，只当是孩子们闹着玩，并不在意。

有一天，鳌拜接到康熙帝召见的命令，要他单独进宫商量国事。鳌拜像平常一样大模大样地进宫去。刚跨进内宫的门槛，宫门突然关上，一群身强力壮的少年突然跳出来，将他围住，有的拧胳膊，有的拉大腿，一下子就把他摔倒在地，捆绑起来，任凭他大喊大叫。接着，康熙帝下诏宣布鳌拜的罪行，将他投入监狱。虽然鳌拜独断专横，擅杀无辜，罪恶累累，但康熙帝从宽发落，只革了鳌拜的官爵。

康熙帝除掉了鳌拜，但是，还有一块心病没有解决，那就是南方的三个藩王。

这三个藩王，一是引清兵入关，驻防云南、贵州的平西王吴三桂；二是驻防广东的平南王尚可喜；三是驻防福建的靖南王耿仲明。他们都是早期投降清廷的明朝官员。因为他们跟随清军入关消灭明朝军队，镇压农民军有功，受到清廷的奖赏，都有许多特权，因而非常骄横，不肯服从清廷的指挥，妨碍清廷政令的统一。这三个藩王被称为"三藩"。"三藩"之中，数吴三桂势力最大。

康熙帝深感"三藩"危害的严重性，就决定找机会削弱并消灭他们。正好，尚可喜上了一道奏章，请求告老还乡，要求将王爵传给儿子。康熙帝批准了尚可喜告老还乡，但王爵不能继承。这一来，触动了吴三桂、耿精忠（耿仲明的儿子），他们想试探一下康熙帝的态度，假惺惺地主动提出撤除藩王爵位。

康熙帝召集朝臣商议，可大臣们怕撤藩会引起反叛，都有顾虑。

康熙帝果断地说："吴三桂早有野心。撤藩，他要反；不撤，他迟早也要反。不如先发制人。"接着，就下诏撤藩。诏令一下，吴三桂果然暴跳如雷。他自认为是清朝开国老臣，现在年纪轻轻的皇帝居然撤他的权，便决定造反。

吴三桂在西南一带势力强大，一开始，叛军打得很顺利，一直打到湖南。吴三桂又派人跟广东的尚之信（尚可喜的儿子）和福建的耿精忠联系，约他们一起反叛。这两个藩王有吴三桂撑腰，也反了。历史上把这件事称作"三藩之乱"。

康熙帝并没有被他们吓到，一面调兵遣将，集中兵力讨伐吴三桂；一面稳住尚之信、耿精忠，停止撤销他们的藩王称号。尚之信、耿精忠一看形势对吴三桂不利，就投降了。

吴三桂开始打了一阵子后，力量渐渐削弱，处境十分孤立。经过八年战争之后，他知道无力回天，连悔带恨，生了一场大病死了。1681年，清军攻下昆明，吴三桂的孙子吴世璠自杀，"三藩"的叛乱终于被彻底平定。

但是，正在朝廷庆祝平定叛乱胜利的时候，在我国东北边境又传来军情，这就使康熙帝不得不把注意力放到北方边境上面去。

三征噶尔丹

在《尼布楚条约》签订后的第二年，沙俄政府不甘心失败，又唆使准噶尔（蒙古族的一支）的首领噶尔丹向漠北蒙古进攻。

那时，蒙古族分为漠南蒙古、漠北蒙古和漠西蒙古三个部分。除了漠南蒙古已归属清朝外，其他两部也都向清朝臣服了。准噶尔部是漠西蒙古的一支，本来在伊犁一带过着游牧生活。自从噶尔丹统治准噶尔部以后，他先兼并了漠西蒙古的其他部落，又向东进攻漠北蒙古。漠北蒙古人逃到漠南，请求清朝政府保护。康熙帝派使者到噶尔丹那里，叫他把侵占的地方还给漠北蒙古。噶尔丹依仗沙俄撑腰，不但不肯退兵，还大举进犯漠南。

康熙帝决定亲征噶尔丹。1690年，康熙帝兵分两路：左路由抚远大将军福全率领，从古北口出兵；右路由安北大将军常宁率领，从喜峰口出兵，康熙帝亲自带兵在后面坐镇。

右路清军先与噶尔丹军交手，吃了败仗，不得不后撤。噶尔丹的军队向南猛攻，一直打到离北京只有700里的乌兰布通（今内蒙古赤峰）。噶尔丹得意扬扬，还派使者向清军索要他们的仇人。

康熙帝命令福全出击。清军用火炮火枪猛烈轰击敌阵，步兵骑兵一起冲杀过去。福全又派兵绕到山后夹击，把叛军打得丢盔弃甲，狼狈逃窜。

葛尔丹回到漠北，表面向清朝政府表示屈服，实际上却重新招兵买马，还暗地里派人到漠南制造谣言，煽动叛乱。

1696年，康熙帝第二次亲征，兵分三路出击：黑龙江将军萨布素

◉北征督运图　清

117

从东路进兵；大将军费扬古率陕西、甘肃军兵，从西路出兵，截击噶尔丹的后路；康熙帝亲率中路军，从独石口出兵。三路大军约定日期同时进攻。

康熙帝的中路军到了科图（今内蒙古二连浩特东南），遇到了敌军前锋，但东西两路还没有到达。这时候，有人传言沙俄要出兵帮助噶尔丹。随行的一些大臣害怕起来，劝康熙帝退兵。康熙帝气愤地说："我这次出征，还没有见到叛贼就退兵，怎么向天下人交代？再说，我中路一退，叛军全力对付西路，西路不是更危险了吗？"

康熙帝的大军一直追到噶尔丹的大营前。噶尔丹听手下报说康熙帝挂帅亲征，已经到了大营前，他还不相信。等他跑到山头瞭望，只见清军黄色的龙旗迎风飘扬，军容整齐，兵强马壮，便连夜拔营逃走了。康熙帝一面派兵追击，一面派快马通知西路军大将费扬古，让他们在半路上截击。

费扬古在昭莫多（在今蒙古人民共和国乌兰巴托东南）遇到噶尔丹的主力，展开一场激战。清军的伏兵突然出现在敌后及其两翼，结果叛军大乱，被打得稀里哗啦。最后，噶尔丹只带了几十名骑兵逃走了。

经过两次大战，噶尔丹叛乱集团土崩瓦解。但是噶尔丹不听康熙帝的劝告，继续顽抗。隔了一年，康熙帝又带兵渡过黄河亲征。这时候，噶尔丹原来的根据地伊犁，已被他侄儿策妄阿那布坦占领；他的左右亲信听说清军来到，纷纷投降。噶尔丹走投无路，就服毒自杀了。

从那以后，清政府重新控制了阿尔泰山以东的漠北蒙古，分封了当地蒙古贵族称号和官职。随后，又在乌里雅苏台设立将军，统辖漠北蒙古。

后来，噶尔丹的侄儿策妄阿那布坦攻占了西藏。1720年，康熙帝派兵进入西藏，驱赶走策妄阿那布坦，设置驻藏大臣，护送达赖六世回藏，与朝廷派驻西藏的大臣及班禅共同管理西藏。西藏回到了祖国的怀抱。

顾炎武以天下为己任

三藩之乱平定以后，清王朝在中国的统治稳定下来了。但是，有些明朝留下来的文人认为，他们是明朝的臣民，到清朝做官是丧失气节的事。他们宁愿冒杀头的危险，也不肯应召。其中有一个是著名的思想家顾炎武，有人想推荐他到清廷做官，他写信拒绝了。

顾炎武是江苏昆山人，出身江南大族，他的祖父是个很有见识的人，认为读书一定要研究实际。顾炎武受祖父影响，从小喜欢读《资治通鉴》、《史记》和《孙子兵法》等书，十分关心时事。后来参加科举，没有考中，就干脆下决心放弃科举，通读历代历史典籍，研究全国各地的地方志和历代名人奏章，开始编写一本重要的历史地理著作《天下郡国利病书》。

正当他用心治学的时候，明朝灭亡，清兵南下，江南各地人民都组织抗清斗争，顾炎武参加了保卫昆山的战斗。后来，因为兵力悬殊而失败。混战中，顾炎武的四弟、五弟被清军杀害，生母被砍断一只右臂。他的婶母（也是他的继母）为抗议清军暴行，绝食15天而去世。亲人的殉难，更坚定了他抗清的决心。

顾炎武想渡海去投奔南明鲁王政权，但还没到达，鲁王政权已经覆灭了。此后，他隐姓埋名，在长江南北一带奔走，想组织一支抗清义军，但毕竟势孤力单，没能成功。

昆山有个官僚地主叶方恒，他为霸占顾炎武家的田产，与顾家结下仇恨。他打听到顾炎武在秘密活动，就在顾炎武回到昆山时，向官府告密，并私自将顾炎武抓到家里拷打、审问。

经过朋友们的奔走，顾炎武才被释放出来。但叶方恒派人继续跟踪他。有一天，顾炎武在南京太平门外经过，遭到暴徒袭击，头部受了重伤，幸亏有好心人救护，才脱离危险。顾炎武知道，在江南他是待不下去了，决心到北方去。

顾炎武到北方去，一来想考察各地的地理形势，风俗民情；二来也想联络抗清志士。他在那长途跋涉的艰苦环境里，并没有放弃学术研究。一路上，他用两匹马、两匹骡子，驮着他的书箱，只要有了心得或新的情况，他总会坐下来，打开书本，与古人的记载对照，将新的情况记录下来。这样，他的知识就更丰富了。

顾炎武在北方游历了20多年，积累了丰富的资料。后来，他在山东章丘县长白山下租了房子住下来，整理资料，埋头写作。他的著作有《山东考古录》《营平二州地名记》《日知录》《亭林诗文集》等。他早年开始写作的《天下郡国利病书》，也在北方游历的过程中完成。

《日知录》内容极其广泛，涉及政治、经济、史地、文艺等。这本书被公认为极有学术价值的著作。在《日知录》里，他写了一段精辟的话，他认为社会的道德风气败坏，就是亡天下，为了保天下不亡，每一个地位低微的普通人，都应负起责任（"天下兴亡，匹夫有责"这句名言就是这样来的）。

晚年，顾炎武定居在陕西华阴。后来游历到山西曲沃时去世，终年70岁。

蒲松龄说狐聊鬼

清从顺治朝开始开科取士，到康熙初年，已经开了七八科。明朝科场的腐败和黑暗，清代科场都继承了下来。许多读书人，将一生的精力、智慧都投在科举考试中，直到满头白发，才博得个秀才资格，有的甚至连秀才都捞不到，至死仍然是个童生（小学生）。怨愤之气，充满了考场内外。

蒲松龄是山东淄川（今山东淄博）蒲家庄人，他在19岁时以府、县、道三个第一考中了秀才，他满以为功名已经唾手可得，但命运之神却和他开了一辈子的玩笑：三年一次的乡试，成了他一生都迈不过去的坎。直到72岁的时候，他才得到一个岁贡的功名。他对于科举考试中的腐败黑暗现象，看得太多，心中早积蓄起一股不平之气。

蒲松龄喜欢看古代的笔记志怪小说、谈仙说鬼的传奇故事，如《搜神记》《玄怪录》等。闲暇时，他常跟朋友及村里的邻居、老人、小孩讲讲神怪狐鬼故事。有时，他也自己编一些故事来讲。当然，他有时也从他们那里听到一些神奇的故事。

蒲松龄的家庭比较贫穷。他有位朋友做江苏宝应县知县，聘请他去做幕宾（相当于秘书），管文书档案，帮助朋友拟拟文稿，聊聊天，说说传闻怪异的故事。蒲松龄在那里待了一年多后，实在看不惯官场的黑暗，辞职回乡，去教私塾。生活仍然贫苦。

后来，蒲松龄找到一个好东家。这东家做过明代崇祯朝的大官，家中有园林和藏书楼，蒲松龄在他家教书，空余时，可以借读他那丰富的藏书，可以跟主人谈诗文或者聊神仙鬼怪故事。他在这东家教书30年，每到大考的年份，总还要去战斗一场，但是总不能如愿。他最终还是回到了教书与狐鬼世界中来。

◎《聊斋志异·购菊盈门》插图

这幅插图描绘的是《黄英》一篇，故事的主要内容是：顺天马子才生性爱菊，后在购菊途中偶遇陶氏兄妹，遂邀至家，分屋以居。陶氏二人捡起马生所弃残枝艺菊，菊开之日，购菊者盈门，马生不解其故。后马生妻卒，遂聘陶氏之妹黄英，经种种变故，方知陶氏兄妹为菊花之灵。

蒲松龄的说狐聊鬼，在朋友中非常有名。许多朋友，将听到的，或者自己编的故事，写信寄给他。他收集到的故事越来越多，经过他的精心改编和创作，用生动的文笔，描写出一个又一个新的、动人的故事，共有好几百篇。他将它们编成集子，取名《聊斋志异》。"聊斋"，指讲故事的地方，"志异"，是记录奇闻怪事的意思。

据说蒲松龄在写这部《聊斋志异》时，为了收集资料，专门在家门口开了一家茶馆。请喝茶的人给他讲故事，讲过后可不付茶钱，听完之后再作修改写到书里面去。

《聊斋志异》是一本凝聚了蒲松龄一生辛酸与痛苦的"孤愤之书"，全书共有近500个故事，大部分是故事完整、人物形象鲜明的短篇小说，小部分是篇幅短小、具有素描和特写性质的笔记。内容多是幽冥幻域之境，鬼狐花妖之事，曲折地反映了明末清初广阔的社会生活，提出了许多重要的社会问题。书中蒲松龄利用超现实的力量，写正义战胜邪恶，写真情战胜虚伪，写公正战胜贪婪，抨击了社会的黑暗，寄托了自己的理想。